SVENSK
MAFFIA

LASSE WIERUP och **MATTI LARSSON**

SVENSK MAFFIA

En kartläggning av de kriminella gängen

NORSTEDTS

Ett stort tack till Classe, Tobbe, Inga-Lill, Thomas, Lars, Sven, Berne, Ulf,
Claes-Göran, Ola, Johan, Annika, Tage, Niklas, Ingemar, Mats, Erik, Kim,
Mike, Bea, Olof, Fredrik, Erik, K, A och O.

Följ de kriminella gängens fortsatta utveckling:
www.svenskmaffia.se

"Where the predominant social cooperations take the form of constant fighting with adjacent peoples, there grows up a pride in aggression and robbery, revenge becomes an imperative duty, skilful lying is creditable, and (save in small tribes which do not develop) obedience to despotic leaders and rulers is the greatest virtue."

HERBERT SPENCER, THE PRINCIPLES OF ETHICS, 1897

INNEHÅLL

PROLOG

Det enda han tänker är att det måste komma en polisbil. Då skulle han kunna öppna bakdörren till taxin, hoppa ut och skrika på hjälp. Annars kommer det här att sluta illa, det är mer och mer uppenbart. Till höger om honom i baksätet sitter en av de unga killar som i flera timmar hållit honom fången. Först i en bil på väg från Stockholm hit till Uppsala, sen i hans egen lägenhet i utkanten av stan och nu i den här taxin. Trots att han har gett dem alla pengar han lyckats få ihop, trettioniotusen kronor, vägrar de att släppa honom. Minst hundratusen ska de ha – annars skjuter de honom, har de sagt och garvat. Som om det inte räcker har han fått känna på hur det känns att ha två knivar hårt tryckta mot halsen. Nu tänker de föra honom till ett annat ställe på andra sidan stan. Vad som ska hända där har han ingen aning om. Men han vet att killen bredvid honom är rejält påtänd på kokain och något annat och har både kniv och pistol på sig.

Taxichauffören har fortfarande inte fattat vad som pågår. Han kör lugnt förbi slottet och fortsätter ner mot universitetet. Där svänger han höger ner mot centrum. Farten avtar. Taxin åker över Fyrisån. Ingen polisbil. Om några ögonblick är de framme vid Stora torget. Där, om någonstans, måste det stå en patrull, tänker han. Fredagsnatt som det är. Nu ser han torget. Så försiktigt han kan vrider han huvudet först åt höger, sedan åt vänster. Inga poliser. Helt otroligt! Om en halv minut kan det vara för sent, då har de åkt igenom centrum och chansen att en polisbil ska vara ute och rulla utåt Gränby är liten. Dessutom kommer taxichauffören att köra fortare och hur bra är det då att hoppa rakt ut i gatan? Som sista utväg kan han förstås säga som det är till chauffören och hoppas på det bästa. Men kommer chauffören att våga ringa polisen? Och vad gör killen med pistolen då?

Taxin fortsätter längs Vaksalagatan. På vänster sida syns nattklubben Seven. Stället har precis stängt och det myllrar av folk utanför. Och där, på höger sida, står den. Polisbilen. Aldrig trodde han att han skulle kunna bli så glad av att se snuten. Taxichauffören har upptäckt den blåvita Volvon samtidigt och saktat in en aning. I ögonvrån ser han att även killen bredvid kollar in polisbilen. Fingrarna kramar om dörrhandtaget. Sen gör han det. Bildörren går upp och den råa vinternatten släpps in. I en rörelse får han ut båda benen, skjuter ifrån med högerhanden, duckar och sätter ner fötterna i gatan. Det är omöjligt att hålla balansen och han faller baklänges mot asfalten. I nästa ögonblick är han uppe och rusar mot räddningen.

De båda polisassistenterna står en bit ifrån sin parkerade radiobil. Det har skett en misshandel inne på Seven och de har fullt upp med att försöka återskapa händelseförloppet genom att ta anteckningar från offret och vittnen. Däcktjut får dem att vända sig om. De ser en taxi som tvärnitar och en man i fyrtioårsåldern som springer emot dem. Mannen verkar uppjagad och påstår att han har blivit kidnappad och pressad på pengar. Han vill att poliserna ska stoppa taxibilen och skriker att en av de beväpnade kidnapparna fortfarande sitter kvar i den. Polismännen är avvaktande. Kan det verkligen stämma? Men mannen är påstridig och när taxin sakta börjar rulla igen hojtar han åt poliserna att ingripa. Den ene av dem går till sist ut i gatan och gör stopptecken. Taxiföraren stannar.

I baksätet på taxin sitter en storvuxen kille i sneakers, mössa, träningsbyxor, bylsig tröja och en stor, vit jacka. Han ser att poliserna kollar på honom och börjar bli stressad. Snubben som de haft i uppdrag att klämma på stålar står bredvid och snackar i ett jävla tempo. Hur fan vågade han smita? "Kan du inte bara gasa och dra!" säger han till taxichauffören. Inget svar. Han får upp sin mobiltelefon och ringer en av de andra och säger att taxin har blivit stoppad av snuten. En av poliserna kommer emot bilen, öppnar dörren och vill veta vart han är på väg. Han svarar någonting i stil med "till en fest". Efter en stund blir han beordrad att gå ur taxin och ställa sig på trottoaren med benen brett isär och armarna utåt. Shit. Han vet att nu är det bara en fråga om sekunder. När polismannen kommer till midjan känner han hur den soft air-gun han haft nedstucken innanför byxorna dras upp. Ögonblicket senare åker den långa kniv som han gömt mellan ryggen och byxlinningen upp. Snart hittar de också knogjärnet i metall och den dubbelsidiga stickkniven i hans jacka. Helvete! Innan han förs bort mot en ny polisbil som kommit till platsen hinner han låsa blicken på snubben på trottoaren. På väg in i polisbilen glipar hans vita jacka och texten på tröjan blottas. Där står: "Organized Crime".

INLEDNING
– MAFFIAN FINNS I SÄFFLE

Sverige är inne i en högkonjunktur. En av de branscher som går bäst är utpressningsbranschen. Många vill vara med och dela på vinsterna och konkurrensen gör aktörerna allt djärvare. Indrivning av påhittade skulder, beskyddarverksamhet och "bötning" är exempel på nya, lönsamma affärsidéer. Utpressarnas mål är att offren ska bli så skrämda att de inte vågar gå till polisen, utan bara betalar och försöker glömma. Enligt samstämmig information från polisens underrättelserotlar lyckas detta också i majoriteten av fallen. Men några av de drabbade vägrar att underkasta sig sina plågoandar och anmäler utpressarna till polisen. År 2006 fick svenska polisen 1 240 sådana anmälningar. Tio år tidigare var motsvarande siffra 447. Utvecklingen är unik. Inget annat brott har ökat lika mycket i anmälningsstatistiken under samma period.

Utpressningsboomen är del av en större trend. Kriminaliteten i Sverige har förändrats. Och det har skett på bara lite drygt ett decennium. Brott och metoder som tidigare förknippades med utländska syndikat och maffiagrupper har blivit vanliga även här. Beställningsmord, bilbomber och uppgörelser med automatvapen. Hot mot vittnen, poliser och åklagare. Mutor till fängelsepersonal och tjänstemän. Sexhandel, storskalig kokainsmuggling, kidnappning och rån i trettiomiljonersklassen. Med några undantag är detta kriminella fenomen som tidigare var sällsynta och inte krävde särskilt stora polisresurser att utreda.

I dag är situationen en annan. Brott av det här slaget sker i en takt som gör det nästan omöjligt för polisen att hinna med. Av de senaste årens tusentals anmälda utpressningsfall har bara ett av sju lett till åtal. Mängder av mord och attentat har förblivit olösta. Professionella värdetransportsrånare har kommit undan med summor som motsvarar årsomsättningen i ett medelstort företag. Och inom drog- och sexhandeln är det i bästa fall brottslighetens grovjobbare, långt ned i kedjan, som åker fast medan organisatörer och finansiärer så gott som alltid klarar sig undan.

Hur blev det så här? Och varför just nu? Det är två frågor som styrt arbetet med den här boken. I jakt på svar har vi kartlagt både brotten och gärningsmännen, totalt över 1 300 personer. En del av dessa personer har vi sökt kontakt med och fått möjlighet att intervjua. Deras berättelser ger en unik och skrämmande inblick i en värld där pengar, vapen, våld och droger i allt högre grad har kommit att dominera tillvaron och där respekten för liv är nära nog obefintlig.

Förklaringarna till varför de enskilda individerna en gång började begå brott är många och komplexa. Men på ett större plan framträder en central faktor som påverkat utvecklingen inom den grova brottsligheten i Sverige: framväxten av multikriminella organisationer. Tillfälliga ligor och brottsnätverk har funnits i Sverige under lång tid. Salaligan på 1930-talet, Maskeradligan på 1980-talet och Militärligan på 1990-talet är några exempel. Utmärkande för dessa ligor är att deras verksamhet varit koncentrerad till enskilda brott och att ligamedlemmarna inte varit intresserade av att skylta med sin tillhörighet. Det som skett sedan mitten av 1990-talet är något helt annat. Kriminella med olika profil har slutit sig samman i klubbar och gäng och stolt visat upp sitt medlemskap – och därmed också sin koppling till andra kriminella. För att stärka banden mellan medlemmarna och skicka signaler till omgivningen har många av dessa grupperingar tagit sig namn och designat logotyper som exponeras på kroppar, kläder, fordon och så vidare. Bilden de vill förmedla präglas av ett underförstått hot. "Vi är farliga, backa undan."

Sedan mitten av 1990-talet har antalet kriminella gäng med namn och emblem ökat från en handfull till minst ett femtiotal. Den organiserade kriminaliteten har synliga fästen på cirka tjugofem orter i landet, från Trelleborg till Luleå. Efter att storstäderna täckts in sker nyetableringar i allt mindre samhällen. Säffle, Svenljunga, Arvika, Ludvika och Sala är några av de orter där närpolisen tvingas hantera ett helt nytt fenomen. Många av dessa lokala grupperingar ingår i större rikstäckande kedjor. De starkaste av dem är Hells Angels med supporterorganisationerna Red Devils och Red & White Crew, Bandidos med undergrupperna Solidos MC och X-team samt Brödraskapet Wolfpack. Inom kedjorna sker ett flitigt kriminellt samarbete. Lokala gäng på kanske sex till åtta medlemmar, som vid första anblicken inte ter sig så starka, kan snabbt få förstärkning av andra delar i kedjan.

Särskilt rörliga är Bandidos medlemmar och supporters. I februari 2007 greps ett flertal medlemmar från olika delar av Sverige som hade tagit sig till Gävle för att attackera en lokal mc-klubb. I april 2007 kunde polisen slå till mot fyra kriminella från Bandidos-avdelningar i Ludvika, Gävle och Västerås, som tagit sig till Stockholm för att gemensamt driva in en skuld.

Liknande exempel finns inom Hells Angels-sfären; till exempel opererade medlemmar från Karlstad och Stockholm 2006 gemensamt i ett uppmärksammat utpressningsfall. Brödraskapet Wolfpack samlade under 2004 i sin tur ihop medlemmar från olika delar av landet för att attackera en lokal mc-klubb. Ytterligare ett liknande exempel är Original Gangsters i Göteborg, som under 2006 och 2007 förstärktes av kriminella från bland annat Stockholm och Halmstad. Mönstret visar att de kriminella gängen verkar nationellt, att de snabbt kan omgruppera och att de är svåra att slå ut om de väl har bitit sig fast på en ort.

Förenklat kan man säga att det som nu sker i Sverige är ett eko av utvecklingen i USA för trettio eller fyrtio år sedan. Amerikanska mc-gäng, gatugäng och fängelsegäng uppstod under 1960- och 1970-talen och växte snabbt i styrka och antal. I många fall fick gängen draghjälp av film- och musikindustrin. Till exempel producerade Hollywood, i samarbete med Hells Angels, under slutet av 1960-talet en hel rad spelfilmer som mytologiserade organisationen och dess ledargestalter. Filmerna blev populära och gick på export till bland annat Sverige, där de väckte drömmar hos unga killar med mopeder och motorcyklar. På liknande sätt har artister inom musikgenren gangsta rap under 1990-talet blivit stilbildande för tonåringar över hela landet. Att vara en "G" – en gangster – ger respekt.

Den snabba ökningen av antalet kriminella grupperingar har utlöst en spiraleffekt. Ju fler kriminella som organiserar sig, desto svårare blir det för de andra att fortsätta stå ensamma. Nya gäng bildas som motvikt till gamla. Namn och symboler blir allt hotfullare, alla vill framstå som farligast. Men även andra faktorer driver på utvecklingen. Genom möten med nuvarande och före detta gängmedlemmar har vi fått höra en mängd förklaringar till varför unga män dras till kriminella gäng.

En av de vanligaste förklaringarna är längtan efter action och spänning. Många nämner den berusande "en för alla, alla för en"-känslan. Andra konstaterar cyniskt att brödraskapet är en illusion, allt handlar om att utnyttja gängets rykte för att tjäna pengar åt sig själv. Ytterligare andra känner sig trygga i ett kollektiv med fasta regler och en tydlig hierarki. Påfallande många gängmedlemmar berättar också att de vuxit upp utan pappor och att de saknat tydlig gränssättning under uppväxten. En del gängmedlemmar är utpräglade sökare och hoppar från gruppering till gruppering; exempelvis har före detta organiserade nazister fortsatt till invandrardominerade kriminella grupperingar. Hos många skymtar en längtan efter att fly in i en sluten manlig gemenskap, fri från familjelivets krav, där kvinnor inte är välkomna.

Men det som framstår som den viktigaste gemensamma nämnaren för medlemmarna i de kriminella gängen är betydligt enklare: makt. Utan gänget skulle de flesta ha varit killar i mängden. Med klubbväst, tatueringar och andra attribut träder de fram ur massan, får allmänheten att vika undan och släpps före i kön. Om de skulle möta motstånd från utomstående kan de utan större risk för rättsliga följder svara med hot eller våld – få kommer att våga vittna.

För många gängmedlemmar är känslan av makt säkert tillräcklig. Men en del har också skickligt lärt sig att slå mynt av omgivningens fruktan. Den förre Hells Angels-ledaren Thomas Möller är det kanske tydligaste exemplet. För honom har gängmedlemskapet inneburit en resa från ett liv som lågavlönad sjömatros i Malmö till en jet set-tillvaro med Ferraribilar, kändisfester och miljontillgångar säkrade på utländska bankkonton. Polisen är övertygad om att Möllers förmögenhet kommer från kriminalitet, men hittills har bevisen inte räckt.

Den nivå som Thomas Möller nått kan sägas vara den högsta i gängmedlemmarnas möjliga utveckling. Här är gängmedlemmens status som en makthavare inom den undre världen befäst och hans kriminella profil kan tonas ned, för att ersättas av en mer affärsmässig och borgerlig framtoning. Inkomsterna på den här nivån kan komma från skalbolagsaffärer, bolagsplundringar och provision på andras kriminalitet. I Möllers fall har polisen under flera år exempelvis noterat att en bedragare betalat mångmiljonbelopp till Möller och dennes bolag. Ändå har Möller sluppit åtal för delaktighet i bedragarens brott.

Bara ett fåtal gängmedlemmar i Sverige har hittills lyckats nå den här nivån. Bredvid Thomas Möller finns en handfull Hells Angels-medlemmar i Stockholm som spenderat allt mindre tid med klubbvästen på och i stället ägnat sig åt affärer. Ofta i samarbete med jurister, revisorer och så kallade målvakter som förmåtts att låna ut sina namn. Till skillnad från Möller har flera av dessa åkt fast och fällts. Domarna visar en förslagen och svårupptäckt brottslighet: bland annat avancerade skattebrott i samband med uthyrning av svart arbetskraft inom byggbranschen. Vinsterna har varit höga och drabbat staten med tiotals miljoner kronor i undanhållen skatt. Straffen för Hells Angels-medlemmarna har trots detta stannat på högst något år i fängelse – alltså betydligt lindrigare än om männen i stället hade rånat en bank på samma belopp.

En nivå ner på den kriminella trappan befinner sig betydligt fler gängmedlemmar, lågt räknat ett par hundra. På den här nivån sker narkotikaaffärer, spritsmuggling, avancerade stölder och rån. Det mesta tyder emellertid på att grupperingarna inte agerar kollektivt i den här typen av brottsprojekt. Polisens uppfattning är i stället att en eller flera medlemmar använder den plattform som gängtillhörigheten ger för att bygga upp egna nätverk av lydiga medhjälpare. Detta hindrar inte att gänget i efterhand kan ha anspråk på medlemmarnas vinst. Men det vanligaste sättet för medlemmarna att omsätta gängets farliga rykte i kontanter är indrivning, utpressning och krav på beskyddarpengar. De utsatta är inte sällan egenföretagare i branscher med stora svarta inkomster, till exempel restaurangbranschen. På senare tid har även större företag hamnat i skottgluggen. I början av 2007 dök två Hells Angels-knutna män upp i en av klädjätten Kapp-Ahls butiker och uppmanade ledningen att sluta sälja en tröja, vars dödskalletryck påstods påminna alltför mycket om Hells Angels varumärkesskyddade logotyp. Vad som skulle hända annars sade besökarna aldrig. Men personalen kände sig så hotad att ledningen tog bort den aktuella tröjan ur sortimentet utan att kontakta polisen. Först när saken hamnade i tidningarna ändrade Kapp-Ahls ledning sitt beslut.

På den lägsta kriminella nivån befinner sig de gäng som ännu inte befäst sin grupperings status och rykte. Namn och emblem måste "laddas" med en farlig image. Vägen dit går via våldsbrott och attentat som skapar fruktan hos allmänheten och avskräcker eventuella fiender. Skulle gänget i denna fas få konkurrens av någon annan gruppering är det avgörande att medlemmarna slår tillbaka så hårt att rivalerna antingen viker sig eller är beredda att sluta fred. Detta var vad som skedde under tre år på 1990-talet i Skåne, då Hells Angels och Bandidos låg i öppet krig. Under det senaste året har en liknande fejd uppstått i Gävle. Bandidos blivande avdelning på orten har vid flera tillfällen gått till attack mot den lokala konkurrenten Outlaws. Angreppen har belönats av Bandidos ledning, som snabbare än normalt höjt Gävle-avdelningens status inom organisationen.

Uppgörelser mellan kriminella är i sig inget nytt. Den som har lurat eller svikit någon i den undre världen har alltid levt farligt, liksom tjallare. Men med de kriminella gängen har en ny syn på vem som förtjänar att dö vuxit fram. Plötsligt räcker det med att någon tillhör en annan grupp och bär ett annat märke. Eller att en egen medlem inte anses leva upp till de interna reglerna. Hot och våld drabbar personer även utanför gängmiljön. Anställda inom rättsväsendet, journalister, vittnen eller personer som av en slump råkat hamna i vägen för gängmedlemmar ute på stan eller i nattlivet har utsatts för hot och våld. I de fall där polisanmälan gjorts har följden inte sällan blivit nya påtryckningar i syfte att få anmälaren att backa tillbaka. Det sistnämnda kallas övergrepp i rättssak och tillhör de brottstyper som blivit vanligare under den senaste tioårsperioden. Inom rättsväsendet talar man om så kallad systemhotande brottslighet, det vill säga kriminalitet som syftar till att sätta den rättsliga gången ur spel.

Vi har valt att kalla boken *Svensk Maffia*. Vi anar att det är en titel som kommer att bli föremål för diskussion. Såväl kriminologer som en del poliser brukar tillbakavisa påståenden om att det skulle finnas en maffia i Sverige, man talar hellre om "löst sammanhållna brottsnätverk". Men efter de senaste årens svenska utveckling finns det anledning att omvärdera tidigare ståndpunkter. Självklart är det förstås fortfarande stor skillnad på exempelvis de brottsorganisationer som i flera hundra år opererat i maffians hemland, Italien, och de gäng som vuxit fram i Sverige på halvtannat decennium. Vi är också medvetna om att begreppet maffia fått en mytologiserad innebörd i film- och litteraturvärlden och att mord, terror och korruption har slätats över med glorifierande skildringar av grånade gubbar i keps och italiensk kokkonst. Ändå leder vår granskning till slutsatsen att det är relevant att tala om en svensk maffia.

Inom samtliga de grupperingar vi beskriver finns ett uttalat maffiaideal. Medlemmarna föraktar öppet samhällets lagar, och att hjälpa polisen att klara upp ett brott, oavsett vilket, betraktas som en dödssynd. En liknande tystnadskod som den som på italienska kallas omertá hindrar numera även svenska poliser och åklagare från att kunna göra sitt jobb. Otaliga utpressningsoffer och andra drabbade upplever att det inte finns något sätt att komma undan de kriminella gängen, inte ens genom att be samhället om hjälp. Rädsla och vanmakt gör att de böjer sig, betalar och försöker glömma. Även i fall där det inte förelegat någon skuld. Samma rädsla gör att vittnen inte minns vad de har sett och att till och med poliser tittar bort när gängmedlemmar begår brott.

I takt med att de kriminella gängen blir mer och mer sofistikerade ökar deras ambitioner att försöka påverka samhällets institutioner. I flera fall har de lyckats. Tjänstemän på Migrationsverket har mutats till att bevilja medborgarskap, personal på fängelser har smugglat in vapen och droger och handläggare på kommunala tillståndsenheter har godkänt utskänkningstillstånd till kända kriminella. Hur många fall av korruption som inte avslöjats vet bara de inblandade. Dödligt våld är slutligen ett godkänt medel i gängens strävan efter makt. Under de senaste tio åren misstänker polisen att ett fyrtiotal mord och mångdubbelt fler mordförsök utförts av gängmedlemmar. Majoriteten av brotten är ännu olösta.

Hur gick det då i det inledande utpressningsfallet i Uppsala? Jo, gripandet utanför nattklubben Seven ledde till att gärningsmannen med "Organized Crime"-tröjan och två andra dömdes till långa fängelsestraff för människorov, olaga frihetsberövande och försök till grov utpressning. Mannen som hade pressats på pengar tvingades att gå under jorden tillsammans med sin sambo. Gärningsmännen, som alla var födda på 1980-talet, hade en gemensam dröm: att bilda en ny avdelning av Brödraskapet Wolfpack. Polismännen som den utpressade mannen sökte skydd hos hade först svårt att bestämma sig för hur de skulle agera. Kanske kan man tycka att de borde ha varit bättre tränade; Uppsala var en av de första orter som drabbades av organiserad utpressning genom Uppsalamaffian på 1980- och 1990-talet.

Men Uppsalapoliserna var inte ensamma om att stå valhänta inför den gängrelaterade brottsligheten. Hela den svenska polisorganisationen, med sina tjugo olika regionalmyndigheter, har saknat en enhetlig strategi för hur problemet ska attackeras. I stället har det varit upp till lokala polischefer att försöka utarbeta egna metoder. På vissa håll har arbetet varit prioriterat, på andra inte. Oenigheten har öppnat dörren för en fortsatt spridning av gängen. Först 2006 fattade Rikspolisstyrelsen beslut om att en nationell handlingsplan mot den grova organiserade brottsligheten skulle tas fram. Samtidigt öronmärktes 120 miljoner kronor för att bekämpa de 100 mest aktiva gängmedlemmarna. Mycket pengar, kan tyckas. Men egentligen inte mer än vad som motsvarar bytet från fyra–fem lyckade värdetransportrån. Frågan är om samhället kan bromsa utvecklingen – eller om antalet kriminella grupperingar kommer att fortsätta öka i samma takt de närmaste åren. Det senare scenariot ter sig så allvarligt att det är befogat att tala om en civilisationens tillbakagång, där statens monopol på rättsskipning, bestraffning och skuldindrivning gradvis övertas av samhällsfientliga organisationer och klaner.

Stockholm, 16 juli 2007

Lasse Wierup

Matti Larsson

**KRIMINELLA GÄNG
I SVERIGE 2008**

FÖRKORTNINGAR

Ba (Bandidos)
BrWo (Brödraskapet Wolfpack)
CO (Chosen Ones)
FL (Fucked for Life)
HA (Hells Angels MC)
Na (Naserligan)
OG (Original Gangsters)
R&W (Red & White Crew, *Hells Angelsknutna*)
RD (Red Devils MC, *Hells Angelsknutna*)
WL (Werewolf Legion)
Ti (Tigrarna)
XT (X-Team, *Bandidosknutna*)
LBFL (Loyalty BFL, *Bandidosknutna*)
EC (Evil Crew MC, *Bandidosknutna*)

HA (hangaround chapter)
Luleå

XT
Umeå

RD (prospect chapter)
Falun
XT
HA (hangaround chapter)
HA, R&W (Bromma)
HA, R&W (Nacka)
Gävle
Ba, XT.
Ludvika
RD
Sala
BrWo, Ba
(prospect chapter)
Uppsala
RD
HA, R&W
Västerås
Stockholm
Arvika
Karlstad
Eskilstuna
Ba, XT, LBFL, EC
Säffle
HA (hangaround chapter)
WL (Skärholmen)
Ba, XT
HA (hangaround chapter)
CO (Flemingsberg)
Norrköping
FL (Tumba)
HA (Gunnilse)
Ba (prospect chapter)
XT
HA,RD, Göteborg
R&W, Ba,
Borås
Jönköping
Ba (hangaround chapter)
RD
LBFL
XT, BrWo,OG, Na, Ti
Svenljunga
Växjö
LBFL
Klippan
BrWo
HA,R&W,
Ba, XT
Helsingborg
Kristianstad
RD
Landskrona
LBFL
(prospect chapter)
Malmö
Sjöbo
HA,R&W,XT
Trelleborg
Ystad
LBFL, BA (prospect chapter)
RD

HELLS ANGELS MC
– HERRARNA PÅ TÄPPAN

"Hells Angels var bättre organiserade än vad vi var, vi tog dem inte på tillräckligt stort allvar. Det är bara att erkänna."

PETER TJÄDER, POLISMÄSTARE I SKÅNE

"Hells Angels är en kriminell organisation. Hela mentaliteten är kriminell. Medlemskapet gör att du automatiskt hamnar i situationer där du måste bryta mot lagen."

FÖRE DETTA MEDLEM I SVENSKA HELLS ANGELS

Ett tungt hiphopbeat dånar ut ur Globens högtalarsystem och får publikhavet i arenan att börja gunga. Uppe på läktarbänkarna har killar i gäng rest sig och står och klappar händerna eller vevar med armarna ovanför huvudet. T-shirtärmar stramar över tatuerade bicepsmuskler, tjocka halslänkar i guld och silver guppar på brösten.

De cirka sjutusen personer som intagit den vita jättebollen den här kvällen i maj 2006 har inte kommit för att se något artistuppträdande. I stället ska det bli kickboxningsgala. Åtta svenska och utländska boxare är på plats för att slåss om 100 000 kronor i prispengar. Plötsligt tystnar musiken och en kostymklädd konferencier kliver ut i boxningsringen i arenans mitt. Han greppar en trådlös mikrofon och sprutar ur sig en smattrande salva på amerikansk engelska.

– Welcome-to-the-K1-Scandinavia-championship-two-thousand-and-six … rumble-of-the kiiiiiiiings!

På scenen bakom konferencieren leds galans huvudpersoner in, eskorterade av varsin lättklädd och blond värdinna. På storbildsskärmar i taket visas presentationsfilmer av de tävlande. Publiken svarar med kraftiga applåder och stämningen stegras. Några minuter senare är den första matchen igång. De båda boxarna, en svensk och en japan, börjar känna på varandra med lätta slag och vristsparkar. Efter någon minut exploderar svensken i en hård slagserie och japanen vacklar, men återfår balansen.

Vid ringside, på första stolsraden, sitter de som kan höra boxarnas stönanden och känna stänken av svett. En låg, röd skärm skiljer den privilegierade skaran från den övriga publiken. När en TV-kamera sveper över VIP-platserna syns bland annat s-politikern Anders Carlberg från Fryshuset och fotbollsproffset Zlatan Ibrahimovic i bild. Men Zlatan är inte den ende kände Malmöbon här. En bit från honom sitter en lite kraftig, ganska kort man med mörkt hår och ansat skägg klädd i boots, jeans och skinnväst. Mannen heter Thomas Möller och är fyrtiotre år gammal. En grupp civila poliser som blandat sig med publiken lade märke till Thomas Möller redan i entrén. För polisen är Möller storvilt. Han var under nästan tio år ledare för Hells Angels MC i Malmö och den som såg till att organisationen fick fotfäste i landet. År 2003 trädde han tillbaka till att bli vanlig medlem och åtnjuter idag seniorstatus inom sin organisation. Att Thomas Möller syns i Sverige är numera en ovanlighet. Det mesta av sin tid tillbringar han i Sydafrika.

Möller har inte kommit ensam till Globen denna kväll. Intill honom, på höger respektive vänster sida, sitter två välbyggda män med kala hjässor. Den ene av männen har sin uppmärksamhet ständigt riktad mot Möller. Vid ett tillfälle blir han ombedd att massera Möllers skuldra, ett önskemål som uppfylls med självklarhet. På en annan plats i Globen sitter Thomas Möllers gode vän, den före detta landslagsbrottaren Frank Andersson. Frank Andersson har precis fyllt femtio år och ska senare fira med Möller och andra på nattklubben Café Opera.

Som många andra i Globen denna kväll gillar Thomas Möller boxning. Men framför allt gillar han att väcka uppmärksamhet. Det vet alla som har följt hans karriär som gängledare. Kanske är det därför han kommit till Globen i sin röd-vita Hells Angels-väst, trots att arrangören uttryckligen förbjudit mc-västar inne i arenan. Texten och den bevingade dödskallen på Möllers skinnklädda rygg drar blickarna till sig. Lite längre bort från ringen, på betydligt sämre platser, sitter andra medlemmar i Hells Angels. De har rättat sig efter västförbudet och kommit i mer neutrala kläder.

Thomas Möller representerar kanske mer än någon annan den kriminella gängkultur som har vuxit fram i Sverige. Med hjälp av våld och hot lyckades han och ett gäng före detta raggare från Malmö 1993 kvalificera sig för medlemskap i världens största och mest beryktade så kallade outlaw-organisation (outlaw = laglös individ, bandit). När pionjärerna hade fått sina åtråvärda Hells Angels-emblem kunde de luta sig tillbaka och välja och vraka bland andra mc-klubbar som drömde om att få tillhöra deras organisation. År 2007 har Thomas Möllers skara av lojala "bröder" vuxit till ett hundratal, uppdelade på sju avdelningar runtom i Syd- och Mellansverige. Under expansionen har Hells Angels rykte som en farlig och mäktig organisation befästs gång på gång. Fiender har mördats. Egna medlemmar som inte hållit måttet har fått utstå brutala bestraffningar eller försvunnit. Oskyldiga som har kommit i vägen för Hells Angels har misshandlats och hotats.

Thomas Möllers betydelse sträcker sig långt utanför den egna sfären. Många andra kriminella grupperingar – både med och utan motorcyklar – har byggts upp av ledare som har sneglat på hur målmedvetet och disciplinerat han styrt Hells Angels i Sverige. Möllers egen personliga framgång är för många unga kriminella också ett bevis på att livet som gängmedlem lönar sig. Han är sedan länge ekonomiskt oberoende, lever ett internationellt jet set-liv och har inte behövt sitta i fängelse på över tio år. Om svenska myndigheter skulle få för sig att försöka beslagta hans tillgångar lär de få det svårt.

– De få gånger vi idag ser Thomas Möller i Malmö åker han runt i flotta bilar som Ferrari och Hummer. Men bilarna är registrerade på andra personer och allt talar för att Möllers egna tillgångar finns utomlands, säger en av de poliser som följt Hells Angels utveckling. Liksom många av sina kollegor vill polismannen slippa framträda med sitt namn av rädsla för repressalier.

Det har inte saknats försök från samhällets sida att komma åt Thomas Möller. I mitten av 1990-talet då Thomas Möller startade ett inkassoföretag, misstänkte polisen att han ägnade sig åt utpressning. Men ingen av dem som hade fått påhälsning av Hells Angels-ledaren ville beskriva saken så. Åklagaren gjorde i stället ett försök att få Thomas Möller fälld för att inte ha deklarerat inkomsterna från verksamheten. Även från des-

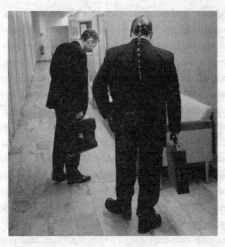

Thomas Möller fotograferad bakifrån i samband med en rättegång i november 1998. Till vänster står hans juridiska ombud, före detta åklagaren Mikael Nilsson. Att Nilsson företrädde Hells Angels-ledaren väckte starka känslor hos hans tidigare åklagarkolleger.

sa anklagelser friades Hells Angels-mannen då målet prövades i Malmö tingsrätt 1998.

Lika trögt gick det för rättsväsendet några år senare, då Thomas Möller anhölls för att ha hotat två poliser med ett hagelgevär utanför sitt hus i Malmö. Polismännen var först säkra på att det var Möller som hade hållit i vapnet, vilket också hittades inne i villan. Men när det var dags för åtal hade polismännen börjat tvivla. Utredningen lades ned och geväret återlämnades till Möllers fru, som hade licens för vapnet.

Ett irritationsmoment för många Malmöpoliser är att samhället under lång tid både försörjt och skyddat Thomas Möller. Försörjningen sker genom att Försäkringskassan sedan mer än tio år tillbaka betalar ut sjukpenning till Möller på grund av hans påstådda ryggproblem, för närvarande cirka 17 000 kronor i månaden. Skyddet utgörs av Skatteverkets beslut om att Möller ska få ha så kallad sekretessmarkering i alla offentliga register, en åtgärd som är förbehållen personer som lever under hot.

Hur den bedömda hotbilden mot Hells Angels-veteranen ser ut är okänt. Men sekretesskyddet har länge fredat honom från massmedias granskning. Bara särskilda tjänstemän har haft tillgång till hans personnummer, bostadsadress, inkomst- och förmögenhetsuppgifter. Skånepolisen har flera gånger försökt få Försäkringskassan och Skatteverket att ändra sina beslut. Sommaren 2007 hävdes till sist Möllers sekretesskydd. Beslutet om sjukpengen står såvitt känt fast.

Även Ekobrottsmyndigheten har förgäves försökt att komma åt Thomas Möller. Under 2002 upptäcktes att fyra miljoner kronor hade skickats från Sverige till ett bankkonto i Sydafrika, som enligt landets myndigheter kontrollerades av Möller. Pengarna var en liten del av bytet som en ökänd bedragare och god vän till Möller kommit över då denne lurat TV-kändisen Lars Kronér, ex-skidstjärnan Christer Majbäck och andra förmögna personer att satsa pengar i en affär som aldrig blev av. Åklagaren i ärendet ville hålla förhör med Thomas Möller. Men polisutredarna lyckades inte få tag på Hells Angels-ledaren. Bedragaren dömdes däremot till fängelse.

Det senaste försöket att jaga Thomas Möller inleddes sommaren 2006, när Rikskriminalpolisen sjösatte ett projekt kallat Alcatraz. Projektets mål var att få fast så många som möjligt av hundra namngivna gängmedlemmar över hela Sverige för brott. Thomas Möller var en av tolv på listan som kallades "national target". Detta innebar att samtliga polismyndigheter skulle jaga honom särskilt. (Se lista på sidan 372.) På Alcatraz-listan fanns även sex personer ur Thomas Möllers stora nätverk. Däribland en av de män som satt bredvid Möller på galan i Globen samt den tidigare nämnde bedragaren. En tredje Möllerkontakt som polisen hade ringat in var en internationell företagare med diskret profil, som ansågs bistå Möller med olika tjänster. En fjärde var en före detta misshandelsdömd livvakt till Möller. Livvakten ingår sedan 2006 i styrelsen för ett utlandssägt Internetföretag som står bakom flera porr- och ungdomssajter och gör mångmiljonbelopp i vinst. Under våren 2007, när mer än hälften av Alcatraz-projektets 120 miljoner kronor var förbrukade, hade varken Möller eller någon av de sex andra gripits för brott.

I Thomas Möllers fall var polisledningens förhoppningar aldrig särskilt stora.

– Thomas Möller har tyvärr blivit mer eller mindre onåbar för oss. Vi har släppt upp honom och ett antal andra ledare inom mc-världen för långt, till en nivå där de inte behöver ta i något brottsligt själva, säger polismästare Peter Tjäder i Skåne, som var operativt ansvarig för Alcatraz under projektets inledningsfas.

Peter Tjäder har en bättre bild av Thomas Möller och Hells Angels än de flesta andra. Under femton år har han återkommande ställts inför utmaningen att lösa brott som grupperingen misstänkts ligga bakom. Först som åklagare i Malmö, sedan som kriminalpolischef för hela Skåne och under 2006 som taktisk chef inom polisen på riksnivå. Ibland har Peter Tjäder och hans kollegor inom rättsväsendet nått framgång. Men oftast inte och mängder av grova brott har förblivit olösta. Inte sällan på grund av att både offer och vittnen av rädsla vägrat att samarbeta med polisen.

Peter Tjäders uppfattning är att både han själv och resten av rättsväsendet underskattade Hells Angels.

– De var bättre organiserade än vad vi var, vi tog dem inte på tillräckligt stort allvar. Det är bara att erkänna, sammanfattar Peter Tjäder idag.

Hur lyckades då Thomas Möller, som före Hells Angels-medlemskapet hade livnärt sig som matros på färjorna mellan Sverige och Danmark, bli en rik och nära nog oåtkomlig makthavare inom den kriminella gängvärlden? Svar: Han hittade tidigt sätt att använda Hells Angels rykte för sina egna affärer. Polisens uppfattning är att andra fått ta riskerna, medan Möller stått i kulissen och inkasserat sin del av vinsten. Respekten och fruktan för hans dödskalleemblem har gjort mängder av personer till hans lydiga medhjälpare.

Möller utnyttjade också det faktum att andra ledare inom den undre världen gärna ville ha en kontakt inom Hells Angels. På ett tidigt stadium noterade poliser i Stockholm att Möller, på sina besök i huvudstaden, hellre träffade personer inom till exempel den jugoslaviska kriminella grupperingen än sina "bröder" i den lokala Hells Angels-avdelningen. Thomas Möller lärde sig även snabbt hur han skulle få gratisreklam genom massmedia. Som vi ska återkomma till längre fram har han gång på gång stulit showen och på bästa sändningstid fått chans att tala för sin vara, lite lagom hotfullt. Möller är inte den enda av de svenska Hells Angels-medlemmarna som använt mc-klubben som en språngbräda för en egen framgångsrik karriär. Även andra kör Ferrari och har lyckats bygga upp förmögenheter som inte syns på några papper. Men Thomas Möller har kanske varit skickligare än någon annan. Som symbol är Möller också oöverträffad. Symbol för ett varumärke som skapats genom exploatering av människors rädsla. Symbol för det svenska samhällets misslyckade försök att bekämpa de som anses styra den grövsta kriminaliteten. Och symbol för en livsstil som attraherar allt fler unga, svenska män.

År 2008 har Hells Angels funnits i sextio år. Det som idag är en internationell organisation började en gång som en lokal provokation. Hells Angels rötter går tillbaka till en grupp unga amerikanska soldater på den amerikanska västkusten. Soldaterna hade slagits mot nazister och fascister under andra världskriget och blivit hjältar, men när de kom hem igen hade de svårt att slå sig till ro. I fortsatt jakt på spänning och action skaffade de sig militära motorcyklar, som efter kriget såldes ut billigt som överskottsmateriel. Billigast av alla var Harley-Davidson. Med dessa drog krigsveteranerna runt från stad till stad och festade och gav vanliga medborgare långfingret. Den som hade synpunkter på deras livsstil löpte risk att få stryk.

Några av de mest kompromisslösa krigsveteranerna kallade sig The Pissed Off Bastards of Bloomington, förkortat till POBOB. År 1947 dök gänget upp i den lilla staden Hollister i Kalifornien, där den etablerade och välsedda organisationen The American Motorcyclist Association arrangerade en racingtävling. POBOB-medlemmarna var fulla, bråkiga och spred skräck genom att blotta sig och köra ikapp genom stan. Till slut lyckades polisen ta kontroll över situationen. Tidningarna i Kalifornien skrev mängder av artiklar om det nya fenomenet. POBOB-medlemmarna stämplades som "outlaws". Redan året efter Hollisterhändelsen, 1948, splittrades POBOB. Några av medlemmarna dök upp i staden San Bernardino och bildade en ny klubb. När de skulle bestämma sig för ett namn mindes någon att en grupp bombflygare i US Airforce hade kallat sig "Hell's Angels". Övriga medlemmar jublade och saken var avgjord. När ett emblem skulle tas fram för att pryda medlemmarnas västar trillade dock den så kallade genitiv-apostrofen i ordet "Hell's" bort.

Under de kommande åren bildades nya Hells Angels-avdelningar på andra platser i Kalifornien. Dessa förenades av outlaw-livsstilen men hade i övrigt inte särskilt mycket gemensamt. Detta skulle ändras i slutet av 1950-talet och i början av 1960-talet. I bräschen för denna förändring gick Ralph "Sonny" Barger, då nybliven ledare för Hells Angels avdelning i Oakland. Barger hade i unga år sett *The Wild Ones*, en Hollywoodfilm baserad på händelserna i Hollister. I biosalongen hade någonting klickat till inom Sonny Barger, som han skulle kallas under större delen av sitt liv. Skådespelarna Marlon Brando och Lee Marvin fick honom att ta farväl av sitt gamla liv.

Men Sonny Barger var inte bara en romantiker. Han var också en naturlig ledare och organisatör. Ett av hans första drag som Hells Angelsledare blev att se till så att alla Hells Angels-klubbar bar enhetliga ryggmärken i rött och vitt. Sonny Barger drev även igenom att gemensamma regler skulle gälla för möteshållning, beslutsfattande, rekrytering av nya medlemmar etcetera. Det var också under Sonny Bargers tidiga era som begreppet "1 %" började användas för att provocera omgivningen. Efter Hollisterbråket hade ledningen för The American Motorcyclist Association beklagat sig över att "1 procent av alla mc-åkare skulle förstöra för övriga 99 procent". Genom att låta sy upp egna "1 %"-märken och sätta dessa på sina västar signalerade Hells Angels medlemmar att deras förmåga att ställa till bråk och smutsa ner andra mc-åkares rykte var högst avsiktlig.

Dittills hade Hells Angels rykte begränsats till Kalifornien. Men under 1960-talet bidrog ett antal händelser till att sprida namnet över hela USA. Den första inträffade 1964 och kallades för "The Hells Angels Monterey Rape Case". Två unga flickor hade gått till polisen och anmält att de blivit våldtagna i samband med att de festade tillsammans med Hells Angels på en campingplats utanför staden Monterey. Fyra Hells Angelsmedlemmar greps och fallet fick en enorm uppmärksamhet i tidningar och TV-kanaler. Men när polisutredningen var klar ansåg åklagaren att bevisningen var för dålig. Hells Angels-medlemmarna släpptes utan rättegång. I sin självbiografi, utgiven långt senare, konstaterar Sonny Barger att fallet gjorde Hells Angels till "nationella kändisar över en natt". "Vi var jävliga, vi var berömda och vi var oskyldiga", skriver han. Efter detta stod mc-gäng över hela landet i kö för att tas upp i Hells Angelsorganisationen. År 1966 bildades den första avdelningen utanför Kalifornien. Några år senare, i slutet av 1969, hamnade Hells Angels återigen i fokus för en uppmärksammad polisutredning. Medlemmar från Hells Angels San Franciscoavdelning hade anlitats av rockbandet Rolling Stones för att trygga säkerheten vid en gratiskonsert på speedway-arenan Altamont Raceway. Trycket från publiken var enormt och Hells Angels, som ställt upp sig på rad framför scenen, hade svårt att hålla tillbaka massorna. Med mer och mer våld slet Hells Angels-medlemmarna ner de fans som försökte ta sig fram till Mick Jagger, Keith Richards och de andra i bandet. Mot slutet av konserten trängde sig en artonårig svart kille i grön kostym fram och stötte in i raden av Hells Angels-medlemmar. Han blev undanföst, misshandlad i huvudet och pressad tillbaka ut i publiken. Men i stället för att ge upp tog artonåringen upp en pistol och riktade denna mot Hells Angels-medlemmarna. I tumultet slet en av Hells Angels-medlemmarna upp en kniv och högg artonåringen så illa att han föll ihop livlös och dog. Händelsen blev en världsnyhet och Hells Angels rykte som okontrollerbara våldsmän späddes på. Inte heller den här gången fälldes någon Hells Angels-medlem, dödsmisshandeln ansågs ha skett i självförsvar.

Liksom efter bråket i Hollister var filmmakarna i Hollywood under 1960-talet snabba att hänga på. Westernfigurer till häst åkte ut, rebeller på motorcyklar togs in. Men grundkonceptet var detsamma: läderklädda outsiders som körde sitt eget race och inte lät någon trampa på sig. En av de första filmerna hette *Hell's Angels on Wheels* och kom år 1967. Huvudpersonen, spelad av Jack Nicholson, var en från början vanlig kille som gick med i Hells Angels efter att ha fått stryk av en annan mc-klubb. Även Hells Angels-ledaren Sonny Barger medverkade i filmen. Barger deltog själv aktivt i marknadsföringen, genom att åka runt till stad efter stad och visa upp sig i samband med premiärerna. Två år senare kom *Hell's Angels '69*, även denna med Sonny Barger i en av rollerna.

Så här minns en svensk Hells Angels-medlem hur det kändes att se filmen på bio: "Den där rullen gjorde ett outplånligt intryck på oss. Handlingen kan man väl lämna därhän. Men det var själva känslan av att se änglarna i verkligheten och höra dånet från deras motorcyklar. Det var som att sätta eld på en krutdurk. Från den stunden gjorde vi allt för att likna Hells Angels." (Citat ur boken *Hells Angels*, utgiven av Hells Angels i Stockholm i samarbete med fotografen och journalisten Per-Olof Sännås.)

Förutom stora kontanttillskott gav Hollywoodfilmerna nytt bränsle åt Hells Angels expansion. Fler och fler klubbar ville söka medlemskap. Sonny Barger har i efterhand konstaterat att filmvågen hade ovärderlig betydelse för skapandet av Hells Angels rykte och varumärke. "Många människor köpte det. Det var gratis reklam för oss och det är aldrig fel med publicitet", skriver han i sin självbiografi. I efterhand anser Sonny Barger dock att filmernas innehåll var "totalt överdrivet och uppförstorat". Hells Angels hade blivit fiction och organisationens ledare hade ingenting emot det.

Kulten kring Hells Angels fick i slutet av 1960-talet mc-klubbar utanför USA att kopiera klubbens namn och logotyp på sina egna västar. Enligt Hells Angels historiebeskrivning upptäckte några medlemmar från Kalifornien på besök i London, dit de påstås ha bjudits in av popgruppen The Beatles, hur hett namnet blivit även här. Efter ett centralt beslut inom organisationen bestämdes att två klubbar i den brittiska huvudstaden skulle väljas ut för provmedlemskap. Dessa fick i sin tur se till att inga andra mc-klubbar fortsatte att bära organisationens namn eller färger. Londonklubbarna skötte sitt uppdrag och utsågs som tack för hjälpen till Hells Angels första europeiska avdelningar sommaren 1969.

Vid det här laget hade de amerikanska myndigheterna på allvar börjat oroas över Hells Angels framfart. Parallellt med att Hells Angels blivit ett massmediefenomen hade ett nytt inslag dykt upp: narkotikahandel och vapenhantering. Den amerikanska polisen betraktade numera Hells Angels som ett organiserat brottssyndikat. Flera medlemmar greps och åtalades. Reklampelaren Sonny Barger dömdes för vålds- och vapenbrott. Detta innebar inga hinder för organisationens fortsatta expansion. I början av 1970-talet öppnade Hells Angels avdelningar i Schweiz och Tyskland, 1975 i Australien och 1977 i Kanada.

Även i Skandinavien var nyfikenheten stor. I Danmark fanns fyra gäng (Iron Skulls, Dirty Angels, Galloping Goose och Nomads) som bestämde sig för att gå samman och uppvakta idolerna. 1977 togs en kontakt med Hells Angels i Holland, men danskarna blev snabbt tillrättavisade. Enligt den hierarkiska ordning som vid det här laget kommit att utvecklas var det Hells Angels i Tyskland som skulle ansvara för en eventuell expansion norrut. En tid senare kom en bister samling Hells Angels-medlemmar från Hamburg för att inspektera fyrklubbsunionen. Tyskarna var inte imponerade; danskarna ansågs egentligen för unga och odisciplinerade. Samtidigt var Hells Angels europeiska ledning angelägen om att lägga nya territorier under sig och det bestämdes att danskarna skulle få en chans. 1978 utsågs fyrklubbsunionen till så kallade hangarounds. Danskarna förstod att det nu gällde att strama upp sig och rätta in sig i ledet. Efter en hård intern gallring blev unionen Skandinaviens första Hells Angels-avdelning på nyårsnatten mellan 1980 och 1981.

En gammal rivalitet mellan de fyra ursprungsklubbarna och andra danska mc-gäng, däribland en gruppering som kallade sig Bullshit, gjorde sig snart påmind. Rivaliteten gällde inte längre bara vilka som var tuffast och hårdast. Striden kokade i stället ner till vem som skulle kontrollera den växande handeln med hasch och andra droger i Köpenhamns frizon Christiania. År 1983 utbröt en konflikt som skulle skörda ett dussin människoliv och skada ett hundratal gängmedlemmar och andra. De flesta offren fanns på Bullshit-sidan och 1988 kapitulerade gänget. Många attentat förblev olösta. Men dansk polis lyckades få en del mördare bakom lås och bom. En av dem var Hells Angels-ledaren och talesmannen Jörn "Jönke" Nielsen.

Även i svenska tidningar fick det danska mc-kriget stor uppmärksamhet. Inte alla läsare avskräcktes. Särskilt i Skåne fanns många unga killar som tvärtom fascinerades av Hells Angels och började drömma om att få leva som de. På några år växte antalet mc-klubbar snabbt i Öresundsregionen. Enbart i Malmö fanns i mitten av 1980-talet ett tiotal olika klubbar med namn och ryggmärken, som alla var mer eller mindre inspirerade av Hells Angels. En av dessa hette Dirty Dräggels och hade börjat som en raggarklubb i början av 1980-talet. Ett av "dräggen", som klubbens medlemmar kallades av polisen, var Thomas Möller.

– När Thomas Möller blev känd av oss var han en i mängden av raggare som gillade att sitta i en jänkarbil och dricka öl och skråla, minns en Malmöpolis.

Dirty Dräggels byte av bilar mot Harley-Davidson-motorcyklar hade först inte tagits som tecken på något särskilt. Men ganska snart noterade

polisen att Dirty Dräggels gjorde anspråk
på att vara den mc-klubb i staden som
tänkte visa var skåpet skulle stå – trots att
medlemmarna alltså var ganska gröna i mc-
kretsar. Att Thomas Möller och de andra
skulle vara beredda att ta till liknande me-
toder som i Danmark föreställde sig ingen.
Den uppfattningen skulle komma att änd-
ras efter en händelse i december 1987.

Det var becksvart ute när en bil körde
upp framför mc-gänget Sinners klubblokal
på Jörgen Kocksgatan i Malmö Frihamn.
I klubblokalen, som låg nere i en källare,
var det julfest och sju Sinners-medlemmar
hade satt sig till bords för att äta. Ingen
av dem hörde bilen som hade stannat till
utanför och släppt av en person. Men ett
annat ljud fick Sinners-medlemmarna att
titta förvånat på varandra: knackningar
på ytterdörren. En av medlemmarna reste
sig för att gå bort och öppna. Ett öron-
bedövande, smattrande ljud fick honom att
tvärstanna halvvägs. När oljudet var över
kände han hur det brände i benet. Han
tittade ner och såg blod. Längre in i loka-
len skrek en annan medlem att han också
hade blivit träffad. I panik ringde någon av

*Thomas Möller efter för-
vandlingen från raggare
till biker.*

de andra medlemmarna det dåvarande larmnumret 90 000. Minuterna
senare lystes Malmönatten upp av blåljus.

Attacken rubricerades som mordförsök och en spaningsledning sattes
upp inom Malmöpolisen. Ledningens första drag blev att kalla in alla Sin-
ners medlemmar till förhör på polishuset vid Davidshalls Torg i centrala
Malmö. Man tog inga risker. Poliser med kpistar posterades ut runt hela
polishuset och personalen i receptionen försågs med skottsäkra västar.
Tidningen Sydsvenskan skulle dagen efter konstatera att "spänningen

och vaksamheten bland de utposterade poliserna var stor – ingen visste vad som väntade". Förhören blev en besvikelse. Sinners-medlemmarna sade sig inte ha någon aning om vem eller vilka som låg bakom attacken. Två dagar senare framträdde en tredje medlem och hävdade att även han hade blivit skottskadad. Detta var Sinners tjugotvåårige ledare. Liggande på en sjukhussäng visade tjugotvååringen ytliga skador på benen för Malmös pressfotografer. Sinners-ledaren sa sig ha överraskat gärningsmännen ute på gårdsplanen framför lokalen. När han "svängde runt på gårdsplanen för att fortast möjligt komma därifrån" skulle hans bruna Ford Taunus ha träffats av minst ett skott, som genomborrade plåten och träffade nederkanten av förarstolen. Polisen godtog berättelsen och rubricerade även detta som mordförsök. Men inte heller Sinners-ledaren skulle bli till någon hjälp för polisutredarna. Han hade varken kunnat urskilja chauffören eller skytten och än mindre bilens registreringsnummer, hävdade han.

Även från övriga mc-klubbar var det tyst. Likaså från polisens vanliga tipsare. Var det så att folk var rädda för att själva drabbas? Från någonstans började en känsla av att dådet skulle ses i ett större sammanhang att sprida sig bland polisutredarna. Ett halvår tidigare hade en annan av Malmös mc-klubbar, Belkers, utsatts för ett liknande attentat. Gemensamt för de båda attackerna var att de hade utförts med automatvapen, vilket vid denna tid fortfarande var ovanligt. I jakt på tänkbara vapen kom polisen att intressera sig för ett rån mot regementet P7 i Revingehed tidigare under året. Okända gärningsmän hade överfallit regementets värnpliktiga vakter och tvingat till sig två automatkarbiner modell AK 4. Rånarna hade kommit undan och vapnen saknades fortfarande. Om hypotesen nu var att vapenrånet och attentaten mot mc-klubbarna hängde ihop, vem kunde då ligga bakom?

En ganska stor krets av kända kriminella ansågs vara kapabla att utföra rånet. Men att någon av dessa också skulle ha motiv att attackera Belkers och Sinners var knappast troligt. Uteslutningsmetoden ledde till Dirty Dräggels. Klubben hade under det senaste året odlat en mer aggressiv stil och nyligen skaffat sig en klubblokal – en dansrotunda i den lilla byn Djurslöv öster om Malmö – som byggts om till fort med taggtråd och övervakningsutrustning. Genom danska kolleger visste Malmöpolisen dessutom att Dirty Dräggels hade uppvaktat Hells Angels i Köpenhamn vid flera tillfällen.

I hemlighet började ett tillslag förberedas. På nyårsaftonens morgon 1987 var tiden inne. En karavan av polisbilar körde ut från Malmö till Djurslöv och Dirty Dräggels klubblokal. Ett fyrtiotal poliser stormade byggnaden men några AK 4:or hittades inte. Däremot beslagtogs två gevär. Längre än så nådde inte försöken att klara upp kedjan av brott. Tjugo år senare bekräftar polisen emellertid att man hela tiden betraktat Dirty Dräggels som skyldiga till attentaten mot Belkers och Sinners.

– Allt pekade på det. Och vi blev än mer övertygade av det som sedan hände, säger en av dem.

Bara några månader senare lade Sinners ned sin verksamhet. Belkers fanns kvar ytterligare några år, men medlemmarna blev mer och mer springpojkar åt Dirty Dräggels. Belkers ledare, Jonas Granborg, skulle många år senare synas i Hells Angels-väst. Än mer förvånade blev poliserna när de så småningom noterade ett annat nytt ansikte i gänget: den tidigare ledaren för Sinners.

– Allt tyder på att han valde att sälla sig till dem som tidigare beskjutit honom och hans klubbkompisar, säger en polisman.

Efter dessa händelser hade Dirty Dräggels en ohotad ställning bland Malmös mc-klubbar. Medlemmarnas nästa steg blev att presentera sig för övriga Sverige. Det skulle knappast bli något vänskapligt uppvaktande.

– Dirty Dräggels åkte runt till landets chopperklubbar, som vi kallade dem då, och förklarade att från och med nu var det de som bestämde. Inga klubbar tilläts bära färgerna rött och vitt eller ha landsnamnet "Sweden" på sina västryggar, berättar Tommy Andersson, vid den här tiden kriminalinspektör på Rikskriminalen och den polisman i Sverige som först fick i uppdrag att kartlägga de så kallade enprocentsklubbarna.

– Dirty Dräggels agerande bröt mot den fredliga stämning som präglat bikervärlden fram tills dess. Enkelt uttryckt hade alla varit vänner och besökt varandras fester, druckit öl, rökt hasch och umgåtts. Ingen hade styrt och ställt. Nu kom något helt nytt, fortsätter Tommy Andersson.

En del klubbar som fick besök tyckte att de före detta raggarna kunde åka tillbaka till Malmö och sluta att lägga sig i andras angelägenheter. Priset för dem som vågade säga detta högt blev dyrt. Klubbhus brändes ned, medlemmar överfölls och misshandlades och hela klubbar tvingades att lämna ifrån sig sina västar. Tommy Andersson och hans kolleger fick höra hur mc-folk i Trelleborg, Eskilstuna och på andra orter drabbats av Dirty Dräggels metoder. Men när klubbarna kontaktades var ingen av deras medlemmar intresserade av att göra polisanmälan.

År 1989 hade situationen gått så långt att några av de klubbar som ansåg sig förnedrade bjöd in till så kallad "hojriksdag" för att diskutera det gemensamma problemet. Enligt flera källor ville de mer hårdföra klubbarna se ett motangrepp mot de maktfullkomliga skåningarna. Men såvitt känt uteblev alla sådana försök. Ett skäl har i efterhand påståtts vara att Dirty Dräggels fått reda på planerna genom en spion och hört av sig till mötesarrangörerna.

– Att man skulle ha rått på gänget i Malmö var nog de övriga klubbarna överens om. Däremot var rädslan för Hells Angels i Danmark stor. Ingen ville ta risken att de krigiska danskarna skulle komma och hämnas. Detta gjorde att alla så småningom rättade in sig i ledet eller lade ner, säger Tommy Andersson.

En som reagerade på utvecklingen var journalisten Anders Westenius på tidningen *Motorcykelmagasinet*. 1989 varnade han i en artikel för att allt fler lokala mc-gäng hade börjat anamma outlaw-kulturen. Efter att artikeln hade publicerats överfölls Westenius utanför sin bostad i Stockholmstrakten och misshandlades svårt av flera män försedda med basebollträn. Misstankarna föll direkt på Dirty Dräggels och kort efter attacken kunde fyra Dirty Dräggels-medlemmar gripas när de var på väg söderut längs E4:an i höjd med Norrköping. Männen anhölls, misstänkta för grov misshandel, och förhördes. Men i brist på utpekanden och tekniska bevis gick det aldrig att slå hål på deras nekanden och misshandeln förblev ouppklarad. Anders Westenius återhämtade sig aldrig helt från sina skador i bland annat huvudet. Sommaren 2006 avled han, femtiotre år gammal.

Hells Angels i Köpenhamn var uppenbarligen nöjda med det skräckvälde som Dirty Dräggels hade skapat. I mars 1990 fick skåningarna ett kvitto på sin duglighet i den "röd-vita" världen: Dirty Dräggels utsågs till så kallat hangaround chapter till Hells Angels. Därefter skulle det gå snabbt. Redan året därpå, i samband med ett internationellt Hells An-

gels-möte på Irland i juni 1991, avancerade Dirty Dräggels till nästa pinn-
hål på Hells Angels karriärstege och blev medlemmar på prov. Namnet
Dirty Dräggels gick i graven och ersattes av det tillfälliga "MC Sweden".
Några månader senare detonerade flera sprängladdningar i Malmö, i an-
slutning till bostäder som ägdes av anhöriga till ett par av medlemmarna
i klubben. Vem eller vilka som låg bakom dåden har aldrig klarats upp.
Men om gärningsmännen hade hoppats skrämma Thomas Möller och
de andra från att ta steget fullt ut så var det en missbedömning. Den 27
februari 1993 nådde Möller och hans klubbkamrater sitt mål. De hade
blivit änglar i helvetet.

Nästan omedelbart började Hells Angels-klubben jobba på att tvätta
bort sitt dåliga rykte. Den nya bild som ledningen ville ge var att med-
lemmarna var resonabla, rättvisa och salongsfähiga. Hells Angels skulle
inte ställa till med några problem om ingen annan heller gjorde det, löd
budskapet.

Det var nu som Thomas Möller klev fram som talesman och affisch-
namn, först som vice president och senare som president. Möller kände
av att det fanns ett sug från tidningar och andra massmedier efter att få
kika in i Hells Angels värld och han gav dem vad de ville ha. Under våren
1993 hade Thomas Möller och en annan Hells Angels-medlem friat till
sina respektive flickvänner. Under bröllopsplaneringen bestämde de sig
för att göra gemensam sak och arrangera ett dubbelbröllop i Johannes-
kyrkan i centrala Malmö. Arrangemanget blev ett magnifikt PR-jippo för
Hells Angels. *Expressen*, *Kvällsposten*, *Arbetet* och andra stora svenska tid-
ningar var på plats. Thomas Möller och hans klubbkamrat, båda iförda
vita skjortor och Hells Angels-västar, tog god tid på sig att posera för
fotograferna tillsammans med sina fruar. (Att Thomas Möllers nyblivna
maka var dotter till en polisman i Malmö gjorde inte journalisternas in-
tresse mindre.) Dagen därpå fick bilderna stort utrymme i tidningarna.
"Här möts himmel och helvete", löd rubriken i *Expressen*.

I början av 1994 fick Thomas Möller för första gången chans att visa
upp sig för hela Sverige genom medverkan i Sveriges Television, SVT.
Debuten skedde i nöjesprogrammet *Dynamo*, som hade bjudit in Möller
tillsammans med bland andra Unni Drougge, Peps Persson och Stakka
Bo. Intervjun med Thomas Möller skedde ungefär samtidigt som en

Sveriges första Hells Angels-avdelning, ursprungsupplagan. Stående fr.v.: Lars-Olov "Sillen" Westerberg (dåvarande president), Per Jensen, Johnny Möller-Larsen, Conny Wickman, Christian "Totte" Nilsson, Mikael "Micke Piss" Johansson. Sittande fr.v.: Tor Nygren, Kent-Inge Sjöblom, Thomas Möller (dåvarande vice president) och Magnus "Tanglan" Lindahl. År 2007 har alla utom Sjöblom och Möller lämnat klubben.

misshandelsrättegång mot en av hans klubbkamrater fick ställas in på grund av att målsäganden inte vågat vittna. På sävlig skånska försäkrade Möller dock att ingen "oskyldig" behövde vara rädd för Hells Angels.

Några månader senare var Möller tillbaka i SVT, nu i dokumentär-filmen *En ängels moral*. Filmen innehöll bland annat en sekvens där Möller sköt prick med ett militärt automatvapen. Hells Angels talesman gavs även flera tillfällen att utveckla sin syn på våld. "Det är bara om det finns goda grunder som vi anser att man kan slå någon i huvudet med ett base-bollträ", löd en kommentar. En del recensenter tyckte att dokumentären spelade Hells Angels i händerna. "Det föreföll som om de intervjuade änglarna själva lyckades rätt väl med det förmodligen dubbla syftet, att å ena sidan framstå som tillräckligt råa för att behålla sina fans och å den andra tillräckligt rumsrena för att nästan kunna räknas in i samhället", skrev *Dagens Nyheters* Leif Furhammar. Två månader efter att dokumentären hade sänts häktades Thomas Möller, misstänkt för att ha sparkat en man medvetslös. Detta förbigicks i SVT med tystnad.

I början av 1996 fick Thomas Möller på nytt möjlighet att sprida Hells Angels budskap genom SVT. Journalisten Lars Adaktusson hade bjudit in Möller till programmet *Kvällsöppet* och lät sig fullständigt köras över, enligt flera TV-recensenter. "Intervjun blev en flopp. Möller lyckades måla ut sig och mc-gänget som ett trivsamt, närmast oskuldsfullt brödraskap, tyvärr utsatt för en hetsjakt av massmedier och polis. Bara glorian fattades på ängeln i svart", skrev Börje Lundberg i *Expressen*. Under intervjun hade Möller passat på att rikta ett hot mot alla Hells Angels potentiella fiender. "Om det behövs så givetvis använder vi våld, det kan jag inte sticka under stol med. Angriper någon oss så angriper vi dem med full kraft, absolut gör vi det", förklarade Möller för Adaktusson.

Inte bara SVT förmedlade Hells Angels-ledarens hotelser. I en intervju i TV3 under 1996 svarade Thomas Möller så här när han tillfrågades vad som drabbar den som utmanar Hells Angels: "Det måste vara det dummaste du kan göra i hela världen. Det spelar ingen roll var du är, vem du är, vad du gör. Folk kommer att jaga dig alltid. Vi är allierade med så många grupperingar i samhället att du kan inte göra nånting. Går du in och angriper oss så har du stängt in dig i ett rum och du kommer satan ta mig inte ut därifrån."

År 1996 var även det år då Thomas Möller blev omskriven för sin flitiga närvaro på olika kändisfester. Jannike Björling, Camilla Henemark och andra av dåtidens kända ansikten trivdes i hans sällskap och han i deras. Det var också under den här perioden som Thomas Möller provocerade landets polisledning genom att dyka upp på en konferensanläggning, där de högsta poliseheferna träffats för att i hemlighet diskutera hotet från mc-gängen.

– Han kom in med västen på och satte sig i konferensanläggningens bar. Jag minns att jag sa att den här killen skulle man ta itu med specifikt. Men han hade ju tyvärr rätt att sitta där, minns dåvarande rikspolischefen Björn Eriksson.

Vid det här laget hade Hells Angels och konkurrenterna Bandidos MC i Helsingborg hamnat i öppet krig (se kapitlet Bandidos MC). Skottlossning i stadsmiljö, raketattacker inne i bostadsområden med mera hade lett till att röster höjts för strängare lagar. En av dem som krävde en hårdare linje var dåvarande riksdagsledamoten Siw Persson (fp). Thomas Möller bestämde sig för att utmana Persson och ett ordkrig i massmedierna utbröt. Saken tog en oväntad vändning när Möller på hösten 1998 "kuppade" in sig själv och flera andra Hells Angels-medlemmar i folkpartiet. Genom att uppge sina andranamn hade medlemmarna lyckats undgå upptäckt på folkpartiets kansli. Någon tipsade tidningen *Kvällsposten* i Malmö, som skrev en lättsam artikel om Hells Angels provokation mot Persson och folkpartiet. Thomas Möller påstod någon dag senare att avsikten varit att väcka en seriös debatt om vilka medel som rättsväsendet skulle få använda. "Vi anser det inte vara befogat att lägga mängder av resurser på grundlagsvidrig förföljelse av vissa grupper", skrev han i ett öppet brev, även detta publicerat i *Kvällsposten*.

Ett år senare, på hösten 1999, dök mc-ledarens namn på nytt upp i politiska sammanhang. Svenska regeringen, inklusive dåvarande statsministern Göran Persson, hade rest till Sydafrika för att stärka banden till den regering som tagit över efter Nelson Mandela. Under besöket upptäckte svenska säkerhetspoliser och journalister plötsligt Thomas Möller i korridoren på regeringens hotell. Möller, som nyligen själv hade flyttat till Kapstaden, förklarade det hela som en tillfällighet. Men senare framkom att han var vän med den artistförmedlare som hade regeringens uppdrag att arrangera konserter med bland annat Doktor Alban.

I Sydafrika gjorde Thomas Möller 2001 ett annat oväntat drag för att få uppmärksamhet. I samband med att de tävlande båtarna i jorden-runt-kappseglingen *Volvo Ocean Race* skulle starta utanför Kapstaden hade Möller och några vänner till honom chartrat en stor lyxjakt. När båtarna passerat startlinjen körde jakten upp bredvid armadan av segelbåtar. Häpna svenska seglare och andra kunde läsa texten på en banderoll som hängts upp på fartygets sida: "Hells Angels MC Malmoe Sweden".

År 2003 tröttnade Thomas Möller på att pendla mellan Sydafrika och klubbmötena i Malmö. Han bestämde sig för att träda tillbaka som president. Genom en av Möllers bekanta, en journalist på *Expressen*, fick även detta stor uppmärksamhet i massmedia. För sin vän berättade Thomas Möller att han "löst ut sin fallskärm" och skulle dra sig tillbaka i utlandet med gott om tillgångar. Artikeln refererades av Tidningarnas

Telegrambyrå, som kablade ut nyheten till Sveriges alla redaktioner.

Listan över tillfällen då Thomas Möller utnyttjat massmedierna till sin fördel kan göras ännu längre. En professionell PR-agent skulle sannolikt ha varit avundsjuk på det marknadsföringsvärde som Möllers framträdanden, kupper och utspel genererat. Såvitt känt har Möller emellertid aldrig varit i närheten av några kurser i kommunikations- och massmediestrategi. Poliser som bevakat Hells Angels sedan starten kan inte låta bli att förundras över hur framgångsrikt han på egen hand lärt sig spelet.

– Han är ett naturbarn när det gäller att få gratisreklam åt sig själv och Hells Angels, säger en av dem.

Thomas Möllers flitiga exponering i tidningar, TV och offentliga sammanhang ligger i linje med den strategi som Hells Angels tillämpar världen över. Att pränta in organisationens symboler i allmänhetens medvetande är ett viktigt mål.

– Hells Angels är oöverträffade när det gäller att utnyttja massmedia. Organisationens amerikanska ledare umgås flitigt med Hollywoodkändisar och håller sig framme när pressen tar bilder. I samband med att den engelska drottningen uppvaktades på sin födelsedag för några år sedan fanns Hells Angels där för att hänga på den kortege som gick genom London, berättar kriminalinspektör Thorbjörn Johansson vid Rikskriminalen, en av den svenska polisens främsta experter på kriminella mc-klubbar och medlem av The International Outlaw Motorcycle Gang Investigators Association (IOMGIA), en intresseorganisation för poliser och åklagare över hela världen.

Däremot har Thomas Möller inte varit intresserad av att medverka i den här boken. I april 2007 ringde vi honom och bad om en intervju. Möller svarade spontant att han kunde tänka sig att ses och vi kom överens om att faxa våra frågor till honom i förväg, via advokaten Sven-Eric Olsson i Malmö. Efter att advokaten mottagit faxet var Möllers mobiltelefon avstängd. Varken han eller Sven-Eric Olsson valde att återkomma, trots upprepade påstötningar. Inte heller Thomas Möllers efterträdare som president för Hells Angels Malmöavdelning, Kent-Inge Sjöblom, har velat låta sig intervjuas.

Efter etableringen i Malmö växte Hells Angels stadigt i Sverige. Det

Polisens underrättelserotlar har lagt stor kraft på att kartlägga varje individ inom Hells Angels. Här en tidig förteckning över Stockholmsavdelningen. Johan Segui, Ray Vesterinen, Per Jensen och Lars Heikkinen har sedan dess lämnat klubben.

motstånd som under 1980-talet hade präglat mc-världen övergick under 1990-talet i respekt, beundran och till och med dyrkan. I så gott som alla landsändar fanns nu mc-klubbar som inget hellre ville än att bli näst i tur att bära Hells Angels emblem. Idag, fjorton år efter Malmö-avdelningens bildande, finns sju fullvärdiga svenska avdelningar eller så kallade chapters (etableringsår inom parentes): "Malmoe" (1993), "Helsingborg" (1996), "Stockholm" (1997), "Eastside" (1998), "Gothenburg" (1999), "Karlstad" (2005) och "Goth Town" (2006). ("Eastside" har sin bas i Saltsjö-Boo öster om Stockholm och "Goth Town" i centrala Göteborg.) Sedan i början av 2007 finns också en blivande Hells Angels-avdelning i Luleå som bär namnet Hangaround chapter of Hells Angels. Storleken på Hells Angels-avdelningarna är skiftande.

Våren 2007 såg medlemsantalet ut så här, enligt underrättelseinformation från polisen: "Stockholm": 20 st, "Eastside": 13 st, "Karlstad": 13 st, "Helsingborg": 8 st, "Gothenburg": 7 st, "Goth Town": 7 st samt

"Malmoe": 7 st. Inklusive provmedlemmar och hangarounds bestod avdelningarna vid denna tidpunkt av 109 personer.

Samtliga svenska Hells Angels-avdelningar utom "Goth Town" och "Helsingborg" har egna fastigheter med garage, verkstad, festlokaler och övernattningsrum. "Gothenburg" och "Karlstad" äger egna gårdar. "Malmoe" äger en stor fastighet i Arlöv, "Stockholm" en industribyggnad i Ulvsunda medan "Eastside" hyr ett litet fritidshus i ett villaområde i Saltsjö-Boo. "Helsingborg" har däremot gjort sig av med sin fastighet i byn Hasslarp i Skåne och ännu inte skaffat någon ny lokal.

Varje Hells Angels-avdelning styrs självständigt. I praktiken har dock den avdelning som först etablerades i ett land en tyngre röst än övriga i frågor som rör hela organisationen. Den sistnämnda avdelningen kallas mother chapter och utgörs i Sverige alltså av Hells Angels MC Malmoe. Beslut inom Hells Angels-klubbarna fattas normalt genom omröstning vid regelbundna veckomöten, så kallad "church". De gemensamma reglerna – "by-laws" – säger att varje medlem har en röst och att majoritetens vilja gäller. Beslagtagna mötesprotokoll visar att det som ofta diskuteras är scheman för vakthållning, gemensamma avgifter, rekrytering av nya medlemmar, bestraffningar etcetera. Polisen vet dock vid det här laget att många av de frågor som tas upp aldrig skrivs ned.

Beslut av mer löpande karaktär fattas av avdelningens "officers". Högst i rang står "president" följd av "vice president", "secretary", "sergeant at arms", "treasurer" och "road captain". Presidentens uppgift är att företräda klubben utåt och att leda möten. Vice presidenten är presidentens ersättare. Secretary ansvarar för mötesprotokoll och korrespondens till andra Hells Angels-klubbar. Sergeant at arms kan sägas vara avdelningens säkerhetschef, som i händelse av konflikt ser till att klubben har tillgång till vapen och kan försvara sig. Enligt handlingar som beslagtagits av polisen verkställer den sistnämnde även interna bestraffningar. Slutligen är sergeant at arms även ansvarig för rekrytering av hangarounds och prospects samt utdelning av klubbmärken. Treasurer kan i sin tur liknas vid en kassör med ansvar att se till att alla medlemmar betalar en årlig avgift till den egna avdelningen och till Hells Angels världsorganisation. Road captain arrangerar avdelningens gemensamma korteger och resor.

Framför allt president, vice president, secretary och sergeant at arms

SÅ ÄR EN HELLS ANGELS-AVDELNING UPPBYGGD:

PRESIDENT

Talesman utåt, ordförande vid interna möten och representant gentemot
andra Hells Angels-avdelningar. Har vetorätt inom avdelningen.

VICE PRESIDENT

Ersätter presidenten vid dennes frånvaro.

SERGEANT AT ARMS

Ansvarar för säkerhet, rekrytering, interna
bestraffningar m.m.

TREASURER

Kontrollerar gemensamma bankkonton
och sköter betalningar till Defence Fund.

ROAD CAPTAIN

Leder mc-korteger och arrangerar besök
hos andra Hells Angels-avdelningar.

SECRETARY

För protokoll vid interna möten. Ansva-
rar för kommunikation med andra Hells
Angels-avdelningar.

MEMBER (FULLVÄRDIG MEDLEM)

Närvarar vid interna möten och deltar i omröstningar.

PROSPECT (PROVMEDLEM)

Passar upp på avdelningen och dess medlemmar under minst ett år. Får bära väst
med delar av avdelningens emblem men ej närvara vid interna möten.

HANGAROUND

Passar upp på avdelningen och dess medlemmar under minst ett år. Får ej
bära väst med emblem och ej närvara vid interna möten.

RED & WHITE CREW-MEDLEMMAR

Lojala medhjälpare. Utför uppdrag av olika art.

SUPPORTRAR

Medlemmar i Hells Angels-vänliga mc-klubbar. Mest framträdande är nätverket
Red Devils MC, som har status som officiell supporterorganisation.

HELLS ANGELS MC 43

måste ägna ansenlig tid åt att representera sin avdelning vid så kallade "officers meetings". Dessa sker oftast på nationell nivå, men en gång varje år träffas representanter för alla världens Hells Angels-avdelningar för ett gemensamt möte, ett så kallat "World Officers Meeting". De avdelningar som inte deltar riskerar böter och på sikt uteslutning.

Den höga organisationsgraden gör det berättigat att beskriva Hells Angels-rörelsen som en organisation och de enskilda avdelningarna som föreningar eller klubbar och inte som gäng. Flera av de svenska Hells Angels-avdelningarna är också registrerade ideella föreningar.

Parallellt med Hells Angels expansion har en supporterrörelse vuxit fram under namnet Red Devils MC. Red Devils föddes i USA och kom till Sverige sommaren 2001. Idag finns fem svenska avdelningar: "Trelleborg", "Svenljunga", "Göteborg", "Arvika" och "Sala" med provmedlems-avdelningar i Landskrona och Falun. Antalet medlemmar uppgick våren 2007 till totalt 74, enligt polisens kartläggning. Red Devils-avdelningarna kan beskrivas som Hells Angels plantskola. Såväl Hells Angels Karlstadsavdelning som den blivande avdelningen i Luleå har uppstått ur Red Devils-klubbar. Precis som inom Hells Angels är disciplinen inom Red Devils hård och samma regler gäller för möten, befälsordning, rekrytering och så vidare.

Längst ner i Hells Angels hierarki i Sverige står en gruppering kallad Red & White Crew. Denna utgörs av en samling lojala underhuggare, som förväntas ställa upp när Hells Angels ber om det. Våren 2007 ingick totalt 73 personer i sju Red & White Crew-grupperingar i Stockholm, Göteborg, Malmö, Karlstad, Svenljunga och Helsingborg. Störst var Göteborgsgrupperingen, med 27 medlemmar. Våldsbenägenheten bland Red & White Crew-medlemmarna anses hög och majoriteten har fällts för brott.

Utanför kretsen av Hells Angels- och Red Devils-klubbar finns ett stort antal andra svenska mc-klubbar som, enligt polisen, mer eller mindre uttalat stöder Hells Angels. För att någon av dessa ska få börja den långa vandringen mot fullvärdigt medlemskap krävs ett godkännande från samtliga Hells Angels-avdelningar. Blir det ett ja får den ansökande klubben kalla sig "hangaround chapter" till Hells Angels världsorganisation, Hells Angels MC World. Klubben behåller dock sitt tidigare namn och emblem. Från och med nu är medlemmarna skyldiga att utföra tjänster åt Hells Angels. Vid behov förväntas de infinna sig hos de fullvärdiga avdelningarna och arbeta utan lön.

Sysslorna varierar. När Hells Angels under 1990-talet låg i fejd med rivalerna Bandidos MC åkte medlemmar från de blivande Hells Angels-avdelningarna i Stockholm respektive Göteborg ned till Malmö och Helsingborg, där de försågs med vapen och sattes att vakta klubbhus och bostäder. Andra uppdrag kan bestå i att hjälpa fullvärdiga avdelningar att arrangera fester, att agera chaufförer eller bistå med underhåll av klubblokaler. Under hangaroundtiden tvingas klubbarna även lägga stor kraft på att styra upp sin organisation och struktur. En fast ledning måste utses och regelbundna mötesrutiner införas. Medlemmar som inte anses tillräckligt motiverade för att göra de uppoffringar som krävs uppmanas att hoppa av.

För att undersöka om en hangaroundklubb följer reglerna skickar Hells Angels ut representanter som inspekterar ordningen. Har underhuggarna skött sig kan de efter ett år lyftas upp till nästa steg på Hells Angels trappa och utses till "prospect chapter". Det tidigare klubbnamnet går då i graven och försvinner från medlemmarnas klubbvästar. I stället låter medlemmarna sy på ett litet märke – på engelska "patch" – med texten "MC" till höger på sina västryggar. Under detta märke placeras en så kallad "bottom rocker", som talar om vilket land klubben finns i. Dessa båda märken bildar också klubbens nya namn, i Sverige "MC Sweden".

Även under den här fasen förväntas den ansökande klubben att ta order uppifrån. Flera exempel från Sverige och utlandet vittnar om att provmedlemmar begått brott på order av fullvärdiga Hells Angels-medlemmar. Efter ytterligare något eller några år sker så en ny prövning. Har kandidaterna levt upp till förväntningarna uppnår de fullvärdigt medlemskap.

Beviset för att detta skett är att medlemmarna på sina klubbvästar får lägga till såväl texten Hells Angels ("top rocker") och organisationens dödskalleemblem ("center patch"). En sådan här ryggtavla kallas "full patch". Vanligtvis kompletterar medlemmarna sina märken med en text på västens framsida som talar om vilken stad de kommer ifrån ("front patch") och en 1 %-symbol. Även de så kallade officerstitlarna syns ofta på västarnas framsida. Fullvärdiga Hells Angels-avdelningars rekrytering

"En procent är en hundradel av oss, som har givit upp samhället och politikernas stadgade lagar.

Det är därför som vi ser avskyvärda och avskräckande ut. Vi säger att vi inte önskar likna dig eller vara som du.

SÅ HÅLL ER BORTA FRÅN OSS !!

Se på din broder som står vid din sida och fråga dig själv om du vill ge hälften av det du har i dina fickor eller hälften av din mat.

Om en borgare slår din broder skall du slå honom utan att fråga varför. Din broder har inte alltid rätt, men han är alltid din broder.

DET ÄR EN FÖR ALLA OCH ALLA FÖR EN. Om du inte är enig kan du gå, för då är du feg och hör inte hemma bland oss. Vi är OUTLAWS och medlemmarna måste följa outlaws sätt att göra sakerna på - eller gå. Alla medlemmar är dina bröder och din familj. Du skall inte stjäla din broders position, pengar, kvinna, stil eller hans humör.

OM DU LEVER SÅ, SKALL DIN BRODER OCKSÅ LEVA SÅ."

(Fritt översatt från danska)

Hells Angels filosofi nedtecknad av en svensk medlem. Avfotograferad av polis i samband med husrannsakan hos Hells Angels Malmöavdelning.

av enskilda medlemmar följer samma mönster som ovan. De svenska Hells Angels-avdelningarna har traditionellt hållit sig med två till tre så kallade hangarounds respektive prospects, men även större antal förekommer. Både hangarounds och prospects förväntas jobba gratis och utföra tjänster på samma sätt som beskrivits ovan, främst för den egna klubben.

De som inte håller måttet uppmanas att lämna klubben självmant, men Hells Angels rekryteringsmetoder har visat sig pålitliga och relativt få hangarounds och betydligt färre prospects misslyckas med sitt mål att bli fullvärdiga medlemmar.

Sannolikt är det på grund av detta som Hells Angels rekryteringsförfarande plagierats av så gott som samtliga övriga mc-klubbar som gör anspråk på att tillhöra den så kallade enprocentsvärlden. Detsamma gäller officerstitlar, klubbmöten, utformning av klubbvästar etcetera. I Sverige har nästan alla mc-klubbar vars medlemmar bär ryggmärken – förutom Bandidos och Outlaws – dessutom accepterat att underkasta sig Hells Angels makt när det gäller val av namn och emblem. Hells Angels införde i slutet av 1990-talet något som kallas för "Sverigemodellen", vilket innebär att alla nybildade mc-klubbar måste ansöka om godkännande av sina ryggmärken hos ett regionalt beslutsorgan. I landet finns elva sådana beslutsorgan och Hells Angels styr genom egna representanter eller lojala sympatisörer samtliga dessa. Skulle en mc-klubb strunta i att ansöka om godkännande genom Sverigemodellen blir följden utfrysning och avståndstagande från övriga klubbar i regionen.

Inte heller att lämna en Hells Angels-avdelning är okomplicerat. Avhopp kan ske på två sätt, antingen i samförstånd med klubbledningen eller genom uteslutning. Det förstnämnda kallas "good standing" eller "left" och det sistnämnda "bad standing" eller "out". Att gå i samförstånd är relativt problemfritt och innebär att ex-medlemmen tillåts fortsätta ha kontakt med klubben. Kravet är att medlemmen inte lämnat några skulder efter sig och att avhoppet inte sker då klubben har problem, som exempelvis konflikt med någon annan gruppering. Den som blivit utesluten förbjuds däremot att ha någon som helst kontakt med Hells Angels och dess medlemmar. Inte sällan "döms" uteslutna medlemmar också till att lämna ifrån sig sin motorcykel och andra ägodelar. Dessa måste dessutom avlägsna, eller tatuera över, alla tatueringar som har anknytning till Hells Angels. Sker detta inte frivilligt är Hells Angels, vilket vi kommer att återkomma till längre fram, inte främmande för att ta till bryska metoder.

Disciplinen och den hierarkiska strukturen inom Hells Angels kan tyckas paradoxal mot bakgrund av de frihetsideal som samtidigt genomsyrar organisationens mytologi. Även poliser som specialbevakar grupperingen har svårt att få ihop de motstridiga bilderna. En slutsats är att

Hells Angels-tillhörigheten för vissa är en väg till självkontroll.

– Drivkraften för en del är att de saknar de här ramarna hos sig själva. De mår inte bra utan den disciplin som finns inom klubbarna. Vi hör det från många, de berättar att de saknat den här styrseln i sina tidigare liv, säger en polisman som pratat med ett flertal nuvarande och före detta Hells Angels-medlemmar.

– Nya medlemmar bländas av den respekt som visas och den lojala stämning som råder inom klubben. Många har kanske inte erfarit denna typ av kärlek och sammanhållning någonsin tidigare i livet, fortsätter polismannen.

Vad kännetecknar då de svenska Hells Angels-medlemmarna? Till att börja med är de flesta födda på 1960-talet. De yngsta är strax under trettio år och äldst är en sextiotreårig medlem i Stockholmsavdelningen. Så gott som samtliga är födda i Sverige av svenska föräldrar. Undantaget är Hells Angels båda Stockholmsavdelningar, där en ansenlig del av medlemmarna har finskt ursprung. Några utomnordiska medlemmar finns däremot inte. En stor andel av medlemmarna arbetar, de flesta inom praktiska yrken. Några har tidigare varit yrkesmilitärer, men tvingats sluta på grund av sitt Hells Angels-medlemskap. Även hos andra medlemmar märks, enligt polisen, en "militär läggning". Ett exempel är Thomas Möller, som tidigt prydde sitt rum i Hells Angels klubbhus med souvenirer från Hitlertyskland och som idag har en av Sveriges största samlingar av naziföremål.

– För mig är det inte konstigt att personer som attraheras av militären också attraheras av Hells Angels. Organisationen genomsyras av en paramilitär mentalitet. Vapnen, uniformerna, gradbeteckningarna, allt finns där, säger kriminalinspektör Claes-Erik Lindsten på Stockholmspolisens länskriminalavdelning, som följt Hells Angels framväxt i Sverige.

Påfallande många svenska Hells Angels-medlemmar driver egna företag. Av de cirka etthundrafemtio nuvarande och tidigare medlemmar som vi granskat har cirka hälften egna firmor eller ingår i styrelsen för ett eller flera bolag. Vanligast är mindre hantverksföretag och byggbolag. Även fastighetsbolag, dataföretag, åkerier, bil- och mc-försäljningsfirmor, restauranger och säkerhetsbolag förekommer. Av de medlemmar som inte arbetar utnyttjar ett stort antal samhällets förmåner, som arbets-

löshetsersättning och socialbidrag. Ytterligare ett stort antal är långtids-
sjukskrivna eller förtidspensionerade och får varje månad utbetalningar
från Försäkringskassan. Enbart i Stockholm har ett tiotal Hells Angels-
medlemmar full ersättning från samhället efter att ha förtidspensionerats
– så gott som alla efter intyg från en läkare som prickats av Socialstyrelsen.
I början av 2006 gick Stockholmspolisens ledning ut i massmedia och
lovade inleda en brottsutredning om misstänkt bidragsfusk. Fortfarande
sommaren 2007 hade ingenting hänt.

Majoriteten av Hells Angels-männen hade straffats redan innan de gick
in i mc-klubben. Men även om både dråp, grovt vållande till annans död
och grovt rån finns med på listan över tidigare brott så var stölder, trafik-
brott och misshandel och andra mindre allvarliga brott det dominerande
under deras tid som icke Hells Angels-medlemmar. Få kan sägas ha levt
som yrkeskriminella. Efter att ha anslutit sig till Hells Angels har många
medlemmar däremot anammat en kriminell livsstil. Vapenbrott, innehav
av sprängämnen, misshandel, hot, utpressning och skattebrott tillhör de
brott som Hells Angels-medlemmarna fällts för. Även ringa narkotika-
brott har blivit ett allt vanligare brott, vilket tyder på ett ökande missbruk
av droger. De vanligaste drogerna i Hells Angels-sammanhang är kokain
och amfetamin.

Att enskilda medlemmar är straffade för brott har aldrig förnekats av
Thomas Möller och andra Hells Angels-ledare. Däremot har de hävdat att
kriminaliteten inte har någon koppling till mc-klubben. "Det är motor-
cyklarna som står i centrum. Motorcyklarna och brödraskapet", har Möl-
ler betonat under ett av sina TV-framträdanden. Visst är det säkert också
många Hells Angels-medlemmar som lever för sin Harley-Davidson-mo-
torcykel. Säkert pratas det motorer och växellådor när Hells Angels-med-
lemmar från olika delar av världen träffas. Och antagligen är många Hells
Angels-medlemmar mest intresserade av att bära sin klubbväst och umgås
med andra medlemmar. Så här beskrev exempelvis en medlem i Hells An-
gels Göteborgsavdelning sin klubb i en intervju med *Göteborgstidningen*
2006: "En gemenskap som inte dömer folk efter deras ålder, sociala till-
hörighet eller ras, utan som baseras på bevisad vänskap." Att många med-
lemmar begått brott medgav Hells Angels-medlemmen. Men han framhöll
samtidigt att "Hells Angels som grupp eller organisation gör inte det."

I många av de cirka trettio länder där Hells Angels hittills etablerat sig har myndigheterna emellertid försökt stämpla mc-klubben som en brottsorganisation. Poliser och åklagare som utrett misstankar mot medlemmarna har sin uppfattning klar: Hells Angels fattar kollektivt beslut om brott och tjänar pengar på kriminalitet.

– Många Hells Angels-avdelningar är involverade i organiserad brottslighet där vinsterna delas inom gänget. Hells Angels belönar också kriminella handlingar genom märken som visar vilka medlemmar som dödat eller sårat fiender och poliser, kommenterar den amerikanske åklagaren Pat Schneider, tidigare ordförande i International Outlaw Motorcycle Gang Investigators Association.

Men att leda anklagelsen i bevis har visat sig svårt. Varje gång frågan om huruvida Hells Angels är en brottsorganisation eller inte har prövats i domstol har Hells Angels vunnit. Utom i Kanada. Där fastslog Ontario Supreme Court sommaren 2005, i samband med ett utpressningsmål, att Hells Angels ska betraktas som en brottsorganisation. Domen innebär inte att det är olagligt att vara medlem i kanadensiska Hells Angels. Däremot betraktas brott knutna till organisationen numera som extra allvarliga.

Ett land som försökt gå ännu hårdare fram är Holland. Med hänvisning till att medlemmar har dömts för mord och narkotikaaffärer deklarerade den holländska regeringen under 2006 att organisationens sju avdelningar i landet skulle förbjudas. Hells Angels svarade med en lobbykampanj, där bland annat en påkostad bok och Öppet Hus-fester på avdelningars klubbhus skulle övertyga allmänheten om att regeringen hade fel. Det faktum att Hells Angels-avdelningar över hela Europa bidrog med pengar visar hur viktig frågan anses vara internt. Hittills har domstolarna ställt sig på Hells Angels sida, men förslaget om en kriminalisering väntas avgöras tidigast under senare hälften av 2007.

Enligt flera bedömare är det i denna kontext som Hells Angels PR-arbete och imagemedvetenhet ska ses. Genom att visa upp en tillrättalagd och "snäll" fasad hoppas organisationen vara ifred för lagstiftarna.

– Det är tydligt att Hells Angels i USA har gått in för att rekrytera en ny typ av medlemmar. Borta är den skitiga biker-imagen. I stället är Hells Angels mer intresserade av att plocka in affärsmän som kan bidra med kunskap och föra sig. Allt för att ge bilden av ett gäng "good guys" som bara gillar att åka motorcykel, säger åklagare Pat Schneider.

Insamlingar till välgörande ändamål i samband med mc-korteger – så kallade "charity runs" – är ett vanligt inslag i Hells Angels PR-arbete. Strax före jul 2006 samlade till exempel Hells Angels i Tucson i USA in blöjor till äldre och handikappade. Mottagarna i den ideella föreningen Southern Arizona Community Diaper Bank var översvallande: "Det här gör dem till änglar i min värld", sa föreningens föreståndare när hon intervjuades i en tidning.

– Överallt där Hells Angels etablerar sig arrangerar de insamlingar för välgörande ändamål, ofta till barnsjukhus. Det är en del av deras försök att framställa organisationen som en bidragande aktör i det lokala samhället och nå lokalt stöd. Det fascinerande är att detta ofta lyckas. Invånare i samhällena kring Hells Angels, som inte är medvetna om organisationens historia, tror att den bara består av en samling killar som älskar sina motorcyklar och vill hjälpa andra. Allt detta är en del av Hells Angels internationella strategi för att tvätta sin image, menar William Marsden, kanadensisk journalist och författare som tillsammans med Julian Sher 2006 gav ut boken *Angels of Death*.

Även i Sverige och övriga Skandinavien finns exempel på hur Hells Angels arrangerat insamlingar till välgörande ändamål. Barncancerfonden är bara en av de organisationer som tagit emot ekonomiska bidrag från mc-klubben. Kanske har verksamheten nått sitt syfte. Sedan flera år förs inte längre någon politisk debatt i Sverige om hur man med lagens hjälp skulle kunna göra det svårare för Hells Angels och andra jämförbara grupperingar att verka. Under 1996 och 1997 diskuterades frågan på regeringsnivå, men några förslag lades aldrig. Ett skäl var att det inte ansågs tillräckligt utrett hur Hells Angels egentligen fungerar.

För medlemmar och före detta medlemmar är det en dödssynd att berätta om Hells Angels inre liv. Det vet bland annat de poliser som har suttit i förhörsrum med Hells Angels-medlemmar framför sig. Så här står det till exempel i ett utskrivet förhör med en mordmisstänkt medlem i Göteborgsavdelningen: "NN påpekar, vilket han även gjort i längre förhör, att när det gäller klubbens uppbyggnad och inre verksamhet så kan han inte svara på sådana frågor. På fråga varför svarar han: 'Det här är min familj och familjen uttalar man sig inte om.'" Det har dock hänt att utsparkade Hells Angels-medlemmar öppnat sig, antingen sedan de själva sökt polisskydd eller blivit kontaktade av poliser som försökt värva dem som informatörer. Tack vare dessa källor har svensk polis fått en allt bättre och mer nyanserad bild av Hells Angels medlemskader.

– Alla Hells Angels-medlemmar är inte rakt igenom kriminella. Generellt kan man säga att en tredjedel är ointresserade av att begå brott, en tredjedel är opportunister som begår brott om de har chansen och en tredjedel är mer eller mindre yrkeskriminella. Det som gör att vi ändå betraktar hela grupperingen som kriminell är att det finns en kriminell solidaritet. Alla är beredda och kapabla att begå grova brott om det behövs. Och ingen kommer att säga någonting till polisen, fastslår kriminalinspektör Thorbjörn Johansson vid Rikskriminalen.

Även vi har i arbetet med den här boken, direkt och indirekt, varit i kontakt med personer som sett Hells Angels från insidan. En av dessa har efter en längre betänketid valt att ställa upp på en intervju. Ex-medlemmens beslut är unikt. Hittills har ingen annan av de totalt drygt hundrafemtio svenska män som är eller har varit medlemmar i Hells Angels berättat om livet i mc-klubben. Ex-medlemmen, som vi kan kalla Tony, ställde ett krav i samband med intervjun: inga uppgifter om hans person fick röjas. Intervjun arrangerades därför på ett sådant sätt att hans identitet har förblivit okänd även för oss. En kontaktperson förmedlade frågorna till en annan person, som genomförde intervjun med Tony på ett insynsskyddat hotellrum. Svaren spelades in digitalt och skickades till oss per brev. Efter att vi skrivit ut svaren har filerna raderats.

– Den bästa tiden var i början, innan vi ens hade blivit Hells Angels. Då levde alla för klubben och hojarna. Men i takt med att åren gick blev stämningen sämre. Till slut kretsade allt bara kring pengar.

Så börjar Tonys berättelse. Efter flera år som fullvärdig Hells Angels-medlem kom han till en punkt där han inte längre såg någon mening i att fortsätta vara kvar i klubben. Idag har han omvärderat sitt tidigare liv. Han jämför Hells Angels med en sekt.

– Likheterna är många. Bland annat blir man hjärntvättad av det budskap som hela tiden predikas: att Hells Angels är bäst och störst i hela världen, att medlemmarna är dina bröder och att de kommer att göra allt för dig. Och du får aldrig kritisera klubben, då blir du utfrusen och kan få det väldigt jobbigt, säger Tony.

Anledningen till att Tony nu är beredd att bryta mot Hells Angels viktigaste regel är att han är trött på spridandet av det som han betraktar som en falsk myt. En myt som lockar unga män att söka sig till Hells Angels. Myten om det sanna broderskapet.

– Det var ju det som drog in mig också. Jag svalde den här romantiserade bilden och tyckte det verkade skitcoolt att vara med i en mc-klubb som inte bara var något man hängde med på helgerna, utan som var till hundra procent och där folk skulle ställa upp oavsett vad som hände. Det var ett slags önskan att tillhöra någonting större än en själv ... plus att jag då tyckte att de flesta människorna i klubben var goa gubbar, säger Tony.

– Organisationen målar upp den här bilden av att alla är bröder för att få unga killar att offra sig och göra sånt som de fullvärdiga medlemmarna själva inte vill. Det heter att "det är jobbigt nu, men sen blir det värt det". Varje kille som vill in i klubben har en fadder som hela tiden upprepar det mantrat.

Som alla andra började Tony längst ned i hierarkin, som hangaround. Ett par medlemmar i den blivande Hells Angels-avdelningen tyckte bra om honom och ville testa ifall han passade in. Vid ett möte förklarade klubbens ledning vad som förväntades av Tony. Under ett år skulle han stå till klubbens förfogande. Skötte han sig skulle han på sikt kunna tas upp som provmedlem och slutligen som fullvärdig medlem.

– Bland det första som hände var att några medlemmar tog med mig ut och söp ner mig. Så gör Hells Angels och andra klubbar nästan alltid för att se vem en kille är egentligen. Alla kan verka hur bra som helst nyktra, men när man är full lyser saker och ting igenom. Jag blev packad men stod pall. Men jag har ju sett dem som blivit idioter efter tre glas öl och sen fått gå, berättar Tony.

Efter testet blev Tonys liv väldigt intensivt. Som hangaround var han tvungen att vara tillgänglig på sin mobiltelefon tjugofyra timmar om dygnet.

– Ringde det någon från klubben var det bara att dra på sig dojorna och sticka. Man är lite av en slav och måste diska, städa, skjutsa folk med bil, underhålla medlemmarnas flickvänner när de själva är borta och så vidare.

Vid flera tillfällen förväntades Tony ta till våld – och gjorde det. Exakt hur detta gick till vill han inte avslöja av rädsla för att bli igenkänd av sina forna klubbkamrater. I generella termer berättar han dock att det ofta är hangarounds som skickas fram om klubben och dess medlemmar behöver sätta sig i respekt.

– Medlemmar försöker undvika att själva göra något som är olagligt, de vill inte ta risken att åka fast, säger Tony.

Året som hangaround gick. Ledningen var nöjd med Tony. Han fick status som prospect i klubben, som vid tidpunkten ännu inte hade blivit en fullvärdig Hells Angels-avdelning. Tony slapp nu det värsta skitgörat och fick bära väst med den nedre delen av klubbens ryggmärke. Han togs med på resor till fullvärdiga Hells Angels-avdelningar och fick allt större insyn i organisationens angelägenheter.

Resorna, som Tony fick betala själv, var viktiga. Reglerna säger att en europeisk motorcykel-klubb som ansöker om medlemskap måste besöka samtliga de länder på kontinenten där organisationen finns. Klubbar i Skandinavien måste även hälsa på alla fullvärdiga Hells Angels-klubbar i Danmark, Norge, Sverige och Finland och göra ett gott intryck på dessa. Tony gjorde allt för att följa Hells Angels regler och efter ytterligare ett år utsågs han till fullvärdig medlem i sin klubb. Men fortfarande var den inte Hells Angels.

Drömmar och slit skulle prägla Tonys vardag ännu något år. Under perioder bodde han och hans klubbkamrater på andra orter där Hells Angels behövde hjälp för tillfället. De hade ont om pengar, sov dåligt och jobbade hårt.

Men till sist fick de äntligen lön för mödan. En dag mottog klubben beskedet att de var i hamn, målet som de kämpat för så länge var uppnått. Efter den högtidliga ceremonin, då Tony och de andra medlemmarna hängt på sig sina skinande Hells Angels-emblem, festade de i flera dagar. I efterhand minns Tony dock inte inträdet med någon djupare glädjekänsla.

– Det låter säkert konstigt, men det var nästan lite trist. Ett slags antiklimax. För nästan direkt efter att vi hade fått västarna försvann väldigt mycket av det här grupptänkandet som vi hade innan. En del hade insett att det gick att göra pengar på att vara med i klubben och de satsade mer på sina affärer än på sammanhållningen. Det här gjorde att stämningen blev mer egoistisk. Kort sagt var det inte alls så som jag hade föreställt mig att det skulle bli, berättar Tony och fortsätter:

– Från början hade ju de flesta levt på att jobba, antingen vitt eller svart. Och jobbade man svart kunde man ju alltid plocka ut a-kassa också. Då var kriminaliteten nästan obefintlig. Men i och med att vi blev fullvärdiga började folk få smak på att ha fin bil, tre motorcyklar och en fin villa. Det var det som gjorde att många drogs in i brottslighet.

Ganska snart uppstod en spricka i klubben mellan de som ville göra affärer och de som prioriterade klubben, motorcyklarna och sammanhållningen. Tony tillhörde de sistnämnda.

– Trots att man inte var inblandad i en medlems affärer förväntades man sticka ut och städa upp ifall personen hade strulat till det. Som en lojal broder måste man ställa upp, även om man inte hade tjänat något själv. Det födde split och avundsjuka. I vissa fall förekom det dessutom att medlemmar blåste andra medlemmar på pengar, trots att det är en dödssynd, hävdar han.

Även inom andra Hells Angels-avdelningar såg Tony dessa tendenser.

– Till och med när man kom på fester utomlands var det bara snack om vilka affärer man gjort och vilka fina videokameror man köpt. Nästan ingen orkade gå ut och kolla på hojarna, berättar han.

Tony bet ihop. Men inombords kände han sig alltmer desillusionerad.

– Om man har folk omkring sig som säger att de är ens bröder och de inte är det utan bara vill tjäna pengar, då blir man besviken. Och att de som tjänat pengar skulle hjälpa någon annan fanns inte, det förekom kanske i USA på 1960-talet men inte nu. Så mer och mer började jag känna att det här är ingen hojklubb längre, det är som vilket annat företag som helst.

Även bilden av att Hells Angels skulle fungera demokratiskt gick i kras. I de interna reglerna står att alla medlemmar har samma rösträtt vid klubbens möten. Men Tony fick en stigande känsla av att många beslut var uppgjorda i förväg av officerarna, innan de vanliga medlemmarna fått chans att lägga sin röst.

– Ofta hade presidenten, vice presidenten och sergeant at arms snackat ihop sig redan innan mötet och sen lobbat för sin linje i tysthet. Och det var inte bara hos oss, jag hörde samma sak från andra avdelningar. Så i praktiken är Hells Angels mycket mer toppstyrt än vad många tror.

Enligt Tony var det inte ovanligt att diskussionerna på klubbmötena rörde brott. Grupptrycket spelade ledningen i händerna.

– Om klubben såg sig tvingad att agera med hot eller våld mot någon eller några personer hölls först en omröstning om huruvida dessa personer uppfattades som ett problem. Blev det ett ja frågade officerarna sen om det fanns någon frivillig som kunde göra jobbet. Det var ofta ganska givet vilka som kunde komma ifråga. Inom de flesta Hells Angels-klubbar finns det folk som är bra på olika saker. En del kan meka, andra kan siffror och andra kan skrämmas. Känner du att det är din uppgift att utföra det som diskuteras så är det bara att ställa upp. Man säger liksom inte nej. På det sättet är klubben jätteskicklig på att få folk att utföra vad som helst. Spelar man bara på medlemmarnas manlighet är det lätt att få folk att göra ganska håriga grejer. "Du är väl ingen kärring, eller hur?" är ett vanligt argument om någon skulle tveka, förklarar Tony.

Även diskussioner om brott som gav pengar förekom. Typexempel var de fall där klubben hade kontaktats av någon som vill ha hjälp att driva in en skuld.

– Sådana fall betraktades som klubbärenden. Det betydde att medlemmarna kunde bära väst under uppdraget och att nästan hela vinsten skulle gå till klubben.

Enskilda medlemmars privata indrivningar togs däremot sällan upp. Men enligt Tony var det en självklarhet att den som skulle göra en indrivning gick till någon i klubbens ledning och informerade i förväg. Anledningen var, enligt Tony, att klubben förväntades få en andel av den eventuella vinsten.

– De flesta klubbar har regler för hur stor andel av de pengar som tjänats i Hells Angels namn som ska betalas till klubbkassan. Det kan röra sig om tio till femton procent om det gäller indrivning och mer om det gäller brott där risken att åka fast inte är lika stor, som till exempel stöld eller häleri. Det kan bli ganska invecklade uträkningar om risker och procentandelar, hävdar Tony och berättar vidare:

– Pengarna sätts in på konton som tillhör pålitliga personer utanför klubben som är ostraffade och har firmor. Där göms de undan myndigheterna tills de behövs för gemensamma resor, bidrag till någon medlem i fängelse eller något annat.

Skulle det framkomma att en medlem tjänat pengar i Hells Angels namn utan att ge en andel till klubben riskerar personen, enligt Tony, att hamna i onåd.

– Att inte informera i förväg om ett brott där klubbens namn utnyttjas är inte särskilt smart. Då uppstår lätt en misstanke om att man försökt sko sig på klubben i hemlighet, vilket inte ses med blida ögon. Hamnar man i en sån situation gäller det att ha en bra förklaring.

Förutom indrivningar ger Tony ytterligare exempel på brott som utfördes av medlemmar:

– Det är ju mycket ekobrott och bolagsaffärer, många vill utnyttja märket i halvlegitima verksamheter där man lurar staten på skatt. Ett annat brott som förekommer är spritsmuggling. Hälerier är också vanliga. Det förekommer ofta att stöldligor kontaktar Hells Angels och vill få såld en lastbil med stulna varor. Medlemmarna kollar om de känner någon som vill köpa och ofta finns det det. På det viset kan man säga att Hells Angels fungerar som en hälericentral. Avansen här kan vara riktigt hög, det är inte så många som kan köpa så stora partier och därför blir inköpspriset lågt. Utåt kan man däremot ofta ta bra betalt om man hittar rätt köpare, det är många som tycker det är häftigt att köpa av Hells Angels.

Däremot var varken vapen- eller knarkaffärer särskilt vanliga, enligt Tony.

– Flera Hells Angels-klubbar har varit negativa till att handla med droger, man anser att det skadar imagen om det avslöjas. Samtidigt har organisationen insett att det här är ju det lättaste sättet att tjäna pengar, så vissa har svängt. När frågan diskuterats på nytt klubbarna emellan så vet jag att det finns klubbar som sagt att ingen annan ska ha synpunkter på hur de tjänar sina pengar.

– Men förekommer det droghandel inom Hells Angels läggs det ut på entreprenad, på folk långt utanför så att det inte kan kopplas till klubben. Det är inte som inom Bandidos, där presidenten i Stockholmsavdelningen nyligen åkte fast med en ryggsäck med tolv kilo amfetamin. Reglerna säger att det är okej att använda vissa droger för eget bruk, men aldrig att åka fast för försäljning – allt för att inte skada varumärket.

Att Hells Angels skulle utföra ett beställningsmord menar Tony är uteslutet.

– Det är sånt som andra gör. Det är bara om Hells Angels hotas som klubb som det anses rättfärdigat att ta livet av någon. Och Hells Angels tar överhuvudtaget inga uppdrag från personer som man inte vet vilka de är, risken för att det ska vara en fälla anses alldeles för hög. Folk i den här världen är ganska rationella, de tar med i beräkningen att man faktiskt kan åka fast.

Att däremot hota vittnen och målsäganden inför exempelvis en rättegång anses okej, hävdar han.

– Ja, det gör man förstås. Men efter rättegången släpper klubben det, då finns det ju inte längre något att vinna.

Mot bakgrund av allt detta tvekar inte Tony att slå fast att Hells Angels är en brottsorganisation.

– Visst är det så. Hells Angels är en kriminell organisation. Hela mentaliteten är kriminell. Själva medlemskapet gör att du automatiskt hamnar i situationer där du måste bryta mot lagen. Man måste hela tiden hävda klubbens rätt och alla medlemmar kan tvingas till att stå upp för färgerna.

Hur det gick till när Tony till slut lämnade Hells Angels vill han inte gå in på. Det skulle riskera att röja hans identitet.

– Men jag kan säga att jag trivs mycket bättre med mitt liv idag än då. Numera kan jag lösa mina problem genom att prata och svänger det upp en polisbil bakom mig blir jag inte stressad.

Som avhoppad Hells Angels-medlem vill Tony varna unga killar för att söka sig till Hells Angels eller någon annan enprocentsorganisation.

– Jag kan verkligen förstå att unga killar imponeras av guldkedjorna, de dyra bilarna och de häftiga hojarna. Men det är ingen som berättar för dem om baksidan. Att de kan tvingas göra saker som de aldrig skulle kunna föreställa sig och att det broderskap som de drömmer om är en illusion.

– Bland det värsta som kan hända är att du gör en massa mer eller mindre olagliga saker för att representera klubbens färger och sen, när du inte längre är med i klubben, kommer de människor som du trampat på tårna tillbaks och hämnas på dig. Då har du inget skydd, du blir ett villebråd. Det är en av de saker som hangarounds och prospects aldrig får veta, avslutar Tony.

Flera av de saker som Tony berättar om styrks av polisutredningar och domar. Att kriminaliteten i de fullvärdiga klubbarna förändrats och blivit mer förslagen och vinstinriktad är ett faktum. Här följer några typiska fall där brott knutits till svenska Hells Angels-medlemmar.

Typfall 1: Utpressning och indrivning

En av de vanligaste orsakerna till att polisen får anledning att inleda en utredning mot Hells Angels medlemmar är att personer anmäler att de blivit krävda på pengar. Men bara en liten del av alla anmälningar resulterar i åtal och rättegång. Inte sällan beror det på att de drabbade senare har tagit tillbaka sin anmälan, antingen på grund av rädsla eller för att de gjort upp med Hells Angels-företrädarna på egen hand. Andra fall läggs ner efter att åklagarna bedömt att bevisen inte håller. Ofta är hoten så sofistikerade och inlindade att de blir svåra att styrka juridiskt – även om den drabbade fruktat för sitt liv.

Ett av de fall som lett till fällande dom rullades upp i Stockholm under våren 2006. Offret var ägare till en populär restaurang på Södermalm, en man i fyrtioårsåldern som vi kan kalla Mats. Mats hade inga skulder och hade aldrig haft med Hells Angels att göra. Hans enda "misstag" var att han hade anställt en kille från Karlstad – Anders – som på 1990-talet drivit restaurang på hemorten ihop med en bekant. Efter några år hade Anders brutit med kompanjonen och erbjudit sig att köpa ut den andre ur krogen för en miljon kronor. Anders hade dock bara lyckats betala hälften innan företaget gick i konkurs. Anders trodde att ex-kompanjonen skulle visa förståelse och nöja sig med det han fått. Något krav kom under flera år heller inte. Men Anders ex-kompanjon glömde aldrig avtalet.

Långt senare, i början av 2006, hade mannen tagit kontakt med Hells Angels nybildade avdelning i Karlstad. Ledaren där hade nyfiket bett att få se papper på uppgörelsen. Kort därpå började obehaget för Anders – och för Mats. En provmedlem i Hells Angels Stockholmsavdelning dök upp på Mats krog och förklarade vem han var och vilken organisation han tillhörde. Provmedlemmens budskap var att Anders måste betala återstoden av pengarna, annars skulle det bli problem. Anders blev livrädd, sade upp sig och gick under jorden. Men provmedlemmen fortsatte att komma och vände sig nu till Mats. Hells Angels-mannen hävdade att Anders var del-ägare i Mats krog och sa att företaget måste träda in och betala i Anders ställe. Mats bedyrade att Anders saknade ägarintressen, men medlemmen lät sig inte övertygas. Ibland satt han i baren och stirrade på Mats, ibland stod han och andra män utanför krogen i skinnvästar med Hells Angels emblem på ryggen. Vid ett tillfälle sa provmedlemmen att han skulle slå Mats sönder och samman och snärtade till honom i ansiktet.

Mats teg, men inombords steg ilskan. Till slut tappade han tålamodet. En kväll ringde han upp provmedlemmen och skrek att han inte tänkte betala. Mannen bara skrattade. Några dagar senare fick Mats höra att han var "dömd" att betala skadestånd. Ingen utmanar Hells Angels, förkla-rade provmedlemmen och sa att klubben planerade att starta spelverk-samhet på Mats krog. Mats kände att han var fast, men han ville varken betala eller fly. I stället gick han till polisen. Tre månader senare dömdes provmedlemmen av Stockholms tingsrätt till tio månaders fängelse för olaga hot, brott mot inkassolagen och försök till utpressning. Även två andra Hells Angels-män dömdes till fängelse i ett par månader. Domarna har överklagats till Svea hovrätt men någon ny rättegång har i skrivande stund inte hållits.

Exemplet belägger att Hells Angels fungerar som ett brottsnätverk; medlemmar i en avdelning ser till att personer i en annan utför ett brotts-ligt uppdrag. Det visar också att juridiska ägarförhållanden är ointressanta för utpressarna. I praktiken kan vem som helst anses betalningsskyldig.

Typfall 2: Svartjobb i byggbranschen

Den 7 juli 1999 dömde Stockholms tingsrätt en då fyrtiosjuårig medlem i Hells Angels Stockholmsavdelning kallad Nubbe för grovt skattebrott och grovt bokföringsbrott. Påföljden blev fängelse i två år och sex må-nader. Dessutom förbjöds Nubbe att driva näringsverksamhet inom de närmaste fem åren. Nubbe och en kompanjon – en före detta medlem i det kriminella gänget Brödraskapet MC – hade drivit en byggfirma men struntat i att redovisa ett par miljoner kronor i intäkter. När Skatteverket började granska verksamheten hade Nubbe avgått ur styrelsen och ersatts av en annan person. Dennes uppgift var dock endast att bära det juridiska ansvaret, affärerna skulle Nubbe och hans kumpan fortsätta att sköta genom fullmakter. Domen var den första i en rad liknande fall där Hells Angels-medlemmar med intressen i byggbranschen lurat staten på mångmiljonbelopp.

I november 2001 fälldes en trettioårig medlem i Stockholm, med öknamnet Dirty Dani, för att ha hjälpt till att undanhålla nästan tre miljoner kronor i svarta löner från beskattning. Straffet blev två års fängelse. Två år senare dömdes den då trettiosexårige Mika Tuominen, även han medlem i Hells Angels Stockholmsavdelning, för liknande brott rörande 1,3 miljoner kronor till ett års fängelse och näringsförbud. (Domen mot Tuominen är överklagad och har ännu inte prövats av Svea hovrätt.) År 2005 fälldes Dirty Dani ännu en gång för liknande brott som tidigare. Även nu blev påföljden fängelse i två år.

Enligt poliser och åklagare är det ingen slump att ekonomiska brott i byggbranschen har blivit populära bland svenska Hells Angels-medlemmar. Även inom denna bransch fungerar Hells Angels varumärke som ett effektivt påtryckningsmedel. Bulvaner ska förmås att ta på sig styrelseansvar, kurirer ska gå till banker och växlingskontor och ta ut kontanter, kontanterna ska inte försvinna på vägen utan betalas ut till svartjobbare och alla inblandade måste tiga om myndigheterna ställer frågor. För att denna kedja ska hålla krävs att varje länk – varje person – gör som han blivit tillsagd. Hells Angels-västen blir en garanti för lydnad.

– Så länge du har den på dig är det ingen som lurar dig, kommenterar kriminalinspektör Thorbjörn Johansson på Rikskriminalen.

Typfall 3: Bolagsplundring
År 1997 greps en trettiofemårig krögare och butiksägare i Malmö för grova ekonomiska brott. Mannen var känd som en seriös företagare och hade året innan utsetts till "Årets handlare". Men nu misstänkte Ekobrottsmyndigheten att mannen hade plundrat sina tre välskötta livsmedelsbutiker på tillgångar och stoppat undan pengarna. På papret hade nya personer tagit över ägarbolaget innan detta slaktades och försattes i konkurs. Enligt polisen var dessa personer dock bara bulvaner.

För många var fallet en gåta. Varför hade trettiofemåringen plötsligt frestats att begå brott, han hade ju alla chanser att bli rik på laglig väg?

Under utredningen framkom tecken på att mannen hade blivit pressad och agerat mot sin vilja. Spåren ledde till Hells Angels Malmöavdelning och dess dåvarande ledare, Thomas Möller.

– Det fanns uppgifter som sa att Möller hade velat komma åt mannens restaurang. Bland annat hade två av Möllers gorillor dykt upp på krogen och krävt att få äta gratis. Okända personer hade också dykt upp i ägarens trädgård och sprayat ner hans villa, berättar chefsåklagare Mats Mattsson, som ledde utredningen.

Alldeles innan livsmedelsbutikerna plundrades på tillgångar hade Thomas Möller kallat till sig trettiofemåringen för ett möte på ett advokatkontor. Trettiofemåringen ville inte avslöja för polisen vad han och Möller diskuterat, mer än att det handlade om ett "fredssamtal".

– Min hypotes var förstås att Möller krävt någon form av kompensation och att detta hade ett samband med de plundrade bolagen, säger Mats Mattsson idag.

Även annat pekade på att Hells Angels hade ett finger med i spelet. En av de misstänkta bulvanerna hade tidigare begått brott tillsammans med medlemmar i mc-klubben. Bulvanen gick aldrig att få tag i under utredningen. Efter bolagsplundringen var han som uppslukad av jorden.

Fallet slutade med att trettiofemåringen och ett par andra dömdes till fängelse. Huruvida Thomas Möller verkligen hade haft intressen i härvan gick aldrig att slå fast. Enligt åklagaren var det inte meningsfullt att ens kalla Möller till förhör. Den aktuella bolagsplundringen var inte den enda där Hells Angels och Thomas Möller skymtade förbi vid den här tiden. Även i en utredning mot svenskar som misstänktes för att ha slaktat bolag i Tyskland fanns det kopplingar. En av de misstänkta var en nära vän till Thomas Möller. När vännen kom på kant med en tidigare kumpan sökte två av Hells Angels ökända torpeder upp och hotade mannen. En tid senare sågs Möller köra omkring i den hotade mannens bil.

– Det är ofta vi får indikationer om att Hells Angels är inblandade. Men att få vittnen att säga det i en rättegång är en helt annan sak. Det är "the code of silence" som gäller. Ingen vågar prata, suckar Mats Mattsson.

Hells Angels i Sverige har inte enbart knutits till kriminalitet som gett pengar. Flera exempel finns också på det som avhopparen Tony beskriver som medlemmarnas plikt att begå grova brott för klubbens räkning. Enligt de interna reglerna måste varje Hells Angels-medlem ställa upp för sina klubbkamrater intill döden – oavsett om han anser att dessa gjort rätt eller inte. Denna lojalitetspakt har visat sig kunna leda långt bortom normala mänskliga spärrar.

Söndagskvällen den 19 augusti 2001 rådde det feststämning i Göteborg. Orsaken var att IFK Göteborg äntligen brutit en dålig trend med flera raka förluster och vunnit över Trelleborg med 3–2. Ett av många nöjesställen där ölet flödade denna kväll var restaurangen Till Salu i Göteborgs saluhall. I vimlet syntes ett gäng storvuxna och tatuerade killar stå och prata, först vid baren och senare sittande i en röd soffgrupp med ett bord i mitten. Till skillnad från de flesta andra verkade gänget strunta i fotbollsmatchen.

En av männen var en trettiotvåårig medlem i Hells Angels Göteborgsavdelning, Bofu. Intill Bofu satt Alan och Marko, trettiofyra respektive trettiotre år gamla och knutna till Hells Angels undergruppering Red & White Crew. I sällskapet fanns även vännerna Johan och Zlatko. Johan var en hårt missbrukande vilsen tjugosexåring, som de senaste åren åkt in och ut på institutioner och fängelser. Bland sina vänner gick han under namnet Il Cornuto (en italiensk omskrivning för djävulen). Zlatko, som var fyrtioett år, hade i unga år varit en disciplinerad idrottsman och svensk mästare i tyngdlyftning. Men det var länge sedan och den idrottsliga karriären hade ersatts av en kriminell sådan.

Både Johan och Zlatko hade ingått i Brödraskapet Wolfpack. Men under sommaren hade de hamnat i onåd och blivit utkastade ur gänget. Rykten sa att de hade haft affärer ihop med Original Gangsters, som var illa sedda av många inom den kriminella världen och vid den här tidpunkten i krig med den så kallade Albanligan. I det här sällskapet kände Johan och Zlatko sig emellertid trygga. Zlatko och Bofu var gamla kompisar och hade under åren druckit många öl ihop.

De fem männen beställde in omgång efter omgång med stora stark och blev mer och mer berusade. Alla utom Alan. Det var hans tur att agera chaufför åt Hells Angels-medlemmen Bofu och därför var han tvungen att hålla sig nykter. Timmarna gick och strax före klockan tre på natten tände personalen taklamporna och stängde av musiken. Medan övriga gäster var tvungna att masa sig ut mot entrén fick mc-killarna sitta kvar. De kände en av servitriserna och fick nya öl trots att baren hade stängt. Först när servitrisen och resten av personalen var färdiga med städning och diskning var det slutfestat även för Bofu, Marko, Johan och Zlatko. Vid femtiden vacklade de ut ur lokalen tillsammans med Alan och möttes av ett obarmhärtigt solsken och skriande fiskmåsar. Alan hade hoppats på att få åka hem och sova. Bofu och de andra kände dock inte för att ta tag i måndagsmorgonen utan ville fortsätta dricka. Alla ställen var stängda, men Bofu hade ett förslag: de kunde åka ut till Hells Angels klubbhus i Gunnilse. Alan bet ihop och hämtade bilen.

Det var nästan helt tomt på vägarna. Att ta sig ut ur stan och köra de två milen till klubblokalen tog mindre än en halvtimme för Alan. Vid halvsextiden var han och de andra framme vid klubbhusets höga entréportal. Den som höll vakt inne i huset såg bilen på en övervakningsmonitor och tryckte på knappen till den fjärrstyrda entrégrinden.

Sällskapet var väntat. Bofu hade ringt till en av de tre "bröder" som fanns i klubbhuset vid tillfället. Alan parkerade, stängde av motorn och passagerarna klev ur. Bofu visade Zlatko och de andra in i en röd lada, där en trappa ledde upp till Hells Angels festlokal och bar. Inredningen gick i vilda västern-stil; bland bjälkarna i taket hängde buffelkranier, djurhudar, vagnshjul och sadlar som dekorationer. Närmast baren stod en rejäl soffgrupp i skinn där de fem männen slog sig ned.

Exakt vad som hände sedan har polisen aldrig lyckats klarlägga. Men hypotesen är att antingen Johan, Zlatko eller båda två sade någonting som irriterade de andra. Någon utdelade ett första slag och därefter var bråket i full igång. Trots att Johan och Zlatko var rejält påverkade kunde de slåss. De parerade slag och sparkar och lyckades själva få in flera träffar. Men efter ett tag tros de ha drabbats av panik. En av dem fick tag på en mobiltelefon och försökte ringa efter hjälp. Samtalet kopplades upp, men avbröts innan några ord hunnit gå fram.

Till slut hamnade Johan och Zlatko i ett underläge som de inte kunde ta sig ur. Sparkar och slag överöste deras huvuden. Någon av Hells Angels-männen fick upp en kniv och började hugga Zlatko i ryggen. Först en gång, sedan ytterligare fyra gånger. När Zlatko segnade ner bestämde sig angriparna för att även Johan måste dö. När allt var över låg de två männens kroppar orörliga och blödande på golvet.

En febril aktivitet tog därefter fart. Bofu ringde frenetiskt från sin mobiltelefon, bland annat till Hells Angels-avdelningens president och till en Hells Angels-medlem i Danmark. Marko hade fått en knivskada i armen och behövde föras till sjukhus. Men att åka till akuten på Sahlgrenska eller något av de andra lasaretten i Göteborgstrakten var inte att tänka på. Problemet löstes genom att Hells Angels i Köpenhamn lovade att hjälpa Marko till en dansk privatläkare. Kort därpå, medan det fortfarande var morgon, satte sig Marko i en bil tillsammans med Alan som körde söderut mot Köpenhamn. Även Bofu skulle några timmar senare lämna landet. Tillsammans med sin sambo åkte han på charterresa till Grekland. Under flygresan svullnade hans handled upp och började ömma. Svullnaden gick inte ned, och någon dag senare sökte Bofu upp en grekisk läkare.

I de tre männens frånvaro drogs en effektiv operation igång. Johans och Zlatkos kroppar fördes bort från festlokalen och alla synliga blodspår tvättades bort. Liken bars ut ur ladan och gömdes undan på gården. Ett försök att elda upp kropparna påbörjades, men av någon anledning avbröts detta snart. I stället ordnades ett fordon fram, dit de båda brännskadade liken lyftes över. Fordonet lämnade därefter Hells Angels-gården och körde inåt landet, i riktning mot Västergötland. Någon mil utanför Falköping, i höjd med Floby, svängde bilen av söderut, in i skogen. På allt mindre vägar hittade föraren fram till ett stenbrott med finkrossad stenflis. Kropparna bars ut och täcktes över med stenflis. Vilka som deltog i undanröjningsoperationen skulle förbli en hemlighet.

Nästan omedelbart hade två kvinnor börjat undra vad som hänt: Zlatkos sambo och Johans mamma. Zlatkos sambo ringde runt till alla Zlatkos bekanta och fick snabbt veta att Zlatko varit på Till Salu tillsammans med Bofu. Kvinnan blev misstänksam och så fort Bofu kom tillbaka från Grekland krävde hon ett möte. De båda träffades och under ett par timmar försökte Zlatkos sambo dra sanningen ur Hells Angels-medlemmen. Bofu medgav visserligen att han tagit med sig Zlatko och Johan till klubbhuset på efterfest. Han sa också att Johan blivit lite "stökig", men hävdade att detta löst sig genom att Zlatko talat Johan tillrätta. Vad som hade hänt därefter försäkrade Bofu att han inte visste eftersom han skulle ha däckat på en soffa. Men antagligen åkte Zlatko och Johan iväg i taxi, menade Bofu. Berättelsen imponerade inte på sambon. Innan de båda skildes åt sa hon till Bofu: "Antingen ljuger du, eller är du en bra skådespelare."

Kvinnan gick kort därpå till polisen, som upprättade en anmälan om "försvunnen person".

Lite senare mottog Göteborgspolisen en intressant underrättelserapport från den danska polisenheten Nationellt Efterforskningsstöttecenter, NEC. Samma dag som Zlatko och Johan försvunnit hade två svenska Red & White Crew-medlemmar stoppats i Köpenhamn av en polispatrull. En av dem hade berättat att han fått läkarvård för en skada i armen. Den skadade var identifierad som Marko och följeslagaren som Alan.

Ytterligare en tid därefter fick polisen en ny pusselbit: en okänd person berättade att Hells Angels nyligen byggt om sin festlokal. Försvinnandena, Markos skada och byggarbetena var indicier som pekade i en och samma riktning. Men så länge polisen inte hade något mer konkret att gå på bedömde de som jobbade med fallet att det skulle bli svårt att få åklagarens tillstånd att göra husrannsakan hos Hells Angels.

Några månader senare, i november 2001, uppstod dock ett lägligt tillfälle. I en helt annan brottsutredning hade åklagarmyndigheten beslutat att Hells Angels-gården skulle genomsökas i jakt på bevismaterial. I hemlighet passade polisen nu på att låta en likhund söka igenom byggnaderna. I festlokalen, i närheten av baren, gjorde hunden en tydlig markering. Nu var polisutredarna övertygade: Zlatko och Johan hade inte kommit levande från Hells Angels-lokalen och Bofu och Marko kunde misstänkas för inblandning i mord. Men när de vände sig till åklagarmyndigheten blev det ändå nobben. Misstankegraden ansågs för låg för att polisen skulle kunna göra ett tillslag.

Månaderna går utan att några kroppar hittas. I frustration över att polisutredningen står stilla fortsätter Zlatkos sambo sina efterforskningar och frågar runt bland personer som hon vet känner medlemmarna i Hells Angels. Uppenbarligen väcker detta ont blod. En kväll i slutet av januari 2002, då kvinnan skjutsats hem av en vän, dyker en bil upp utanför hennes hyreshus. En av bildörrarna öppnas och ut kliver en man med ett föremål i handen. Ljuset från gatubelysningen lyser upp mannens ansikte. Zlatkos sambo, som ännu inte hunnit ut ur vännens bil, känner omedelbart igen honom. Det är Marko.

Marko går till attack mot bilen med föremålet som han har i sin hand – en fjäderbatong. Fordonets ena sidoruta krossas, glassplitter flyger in i kupén och batongen träffar kvinnans vän med flera slag. I panik försöker mannen köra från platsen, men bilens växellåda vägrar samarbeta. När mannen till slut lyckas få i växeln flyr paret till en polisstation. Väl där får Zlatkos sambo ägna en lång stund åt att plocka glassplitter från vännens ansikte. Efter att de gjort polisanmälan om misshandel återvänder de hemåt. Då ringer det på kvinnans mobiltelefon. Det är en man som förklarar att Marko vill be om ursäkt. Kvinnan säger nej tack och lägger på.

Händelsen får utredningen att ta ny fart och en tid senare tycker sig Göteborgspolisen ha samlat tillräckliga bevis. Kanske är det angreppet mot Zlatkos sambo som avgör saken, för när polisen på nytt går till åklagarna får de klartecken till att göra husrannsakan. På morgonen den 25 april 2002 sker ett massivt tillslag mot Hells Angels-gården. Sex personer grips, däribland Bofu, Alan och Marko. Den här gången har polisen för säkerhets skull tagit med sig två likhundar. Båda hundarna markerar för liklukt på samma ställe som den förra. Polisens tekniker får order om att finkamma varenda kvadratcentimeter av golv, tak, väggar, bjälkar och inredning. När undersökningen är klar har blodspår som med största sannolikhet härrör från Johan och Zlatko säkrats på flera platser. Bland annat hittas en blodfläck som kan knytas till Zlatko på en takbjälke, två meter och sjuttio centimeter ovanför golvet. Också Markos och Bofus blod säkras. För utredarna är saken nu klar: Marko och Bofu har slagit ihjäl Johan och Zlatko i lokalen. Männen anhålls och häktas tillsammans med Alan, misstänkta för mord. Övriga gripna släpps.

Tolv dagar senare sker nästa genombrott. En av Vägverkets anställda, som varit i färd med att hämta stenflis i grustaget utanför Floby, har chockad slagit larm om likdelarna. I september 2002 åtalas Alan, Marko och Bofu för mord alternativt medhjälp till mord.

Under rättegången får åklagarna Carl Bergström och Jonas Arvidsson det motigt. Ingen av de tre åtalade, som i rättssalen backas upp av en stor grupp åhörare från Hells Angels, vill nu kännas vid att de festat med Johan och Zlatko på Hells Angels-gården. Chauffören Alan påstår att han kört männen till en annan krog i centrala Göteborg och därefter inte sett dem mer. Marko säger sig ha lämnat de andra utanför Till Salu för att ta en svarttaxi hem. Och Bofu hävdar att han varit så berusad att han bara minns att någon skjutsat honom hem till Hells Angels-gården och att han somnat i bilen. I Bofus och Alans fall godtar Göteborgs tingsrätt för-klaringarna i brist på ytterligare bevis och båda frias. Marko fälls däremot för dråp och övergrepp i rättssak och döms till tio års fängelse. Blodspå-ren i baren och den plötsliga resan till Danmark visar, enligt domstolen, att han måste ha varit på plats och "aktivt deltagit i den uppsåtliga vålds-utövningen". Likaså anses angreppet mot Zlatkos sambo och hennes vän graverande.

Domen står sig i hovrätten. Men åklagarna är fortsatt övertygade om att även Bofu och Alan är skyldiga och bestämmer sig för att pröva en ny strategi. 2005 åtalas Alan för skyddande av brottsling, eftersom han bevisligen kört Marko till den danske privatläkaren. Strategin lyckas och Alan döms under våren 2006 till ett års fängelse. Vid det laget har Alan befordrats till fullvärdig medlem i Hells Angels. Dessutom har han, till-sammans med Bofu, belönats med utmärkelsen "Filthy Few".

– Filthy Few-märken får bara bäras av dem som dödat för Hells Angels. Att de här medlemmarna, som de första i Sverige, öppet bär dessa mär-ken är en enda stor provokation mot rättsväsendet. Men det räcker tyvärr inte för att ta upp målet till ny rättegång, kommenterar kriminalinspek-tör Sven Lindgren vid polismyndigheten i Västra Götaland.

Någon egentlig förklaring till varför Johan och Zlatko mördades fram-kom varken under polisutredningen eller rättegången. Under arbetet med den här boken har vi emellertid kommit i kontakt med källor som hävdar att dubbelmorden utlöstes av politiskt käbbel inom den krimi-nella världen. Bakgrunden ska ha varit att Hells Angels och Brödraska-pet Wolfpack under flera år varit fiender men att organisationerna under 2001 beslutat att gräva ned stridsyxan. Zlatko ska ha vägrat att gå med på denna fred och därför tvingats lämna Brödraskapet Wolfpack i sällskap av Johan. För att försöka tala Zlatko till rätta ska Hells Angels ha gett Bofu i uppdrag att prata med Zlatko, som han ju alltså kände sedan länge. Marko, Alan och Johan ska, enligt dessa källor, inte ha deltagit i diskus-sionen utan bara följt med som "back up". Uppfattningen är således att

Hells Angels inte haft för avsikt att ta livet av Zlatko och Johan, men att någonting oförutsett hänt under alkoholens inverkan. Detta ligger i linje med kammaråklagare Jonas Arvidssons analys.

– Man måste utgå från att ingen är så dum att han festar ute på stan tillsammans med dem han planerar att mörda och sen tar med offren hem till sig. Allt talar för att männen blivit osams ute i klubbhuset och att det ena lett till det andra, säger Arvidsson.

Oavsett om dödandet varit planerat eller inte leder fallet till en skrämmande slutsats: Hells Angels accepterar mord och alla medlemmar ser som sin plikt att skydda de skyldiga. Så här säger ex-medlemmen Tony:

– Dubbelmordet var ett skolexempel på att alla inom Hells Angels gör vad de blir tillsagda, oavsett hur grisigt det är. Jag är övertygad om att de som fick städa upp efteråt inte tyckte att det var särskilt kul. Men om man inte ställer upp kan man lika bra hänga västen och gå.

Enligt Tony fanns det många som mådde rejält dåligt.

– Internt snackades det mycket om den här incidenten efteråt. Det är klart att folk tyckte att det är jävligt obehagligt, Hells Angels är inga lustmördare. Men den allmänna inställningen var att man fick lita på omdömet hos de som hade gjort det.

När polisen sökte igenom Hells Angels festlokal i samband med dubbelmordet hittades blod från ytterligare ett tiotal personer. De flesta av dessa har aldrig blivit identifierade. Men en av dem som lämnat blodspår i lokalen är en idag fyrtiosexårig före detta medlem. Våren 1998 tvingades mannen under vapenhot att skänka alla sina tillgångar till de andra medlemmarna. Därefter togs hans klubbtatuering bort med slipmaskin. Efter att ha övertalats av polisen att vittna mot sina "bröder" lever mannen i dag under ny identitet i utlandet. Fallet är unikt i Europa och ett av få i världen. Att Hells Angels-medlemmar och supporters agerat hemliga informatörer åt polisen har förekommit på flera håll. Men att en medlem väljer att samarbeta öppet med polisen för att sätta fast sina forna klubbkamrater innebär en krigsförklaring mot hela Hells Angels idé.

Fyrtiosexåringen – vi kan kalla honom Stefan – var sjöman och hade drömt om att bli medlem i Hells Angels ända sedan tonåren. När han fick veta att dåvarande mc-klubben Gamlestaden MC i Göteborg låg bra till för att bli Hells Angels mönstrade han av sitt fartyg och satsade allt på att bli en i gänget. Inträdesbiljetten gick via en gammal kompis som var medlem i Gamlestaden MC. År 1995 blev Stefan accepterad som hang-around till Gamlestaden och fick agera chaufför, vakt och allmän passopp åt klubbens medlemmar. Han levde praktiskt taget på klubbgården och hade nästan ingen tid över till att jobba med annat. Inkomsterna tröt och det underhåll som han hade dömts att betala till sina barn släpade efter. Men efter två års hårt slit kom så dagen som Stefan hade levt för. I augusti 1997 fick han hänga på sig den åtråvärda skinnvästen. Hells Angels-logotypen fick han däremot inte bära, eftersom Gamlestaden fortfarande bara var så kallad prospect-klubb och gick under namnet MC Sweden.

Ganska kort efter inträdet uppstod konflikt. Stefan kom ihop sig med sin gamla kompis och tyckte att han hade blivit lurad i en affär om en motorcykel. Han krävde kompisen på 10 000 kronor, men fick inga pengar. De ekonomiska problemen fortsatte och Stefan fick låna pengar av andra medlemmar. Stefan hade hyrt en lägenhet av en medlem i klubben utan att kunna betala hyran.

Men det som framför allt gjorde de andra medlemmarna irriterade på honom var att Stefan använde mer och mer narkotika. Medlemmar inom Hells Angels i Skåne och Stockholm hörde av sig till ledningen för MC Sweden och sa att det inte var okej, att det stred mot klubbens regler. Lyckades inte MC Sweden lösa problemet kunde det påverka klubbens möjligheter att uppnå fullvärdigt medlemskap i Hells Angels. För att sätta press på Stefan tog ledningen upp frågan på ett klubbmöte. De övriga medlemmarna beslutade att Stefan måste lämna ifrån sig sin väst under en tvåveckorsperiod. Markeringen tog skruv och Stefan skärpte sig. För att visa ledningen att han menade allvar gick han till en privatläkare för att få intyg på att han inte hade några droger i blodet.

Några veckor senare bjöd Hells Angels i USA in avdelningar från hela världen för att fira att organisationen fyllde femtio år. MC Sweden beslöt att skicka två representanter som fick resa på klubbens bekostnad. Men Stefan, som inte blev utvald, ville också följa med. För att ha råd lånade han ännu mer pengar av sina klubbkamrater. Resan blev på många sätt Stefans livs resa. Jubileumsfesten hölls på klassisk Hells Angels-mark, i San Bernardino i Kalifornien. Efter att ha överlämnat de sedvanliga presenterna och klubbplaketterna festade Stefan och de båda andra med Hells Angels-medlemmar från hela världen i flera dagar. Höjdpunkten var när Stefan fick skaka hand med Hells Angels-legenden Sonny Barger.

Efter tio dagar landade Stefan och en av de båda andra hemma på Landvetters flygplats. Där blev de hämtade i bil av en provmedlem kallad Daffe. Stefan märkte direkt att något var fel. Daffe låtsades överhuvudtaget inte om honom utan pratade bara med den andre MC Sweden-medlemmen. Han hörde Daffe säga att "det är möte i ladan" och anade att det gällde honom.

MC Swedens president, trettiofemårige Bengt "Bengan" Olsson, stod framför ladan och väntade på Stefan och de andra. Bengan vinkade in dem i byggnaden och Stefan blev tillsagd att gå upp på övervåningen. Där stod nästan alla klubbens femton medlemmar samlade. Ingen av dem hälsade när Stefan kom upp. I stället drog en av dem upp ett avsågat hagelgevär och riktade det mot Stefan. Bengan klev fram och sa åt Stefan att ta av sig västen. "Ska vi göra det på det svåra eller det enkla sättet?" frågade Bengan. Stefan behövde inte lång betänketid. "Det enkla", svarade han.

Stefan blev beordrad att sätta sig ner på en bänk. En ny medlem räckte över en bunt papper och Bengan sa: "Du skriver på här." Klubben tänkte ta alla Stefans tillgångar genom att tvinga honom att signera färdigskrivna överlåtelsehandlingar. Bilarna, motorcykeln, hans nystartade godisbutiker och ytterligare ett företag – inget skulle han få behålla. Stefan insåg att han inte hade något val utan skrev under, snabbt och mekaniskt. När det var klart blev han tillsagd att ta av sig på överkroppen. Han krängde av sig tröjan. Därefter kom Daffe fram till honom tillsammans med en av de fullvärdiga medlemmarna. Männen tog Stefan i varsin arm och drog dem bakåt. I nästa stund hörde han hur en maskin startade. Han försökte titta bakåt och såg Bengan i ögonvrån. Presidenten hade tagit på sig vita handskar och kom närmare med den påslagna maskinen i händerna. Bengan sänkte den eldrivna slipmaskinen mot översidan av Stefans vänstra underarm, där han hade tatuerat in texten "MC Sweden". Det brände till och efter ett tag kände Stefan en fruktansvärd smärta. Men han lyckades bita ihop utan att börja gråta. I efterhand skulle Stefan berätta att han känt dödsångest, att han hade sett hela sitt liv passera förbi och att han hade tänkt på sina barn. Att försöka göra motstånd hade aldrig slagit honom.

Efter kanske en halv minut var det över. Tatueringen var bortslipad och hade ersatts av ett stort, öppet sår på armen. Först blödde det inte, men efter ett tag sipprade röda droppar fram. Bengan sa åt Stefan att ta på sig tröjan igen och därefter fick han veta vad som gällde. Medan han var bortrest hade klubben haft en omröstning och beslutat att Stefan skulle uteslutas och stämplas som "out". Klubbmedlemmarna hade inte längre något förtroende för honom eftersom han hade ljugit så många gånger om pengar och annat. Från och med nu fick Stefan inte ha kontakt med någon inom MC Sweden eller Hells Angels. Samma sak gällde medlemmarnas vänner och familjer. Dessutom skulle Stefan betala 370 000 kronor till klubben senast om två veckor, varför fick han inte veta.

När budskapet var framfört tog Daffe tag i Stefans arm och ledde ut honom på gården. Där stod en vit Dodge Van parkerad. Någon öppnade vanens bakdörrar och Daffe drog in honom i bilens lastutrymme. Daffe satte sig på det ena hjulhuset och Stefan på det andra. Därefter stängdes dörrarna igen och motorn startade. Stefan var beredd på vad som helst nu. Skjuten i benet eller dödad – inget hade förvånat honom. Men i stället stannade bilen ganska snart och han blev avsläppt på en parkeringsplats i Partille. Daffe sa: "Två veckor, Stefan" och stängde dörrarna.

Stefan stod kvar. Förnedrad, bespottad och bestulen. Men fortfarande i livet. Planlöst började han gå bort från parkeringsplatsen. Smärtan i armen tilltog och han insåg att han måste till sjukhus. Men han hade ingen mobiltelefon, och vem skulle han ringa om han fick tag på en? De flesta han kände hade anknytning till klubben och dem fick han ju inte kontakta. Till slut stod han med en lånad telefon i handen och slog telefonnumret till sin ex-hustru. "Jag kommer", sa hon när Stefan hade berättat det viktigaste. En stund senare kom hon i bil och hämtade upp honom. När hon såg Stefans arm började hon gråta.

Även en jourhavande kirurg på Östra Sjukhuset, som hade sett mycket genom åren, blev chockad då Stefan visade sin skada. Men när läkaren frågade vad som hänt vägrade Stefan svara. En specialistutbildad plastikkirurg ringdes in från Sahlgrenska universitetssjukhuset. Stefan fick snabbt förtroende för denne. Han bestämde sig för att säga som det var.

Specialistläkaren lyssnade och konstaterade att Stefan fått en så kallad fullhudsbrännskada. För att få såret att läka skulle man bli tvungen att transplantera hud ifrån någon annan del av Stefans kropp. Läkarens bedömning var att det var ren tur att slipskadan inte blivit mycket värre, i underarmen finns flera stora blodkärl som gärningsmännen lätt kunde ha kapat om de hade vinklat slipmaskinen bara lite annorlunda. Risken för blodförgiftning hade också varit överhängande om Stefan inte sökt vård så snabbt. Mot den här bakgrunden ansåg läkaren att det fanns skäl att bryta patientsekretessen och kontakta polisen, något som vårdpersonal får göra endast om de har anledning att befara att ett brott som kan ge minst två års fängelse har begåtts. Efter att Stefan opererats med lyckat resultat fick han besök av utredare från länskriminalen vid polismyndigheten i Västra Götaland.

Men Stefan var fortfarande osäker på om han verkligen ville medverka i en polisutredning och sa till poliserna att han måste fundera. Han mådde psykiskt dåligt, hade självmordstankar och kunde inte förstå varför klubbkamraterna kastat ut honom på det här brutala sättet. Och varifrån kom kravet på hundratusentals kronor? Det var ju pengar som han inte hade någon chans att få fram på två veckor. "Jag kunde inte förstå vad jag gjort för att förtjäna det här. Jag har gjort allt för klubben, vilket gått ut över min familj och mitt arbete. Jag tycker att jag har varit schyst och lånat ut bilar till kamrater på klubben och att jag kunnat gå i döden för de här människorna" skulle han senare säga i ett förhör.

Efter att ha skrivits ut från sjukhuset efter drygt en vecka kände Stefan att han var tvungen att kolla hur Hells Angels i Skåne och Stockholm såg på beslutet. Beskedet han fick vara bara att det här var någonting mellan honom själv och MC Sweden. Då trotsade han ordern han hade fått och ringde upp två av medlemmarna i klubben. Men inte heller de här samtalen gav något, pengarna Stefan hade krävts på skulle betalas, så var det bara.

Efter tre veckor bestämde han sig. Han kontaktade poliserna på länskriminalen och förklarade att han var beredd att vittna – trots att han visste att han från och med nu skulle leva under dödshot.

– Han förklarade att han ville ha upprättelse efter att ha blivit förnedrad, det var det viktigaste. Särskilt förnedrande upplevde han att det var att en provmedlem haft en så aktiv roll i bestraffningen, berättar en av de poliser som hade kontakt med Stefan.

När förhörsledarna plötsligt hade chans att få direktinformation inifrån Hells Angels värld kunde de inte låta bli att ställa en del mer personliga frågor till Stefan. Poliserna var nyfikna på vad det är som driver enskilda individer att sträva efter att tillhöra Hells Angels. "Jag kan ju bara prata för mig själv. Jag såg dem första gången i Staterna när jag var sexton år / .../ det var ju bara planscher hemma liksom på Hells Angels och choppers och såna grejer liksom. Sen när jag helt plötsligt hade chansen att få bli detta, det var ju liksom en pojkdröm som man aldrig trodde skulle gå att förverkliga", svarade Stefan.

Efter att Stefan pekat ut vilka som varit med i ladan slog polisen till mot klubbhuset. Totalt greps ett dussintal personer, däribland den dåvarande presidenten Bengt Olsson. Misstankarna löd "grov utpressning alternativt grovt olaga tvång, grov misshandel och grovt vapenbrott".

Ingen av de gripna gjorde någon hemlighet av att Stefan hade blivit utesluten. Men i övrigt ansåg de att hans berättelse var lögn – alla utom en tjugofyraårig provmedlem. Provmedlemmen bekräftade oväntat att Stefan hotats med gevär och tvingats skriva under en massa papper. Därefter mindes provmedlemmen att han hört ett "fräsande" ljud, men vad detta var sade han sig inte veta. Vittnesmålet bröt mot Hells Angels interna kod om att aldrig hjälpa polisen och åklagaren jublade.

Kort senare väcktes åtal mot totalt elva personer, inklusive den tjugofyraårige provmedlemmen. I juni 1998 inleddes så den största rättegången dittills i Hells Angels-sammanhang i Sverige. På grund av den starka hotbilden mot Stefan fattade polisledningen och Göteborgs tingsrätt i samråd ett unikt beslut. Rättegången skulle inte hållas i en vanlig rättssal utan inne i polishuset, där en hörsal tillfälligt gjordes om för ändamålet. Stefan förklarade via sitt juridiska ombud att han till varje pris ville slippa att ställas inför de forna klubbkamraterna. Rätten hade inga invändningar. När Stefan förhördes fördes samtliga MC Sweden-medlemmar ut ur salen. Lugnt och detaljerat berättade han sedan om vad som hänt. Tingsrätten trodde honom i allt väsentligt och dömde presidenten Bengan, Daffe och tre andra män till fängelse i två och ett halvt år vardera för grov misshandel och olaga tvång. Ingen av de fem skulle komma att överklaga.

De övriga sex åtalade friades däremot, däribland den tjugofyraårige prov-medlemmen. Domstolen ansåg att dessa ingått i en "påtryckningsgrupp" men inte att de varit direkt delaktiga i slipningen eller i att tvinga Stefan att lämna ifrån sig sina tillgångar. Stefans skadeståndskrav prutades ned rejält av rätten. I stället för begärda 565 000 kronor för psykiskt lidande, sveda, värk och lyte stannade hans ersättning på 105 000 kronor.

En tid senare sparkades den tjugofyraårige provmedlem som vittnat till Stefans fördel ur MC Sweden. Daffe, som hållit fast Stefan under slip-ningen, belönades däremot med fullvärdigt medlemskap. Året därpå, i februari 1999, utsågs MC Sweden till Hells Angels femte svenska avdel-ning. Stefan fick skyddad identitet och sattes i ett omfattande skyddspro-gram. Var han finns idag är okänt. Men enligt Göteborgspolisen ska inga hämndaktioner hittills ha inträffat. En del menar att Stefan haft tur.

– Det kan ske betydligt värre saker. Mord på de egna ingår i spelreg-lerna, säger kriminalinspektör Sven Lindgren vid polismyndigheten i Västra Götaland.

Enbart i Sverige misstänks tre Hells Angels-medlemmar ha mördats efter konflikter med den egna avdelningen. Två av dessa – Morgan "Mol-le" Blomgren och Fredrik Lindberg – var medlemmar i Hells Angels Hel-singborgsavdelning och rapporterades försvunna 1999 respektive 2000. Uppgifter pekar på att medlemmarna kort före försvinnandet hade för-klarats uteslutna. I så fall stämmer detta med det mönster som polisen sett i andra länder.

– I flera fall där medlemmar mördats har klubben först tagit av perso-nerna deras klubbvästar och förklarat att de inte längre är medlemmar. Det kan tyckas som en onödig procedur, men det gör att Hells Angels rent formellt kan säga att man faktiskt inte har ihjäl sina egna, säger kri-minalinspektör Thorbjörn Johansson vid Rikskriminalen.

I Molle Blomgrens fall tros orsaken till uteslutningen vara att han gått bakom ryggen på övriga medlemmar och gjort privata affärer som inte va-rit godkända. En syster till Blomgren har hävdat att brodern fått 200 000 kronor från en restaurangaffär och att resten av Hells Angels medlemmar "känt sig blåsta på pengarna". Det är också ett faktum att Blomgren före-kom i polisutredningar om narkotikaaffärer och enligt tips var det i själva verket vinsten härifrån som medlemmar ansåg sig snuvade på.

*Hells Angels-medlemmen Richard "Nalle" Nahlén hittades sommaren
2003 mördad och nedgrävd i ett skogsparti utanför Sala. Polisen utgår från
att Nahlén dödats av sina klubbkamrater, men fortfarande 2007 hade
ingen gripits för dådet.*

Fredrik Lindberg anklagades i sin tur för att vid flera tillfällen ha stulit
pengar från en annan Hells Angels-medlem. Enligt rykten ska den be-
stulne ha riggat en dold videokamera och fångat stölden på film. Trots
intensivt letande har varken Blomgren eller Lindberg hittats. Polisen ut-
går från att männen är mördade och förundersökning pågår.

– För att brotten ska klaras upp krävs att någon i miljön plötsligt drab-
bas av dåligt samvete, vilket inte är särskilt troligt, säger kriminalinspek-
tör Thomas Ljung vid Skånepolisen.

Det faktum att såväl den bestulne Hells Angels-medlemmen i Helsing-
borg som en medlem i Hells Angels Malmöavdelning under 2007 synts
bära märket "Filthy Few" anses mycket intressant i sammanhanget.

Inte heller det tredje fallet har klarats upp. Offret här hette Richard
"Nalle" Nahlén och var medlem i Hells Angels Eastside i Stockholm. Kort
före försvinnandet hade Nalle Nahlén blivit misshandlad av klubbmed-
lemmar på ett veckomöte. Skälen tros ha varit två: dels skulle Nalle ha
gjort indrivningsaffärer bakom ryggen på klubbledningen, dels skulle
han ha tjallat på sin före detta sambos nya man, vilket lett till att denne
gripits för narkotikabrott.

Men uppenbarligen ansågs misshandeln inte vara ett tillräckligt straff.
En dag i juli 2003 uppmanades Nalle Nahlén att komma till ett möte
på en okänd plats i Stockholm, där han hämtades upp och kördes cirka
tio mil till en skog i närheten av Sala i Västmanland. Därefter tog nå-

gon fram ett vapen och sköt honom i huvudet. Hans kropp hittades fyra veckor senare nedgrävd på platsen, täckt av släckt kalk.

Polisutredningen, som leddes av Söderortspolisen i Stockholm, gick snabbt i stå och har i efterhand utsatts för hård intern kritik. Det har framförts att utredarna inte gått till botten med flera intressanta uppslag, bland annat att släckt kalk hittats i en bil med koppling till en Hells Angels-medlem och att flera Hells Angels-medlemmars telefoner varit aktiva i Salaområdet strax före mordet men att dessa stängts av vid den tidpunkt då mordet tros ha begåtts. Våren 2006 övertogs utredningen av Stockholmspolisens länskriminalavdelning. Fortfarande i maj 2007 pekade ingenting på att fallet skulle vara nära en lösning.

Även utomlands har ett flertal interna mord skett inom Hells Angels organisation. Ett av de mest uppmärksammade fallen inträffade i Holland i början av 2004. Tre Hells Angels-medlemmar, däribland en före detta president och veteran inom organisationen, hittades avrättade i ett vattendrag. Enligt ett nyckelvittne hade beslutet att mörda männen fattats på ett stormöte inom organisationen. Bakgrunden ska ha varit att de tre stulit en last med kokain från Sydamerika. Ett dussintal Hells Angels-medlemmar åtalades för delaktighet i morden och flera blev dömda. Även i Kanada, det land i världen som har flest Hells Angels-medlemmar per capita, har ett internt massmord ägt rum. Efter ett kollektivt beslut inom flera Hells Angels-klubbar i landet mördades presidenten och fyra medlemmar från Hells Angels North sommaren 1985. En tid senare hittades liken sänkta och fastkedjade i cementblock på botten av en flod. Orsaken till massmordet tros även här ha varit bråk om pengar och droger.

Hur har då den svenska polisen hanterat denna organisation som förefaller att vara kapabel till nästan vad som helst? Ganska opportunistiskt och händelsestyrt, är svaret. De gånger Hells Angels-medlemmar har misstänkts för spektakulära våldsbrott, som under kriget med Bandidos på 1990-talet, har bevakningen varit massiv. Men så snart kulorna slutat vina har polisen återigen tappat intresset för organisationen – trots att erfarenheten visar att det är då som Hells Angels mer sofistikerade och vinstgivande kriminalitet tar fart.

I den mån som Thomas Möller och de andra pionjärerna i Dirty Dräggels identifierades som ett problem på riksplanet förutsattes det att mc-klubben var något som Malmöpolisen kunde hantera lokalt. Men inte heller i Malmö såg polisledningen någon större anledning till oro.

– Inställningen hos cheferna här var länge att Dirty Dräggels bara var en samling fåntrattar som skulle angripas traditionellt, en och en. Man ville inte se organisationens betydelse, att den har förmåga att få vanliga killar att göra saker som de annars aldrig skulle ha gjort, säger en polisman i Malmö, som i slutet av 1980-talet började samla information om Dirty Dräggels.

– Att jag gjorde det var mest av eget intresse. Egentligen var det inget som var prioriterat, lägger han till.

Inte heller i Stockholm var polischeferna särskilt oroade. En allmän uppfattning som spreds var att de sextio milen mellan Malmö och Stockholm skulle avskräcka Dirty Dräggels från att köra mc till huvudstaden och knyta band med de grupperingar som fanns där. Det svenska klimatet påstods också ha hämmande effekt på mc-gängens spridning, under stora delar av året var det helt enkelt för kallt för att köra motorcykel, trodde flera. På våren 1990 märktes dock en ändrad inställning och Polissveriges centrala resurs, Rikskriminalen, vaknade. Orsaken var att en åklagare respektive en polisman i Malmö hade fått tårgasfacklor inkastade i sina bostäder under en utredning om brott i mc-miljön. Dåvarande chefen för Rikskriminalen, Tommy Lindström, fattade beslut om att en kartläggning av alla mc-klubbar som på sikt kunde befaras vilja ansluta sig till Hells Angels skulle göras. Uppdraget gick till kriminalinspektör Tommy Andersson, som tidigare hade ingått i Rikskriminalens Palmegrupp.

– Jag minns att man tyckte att det här var något abstrakt och skrämmande. Hells Angels uppfattades ju utomlands som en maffia, skulle vi verkligen få den hit till Sverige? säger Tommy Andersson, som idag är chef för Uppsalapolisens kriminalavdelning.

Tommy Andersson uppskattade att nästan trettio mc-klubbar runtom i landet vid det här laget hade förklarat sig lojala med Dirty Dräggels. I en förspaningsstudie 1991 kallad "Djävulsänglarna" drog Tommy Andersson slutsatsen att utvecklingen riskerade att bli samhällsfarlig om inget gjordes. För att undvika detta föreslog han en rad åtgärder: central registrering av personer, fordon och lokaler med anknytning till mc-gängen, upprättande av fotoförteckningar över medlemmarna, analys och bearbetning av insamlade uppgifter, etablering av kontakter inom samarbetsorganet Interpol och polisen i andra berörda länder, spaning och kartläggning vid mc-träffar och liknande, knytande av kontakter med gängmedlemmar och deras närstående samt besök hos lokala polismyndigheter för att aktivera och motivera enskilda polismän till att intressera sig för mc-miljön.

För att nå ut med sitt budskap genomförde Tommy Andersson en föreläsningsturné till alla länspolismyndigheter i Sverige. Något mandat att kommendera fram en satsning hade han däremot inte – inom det decentraliserade Polissverige är varje regionmyndighet fri att göra sina egna prioriteringar. Utmaningen var att försöka uppmärksamma lokala och regionala polischefer på frågan och få dem att avsätta resurser till ett fenomen som först på lång sikt kunde befaras bli riktigt allvarligt.

– Intresset varierade. I Värmland och Norrbotten var man särskilt på hugget och tog direkt itu med de Hells Angels-orienterade mc-klubbar som fanns i respektive län. På andra håll satt man fast i ett gammalt tänkande och sa: "Men Tommy, var är polisanmälningarna mot de här killarna?", berättar Tommy Andersson.

Trots viss motvilja började några polismyndigheter att följa Tommy Anderssons förslag. Samordningen mellan myndigheterna tog Tommy Andersson själv på sig, liksom utveckling av internationella poliskontakter. Poliser från Kanada, där Hells Angels varit särskilt aggressiva och utfört mängder av mord, kom på besök. Det internationella samarbetet fick draghjälp av att dåvarande rikspolischefen Björn Eriksson några år in på 1990-talet utsågs till president för Interpol.

– Vid den här tiden tyckte jag att vi låg bra till, vi hade fått en bra bild av Hells Angels och dess medlemmar. Men det var när kunskapen skulle användas operativt som problemen började. Många länspolismyndigheter tyckte att de hade andra, mer akuta problem och de riktade insatserna blev få. Inte ens i Skåne fanns det några fredade resurser, trots att det var där som koncentrationen av gäng var störst, säger Tommy Andersson.

I början av 1994 inleddes emellertid den händelsekedja som skulle tvinga polisen att agera. En lokal gruppering kallad Morbids MC i Helsingborg hade utmanat Hells Angels i Malmö och förklarat sig lojal med den internationella organisationen Bandidos MC. Morbids utsattes därefter för en rad väpnade attacker, men det var Hells Angels som först förlorade en medlem. I februari 1994 sköts en Hells Angels-supporter till döds på en svartklubb i Helsingborg. Stenen var i rullning och snart rasade ett blodigt mc-krig över hela Skandinavien (se kapitlet Bandidos MC).

Vid det här laget hade Tommy Andersson bytt tjänst och lämnat över ansvaret till en kollega. Frågan om hur den mc-relaterade brottsligheten skulle bekämpas hamnade nu på högsta ort, hos rikspolischefen Björn Eriksson.

– När jag såg hur dåligt arbetet fungerade blev min slutsats att vi behövde skapa en central enhet, ett slags mc-kommando som kunde jobba över hela landet, säger Björn Eriksson idag.

Under hösten 1995 skissade Eriksson och hans närmaste medarbetare på en del olika förslag. Gruppen kom fram till att cirka 50 polismän borde ingå i styrkan. När förslaget lades fram för länspolismästarna blev det kalla handen. Hotbilden var överdriven, ansåg de – trots att konflikten mellan Hells Angels och Bandidos nu hade trappats upp till att utkämpas med pansarskott i villabebyggelse. Mc-klubbarna ansågs fortfarande vara ett regionalt problem som skulle tacklas av regionala polismyndigheter.

– Jag funderade mycket på vad som låg bakom det här motståndet. För det första tror jag att det bottnade i bristande kompetens, man förstod fortfarande inte problematiken fullt ut. För det andra fanns det en ekonomisk aspekt, länspolismästarna vara oroliga att de skulle få mindre pengar om vi skapade en central enhet. För det tredje var de, som så ofta tidigare, rädda för att jag och Rikspolisstyrelsen skulle få för stor makt, säger Björn Erikssọn.

Som rikspolischef hade Björn Eriksson kunnat köra över länspolismästarna och genomdriva sitt förslag ändå. Detta hade dock krävt klartecken från regeringen och Justitiedepartementet. Och regeringen, som utser både rikspolischefen och länspolismästarna, var bara intresserad av en lösning som vilade på bred enighet.

– På Justitiedepartementet var man nog egentligen positiv till min linje. Men eftersom länspolismästarna var emot vågade man inte köra, hävdar Björn Eriksson.

En av de länspolismästare som var mest negativ till Björn Erikssons förslag var dåvarande chefen för Skånepolisen, Hans Wranghult. Wranghult står fortfarande fast vid att ett nationellt mc-kommando var en dålig idé.

– Anledningen till att vi inte ville ha en operativ befogenhet hos den centrala polisen var att när man har flera olika organisationer finns det en risk att de bekämpar varandra i stället för att bekämpa brottsligheten. Detta var bara ett område där den här diskussionen dök upp och där vi betonade att det operativa ansvaret ska ligga på de regionala polismyndigheterna. Det låg helt enkelt inte för oss att lämpa ansvaret vidare utan vi var beredda att åta oss den här uppgiften, säger Hans Wranghult, som idag har gått i pension.

Att Skånepolisen skulle ha haft bristande insikt om allvaret i den mc-relaterade brottsligheten tillbakavisar Hans Wranghult. Wranghult avfärdar också att motståndet skulle ha handlat om pengar. Däremot medger han att han kände oro inför vad han befarade skulle bli en allt för stark central polismakt.

– Ja, det har ju länge funnits en ängslan inför att vi ska få en nationell polis. Det var ju inte bara hos mig utan det motståndet finns inbyggt i bestämmelserna om hur polisen ska fungera, säger han.

Hans Wranghults och den skånska polisens självpåtagna ansvar skulle leda till ett präktigt fiasko. Inte en enda person hade dittills fällts för de många skottlossningar, pansarskottsattacker och sprängningar som inträffat under mc-kriget – ett resultat som skulle stå sig konflikten ut. På andra sidan Öresund hade polisen däremot lyckats klara upp nästan fyra av fem våldsdåd som var relaterade till fejden.

I slutet av 1995 presenterades en intern rapport som blev förödande för länspolismästare Hans Wranghult. Skånepolisen saknade, enligt en inspektion som gjorts av Rikspolisstyrelsen, en strategisk handlingsplan för hur den mc-relaterade brottsligheten skulle bekämpas. Under perioden 1990–1995 hade Skånepolisen endast under en följd av sex månader bedrivit ett kontinuerligt och strukturerat arbete. Och trots att Hans Wranghult i början av 1995 gett order om att en uppryckning skulle ske hade detta av okänd anledning inte nått ut i leden.

– Jag tog det här som ett kvitto på att jag hade haft rätt. Problemet var helt enkelt för stort för en ensam regional myndighet, menar Björn Eriksson i efterhand.

Rapporten ledde inte till någon ny prövning av förslaget om ett nationellt mc-kommando. Arbetet skulle fortfarande organiseras enligt den svenska polisens decentraliserade modell, ansåg länspolismästarna och regeringen. För att ställa tydligare krav på Skånepolisen och andra regionmyndigheter beslutade Björn Eriksson och dåvarande chefen för Rikskriminalen, Jörgen Almblad, att arbetet mot motorcykel-klubbarna i fortsättningen skulle ske utifrån en gemensam, nationell strategi. Denna strategi skulle bestämmas av en nationell samordningsgrupp. För att bättre klara av sin uppgift gavs Skånepolisen också ett tillfälligt ökat budgetanslag.

Samordningsgruppen träffades vid flera tillfällen under 1996. Resultatet blev bland annat förslag om flitigare underrättelserapportering till polischeferna om vad som skedde inom mc-klubbarna, förstärkta utbildningsinsatser gentemot personal som kunde tänkas komma i kontakt med mc-klubbarna och en förändrad massmediapolicy. Gruppen ansåg att betydligt fler poliser och polischefer borde kommentera mc-relaterade händelser offentligt för att signalera att hela polisorganisationen stod bakom bekämpningen av mc-klubbarna. Vilken effekt dessa förslag fick för det konkreta polisarbetet är i efterhand svårt att säga. Mycket talar för att det även under de kommande åren var lokala lösningar som fick gälla när Hells Angels fortsatte att sprida sig norrut i landet, först till Stockholm och därefter till Göteborg.

I Stockholm bildades tre så kallade mc-grupper i distrikten Västerort, Söderort respektive City. Senare slogs dessa ihop under namnet MC-kommissionen. Som mest ingick ungefär tjugofem poliser ute på fältet plus fyra personer som samordnade underrättelseinformation.

– Förutom Hells Angels och en del supportergrupper hade vi även Brödraskapet MC att tampas med. Men jag skulle vilja säga att vi var bra rustade för uppgiften. Vi gjorde en hel del vapenbeslag, medlemmar greps för grova brott, och vittnen och målsägande gavs stöd, säger kriminalinspektör Claes-Erik Lindsten vid länskriminalen i Stockholm, som under lång tid ansvarade för underrättelsearbetet.

Inspirerade av amerikanska "under cover"-operationer började Stockholmspolisen att leta efter privatpersoner som kunde infiltrera mc-miljön. I flera fall lyckades detta och ett par särskilt talangfulla agenter gick så långt att de gillrade "fällor" med hjälp av bland annat vapen, sprängmedel och narkotika. Problemet var bara att polisledningen inte hade förvissat sig om ifall metoderna var tillåtna eller inte, något som skulle komma ifatt de ansvariga långt senare (se kapitlet Brödraskapet och Brödraskapet Wolfpack). När detta uppdagades valde polisledningen 2006 att lägga ner MC-kommissionen.

I Göteborg organiserades arbetet annorlunda. I maj 1996 sjösattes ett projekt kallat "Änglavakt" bestående av två delar: en spjutspetsstyrka om ett tiotal polismän som kunde förstärkas vid behov samt en omfattande utbildningsinsats för all polispersonal. Satsningen präglades av ett långsiktigt spanings- och underrättelsearbete och resulterade i flera fällande domar. År 2000 övergick projektet i den ordinarie verksamheten vid länskriminalavdelningen i Västra Götaland.

I Skåne testade polisledningen i sin tur, efter kritiken från Rikspolisstyrelsen, en annan strategi. Här var det i första hand ordningspolisen, med piketstyrkan i spetsen, som fick i uppdrag att punktmarkera mc-klubbarnas medlemmar och supportrar ute på stan och i trafiken. Mängder av anmälningar skrevs om rödljuskörningar, bristande bilbältesanvändning, rattfylleri och ringa narkotikabrott.

Metoden orsakade ett spänt tonläge mellan gängen och polisen, vilket befaras ha varit orsaken till att flera polismän skulle komma att utsättas för hot och mordförsök. Det grövsta inträffade sommaren 1999, då en stulen bil hade ställts upp i Malmö hamn och försåtsminerats med en kraftig sprängladdning. Efter att en anonym person ringt till Malmöpolisen skickades två uniformerade polismän till platsen. I samma ögonblick som en av dem öppnade förardörren till den stulna bilen exploderade sprängladdningen. Polismannen kastades bakåt och fick splitter över hela kroppen. Mannen överlevde, men miste synen på båda ögonen. Telefonspårning visade att flera kriminella med koppling till Hells Angels hade befunnit sig på platsen strax före dådet, däribland en nuvarande prospect i mc-klubben. Bristande bevis gjorde dock att samtliga friades i rätten. Enligt flera källor skapade detta och andra dåd en rädsla som fortfarande gör sig påmind.

– Tyvärr började poliser ute på fältet att titta bort när Hells Angels dök upp. Så är det än idag, vilket märks på den dåliga inrapporteringen av underrättelseinformation, säger en skånsk polisman som arbetar med att kartlägga kriminella gäng.

Bristen på en nationell samordning kvarstod till och med 2006. Först då, sedan regeringen skjutit till öronmärkta pengar, beslutade Rikspolisstyrelsens operativa råd att de kriminella mc-klubbarna skulle bekämpas med samma medel över hela landet i det så kallade Alcatraz-projektet. Av de 100 kriminella som nu listats som prioriterade "targets" utgörs den största enskilda gruppen av personer knutna till Hells Angels. (Se sidan 372.) Fortfarande i maj 2007 hade bara någon enstaka av dessa gripits. Under senare år är det i stället Ekobrottsmyndigheten i Stockholm som lyckats bäst med att få Hells Angels-medlemmar fällda för grova brott.

Sammantaget har det svenska rättsväsendets insatser mot Hells Angels präglats av planlöshet och brist på uthållighet. Trots att Hells Angels agerar mer förutsägbart än kanske någon annan kriminell gruppering har polischeferna inte kunnat enas om hur organisationen ska attackeras.

– Ända sedan starten har svenska Hells Angels jobbat uthålligt mot ett tydligt mål, de vill täcka hela landet. Problemet är inte att vi inte förstått detta utan att svensk polis inte orkar springa maratonlopp. Men antingen bestämmer man sig för att det inte är okej med ett kriminellt varumärke i samhället som signalerar hot och våld. Eller så får man acceptera att Hells Angels är de som står kvar större och starkare när alla vi andra är borta, säger kriminalinspektör Claes-Erik Lindsten och efterlyser en helt annan långsiktighet i polisarbetet än hittills.

Det är inte bara svensk polis som har haft svårt att hindra Hells Angels expansion. Organisationen växer över stora delar av den demokratiska världen – däremot har den aldrig etablerat sig i någon diktatur. Våren 2007 fanns minst tvåhundratrettio fullvärdiga Hells Angels-avdelningar i tjugoåtta länder över samtliga världsdelar, enligt organisationens hemsida på Internet. Tillväxten sker i allt snabbare takt; enbart mellan 1998 och 2006 bildades hundra nya Hells Angels-avdelningar. En av de yngsta klubbarna är Hells Angels MC Moscow, som byggts upp under överinseende av Hells Angels i Stockholm. Den ryska klubben väntas nu gå i bräschen för en utvidgning inom det forna östblocket.

Ex-medlemmen Tony, som under flera år följt Hells Angels expansion inifrån, ser ingen gräns för hur många klubbar organisationen kan ta in.
– Hells Angels vill finnas i varenda större stad, överallt. Skälen är flera. För det första behöver man hela tiden växa för att kunna säga att man är störst och mäktigast. Skaffar andra klubbar fler avdelningar, som till exempel Bandidos, är det bara att hänga på. För det andra handlar det om att hela tiden hitta nya affärsmöjligheter. Blir det känt att det går att göra lätta pengar någonstans, ja då vill Hells Angels vara där. För det tredje bygger konceptet på att det alltid finns klubbar som står på tröskeln, där medlemmarna gör vad de blir tillsagda, säger Tony.

Det har ibland gjorts paralleller mellan Hells Angels expansion och hur snabbmatskedjan McDonald's spridit sig över världen. Även om jämförelsen haltar på flera punkter finns det likheter. Både Hells Angels och McDonald's har skickligt skapat varumärken som väcker samma känslor överallt. På den amerikanska västkusten, i Brasiliens djungel, på Nya Zeeland eller i de värmländska skogarna – de skilda geografiska och etnografiska förutsättningarna spelar ingen större roll. McDonald's kunder vet alltid vad de får. Hells Angels affärspartners – och offer – likaså. Även om mindre nationella variationer tillåts så är i stort sett varje McDonald's-restaurang den andra lik, liksom varje Hells Angels-avdelning. Arbetsledare respektive presidenter, anställda respektive medlemmar, kan bytas ut utan att inriktningen ändras. Ett intressant sammanträffande är att Mc Donald's och Hells Angels har samma rötter: båda föddes i staden San Bernardino i Kalifornien åren efter andra världskriget.

Även på ett större plan påminner Hells Angels idag om ett multinationellt storföretag. Beslut som rör hela organisationen fattas på slutna stormöten, så kallade "World Officers Meetings" med över tusen deltagare från hela världen. Mötesplatserna brukar vara stora konferensanläggningar, där deltagarna kan kommunicera och röra sig fritt utan insyn från polisen. Organisationen driver också flera gemensamt ägda bolag, som ägnar sig åt försäljning av Hells Angels-artiklar som tröjor, almanackor, klistermärken och andra så kallade supporterprylar. I USA heter Hells Angels bolag Hells Angels Motorcycle Corporation, i England Hells Angels Corporation Europe och i Sverige Hells Angels AB. I Skandinavien ger Hells Angels ut en månadstidning under namnet *Scanbike*, som

Försäljning av kläder och andra supportartiklar finansierar Hells Angels ekonomiska stöd till häktade och fängslade medlemmar. Pengarna förmedlas via en så kallad "Defence Fund".

i Sverige distribueras av Pressbyrån. En av medlemmarna i Hells Angels Helsingborgsavdelning har med stor framgång etablerat tatueringskedjan House of Pain, som idag består av ett tjugotal franchisestudior i Sverige och flera andra länder. Och Hells Angels Stockholmsavdelning säljer en påkostad fotobok om sin egen historia.

– Pengarna från dessa till synes vita affärsverksamheter går bland annat till fängslade medlemmar. Genom en så kallad Defence Fund betalas en månatlig ersättning ut samt ett muckarbidrag när de avtjänat klart. Även den fängslades familj får stöd under avtjäningstiden, berättar kriminalinspektör Thorbjörn Johansson vid Rikskriminalen.

Det blir allt vanligare att Hells Angels tar hjälp av jurister för att driva skadeståndsprocesser. Hells Angels har sedan många år varumärkesskyddat sitt namn och sin logotyp i samtliga länder där organisationen verkar. Så fort medlemmarna upptäcker något som kan tolkas som varumärkesintrång eller plagiat agerar organisationen. Enligt ett beslagtaget dokument från Hells Angels varumärkesansvarige i England drev organisationen under år 2000 inte mindre än 42 utredningar av misstänkta varumärkesintrång runtom i Europa. Ett aktuellt exempel rör spelfilmen *Wild Hogs*, utgiven av Walt Disney-koncernen våren 2007. Under inspelningen läckte det ut att regissören planerade att använda Hells Angels namn och emblem i filmen. Detta resulterade i en stämning från Hells Angels advokater i USA. Hells Angels fick rätten med sig och filmjätten tvingades backa. Huruvida några pengar betalades ut till Hells Angels är okänt.

I Sverige har liknande tendenser förekommit. I mars 2007 berättade svenska tidningar att en av klädkedjan Kapp-Ahls butiker hade fått besök av två män med koppling till Hells Angels i Skåne. Budskapet från männen var att Kapp-Ahl sålde en tröja och en keps vars tryck påminde om Hells Angels logotyp. Något explicit hot uttalades aldrig. Personalen tog ändå så illa vid sig att ledningen beslöt sig för att ta bort artiklarna från flera skånska affärer. Ledningen såg däremot inget skäl att kontakta polisen. I stället var det först när saken läckte ut i pressen och polisen på eget initiativ hade inlett en utredning om olaga hot som Kapp-Ahl-cheferna valde att samarbeta med rättsväsendet. I samband med detta togs den aktuella tröjan och kepsen åter in i sortimentet. Polisens utredning har i skrivande stund inte lett till något åtal mot de båda männen.

Även Hells Angels kontroll av nya medlemmar blir alltmer lik hur storföretag agerar då de anställer nyckelpersoner på känsliga poster. I USA måste den som vill bli Hells Angels-medlem fylla i ett långt formulär som kallas "Application for Membership". I ansökningsformuläret, som har beslagtagits av polisen, måste den sökande uppge skolor och utbildningar, nuvarande och tidigare arbetsgivare, samt alla bostäder och fordon som personen har och har haft. Hells Angels kräver även att få veta var den sökande gjorde sin värnplikt och vilka brott han eventuellt har fällts för. Formuläret avslutas med att den sökande medger att Hells Angels och dess ombud gör djupgående kontroller av alla uppgifter. Därefter inleds ett omfattande undersökningsarbete som vänder på alla stenar runt den sökande. Exempel finns till och med på att Hells Angels hyrt privatdetektiver för att skugga blivande medlemmar. Syftet är att minimera risken för att polisinfiltratörer tar sig in i Hells Angels.

Hur Hells Angels kommer att utvecklas i framtiden är – bortsett från att antalet avdelningar kommer att öka – svårt att förutse. Organisationen saknar, så vitt känt, skriftliga långtidsplaner och strategidokument. Visionerna finns i huvudena på nuvarande och blivande medlemmar. Den före detta ordföranden i International Outlaw Motorcycle Gang Investigators Association, åklagare Pat Schneider, räknar dock med att det affärsmässiga inslaget kommer öka i Hells Angels verksamhet. Det ser han också som det största hotet mot samhället.

– Hells Angels kommer alltid att leta efter nya kriminella marknader att kontrollera. Samtidigt vill de distansera sig själva från brotten och låta andra göra grovjobbet. Jag är inte främmande för att organisationen på sikt till och med kan komma att överge motorcyklarna och klubbfärgerna för att bli mer presentabla. Och ju mer accepterad organisationen blir av politiker och andra makthavare, desto lättare kommer det att bli för Hells Angels att ge sig in i lagliga verksamheter som kan utnyttjas för kriminella syften.

BANDIDOS MC
– KOPIORNA SOM UTMANADE ORIGINALET

"If you can't be well liked – be well hated. Support your local Bandidos."

BANDIDOS MC GÖTEBORG

Det är tisdagen den 20 september 2006 och lunchdags för göteborgarna. Folk skyndar till restauranger och caféer för att få något i magen. Sommaren har tillfälligt återuppstått och det är hårt tryck på de uteserveringar som fortfarande håller öppet. Men Giorgios[1] är inte på väg till någon restaurang utan till sin bil som står parkerad på Storgatan, ett stenkast från vimlet ute på Vasaplatsen. Några steg ifrån bilen, en stor Audi, tar Giorgios upp bilnyckeln och trycker på fjärrlåsknappen. Han sätter sig tillrätta i förarstolen, petar in nyckeln i tändningslåset och vrider om. Motorn startar och Giorgios lägger i backen. Vad som händer därefter hinner han aldrig uppfatta. Men smällen, tryckvågen och hettan får honom att öppna dörren och kasta sig ut av ren instinkt. Ute på asfalten kommer han på fötter och stapplar bort från bilen. Bakom honom slår flera meter höga eldslågor upp och två nya explosioner följer.

En pappa och hans åttaårige son ser hela händelseförloppet från andra sidan gatan, sju–åtta meter bort. Så här berättar pappan lite senare för *Göteborgsposten*: "Det kom en våldsam smäll och jag kände direkt hur jag fick glas i håret. Jag slet ut min son ur bilen och sprang in i en butik i närheten." Sonen har då gråtande berättat för sin pappa att han trodde att ett hus hade rasat ner över bilen. På ungefär samma avstånd från den

1. Fingerat namn

sprängda bilen, fast på motsatta sidan av gatan, befinner sig en åttiofyra-
årig kvinna i rullstol. Hon är väg hem från vårdcentralen i sällskap med
sin svåger. Glassplittret träffar även dem och skär upp massvis av små hål
i deras kläder och blod börjar sippra fram. Också kunder och personal på
frisersalongen Saxée hamnar i en skur av splittrat glas. Men här kommer
glaskrosset inte från den sprängda Audin utan från salongens fönsterruta,
som slås sönder av tryckvågen från explosionen.

Några minuter senare hörs sirener över hela centrala Göteborg. Brand-
bilar, polisbilar och ambulanser kommer från alla håll. De har inga pro-
blem att hitta – en hög pelare av rök visar vägen. Innan brandmännen får
fram sina slangar hinner elden sprida sig till två andra bilar.

Mindre än en timme senare toppas samtliga svenska nyhetssajter på
Internet av att en bilbomb har exploderat i Göteborgs innerstad. Bilder
som redaktionerna fått från förbipasserande försedda med kameramo-
biler visar ett brinnande inferno. I flera artiklar påminns läsarna om att
bilbomben inte är den första i Göteborg, bara någon dag tidigare har en
annan bil sprängts i luften på samma sätt på andra sidan av Göta älv, på
Hisingen.

I polishuset på Skånegatan förenas de anställda av en och samma käns-
la: det här var droppen. Klas Friberg, chef för länskriminalen i Västra
Götaland, är den som blir talesman för kåren. "Vi poliser är inte bara
en samling tjänstemän, vi är människor också. Vi känner i dag en helig
vrede, vi är förbannade och upprörda. Vi kommer inte att spara på några
ansträngningar i det här ärendet. Det skall lösas. Så enkelt är det", säger
Friberg till en av alla de journalister som ringer.

Länskriminalen riktar omedelbart misstankarna åt ett specifikt håll:
Bandidos MC och dess underhuggare i supportergruppen X-team. Skä-
len är flera. Bandidos/X-team är den kriminella gruppering på västkus-
ten som agerat mest aggressivt på sista tiden. Bland annat har de gett sig
på krögare och andra småföretagare med krav på beskyddarpengar. Två
personer som har vittnat mot grupperingens medlemmar har fått sina
bilar förstörda i liknande attentat. Till detta kommer information om att
Giorgios i egenskap av vaktchef på en nattklubb nyligen nekat Bandidos
president, trettiotvåårige Mehdi Seyyed inträde på klubben.

Klas Friberg går till sina högsta chefer och begär obegränsade resurser. Länspolismästare Krister Jacobsson ger klartecken på stående fot. En särskild ledningsstab upprättas, spanare och underrättelsepersonal med erfarenhet av mc-miljön samlas och piketstyrkan förbereds på ett nära förestående tillslag.

Redan några timmar senare är det dags. En stor polisstyrka stormar Bandidos lokal i ett industriområde utmed Göta älv och griper Mehdi Seyyed för mordförsök och allmänfarlig ödeläggelse. I klubblokalen finns två personer vars närvaro visar att Bandidos precis har hållit möte på högsta nivå. Det är Europapresidenten Jim Tinndahn från Danmark och Bandidos starke man i Sverige, Jan Jensen, även kallad Clark. Båda omhändertas för misstänkt drogpåverkan och får följa med till polishuset för att lämna urinprov, men släpps sedan. (I Clarks fall ska provsvaret visa rester av både amfetamin och kokain och i mars 2007 åtalas han för ringa narkotikabrott.)

Redan två dagar senare står det klart att polisen saknar konkreta bevis mot mc-gänget och dess ledare. Varken husrannsakningar eller förhör har gett någonting. Den åklagare som fått fallet på sitt bord beslutar sig för att släppa Mehdi Seyyed, som dittills varit anhållen. Återigen har Bandidos pekats ut för ett hänsynslöst våldsdåd. Och återigen står polisen maktlös.

– Tyvärr hjälper sådana här händelser bara mc-gängen att bygga upp sitt farliga rykte, och rädslan bland allmänheten sprider sig, suckar en polisman som deltagit i utredningen.

Målet för bombattentatet, vaktchefen Giorgios, står under fortsatt skydd av polisen. Fortfarande i juni 2007 hade inga ytterligare attentat eller hotelser drabbat honom, enligt polisen.

När Bandidos MC kom till Sverige 1994 var organisationen helt okänd. Till skillnad från Hells Angels, som vid det här laget var ett etablerat massmediefenomen, hade mc-klubben med det tex-mexdoftande namnet aldrig förekommit i artiklar i svensk press. Inte ens medlemmarna i den första svenska Bandidos-avdelningen hade egentligen hunnit läsa på om organisationens historia.

Idag, tretton år senare, finns Bandidos och dess supportergrupper på ett tiotal orter runtom i landet. Organisationens emblem – en tjock mexikan med sombrero, sabel, ammunitionsbälten och dubbla revolvrar – är

Fyrtiosjuårige dansken Jan Clark Jensen i Helsingborg är arkitekten bakom Bandidos snabba expansion i Sverige. Jensen var tidigare medlem i Hells Angels i Danmark, men bytte sida i början av 1990-talet.

väl inpräntat i det allmänna medvetandet. Bandidos har blivit synonymt med hot och våld och grupperingen tillhör de allra mest brottsaktiva. Medlemmarna är dömda för mord, mordförsök, grova rån, grova narkotikabrott, misshandel, hot och mängder av utpressningsfall.

Till skillnad från Hells Angels är Bandidos ledning inte särskilt mån om sin mediebild. Organisationen ger inte ut några böcker eller tidningar, den arrangerar inga goodwillskapande välgörenhetskorteger och dess ledare ställer inte upp på intervjuer. Ändå är likheterna mellan Hells Angels och Bandidos fler än skillnaderna. Bandidos är, bredvid Outlaws och Pagans, en av de internationella mc-klubbar som tydligast plagierat Hells Angels. Medlemmarna bekänner sig hängivet till den utanförskapsideologi som skapats av Hells Angels och där symbolen "1 %" representerar den minoritet som har tagit avstånd från samhället.

I Sverige och övriga Skandinavien var original–kopia-förhållandet mellan de båda grupperingarna särskilt tydligt i början. Den första svenska Bandidos-avdelningen startades av ett gäng skåningar som under flera år hade flirtat med danska Hells Angels, men blivit ratade. Många av dem som deltog i uppbyggnaden av Bandidos i Sverige var före detta Hells Angels-medlemmar från Danmark. Detta gjorde att bitter hämndlystnad länge präglade grupperingen i Sverige.

Under senare år har svenska Bandidos mer och mer orienterat sig bort från Hells Angels och gått sin egen väg. När svenska Hells Angels-medlemmar bildat aktiebolag och lierat sig med manschettbrottslingar har Bandidos förknippats med en mer smutsig och våldsinriktad kriminalitet. Att organiserad brottslighet numera är ett problem även för landsortspolisen är delvis Bandidos verk. Och medan Hells Angels ledning fortfarande är angelägen om att upprätthålla bilden av organisationen som en förening för Harley-Davidson-entusiaster har svenska Bandidos övergått till att sätta ihop team av kriminella som först i ett sent skede stöps om till mc-klubbar.

Även om undantag finns så är den typiske Bandidos-medlemmen i Sverige idag en straffad man i tjugo–trettioårsåldern, som skaffat motorcykel och tagit mc-körkort först när han redan stått med ena foten inne i grupperingen. I en av få böcker som skrivits om de så kallade enprocentsklubbarna i Sverige (C–J Charpentier: *Live to Ride – knuttar och ryggmärken* 1996) slås följande fast: "Hells Angels- och Bandidos-chapters uppstår alltid ur redan befintliga klubbar. Det är således inget som kommer utifrån, vilket polis och media ibland påstår." Men sedan flera år gäller detta bara Hells Angels, som till skillnad från Bandidos har fortsatt att växa genom värvning av redan existerande mc-klubbar.

Våren 2006 firade Bandidos världsorganisation, kallad Bandidos Nation, 40-årsjubileum. Den första klubben bildades i staden San Leon i Texas våren 1966. Liksom männen bakom den första Hells Angels-avdelningen var Bandidos skapare, Donald Eugene Chambers, en avmönstrad soldat som hade svårt att ställa om från krig till fred. Men medan Hells Angels grundare ärorikt hade slagits mot nazister och fascister under andra världskriget hade Don Chambers deltagit i USA:s hårt kritiserade krig i Vietnam. När Chambers kom hem kände han sig föraktad av samhället – och svarade med att vända det ryggen.

Vid det här laget hade Hells Angels haft nästan tjugo år på sig att visa USA:s unga att det gick att leva sitt liv på två hjul utanför lagen. Amerikanska tidningar ägnade mer och mer uppmärksamhet åt mc-världens revolvermän och Hollywood hade börjat ersätta cowboys med Hells Angels-inspirerade bikers i sina äventyrsfilmer. Chambers såg Hells Angels som sina själsfränder. Men i stället för att gå den långa vägen och börja som hangaround till någon Hells Angels-avdelning ville Chambers bygga upp någonting eget. Tillsammans med ett gäng vänner drog han upp storskaliga planer. Sydöstra USA skulle bli deras; hit hade varken Hells Angels, Outlaws eller Pagans ännu hunnit expandera.

Don Chambers kopierade det mesta från Hells Angels, däribland befälsordningen med president, vice president, sergeant of arms och så vidare. Men för att ge klubben en egen prägel tog Chambers fasta på den egna statens mexikanska tradition. Befälstitlar och annat översattes till spanska och Chambers utsåg sig själv till El Presidente. Namnet Bandidos och emblemet, The Fat Mexican, sägs Chambers ha hämtat från en TV-reklam där en figur kallad "The Frito Bandido" ställde till med bråk för att få vad han älskade mest av allt: tacochips. Chambers och hans klubbkompisar lät rita om figuren och fäste märket på ryggen på sina västar. Intill detta sydde de på beteckningen "1 %", precis som förebilderna. Sen var de redo att ge sig ut på vägarna i jakt på klubbar att annektera.

Expansionen gick snabbt. Redan efter några år hade flera lokala mc-gäng längs Texas Atlantkust övergått till att bära Bandidos röd-gula färger. Don Chambers var emellertid inte pigg på att låta de nya avdelningarna styra sig själva, som inom Hells Angels. Från en ny bas i staden Corpus Christi i sydligaste Texas höll Chambers de nya avdelningarna kort och skickade ut order som han var van vid från armén. Här lades grunden till den toppstyrning som än idag skiljer Bandidos från Hells Angels.

Precis som Hells Angels ledare hävdade Don Chambers länge att hans skapelse bara var ett frihetsälskande broderskap och inte en brottsorganisation. Luften gick dock ur den ballongen när han greps för dubbelmord efter en misslyckad knarkaffär i början av 1970-talet. Chambers ersättare, Ronnie Hodge, gjorde sitt bästa för att tvätta Bandidos fasad, inte minst på grund av att USA:s regering hade infört en federal lag för att kunna slå ut brottsliga organisationer ("racketeer-influenced and corrupt organizations"). Inte heller Ronnie Hodge kunde hindra att flera grova brott fortsatte att svärta ner Bandidos namn och rykte. I slutet av 1970-talet utsattes åklagare och domare för attentat och kort därefter störtade ett par Bandidos-medlemmar med ett privatplan fullastat med kokain. Ytterligare stora beslag av narkotika, vapen och sprängämnen liksom avslöjanden om bordellverksamhet och sexhandel kantade Bandidos snabba expansion över sydstaterna. Ronnie Hodge själv skulle så småningom åka fast för sprängattentat mot en medlem i ett konkurrerande mc-gäng.

När Bandidos gick på export till Australien på 1980-talet eskalerade våldet och flera medlemmar i rivaliserande gäng sköts ihjäl. Några år in på 1990-talet skulle blodet flyta även i Skandinavien, då Bandidos utmanade Hells Angels. Samma sak upprepades i Kanada i slutet av 1990-talet. Under senare år har Bandidos dock kunnat växa ostört. Som första mc-klubb har Bandidos brutit mark i länder som Thailand, Malaysia och Singapore. År 2007 finns totalt cirka tvåhundra Bandidos-avdelningar i världen. Därmed är organisationen nästan lika stor som Hells Angels.

Den som vill veta hur det gick till när Don Chambers skapelse kom till Sverige får förflytta sig bakåt i tiden till 1980-talets början i Helsingborg. I den nordvästskånska hamnstaden vid randen av Öresund, som ligger så nära Danmark att man kan se dit, fanns ett gäng långhåriga killar som tog färjan över till grannlandet och festade så fort de fick chansen. Nästan alla i gänget var födda 1962 och hade hängt ihop sedan skoltiden. Först under högstadietiden på Wieselgrenskolan, där de hade fått lärarna att sucka tungt. Sedan på Rönnowska skolans gymnasium, där många tagit sig i kragen tillräckligt för att lära sig olika hantverksyrken.

Det som förenade killarna i gänget – Ragget, Svend, Ricky, Michael, Kalle med flera – var kärleken till motorer på två hjul. Som fjorton–femtonåringar hade de legat och skruvat på sina mopeder dagarna i ända, som sextonåringar hade de växlat upp till lätta motorcyklar och så fort de blivit myndiga hade flera av dem köpt tunga motorcyklar – japanare.

Någonstans på vägen hade några av killarna tyckt att gänget borde ha ett namn och en lokal. De blev Rebels MC. Efter att först ha skapat en fristad i några baracker som kommunen lånat ut hade de nu flyttat till en lagerbyggnad i tre våningar i Helsingborgs södra hamnområde. Här kunde de meka, dricka öl och lyssna på hårdrock.

År 1981 blev klubbens konturer tydligare. Medlemmarna skaffade klubbvästar, vars ryggar försågs med en örn och en sydstatsflagga. Något större problem för omgivningen var gänget inte. Några obesiktigade motorcyklar, lite fylla och bråk ute på stan samt högljudda fester i klubblokalen var vad polisen fick anledning att ingripa mot. En dåvarande medlem beskriver i efterhand att allt handlade om "att festa och köra vilt", och fotografier från den här tiden visar ett glatt gäng som åker motorcyklar med förlängda framgafflar utan hjälmar, gärna stående uppe på sadlarna.

Så småningom började några av killarna göra sig en annan bild av vad bikerlivet kunde vara. I Helsingör hade Hells Angels precis öppnat sin andra danska avdelning. En av dem som fick något särskilt i ögonen när Hells Angels kom på tal var Michael Ljunggren, en kortväxt, långhårig motorcykelfanatiker. Redan vetskapen om att "änglarna", som han dittills bara sett på film, nu fanns bara några mil bort gjorde honom uppspelt. När han fick uppleva dem på riktigt blev han lyrisk.

– Jag minns att Michael hade varit på en konsert där det hade dykt upp ett gäng Hells Angels-killar. Han kom hem och sa: "Mamma, du skulle ha sett dem. De var stenhårda." Han var så impad av dem, att de levde som laglösa, och från den dagen var de hans idoler, berättar Michael Ljunggrens mamma.

I grundskolan hade Michael Ljunggren varit den i gänget som lärarna uppfattat som lite mjukare och självständigare än de andra. Även om han vid det här laget hade dömts för misshandel, bilstöld och en del annat var han, enligt såväl poliser som andra källor, inte någon råbarkad buse. Snarast en romantiker och drömmare. Och det han drömde om var USA.

– När han var liten pratade vi ofta om att vi skulle åka dit, han och jag. "Ska vi verkligen åka, mor?" brukade han fråga mig. "Ja, det är klart", sa jag. Fast det blev aldrig av, fortsätter Michael Ljunggrens mamma.

Hon hade blivit ensamstående redan innan Michael föddes. Pappan, som bodde i Stockholm med en egen familj, träffade såvitt känt inte sonen en enda gång under dennes uppväxt. Enligt en av hans anhöriga ska Michael Ljunggren ha sagt att han "gärna skulle vilja träffa sin far för att se vad det var för person".

Några år in på 1980-talet fick Michael Ljunggren jobb. Först som målare, sedan som fabriksarbetare på ett plastföretag. Men det livet gav honom inga kickar. I Hells Angels såg han chansen att få leva ut sina

Medlemmarna i utbrytarklubben White Trash MC i Helsingborg var fast beslutna om att ta Hells Angels till Sverige. Fr. v.: Michael "Joe" Ljunggren, Lasse "Kalle Fist" Karlsson och Jan "Face" Krogh Jensen.

drömmar på heltid. Att förebilderna i danska Hells Angels låg i blodigt krig med konkurrerande Bullshit, och dessutom anklagades för att vilja kontrollera den danska narkotikahandeln, avskräckte honom inte.

Michael Ljunggren tog med sig ett par kompisar från Rebels och stack över till Danmark. Där sökte de upp barer som de hade hört att Hells Angels och deras svans brukade hänga på. Först höll skåningarna sig på avstånd, men ganska snart närmade de sig danskarna. Michael Ljunggren var en social talang och hade lätt för att bli omtyckt. En av flera nya vänner hette Jan Krogh Jensen men kallades för Face.

– Face var fyra år äldre än oss, hade hår ner till midjan och var med i en hangaround-klubb till Hells Angels. Vi tyckte att han var cool som fan, berättar en av Michael Ljunggrens bästa kompisar från den här tiden.

Men alla i Rebels var inte lika imponerade av Hells Angels och killar som Face. Många tyckte att det var bra som det var, och att Rebels skulle fortsätta att köra sin egen stil. Michael Ljunggren och ett par till i gänget började glida ifrån de andra. När Face och ytterligare en dansk, som kallades Terror, flyttade till Helsingborg 1984 övergav Ljunggrens gäng de gamla kompisarna i Rebels och bildade en helt ny klubb tillsammans med danskarna: White Trash MC.

White Trash blev något helt annat än Rebels. Medlemmarna hängde på sig Hells Angels-inspirerade västar med en dödskalle på ryggen, gav sig själva officerstitlar och tog sig smeknamn som Mad Dog, Fist och Heavy. Michael Ljunggren blev kort och gott Joe. Inga andra motorcyklar än Harley-Davidson tilläts, trots att de var svåra att hitta vid den här tiden. Efter ett tag fick White Trash tag på en nedgången, avstyckad gård i den lilla byn Hjälmshult norr om Helsingborg som de kunde hyra billigt. Gården förvandlades till ett fortliknande högkvarter med igenspikade fönster, stängsel och strålkastare. Sovrum inreddes och vaktscheman sattes upp så att klubblokalen aldrig skulle stå obevakad, en standard för utländska enprocentsklubbar men knappast något som förekommit i Sverige tidigare. Borta var festandet och spexandet. Nu var det allvar. White Trash skulle ta Hells Angels till Sverige.

– Det var ju mer och mer det vi tänkte på i takt med att vi blev skäggigare och skäggigare och stöddigare och stöddigare. Men att bli Hells Angels är ju inte ett beslut du själv kan ta, det enda du kan göra är att försöka visa klubben att du är tillräckligt bra, säger en dåvarande medlem i White Trash.

Men White Trash skötte sig bra, enligt Hells Angels-protokollet. Andra skulle däremot säga att klubben började bli en plåga. Enligt flera källor sökte medlemmarna upp folk i andra mc-klubbar i Helsingborgsområdet och gav dem stryk. Allt för att visa vilka som var nummer ett.

Hells Angels danska prospectklubb Black Sheep MC i Roskilde – senare omdöpt till Hells Angels South – blev nyfikna på den svenska klubben och knöt den till sig. Två Black Sheep-medlemmar som hade varit inblandade i kriget mot Bullshit fick under vintern 1985–86 bo hos White Trash för att ligga lågt. En av dem var en liten, ettrig man som hette Dan Lynge och tidigare hade avtjänat fängelsestraff för mord. Den andre var en stor bjässe som var född i Kanada och pratade flytande engelska. Bjässen hette Jan Jensen men kallades Clark eller Mister C.

De nya vännerna berättade om Hells Angels och White Trash-medlemmarna lyssnade. Vid ett tillfälle passade Michael Ljunggren och en annan medlem på att i smyg prova Dan Lynges väst med texten MC Denmark. De njöt av känslan.

Vid den här tiden hade Michael Ljunggren träffat en danska, som vi kan kalla Line, och blivit kär. För Line var Michael Ljunggrens strävan att komma med i Hells Angels inget nytt. Ända sedan tonåren hade hon umgåtts med killar som haft samma dröm.

– Det handlar väl om att vilja vara med de bästa och för Joe var Hells Angels bäst. Det är inte konstigare än att killar som spelar hockey eller fotboll drömmer om att få spela i det bästa laget, säger Line tjugo år senare, när hon ställer upp på en kort telefonintervju.

– Men det är klart att det är en maktgrej också. Att vara med dem som anses vara de bästa ger ju makt, tillägger hon.

Black Sheep var inte de enda inom den danska Hells Angels-sfären som White Trash knöt band till. Michael Ljunggren och de andra kom även bra överens med Hells Angels dåvarande avdelning i Helsingör, vars president hette Michael Lerche Olesen. Det skulle dock visa sig vara fel häst att satsa på. Under våren 1986 ledde ett internt bråk om pengar till att Hells Angels moderklubb i Köpenhamn stängde Olesens avdelning. Dan Lynge ingick i den skara som fick i uppdrag att tvinga västarna av de utsparkade medlemmarna. Presidenten Michael Lerche Olesen var en av få som erbjöds att stanna kvar i klubben, men även han valde att kliva av.

I februari 1986 blev White Trash kända även utanför Helsingborg, genom en artikel i porrtidningen *Lektyr*. Här spekulerades det för första gången om att Hells Angels nu var på väg till Sverige. Dittills hade White Trash sluppit uppmärksamhet från polisens sida. Men i mars 1986 började spanare att synas runt klubbhuset. Anledningen var att Köpenhamnspolisen hade begärt att Clark skulle gripas, efterlyst för inblandning i mord. När polisen slog till var det inte bara Clark som blev gripen. Polisen upptäckte enorma mängder stöldgods, bland annat mc-delar, dyrbar verkstadsutrustning och byggmaterial vilket ledde till att nästan hela klubbhuset togs in till polisstationen.

– Hela gården var i princip renoverad med stöldgods, minns en polisman.

Polisen gjorde även en annan upptäckt: White Trash var beväpnade. Visserligen bara med ett avsågat mausergevär och en pennpistol, men vapen var ändå ett helt nytt inslag i den svenska mc-miljön. Polisutredningen ledde till att medlemmarna fälldes för stölder och häleri och några för brott mot vapenlagen. Michael Ljunggren fick två års fängelse. Clark överlämnades i sin tur till dansk polis, men släpptes senare i brist på bevis.

Efter polistillslaget blev White Trash aldrig vad det hade varit. Vännerna skingrades och skaffade ingen ny samlingsplats. Ute ur fängelset igen tog Michael Ljunggren och ett par andra medlemmar i stället upp kontakten med Rebels, där barndomsvännerna Ragget, Svend och Ricky fanns kvar. Även Face hängde med. Nu var attityden inom Rebels förändrad. Tillsammans med ett gäng Malmökillar som kallade sig Dirty Dräggels hade klubben börjat uppvakta Hells Angels i Köpenhamn.

Det första mötet mellan Rebels och Dirty Dräggels hade skett på en campingplats utanför Halmstad en midsommarafton flera år tidigare. Då var Dirty Dräggels fortfarande raggare. Stämningen hade först varit spänd; raggare och bikers drog sällan jämnt. Men efter att några backar öl kommit fram var förbrödringen snart i full gång. En tid senare hade Dirty Dräggels tröttnat på sina amerikanska femtiotalsbilar, köpt Harley-Davidson-motorcyklar och målmedvetet styrt in på en bana som hårdför enprocentsklubb. (Se kapitlet Hells Angels MC.)

– När vi tog kontakt med Rebels igen började vi snacka om att slå ihop deras klubb, vår och Dirty Dräggels. Målet var att bilda en tillräckligt stark klubb för att HA i Köpenhamn skulle få upp ögonen och ett tag var alla med på tåget, berättar en före detta White Trash-medlem.

Den planerade sammanslagningen borde ha glatt Hells Angels-fantasten Michael Ljunggren. Men även den här gången gick han i otakt med de gamla kompisarna. I samband med att Michael och Line fick en son 1989 drog han sig oväntat ur treklubbskonstellationen. När en av hans närmaste vänner, Kalle, gjorde samma sak sprack hela idén och även Rebels och Dirty Dräggels gick skilda vägar.

– Vi fick intryck av att Michael och Kalle ville byta livsstil, att det hädanefter var familjeliv som gällde, minns en dåvarande medlem i Rebels.

Till en början blev det också så. Medan Line jobbade skötte Michael Ljunggren matlagning, disk och blöjbyten i Lines radhus i utkanten av Helsingborg. Bara då och då fick han tid till HD:n som fortfarande stod kvar i ett garage. Men kontakten med Face, Clark och Dan Lynge behöll han. Och drömmen om att få tillhöra en stark mc-klubb dog aldrig. I själva verket talar mycket för att den verkliga anledningen till Michael Ljunggrens avhopp var att han inte gillade Dirty Dräggels.

– I hans ögon var de fortfarande raggare, säger Line.

Michael Ljunggren började prata med Kalle om att göra en resa, vara borta länge och bara åka motorcykel. Helst av allt i södra USA. År 1991 blev drömmen verklighet. Michael och Kalle köpte flygbiljetter, tog ut sitt sparkapital och stack. Ett dygn senare befann de sig i Kalifornien. Där väntade en dansk som de kände, tillsammans med två Harley-Davidson low riders. Trion lastade mc-väskorna och drog österut. Flera veckor senare hade de kört igenom sju stater och träffat fler människor än de kunde lägga på minnet, däribland otaliga amerikanska bikers. Innan de satte sig på planet hem till Sverige beställde Michael Ljunggren och Kalle plats i en fartygscontainer åt sina båda motorcyklar. Några veckor senare hämtade de hojarna i Helsingborgs hamn.

Under USA-resan hade de båda vännerna börjat sakna klubblivet på allvar. Att dra igång White Trash igen var inget alternativ – alltför många av de gamla medlemmarna levde andra liv. Och att gå tillbaka till Rebels var inte att tänka på, bland annat på grund av att deras gamle vän Face nyligen hade blivit utslängd därifrån. Men en nystartad mc-klubb i Helsingborg väckte Michael Ljunggrens och Kalles intresse.

Klubben hette Morbids MC Lowland och hade bildats 1991. Medlemmarna här var yngre och mer hetlevrade än de i Rebels. Bland annat hade de blivit omskrivna i lokalpressen i samband med att de skjutit med hagelgevär för att skrämma iväg en gäst som blivit full och jobbig på en efterfest. Michael Ljunggren och Kalle, som vid det här laget var nästan trettio år gamla och något av veteraner i mc-kretsar, tyckte att Morbidskillarna hade rätt attityd och anslöt sig. Deras sikte var fortfarande inställt på Hells Angels. En kapplöpning om vem som skulle hinna först av Morbids och Rebels hade börjat.

– Men egentligen var det inte särskilt spänt, vi och de var ju kompisar fortfarande och hängde på samma fester, minns en dåvarande Rebelsmedlem.

Vid det här laget hade emellertid bägge Helsingborgsklubbarna ham-

*"Vi är faktiskt inte farliga" sa Morbids-medlemmarna Fredde Nilsson,
Johan Jacobsson, Bo Svensson och Mike Svensson till Helsingborgs Dagblad
1992. Detta efter att en annan medlem anhållits för skottlossning i samband
med att en oönskad gäst slängts ut från mc-klubbens lokal.*

nat på efterkälken. Redan 1991 hade Dirty Dräggels hårdföra stil gett ut-
delning och klubben hade utsetts till så kallat prospect chapter till Hells
Angels. Två år senare nådde klubben fullvärdig status. Därmed låg var-
ken Morbids eller Rebels öde längre i de gamla danska Hells Angels-vän-
nernas händer. Makten över vilka svenska mc-klubbar som i framtiden
skulle få bli Hells Angels fanns nu i Malmö. Kanske var det detta som fick
tonläget mellan Morbids och Rebels att hårdna. På en fest hos Perkele
MC i Stockholm i oktober 1993 rök i alla fall medlemmar från respektive
sidor ihop och Rebels, uppbackade av Perkele, slog flera Morbids-med-
lemmar blodiga. Trots detta kom ledningen för Hells Angels i Malmö en
tid senare med ett oväntat besked: om Rebels och Morbids ville börja den
långa vägen mot medlemskap i Hells Angels måste klubbarna slås ihop.
Var för sig ansågs båda alltför svaga. Ledarna i Malmöklubben, däribland
dåvarande vice presidenten Thomas Möller, ställde dock ett krav. Varken
Michael Ljunggren eller kompisen Kalle var välkomna.

Morbids tolkade budskapet som en provokation. Antingen följde alla med eller ingen, deklarerade de. Därmed var positionerna låsta. Samtidigt insåg Michael Ljunggren, Kalle och de andra i Morbids att klubben inte skulle ha någon framtid om de på egen hand utmanade Hells Angels massiva tyngd. För att överleva behövde de stöd. Men vart skulle de gå? Troligen var det Michael Ljunggren som gav svaret. Genom Line hade han lärt känna medlemmar i mc-klubben Morticians på Själland. Morticians hade länge varit lojala med Hells Angels, men på senare tid gått sin egen väg. Numera kallade sig klubben i stället Undertakers MC och hade kontakt med en helt ny mc-organisation i Europa – Bandidos MC. Den enda europeiska Bandidos-klubben fanns dittills i Marseille på franska Rivieran och hade fått betala ett högt pris för sin etablering. I en attack från Hells Angels hade en medlem dödats och flera skadats. Men i USA var Bandidos på väg att bli lika starka som Hells Angels.

– Fram till dess hade vi knappt hört talas om Bandidos och personligen var jag inte särskilt imponerad. Men vi bestämde oss för att ge det en chans, minns en av de dåvarande Morbids-medlemmarna.

Michael Ljunggren, Kalle och de andra i Morbids rullade ombord sina motorcyklar på färjan till Danmark och fortsatte till Undertakers fäste på Själland. Undertakers president, Jim Tinndahn, tog emot dem med öppna armar. Tinndahn var vid den här tidpunkten glad för varje biker som var beredd att ställa sig på hans sida och utmana Hells Angels dominans. Vad som sades på mötet mellan svenskar och danskar vet vi inte. Men på Bandidos svenska hemsida på Internet sammanfattas mötet så här: "Everything just fell into place for us all."

Kort därpå syntes Michael Ljunggren gå omkring i Helsingborg i en tröja med texten "Support Your Local Bandidos" och en bild på en revolvermynning. Signalen kunde inte missförstås. Michael Ljunggren hade tagit avstånd från skolkamraterna i Rebels, från Hells Angels självsäkra Malmöavdelning och från sin egen långvariga kärlek till Hells Angels. Nu fanns ingen väg tillbaka.

Morbids drag fick Thomas Möller och övriga i Hells Angels Malmö att se rött. Bandidos på svensk mark, kunde Michael Ljunggren och de andra verkligen mena allvar? Hade de inte varit tillräckligt tydliga med att de inte tänkte tolerera någon konkurrens?

Ljunggren, Michael   Svensson, Mikael

Jacobsson, Johan   Nilsson, Fredrik   Sjöholm, Markus   Svensson, Bo

Karlsson, Lars   Sjöholm, Stefan   Arvidsson, Mikael   Jensen, Ole Schmi

Sveriges första Bandidosavdelning, ursprungsupplagan.
Ur polisens fotoförteckningar.

– Vi försatte oss i en situation som var farlig, det var vi på det klara med. Ingen var naiv, säger en dåvarande medlem i Morbids.

Förutom personliga motsättningar mellan medlemmarna i Morbids kontra Hells Angels och Rebels finns uppgifter om att det spända förhållandet även påverkades av ett maktspel på högre nivå. I boken *Angels of Death* hävdar de kanadensiska författarna Julian Sher och William Marsden att Hells Angels och Bandidos fört förhandlingar för att undvika nya våldsdåd som det i Marseille. Vid ett möte i Paris sommaren 1993 ska de båda organisationerna ha kommit överens om att Bandidos skulle få annektera Undertakers dåvarande två klubbar på Själland, men att det sedan fick räcka. Sverige skulle, enligt Sher och Marsden, tillhöra enbart Hells Angels. Om uppgiften stämmer fördes de här diskussionerna långt över Morbids-medlemmarnas huvuden.

– Vi hörde aldrig talas om något sånt, säger en av dem idag.

I slutet av januari 1994 fick Hells Angels den slutgiltiga bekräftelsen på att Morbids tänkte löpa linan ut: klubben hade utsetts till hangaround chapter till Bandidos. Reaktionen kom omedelbart. På kvällen den 26 januari körde bilar upp utanför Morbids klubblokal, en tegellada vid Österleden i Helsingborgs östra utkant. Maskerade män hoppade ur fordonen med vapen i händerna. En av skyttarna var beväpnad med en militär automatkarbin modell AK 4, en annan med ett hagelgevär. Över tjugo skott avlossades mot tegelladan där fyra Morbidsmedlemmar befann sig. I boken *Angels of Death* pekas Thomas Möller ut som en av skyttarna, något som polisen aldrig kunnat styrka.

Morbids var förberedda på en attack. Blixtsnabbt fick de tag på sina vapen och gick till motangrepp inifrån klubbhuset. Under några ögonblick utspelades en scen som i en Vilda Västern-film, sedan kastade sig angriparna in i sina bilar och flydde. En Morbids-medlem hade träffats av skotten, och fått ett finger bortskjutet. Bara några dagar senare utsågs Rebels till Hells Angels Malmös officiella stödklubb.

– Det var som när man spelar schack. Det ena draget följde direkt på det andra, säger en dåvarande medlem i en av Helsingborgsklubbarna.

Från och med den här dagen gick Morbids beväpnade överallt. Frågan var inte om utan när ett nytt attentat skulle ske. Det dröjde två veckor, sedan var Morbids åter i skottlinjen. Efter en festnatt i Helsingborg hade

Morbids och flera danska Bandidos-medlemmar åkt till svartklubben Roof Top Club i Gåsebäcks industriområde söder om stan. Tillsammans med ett hundratal andra fortsatte de att festa och dricka öl. När ett tiotal medlemmar från Hells Angels, Rebels och ett tredje mc-gäng som hette Rednecks rusade in hade de ingenstans att ta vägen. Panik utbröt och de som kunde grep efter sina vapen.

Attacken leddes av en lång, ljushårig Hells Angels-medlem vid namn Johnny Möller-Larsen. Beväpnad med pistol trängde Möller-Larsen sig fram till en av Morbids-medlemmarna, tog tag i dennes huvud, slet ner det i en vask och tryckte pistolpipan mot Morbids-mannens hals. Men innan någonting mer hann hända började folk skjuta vilt bakom Johnny Möller-Larsens rygg. Möller-Larsen träffades av två skott, ett i låret och ett i foten, och kastades till golvet. En annan av angriparna, lillebror till Rebels-medlemmen Ragget, fick en kula i höften. Skott träffade även Bandidos-provmedlemmen Karate-Bent Olsen, en veteran från Bullshit som efter kriget mot Hells Angels under 1980-talet hade bytt klubb.

Våldsamt tumult utbröt och alla som kunde rusade ut på gatan, där bråket fortsatte. Vad som sedan hände är oklart. Men när den första ambulansen kom till platsen fann vårdarna en livlös och blödande man liggande på trottoaren. Offret var tjugotreårige Joakim Boman, medlem i Rednecks och en av angriparna. Boman hade skjutits i magen när han låg ner och kulan hade trasat sönder levern och ena njuren. Hans liv gick inte att rädda. Även Karate-Bent Olsen, som träffats i bröstet, var allvarligt skadad och fördes bort i ambulans. Också Johnny Möller-Larsen i Hells Angels togs om hand för vård. Redan dagen därpå ställde han upp på intervju från sjuksängen i *Expressen*. De två kulor som han nu träffats med var väl inget att snacka om, tyckte Johnny Möller-Larsen och berättade att han några år tidigare överlevt sju skott mot bland annat huvudet. "Nine bullets, no problems", skrattade han.

Ställningen mellan klubbarna var nu 1-0 till Bandidos. Hells Angels hade gått till angrepp och förlorat mot uppstickarna. För att inte tappa ansiktet fanns det bara en sak för dem att göra: gå i krig och knäcka fienden. Thomas Möller hade redan angett tonen genom att i en TV-intervju säga: "Slår någon på oss så slår vi tillbaka – det är vår lag." Men motståndet skulle visa sig bli betydligt hårdare än vad han förmodligen räknat med.

Strategin för Michael Ljunggren, Kalle och de andra i Morbids blev att ligga lågt och rusta. Mindre än en vecka efter mordet på Roof Top Club skedde ett inbrott i ett militärt mobiliseringsförråd på Söderåsen. Hundratals handgranater stals tillsammans med pistoler, gevär, ammunition och sexton pansarvärnsraketer tillverkade av Saab Bofors Dynamics. Ingen greps för stölden, men delar av arsenalen skulle senare hittas av polis hos Morbids.

De kommande månaderna innebar en spänd väntan, både för gängen och för polisen. Länspolisledningen i Malmö hade beslutat om skärpt beredskap och tagit kontakt med de betydligt mer erfarna kollegerna i Danmark för att få hjälp att bedöma läget. Under flera månader förblev det lugnt, kanske beroende på att Rebels och Morbids nästan helt slutade att röra sig ute på stan. Vid något tillfälle korsades dock de forna vännernas vägar. Bland annat blev Kalle överfallen och misshandlad på en bensinmack. Men den som kanske kände sig mest hotad var Michael Ljunggren, som utsetts till president för Morbids. Långa perioder gömde han sig i Danmark, där Undertakers nu hade blivit Bandidos.

– Inte ens när jag skulle flytta till en ny lägenhet vågade han komma och hjälpa till. Han var för rädd, berättar hans mamma.

Jim Tinndahn och de andra inom danska Bandidos gav Michael Ljunggren sitt fulla stöd. På det internationella planet var däremot både Bandidos och Hells Angels ledningar oroade. Ingen av organisationerna var intresserad av att ta upp stridsyxan och bryta fredspakten från Paris.

I början av hösten 1994 flög en delegation från amerikanska Bandidos till Danmark för att träffa representanter för Hells Angels i Köpenhamn och Malmö. Budskapet var att Bandidos och Hells Angels borde kunna samexistera i fred i Skandinavien. Hells Angels-ledarna, däribland Thomas Möller, lyssnade artigt. Även deras amerikanska klubbkamrater, bland annat veteranen Sonny Barger i Hells Angels MC Oakland, hade signalerat att de inte ville se något bråk. Samtidigt: Morbids närmande till Bandidos innebar ett avsteg från den tidigare överenskommelse som slutits i Paris.

Exakt hur Bandidos-delegationen reagerade när Hells Angels påpekade detta är inte känt. Följden blev hur som helst att Bandidos etableringsplaner i Sverige låg fast. Kort efteråt kunde Michael Ljunggren, Kalle och de

Blivande Hells Angels-medlemmar från Rebels i Helsingborg och Choppers i Stockholm visar enad front.

andra byta ut klubbnamnet Morbids mot "Bandidos Prospect Chapter".

Stärkta av uppbackningen började de svenska Bandidos-adepterna flytta fram positionerna. Tidigare under året hade klubben köpt ett gammalt mejeri i den lilla orten Kattarp öster om Helsingborg för knappt en halv miljon kronor. Bara tre kilometer bort, i grannbyn Hasslarp, låg Rebels nya klubbhus.

Under hösten förstärktes Kattarpsfastigheten med högt plank, taggtråd, fjärrstyrd metallport och övervakningskameror. När polisen i mitten av september gjorde sin första razzia i lokalen avslöjades också att klubben beväpnat sig till tänderna. Sex revolvrar och pistoler, ett avsågat hagelgevär och en handgranat påträffades och flera medlemmar anhölls, däribland Michael Ljunggren och en dansk Bandidos-medlem. Samtliga släpptes en tid senare i avvaktan på åtal.

För att förstärka klubben togs flera nya hangarounds in. Många var renodlat kriminella, bland annat tre bröder från Helsingborg som dömts för diverse våldsbrott. En av de tre skulle aldrig hinna bidra till klubbens uppbyggnad, utan greps under hösten 1994 för dråp inne på Bergaanstalten i Helsingborg. Beväpnad med en biljardkula nedstoppad i en strumpa hade han slagit ihjäl en annan fånge, utan koppling till mc-miljön.

Men framför allt förstärktes mc-klubben från Danmark. De namn som nu dök upp var minst sagt intressanta: Dan Lynge, Michael Lerche Olesen och Face. Lynge hade nyligen uteslutits från Hells Angels MC South i Danmark, Lerche Olesen hade legat lågt sedan han lämnade presidentskapet inom Hells Angels avdelning i Helsingör och Face hade, som tidigare nämnts, blivit utsparkad från Rebels på grund av en olämplig kvinnoaffär. Rekryteringarna var strategiska. Bandidos-ledaren Jim Tinndahn i Danmark hade helt enkelt kontaktat bittra före detta Hells Angels-medlemmar och supporters och erbjudit dem en snabb befordran inom Bandidos mot att de lovade att hämnas på sina forna bröder. Strategin uppges ha varit starkt påhejad av Bandidos ledning i USA, som nu övergett fredslinjen.

För Michael Ljunggren betydde danskarnas anslutning en välkommen återförening av kärnan från White Trash. För Hells Angels och Rebels innebar rekryteringarna av Lynge, Lerche Olesen och Face ett slag i ansiktet.

Av allt att döma är det Hells Angels/Rebels-sidan som först tar till vapen på nytt. I november 1994, efter flera månader av lugn, attackeras en tjugotreårig man som på pappret är den som köpt Bandidos fastighet i Kattarp. Mannen blir beskjuten när han kör genom centrala Helsingborg i bil och flyr i panik till stadens polishus. Några veckor senare kommer motattacken. Rebels-medlemmarna Matte och Molle hittar apterade sprängladdningar på sina bilar och måste be om polishjälp för att desarmera bomberna. Ytterligare en tid senare, i början av januari 1995, utbryter skottlossning i en rondell öster om Helsingborg. En taxichaufför som råkar passera är nära att träffas och vittnar för polisen om att personer i två bilar börjat skjuta på varandra. Ett av de inblandade fordonen hittas senare skottskadat och övergivet i ett dike. Ägaren, en Rebels-medlem, vill inget säga när polisen kontaktar honom.

Om målet från Hells Angels och Rebels sida hade varit att skrämma Michael Ljunggren och hans klubbkamrater till att kliva av Bandidos-karriären så hade de misslyckats. Den 28 januari 1995 utses klubben till så kallat "probationary chapter" (ett mellansteg i väntan på fullvärdigt medlemskap som bara finns inom Bandidos-sfären). Tre månader senare svarar Hells Angels med att upphöja Rebels till prospect chapter och klubben byter namn till MC Sweden. Under de kommande månaderna är det åter lugnt. Polisen lyckas vid flera tillfällen avväpna medlemmar på respektive sidor, bland annat beslagtas en kpist och två pistoler i Hells Angels klubblokal utanför Malmö.

Michael Ljunggren är fortsatt försiktig med att visa sig i Helsingborg. Nästan all tid tillbringar han ute på klubbgården i Kattarp och bara då och då hälsar han på Line och sin son inne i stan. Någon gång under våren inträffar en stor händelse i Michael Ljunggrens liv: han får flyga till Texas i USA och besöka högkvarteret för den organisation som han nu är på god väg att bli en del av.

En tid senare, när Michael Ljunggren är tillbaka i Helsingborg, iakttas han i sällskap av en storvuxen man som förefaller att vara hans livvakt. Många, inte minst medlemmarna i Rebels, tappar hakan när de får höra vem mannen är. Det är Jan Jensen alias Clark, som efter att Black Sheep MC upptagits som fullvärdig Hells Angels-avdelning blivit en av danska Hells Angels mest framträdande medlemmar med titeln sergeant at arms. Clark hade dessutom haft en central roll som mentor när Dirty Dräggels lotsats in i Hells Angels-världen och personligen deltagit i flera av Dirty Dräggels fientliga besök hos andra mc-klubbar. Bland annat då medlemmarna i Wheels MC i Malmö fråntogs sina klubbvästar 1989. En bit in på 1990-talet hade någonting hänt som tvingat Clark att lämna Hells Angels. Men att även Clark skulle gå över till Bandidos, det överträffade mångas fantasi.

Den 28 maj 1995 knackar Michael Ljunggren på dörren till sin mammas lägenhet i Helsingborg. Det är mors dag och Michael Ljunggren har kommit för att uppvakta. Han och mamman har inte setts på länge. Michael Ljunggren undviker att beröra den hotbild som tvingat honom bort från hemstaden. I stället spelar de skivor med Johnny Cash och pratar gamla minnen. Till sist kommer de ändå in på det känsliga ämnet.

– Michael sa det inte rent ut, men han verkade rädd den där dagen. Kanske ville han innerst inne hoppa av. Jag minns att jag frågade om han hade en skottsäker väst, annars kunde jag ge honom pengar. Men han svarade att han hade det han behövde, minns mamman.

Drygt en månad senare når Michael Ljunggren sitt mål. Han och de andra har blivit fullvärdiga medlemmar i Bandidos. Sverige tillhör inte längre bara Hells Angels. Två veckor därpå, på måndagsmorgonen den 17 juli 1995, rullar två Harley-Davidson-motorcyklar av färjan Viking Mariella vid Stadsgårdskajen i centrala Stockholm. Det är högsommar och de mullrande motorcyklarna kör genom stan, förbi Gullmarsplan och ut på E4:an söderut mot Skåne. Medtrafikanter sneglar nyfiket på den ene mc-förarens ryggtavla, där ett Bandidos-märke lyser klart i gult och rött under en hästsvans. Mannen med Bandidos-emblemet är Michael Ljunggren, som iförd svarta kläder och svart hjälm kör en svartlackerad, låg Harley-Davidson.

Intill Michael Ljunggren kör Clark. De båda har natten innan varit på fest hos Bandidos supporterklubb Undertakers MC i Helsingfors och Michael Ljunggren har fortfarande spår av amfetamin i blodet. En bit bakom männen kommer en risig röd-vit Ford pickup. Bilen, som väntat på Michael Ljunggren och Clark vid färjeterminalen, har körts upp under natten av två Bandidos-medlemmar från Helsingborg. Anledningen är att Clarks motorcykel har problem med tändningen och eventuellt kan komma att behöva bärgas. Även Forden har vissa problem, ett läckage från växellådan gör att olja måste fyllas på var tjugonde mil.

Efter att ha tankat på en Statoilmack i Järna söder om Södertälje segar sig karavanen ner genom Sverige mot Skåne. En bit in på eftermiddagen har motorcyklarna och Forden passerat Jönköping och börjat beta av de tråkiga milen genom Smålands skogar. I höjd med Ljungby signalerar Clark att han måste stanna. Både han och Michael Ljunggren bromsar in och kör ut i vägkanten där de parkerar, tätt följda av Forden.

Clark berättar att hans motorcykel inte fungerar som den ska och sätter sig på huk för att gå igenom maskineriet. Michael Ljunggren, som är duktig på motorer, hjälper till med att försöka hitta felet. Men efter ett tag ger de upp och rullar upp den tunga motorcykeln på Fordens flak. När motorcykeln är fastspänd bestämmer männen sig för att ta en fika vid nästa vägkrog. Clark hoppar in i Forden och Michael Ljunggren startar sin HD. Några minuter senare stannar de vid Sjöboda rastplats. Michael Ljunggren tar av sig hjälmen och går in till rastplatsens restaurang, där andra restauranggäster ser honom köpa två Coca-Cola. Det har varit en varm dag och han sveper en av burkarna direkt. När han kommer ut igen diskuterar han med de andra hur de ska göra. Michael Ljunggren säger att han gärna fortsätter ensam.

Solen skiner fortfarande och det är en perfekt dag för att köra motorcykel. Han startar sin Harley-Davidson och rullar ut från parkeringsplatsen. På påfarten till motorvägen drar han i hög fart förbi en dansk barnfamilj i bil. Efter ett tag är vägen inte längre tvådelad och mötande fordon svischar förbi till vänster i den täta semestertrafiken. Med den danska familjen några hundra meter bakom sig passerar Michael Ljunggren Markaryd. Enligt vad mannen i familjen senare ska säga till polisen ligger det vid tillfället inga fordon mellan hans bil och Michael Ljunggrens mc, sedan en framförvarande personbil svängt av vid Markaryd. Klockan är nu ungefär 16.30.

Färden går vidare en knapp kilometer, mot en liten plats kallad Köphult. Michael Ljunggren är fortfarande kvar inom det danska parets synfält. Just som kvinnan i familjen vänder sig om och pratar med döttrarna i baksätet skriker hennes man "För helvete, där körde han av!". Kvinnan tittar upp och hinner se hur någonting far ner i det gräsklädda diket och yr upp ett moln av grus och jord.

Mannen, som sitter vid ratten, tvärbromsar och kastar sig ut. I några steg är han framme vid Michael Ljunggren, som är vid liv men rosslar tungt. Varken mannen eller hans fru har någon mobiltelefon och i stället försöker de påkalla medtrafikanternas uppmärksamhet genom att vifta med armarna. Till slut stannar en ung kvinna. När hon får höra vad som hänt kör hon iväg och larmar ambulans. När ambulansen kommer fram är Michael Ljunggren död. Kroppen flyttas över till en bår och förs iväg till jourläkarcentralen i Ljungby, som är närmsta större ort.

Kort därpå kommer en polispatrull till platsen. Den danska familjen står kvar vid vägrenen och mannen i familjen förhörs som "vittne till trafikolycka". Dansken berättar att han och hans fru kört efter Bandidosmannen från Sjöboda rastplats, där den döde tidigare stått och pratat med några vänner. När dansken tillfrågas hur Michael Ljunggrens avåkning skett kan mannen inte ge någon annan beskrivning än att det handlat om en oförklarlig singelolycka. Förhöret avslutas och mannen, hans fru och deras båda döttrar kan fortsätta sin färd hemåt.

Bara några minuter senare får polisen ett besked som kullkastar den beskrivning som dansken just gett. På jourläkarcentralen har man upptäckt att Michael Ljunggren i själva verket blivit skjuten. Ett skott har träffat honom i ryggen och trängt igenom den skyddsväst han burit under kläderna. Samma skott har sedan passerat hjärtat, lungorna och fortsatt ut genom bröstet. Kvar i skyddsvästens framsida sitter en niomillimeters parabellumkula. Ett annat skott har rivit upp en reva i Bandidos-västen utan att träffa kroppen och ett tredje har skadat högra handen. Det som dittills sett ut som en lugn kväll för polisen i Ljungby har övergått till något av det svåraste i polisarbetet: ett spaningsmord. Då är klockan 18.25.

Som enda utomstående har vi fått tillstånd att gå igenom den fortfarande sekretessbelagda mordutredningen. Detta skedde i april 2007, nästan tolv år efter mordet. Utredningsmaterialet förvaras i ett kassaskåp på polisstationen i Ljungby tillsammans med Michael Ljunggrens skyddsväst och mc-hjälm. Totalt ingår tolv pärmar med protokoll, förhörsuppgifter, tekniska utredningar, analyser och andra dokument. De uppgifter vi redogör för här har till största delen hämtats ur detta material.

Efter att Ljungbypolisen mottagit beskedet om Michael Ljunggrens skottskador startar ett intensivt arbete. Vakthavande befäl ringer till jouråklagaren i Växjö, till en av polisens tekniker och till biträdande polisområdeschef Anders Idensjö. Dessa befinner sig i sina bostäder men vet vad de ska göra. Jouråklagaren fattar beslut om att inleda förundersökning om mord. Teknikern och en kollega åker ut till platsen, spärrar av diket och påbörjar brottsplatsundersökning. Anders Idensjö beslutar i sin tur att all tillgänglig utredningspersonal ska kommenderas in, totalt sex–sju utredare. De sistnämnda börjar genast söka efter vittnen och försöka kartlägga Michael Ljunggrens sista tid i livet. Tidigt framkommer att Bandidos-ledaren stoppats på sin motorcykel på väg norrut av en polispatrull i höjd med Ljungby fyra dagar före mordet. Vid tillfället var även en nybliven Bandidos-provmedlem kallad Costas med, sannolikt i egenskap av livvakt. Efter en rutinkontroll av körkort och mc hade männen fått fortsätta.

En av de ordinarie åklagarna, kammaråklagare Kennert Andersson i Växjö, ska under kvällen överta förundersökningsledarskapet. Andersson beslutar att Costas ska hämtas till förhör. Det bedöms som troligt att denne varit i sällskap med Michael Ljunggren även på nerresan den 17 juli. Åklagaren ger uttryckliga instruktioner om att polisen inte ska avslöja för Costas att man misstänker mord, utan endast informera om att en trafikolycka skett.

Andersson bestämmer också att den danska familjen ska höras igen och en efterlysning skickas ut. Klockan 20.10 stoppas familjen i Helsingborg, innan den hinner köra på färjan hem till Danmark. Pappan i familjen får på nytt följa med till förhör. Inte heller han informeras om att Michael Ljunggren blivit skjuten. Förhöret ger samma bild som tidigare: Michael Ljunggren körde av vägen utan synbar anledning. För säkerhets skull pratar poliserna även med familjens ena dotter, som är tolv år gammal. Ingenting i hennes vittnesmål antyder att pappan skulle ha gett en felaktig beskrivning och familjen får fortsätta hem till Danmark.

Det är mycket som är märkligt med mordet på Michael Ljunggren, ska polisutredarna och Kennert Andersson tycka. För det första: hur kunde mördaren eller mördarna veta att Michael Ljunggren skulle köra genom landet just vid det här tillfället? För det andra: hur hade den danska barnfamiljen kunnat undgå att se eller höra någon skottlossning, mordet hade ju skett framför deras ögon? Och för det tredje: var hade Michael Ljunggrens vänner från Sjöboda rastplats, som setts av danskarna, blivit av? Vännerna borde ju ha kört relativt nära Michael Ljunggren och rimligen i något skede reagerat på att han var försvunnen.

– Jag fick tidigt en gåtfull känsla. Det var något som inte stämde, minns åklagare Kennert Andersson.

Under kvällen har Ljungbypoliserna upprepade kontakter med kolleger i såväl Helsingborg som Malmö. Dessa ger en snabblektion i de stridande mc-klubbarnas uppbyggnad och lovar att bistå med all hjälp som behövs. Ljungbypolisen blir också uppringd av några av Michael Ljunggrens vänner i Bandidos. De vill veta vad som har hänt. En av dem berättar självmant att han körde Forden som varit följebil. På fråga säger mannen sig minnas att han sett några personer stå och fäkta vid vägkanten i höjd med Markaryd. Men att det skulle ha varit hans ledare som kört av vägen påstår Bandidosmannen att han inte fattat. Klubbkamraten betonar dock att han har svårt att tro att Michael Ljunggren skulle ha kört av vägen av en olyckshändelse; denne var en alldeles för rutinerad mc-förare för det, menar han.

I Helsingborg har nu sorgen spridit sig. Line och Michael Ljunggrens gamle vän Kalle åker hem till Michaels mamma för att stötta henne. Ute på Bandidos klubbgård har flaggan hissats på halv stång och flera medlemmar och supportrar till klubben åker dit för att sörja. Men en person saknas: Clark. Klockan 00.10 låser Ljungbypolisen in Michael Ljunggrens bärgade motorcykel på polisstationen. På ett klistermärke på motorcykelns ena sida står "Expect No Mercy".

Nästa dag går utredningsarbetet vidare i hög takt. Spårning med hund görs vid brottsplatsen och i omgivningarna runtomkring. Den döda kroppen skickas för rättsmedicinsk obduktion på Statens rättsmedicinska institut i Lund. Flera polisdistrikt längs E4:an kontaktas i jakt på vittnesuppgifter. Många, både privatpersoner och poliser, har noterat de båda motorcyklarna och Forden längs E4:an. Men ingen har sett någon eventuell fiende förfölja sällskapet i bil eller på mc. Däremot uppger en hemvärnsman, som bor nära mordplatsen, att han hört en skottsalva som från en svensk kpist modell 45.

Vid lunchtid tar Ljungbypolisen emot ett samtal som betraktas som högintressant. Uppringaren, en verkstadsarbetare från Stockholm som kört norrut på E4:an den aktuella dagen, säger sig ha sett fem eller sex mc-förare i svarta kläder och ryggmärken i samma körfält som han själv. Mannen vill minnas att det stod Choppers MC på ryggmärkena och kommer särskilt ihåg att en av motorcyklarna hade en registreringsskylt med texten "AIK".

Polisutredarna antecknar stockholmarens uppgifter och tackar för informationen. Sen gör de en slagning i fordonsregistret. Ägaren till motorcykeln med AIK-skylten är mycket riktigt en av medlemmarna i Hells Angels blivande Stockholmsavdelning Choppers Southside MC. Choppers-medlemmarna bör, enligt verkstadsarbetarens uppgifter, ha mött Michael Ljunggren på E4:an någonstans i norra Småland eller södra Östergötland.

En hypotes börjar ta form hos utredarna. Kanske har Choppers-gänget känt igen Michael Ljunggren och de andra Bandidos-männen och ringt sina vänner i MC Sweden, som åkt upp från Helsingborg för att vänta på Bandidos-ledaren längs E4:an? Flera utredare sätts på att försöka få fram kompletterande uppgifter.

Att Michael Ljunggren verkligen känt sig hotad under sin resa genom Sverige råder det ingen tvekan om. En kontroll med Viking Line visar att Bandidos-ledaren åkt från Finland i falskt namn. Enligt sambon hade Michael Ljunggren i mobilsamtal också berättat att han vid olika tillfällen känt sig förföljd av personer som han befarat tillhörde fiendesidan. Några närmare detaljer kring detta säger sig Line dock inte känna till.

På ett tidigt stadium börjar åklagare Kennert Andersson och polisutredarna också laborera med ett annat spår: Bandidos-medlemmarna själva. Om nu hotbilden mot ledaren var så allvarlig, varför hade de inte skyddat honom bättre?

– Vi tyckte ju att det var väldigt konstigt att männen i följebilen utan vidare släppt presidenten ur sikte, säger pensionerade kriminalinspektören David Oskarsson, som tidigt fick en central roll i utredningsarbetet.

De kommande dagarna tillförs utredningen kraftiga resursförstärkningar. Utredare kallas in från polismyndigheterna i Kronoberg och Skåne. Ytterligare några dagar senare kommer även personal från Rikskriminalen i Stockholm. Efter en del försök får polisen nu tag på Costas på Bandidos klubbgård i Kattarp. Motvilligt berättar denne att han inte alls varit i sällskap med Michael Ljunggren under morddagen. Under festen hos Undertakers ska Costas nämligen ha supit så hårt att han hamnat på sjukhus och sen fått flyga hem via Köpenhamn. Men vem har då kört hem Costas mc? undrar polisen. Svaret uteblir. Costas förklarar att han sagt vad han tänker säga.

Även andra försök görs att höra personer i Michael Ljunggrens närmaste krets. Men attityden är avvisande. Bandidos anser sig inte behöva någon hjälp från polisen. För att ändå få en bild av var olika personer befunnit sig beslutar Kennert Andersson om en åtgärd som då fortfarande är ganska ovanlig: telefonspårning. Från Telia och andra mobiltelefonoperatörer har polisen, vid misstanke om grova brott, rätt att få ut alla uppgifter om en persons uppringda och mottagna samtal. Denna dokumentation visar också vilka telefonmaster som använts, något som gör att polisen kan rekonstruera telefoninnehavarnas rörelser i landet.

Utifrån underrättelsematerial kan spaningsledningen snabbt sätta ihop en lång lista över mobiltelefonnummer som använts av medlemmar i både Bandidos och Hells Angels/MC Sweden. Listan skickas till samtliga mobil-

Michael Ljunggrens gravsten bekostades av Bandidos och bar först enbart den mördade ledares smeknamn. Ljunggrens anhöriga har senare övertalat mc-gängets ledning till att rista in även hans riktiga namn.

operatörer och några dagar senare kommer resultatet. Några oväntade uppgifter framkommer inte rörande Bandidos-medlemmarna. Däremot upptäcker spaningsledningen att två provmedlemmar i MC Sweden befunnit sig utmed E4:an i södra Småland vid tiden för mordet. Den ene av männen har varit på väg norrut i bil och passerat Michael Ljunggren och dennes sällskap vid Ljungby knappt en timme före mordet. Den andre har, åtta minuter efter mordet, befunnit sig inom täckning för en av de telefonmaster som finns närmast mordplatsen. Männen har dessutom pratat med varandra före mordet. Efter mordet har båda också varit i kontakt med MC Swedens president, Conny Lilja. Uppgifterna presenteras för Kennert Andersson, som beslutar att de båda MC Sweden-männen ska höras.

Åtta dagar efter mordet begravs Michael Ljunggren i Gustaf Adolfs kyrka i Helsingborg. Hundratals Bandidos-medlemmar från hela världen kommer för att hedra "Bandido Joe", som den svenske presidenten kallats internt. Michael Ljunggrens mamma berättar hur rörd hon blev över den massiva uppslutningen.

– Det var fantastiskt att se hur omtyckt Michael var. Jättemånga kom fram till mig och berättade hur rättvis och schyst han hade varit. Samtidigt kändes det så hårt att det skulle gå så här, att han skulle bli skjuten av sina gamla kompisar, suckar mamman, som redan från början var övertygad om att motivet till mordet fanns i hatet mellan Morbids och Rebels.

En som inte dyker upp på begravningen är Clark. Han nöjer sig med att skicka blommor.

Dagen efter begravningen går kriget mellan Hells Angels och Bandidos in i en ny fas. Hells Angels blivande avdelning i Finland attackeras med en av de pansarvärnsraketer som stulits från mobiliseringsförrådet på Söderåsen året innan. Några dagar senare, den 31 juli 1995, utförs ett likadant angrepp mot MC Swedens klubbhus i Hasslarp. Som genom ett under skadas ingen.

Attacken mot MC Sweden ger mordutredarna ett lägligt tillfälle att förhöra de båda provmedlemmar i MC Sweden som varit på plats i Småland under morddagen. För uppdraget kallas två erfarna förhörsledare från Rikskriminalen in. Åklagare Kennert Andersson vill på detta stadium inte röja telefonspårningsuppgifterna och föreslår att männen bara hörs upplysningsvis om sina förehavanden vid tiden för mordet.

För att sätta press på männen beslutar Kennert Andersson att männen ska delges misstanke om medhjälp till mord. Det får MC Sweden-provmedlemmarna att öppna sig åtminstone något. Den förste av dem berättar spontant att han kört norrut längs E4:an vid den aktuella tidpunkten. Skälet till resan ska ha varit att han, i sällskap av sin mor, var på väg till Stockholm för att hämta sin dotter. Några Bandidos-medlemmar säger han sig inte ha sett. Även modern hörs och säger samma sak. Den andre provmedlemmen hävdar däremot att han inte alls befunnit sig i Småland, utan i Hells Angels klubbhus i Djurslöv utanför Malmö. Om poliserna inte tror honom kan de ju kontrollera med medlemmar i MC Sweden och Hells Angels som också varit på plats, föreslår mannen.

Kennert Andersson tittar på förhörsutskrifterna och funderar. Hans bedömning är att uppgifterna inte räcker för ett frihetsberövande och beslutar att männen ska släppas. Kort därefter hörs ytterligare sex personer med koppling till MC Sweden, bland annat presidenten Conny Lilja. Flera ger den sistnämnde av provmedlemmarna alibi. I övrigt ger förhören inget.

– Visst pekade mycket mot MC Sweden. Men tyvärr räckte inte telefonanalysen för att jag skulle kunna anhålla de misstänkta, utan när förhören var slut fick de gå, säger Kennert Andersson idag.

En vecka senare är det medlemmarna i Choppers tur att höras. Vid det här laget vet polisen vilka av dem som körde från Skåne till Stockholm den aktuella dagen och en efter en kallas männen till Rikskriminalens lokaler på Kungsholmen i Stockholm. Choppers-medlemmarna berättar alla samma sak. Dagarna före mordet hade de varit på en Hells Angelsträff utanför Köpenhamn. Innan de återvände till Stockholm hade de sovit över hos MC Sweden i Hasslarp. Ingen av dem förnekade att de antagligen hade mött Michael Ljunggren på E4:an på väg upp; mannen med AIK-skylten sa sig dessutom minnas att han sett några mc-förare med ryggmärken. Men att några kontakter rörande Bandidos-presidenten skulle ha skett mellan Choppers och MC Sweden den aktuella dagen gick inte att belägga.

En sak som gjorde polisen fortsatt intresserad av stockholmarna var att Choppers, bara elva dagar efter mordet på Michael Ljunggren, oväntat fick prospect–status inom Hells Angels. Många poliser tolkade detta som att klubben hade belönats och tidssambandet antydde en koppling till mordet. Bakgrunden till upphöjningen skulle förbli en intern hemlighet.

I brist på resultat beslutar spaningsledningen sig för att pröva insiderspåret, det vill säga att Bandidos själva skulle ligga bakom mordet. Vid det här laget har tips kommit in som pekar på att Michael Ljunggren ansetts för "snäll" för organisationen och att andra krafter skulle vilja ta över. Polisen tror sig nu veta vem den mc-förare är som kört bredvid Bandidos-presidenten på väg ner från Stockholm. En kontroll med flygbolaget SAS hade visat att Costas inte rest hem från Finland i eget namn. På hans flygbiljett stod i stället Jan Jensen, vilket var namnet på den före detta Hells Angels-medlem som kallades Clark eller Mister C.

Clark, som hade blivit Michael Ljunggrens livvakt under våren, hade flugit upp till Undertakers-festen från Köpenhamn den 15 juli och planerat att återvända dagen därpå. Men när Costas lagts in på sjukhus hade planen ändrats och Clark hade i stället fått följa med Michael Ljunggren hem till Sverige med Finlandsfärjan. Beskrivningen bekräftades av medlemmar i Undertakers, som i förhör hos finsk polis berättat att Michael

Ljunggrens nye livvakt varit på plats på festen hos mc-klubben.

Genom vittnen hade mordutredarna också fått veta att Clark ringt runt till olika personer i Helsingborg och sagt att det absolut inte fick komma ut att han hade eskorterat Michael Ljunggren. Hemlighetsmakeriet och det faktum att Clark hållit sig undan efter mordet väckte polisens misstankar. Ovanpå detta kom det faktum att Clarks motorcykel, enligt vittnesuppgifter, dött bara någon mil före mordplatsen och att Michael Ljunggren fått fortsätta ensam – något som föreföll märkligt.

Under hösten 1995 tros Clark befinna sig i Köpenhamn och mordutredarna begär att dansk polis ska hålla vittnesförhör med honom i närvaro av personal från svenska Rikskriminalen. Efter intensiva efterforskningar anträffas Clark i slutet av oktober. I det förhör som hålls medger Clark att han besökt Undertakers i Finland tillsammans med Michael Ljunggren. Däremot hävdar han till en början att han flugit hem.

När Clark får reda på att polisen har andra uppgifter, och att telefonavlyssning är tillåten i Sverige, ändrar han sig och bekräftar att det var han som körde den andra motorcykeln från Stockholm. Särskilt pratsam är Clark dock inte heller efter detta. I förhörsutskriften står: "Om resan genom Sverige säger Jensen 'att han inte såg något som kan sättas i samband med mordet på Ljunggren'. Han vägrar svara på frågor om egna iakttagelser, stopp, hur man färdades, vem som körde vilket fordon etc. På fråga säger Jensen att om han sett något som uppfattades som en fara skulle han ha ingripit."

Att han skulle ha agerat livvakt åt den mördade Bandidos-presidenten avfärdar Clark bestämt. Vilken relation de båda haft eller vilken status Clark nu har inom Bandidos vill han inte svara på. Däremot säger han att han försökt hemlighålla vänskapen med Michael Ljunggren på grund av sitt tidigare Hells Angels-medlemskap. Enligt Clark hade det kunnat skada Michael Ljunggren om det kom fram att de båda umgicks.

Clark delges ingen brottsmisstanke och får efter förhöret lämna polishuset. Förhöret ska också markera slutet på det så kallade insiderspåret. Idag säger åklagare Kennert Andersson att ingenting talar för att Bandidos själva legat bakom mordet. Clarks ovilja att synas i polisutredningen kan, enligt vad som framkommit i efterhand, i själva verket förklaras av att han inte velat röja sig själv för motståndarsidan. I en hemligstämplad underrättelsepromemoria från dansk polis slås fast att Clark var den som utsetts att ansvara för de raketattacker som kort senare riktades mot Hells Angels i Finland och Danmark. Som belöning för detta ska Clark, enligt samma PM, ha blivit upptagen som provmedlem och börjat sin vandring mot presidentskapet inom svenska Bandidos. (Den som tar över ledarskapet direkt efter Michael Ljunggren är dock tjugoåttaårige medlemmen Mike Svensson.)

Under senhösten 1995 avtar utredningstakten. Ett av de sista spår som kollas upp rör den jugoslaviske ligaledaren Milan Sevo från Stockholm, personlig vän till Hells Angels-ledaren Thomas Möller i Malmö. Enligt informatörer i den kriminella världen ska Sevo, som vid tidpunkten drev en restaurang i Helsingborg, ha pratat öppet om att han varit inblandad. Annan underrättelseinformation säger att Sevo ordnat fram mordvapnet. Polisen letar länge efter Milan Sevo och lyckas till slut hålla förhör med honom. Sevo säger då att han befunnit sig på sin restaurang hela morddagen och att han tyvärr inte kan bidra med några upplysningar.

I ett försök att hitta nya uppslag görs en rekonstruktion av hur mordet tros ha gått till. Denna leder till en säker slutsats: Michael Ljunggren måste ha skjutits snett bakifrån från en bil som hunnit upp honom på hans vänstra sida. Träffbilden är så samlad att det bedöms som otänkbart att mördaren skulle ha stått vid vägkanten. Skytten måste dessutom ha haft en chaufför; att skjuta så väl och köra samtidigt anses tekniskt omöjligt. Mot bakgrund av detta är det obegripligt att den danska familjen säger sig ha undgått mördaren.

I jakt på en förklaring brottas utredarna med flera tänkbara teorier. En går ut på att Michael Ljunggren i själva verket skulle ha skjutits i höjd med Markaryd och sen lyckats hålla sig kvar på motorcykeln i nästan en kilometer. I så fall skulle mördarna ha kunnat sitta i den bil som danskarna påstått legat mellan dem och Michael Ljunggren och sen kört av vid Markaryd. Det som talar emot detta är att ingen som befunnit sig i närheten har hört skottlossning. En annan teori är att danskarna blivit så chockade av att se Michael Ljunggren köra av vägen att de aldrig lagt märke till gärningsmännens bil.

I hopp om att väcka upp nya bilder ur vittnenas minnen föreslår spaningsledningen i början av 1996 en ovanlig metod: hypnos. Familjen kontaktas på nytt och tillfrågas om de kan tänka sig att medverka. Mannen vägrar. Men kvinnan låter sig till slut övertalas. Kennert Andersson är så nyfiken att han åker ned från Småland för att vara med under hypnosförhöret.

– Det kom fram de mest remarkabla detaljer, som till exempel att kvinnan letat efter något i handskfacket och vilken musik som spelades på radion vid tillfället. Men tyvärr gav förhöret inget i bevishänseende. Kvinnan hade sannolikt varit koncentrerad på annat än på vägen framför henne, säger Kennert Andersson.

Andra med insyn i utredningen går på en annan linje, nämligen att familjen insåg att de var de enda som hade sett mördarna och att de kände alltför stor rädsla inför att vittna. Familjen bodde vid tidpunkten nära en mc-klubb i Köpenhamnsområdet och var väl införstådda i de metoder som tidigare använts av Hells Angels.

– För mig var det ganska uppenbart att det handlade om rädsla. Mannen måste ha sett mer än vad han sagt, men förmodligen lär vi aldrig få hela bilden, säger en av de polismän som jobbat med fallet.

Ytterligare en av de frågor som ställdes inledningsvis var hur angriparna kunde känna till att deras offer skulle befinna sig på motorvägen den aktuella dagen. Även här har flera spekulationer förekommit. En av dessa har gått ut på att en polisman vid Helsingborgspolisen skulle ha tipsat folk i Hells Angels-lägret. Polismannen greps under hösten 1996 och åtalades året därpå för att ha läckt hemlig information om Bandidos till en personlig bekant inom MC Sweden vid ett stort antal tillfällen. Enligt åtalet vidarebefordrade polismannen, bara några veckor efter mordet på Michael Ljunggren, uppgifter ur ett sekretessbelagt fax från utländsk polis som sa att medlemmar från Bandidos skulle köra mc från Danmark till Finland via Sverige. Några bevis för att polisläckan även berättat om Michael Ljunggrens resa kunde internutredarna dock aldrig hitta. Efter att ha dömts för bland annat brott mot tystnadsplikten lämnade polismannen sin tjänst.

Formellt är de dåvarande medlemmarna i MC Sweden, numera Hells Angels MC Helsingborg, fortfarande misstänkta för inblandning i mordet på Bandidos-ledaren. Men polisen har i praktiken gett upp och på nästan tio år har inga utredningsåtgärder vidtagits. Åklagare Kennert

Andersson, som fortfarande har ansvar för förundersökningen, svarar så här på frågan om vad som krävs för att blåsa nytt liv i utredningen:

– Att någon inifrån bestämmer sig för att berätta. Det är det enda.

I efterhand står det klart att mordet på Michael Ljunggren chockat många i bekantskapskretsen från Rönnowska skolan och Wieselgrenskolan. Känslorna kompliceras av att det inte går att utesluta att mördarna faktiskt finns inom det gamla kompisgänget.

– Det kändes helt sjukt att det kunde gå så långt, jag blev totalt ställd. Michael var ju en kille man känt otroligt väl och så plötsligt blev han mördad, säger en av Michael Ljunggrens äldsta vänner, som lämnade Rebels alldeles innan kriget bröt ut.

– Jag kan bara säga att Joe, som vi kallade honom, var en kille med ett jäkligt stort hjärta, säger en annan person sammanbitet.

Men det finns också de som är kyligt distanserade. Kanske känner de till saker kring Michael Ljunggrens egen roll i mc-kriget som gör att de har en annan syn på mordet. Oavsett om så skulle vara fallet eller inte blev dödande logiskt i deras ögon när hatet mellan Hells Angels och Bandidos eskalerade.

– Det gick inte att förhindra. Det är som när man spelade hockey när man var liten, bara för att brorsan råkade hamna i andra laget lät man ju inte bli att tackla honom, säger en före detta medlem i Rebels.

Inom Bandidos Helsingborgsavdelning är Michael Ljunggren, eller Bandido Joe, inte glömd. På klubbens hemsida finns ett collage av bilder på den mördade ledaren tillsammans med texten: "Gone but never forgotten".

– För att hedra Michael vet jag att klubben samlade in pengar till en moped när hans son konfirmerades, berättar en källa.

Efter mordet på Michael Ljunggren och de efterföljande panskarskottsattackerna skulle Bandidos och Hells Angels beväpna sig till tänderna. Mellan sommaren 1995 och februari 1996 beslagtar polisen i Sverige, Danmark, Norge och Finland totalt åttio pistoler, revolvrar och andra enhandsvapen, sjutton gevär, sju kpistar, tre automatkarbiner, nitton handgranater, åttionio kilo sprängämnen och två truppminor. Det är också under denna period som mc-kriget sprider sig till hela Skandinavien. I Danmark tänds gnistan i början av december 1995 av att ett gäng

Bandidos-medlemmar misshandlar två Hells Angels-medlemmar på en krog i Köpenhamn. Några månader senare svarar Hells Angels med att överraska en grupp Bandidos-medlemmar på Kastrups flygplats och skjuta en av dem till döds och skada tre. Attacken är samordnad med ett attentat i Norge, där en Bandidos-medlem skjuts ned och avlider på Fornebu flygplats utanför Oslo. Samtliga offer har kommit med flyg från ett Bandidos-möte i Finland.

I mars 1996, någon vecka efter att MC Sweden blivit Sveriges andra Hells Angels-avdelning, utsätts Clark och Face för beskjutning inne i Helsingborg. Clark träffas i axeln och körs av en klubbkamrat till sjukhus, där läkare konstaterar att kulan sitter kvar i nacken. När polisen försöker höra Clark har han inget att säga. Även denna gång misstänks samma båda män som vid mordet på Michael Ljunggren, varav den ene nu blivit fullvärdig Hells Angels-medlem och den andre fortfarande är provmedlem. Trots att provmedlemmens bil synts på platsen och att en polisman som tagit upp jakten kunde peka ut honom släpptes mannen. Även detta brott, som rubricerades som mordförsök, har förblivit ouppklarat.

Fyra månader senare hamnar Clark och Face åter i skottlinjen. Den här gången när de är ute och kör i närheten av norska Hells Angels klubbhus utanför Drammen. Face träffas så illa att han senare avlider. Kort därpå utsätts Michael Ljunggrens efterträdare på presidentposten, Mike Svensson, för pistoleld när han passerar Hells Angels fäste i Hasslarp. Även Hells Angels-sidan lider förluster. Bland annat skjuts Ragget, Michael Ljunggrens gamle skolkamrat, med tre skott när han är på väg till sitt garage för att hämta bilen. Tack vare att han snabbt drar ner porten lyckas Ragget undkomma skytten eller skyttarna och överlever. I Malmö skottskadas en Hells Angels-medlem på väg hem från en motortävling. Och Hells Angels klubbhus i Hasslarp får ta emot flera nya raketattacker.

Den mest dramatiska attacken mot Hells Angels, och kanske den mest skrämmande ur ett samhällsperspektiv, inträffar natten till torsdagen den 3 oktober 1996. Sovande invånare över hela centrala Malmö vaknar upp av en fruktansvärd explosion och sirener från mängder av utryckningsfordon. Synen som möter poliser, brandmän och ambulanspersonal är krigslik. Åtskilliga kilon dynamit har detonerat alldeles intill ytterväggen till Hells Angels nyinköpta klubbhus i stadsdelen Sofielund i östra Malmö. I gatan har en stor krater sprängts upp, fönster och karmar har blåsts ut, delar av husets tak har rasat och över ett stort område har tegelpannor regnat ned och splittrats. Trots detta har de fyra Hells Angels-medlemmar som legat och sovit inne i klubbhuset klarat sig oskadda. I ett hyreshus på andra sidan gatan har däremot fyra personer träffats av splitter när glasrutorna sprängdes i bitar. Bland de skadade finns en fyra månader gammal bebis. För första gången i Sverige har utomstående drabbats av mc-kriget.

Bomben blottlägger samhällets maktlöshet. Rädda och arga invånare i Sofielund demonstrerar dagen därpå utanför det sprängda Hells Angels-fästet och kräver att mc-gänget måste bort. Men Malmö stad har redan två veckor tidigare gett besked om att kommunen inte kan göra någonting så länge husets ägare, en vän till flera av mc-klubbens medlemmar, vill ha Hells Angels som hyresgäster. Bomben förändrar inte den situationen, förklarar det socialdemokratiska kommunalrådet Ilmar Reepalu, som själv bor bara ett stenkast från Hells Angels-fästet.

I stället blir det polisen som hittar ett sätt att tillfälligt förbjuda mc-klubben att återfå fastigheten. Med stöd av polislagens 22:a paragraf, avsedd för att förhindra allvarliga brott och omfattande skadegörelse på specifika platser, beslutar Skånes dåvarande länspolismästare Hans Wranghult att mc-gängens samtliga lokaler i länet ska utrymmas. Förbudet varar i fyra veckor. Men Hells Angels kommer aldrig tillbaka till fastigheten. Ett försök att renovera byggnaden stoppas av kommunens byggnadsnämnd. Till slut tröttnar Hells Angels och kommer överens med sin bulvan om att sälja huset, som senare rivs.

Vem som låg bakom bombdådet klarades aldrig upp. Tre personer med koppling till Bandidos satt häktade under en tid men släpptes. Samma klena resultat nådde svensk polis i nästan alla andra utredningar under mc-kriget. Inte bara morden på Joakim Boman och Michael Ljunggren förblev olösta; inte en enda person dömdes för något av de totalt nästan tjugo mordförsök som inträffade i Sverige mellan 1994 och 1996.

Skillnaden jämfört med de övriga nordiska länderna är slående: i Finland och Danmark löste polisen så gott som samtliga grova våldsdåd och norsk polis klarade upp cirka 75 procent. Någon enkel förklaring till fiaskot i Sverige finns inte. Det har ofta sagts att svensk polis saknat nödvändiga juridiska verktyg och att exempelvis möjligheten att bugga lokaler är ett måste för att avslöja mc-gängens brottslighet. Vid den här tidpunkten var det bara i Danmark som buggning var tillåten. Grundproblemen i Sverige verkar i stället ha varit dålig uthållighet. Utmärkande för det svenska rättsväsendet har också varit att olika myndigheter skyllt på varandra.

– I Stockholm var man så gott som ointresserad av att hjälpa till, man såg kriget som ett isolerat skånskt problem, hävdar chefsåklagare Göran Berling i Helsingborg, en av dem som formulerade kritiken.

Men det har i så fall inte bara gällt inom landet. Dansk polis hade på ett mycket konkret sätt kunnat bidra till att både lösa och förhindra brott. Bandidos-medlemmen Dan Lynge hade nämligen i hemlighet värvats som informatör av polisen i Köpenhamn och löpande lämnat information inifrån Bandidos svenska avdelning. Uppgifterna nådde dock sällan eller aldrig polisen på andra sidan Öresund. Dokument som senare offentliggjorts i en statlig dansk utredning avslöjar att Lynge redan i januari 1994 ska ha varnat sin kontaktman för att ett krig höll på att bryta ut i Sverige.

I sin självbiografi *Dan Lynge – mit dobbeltliv* hävdar han också att han sommaren 1995 tipsade dansk polis om Bandidos hemliga vapengömma. Dan Lynge påstår sig själv ha besökt gömman i Helsingborgs hamn och sett bland annat tolv pansarvärnsraketer. Vid besöket ska Lynge ha fått reda på att Bandidos planerade att hämnas mordet på Michael Ljunggren, vilket alltså skedde bara någon vecka senare. Även detta säger sig Lynge ha informerat sin danske kontaktman om. "Han sagde, at han öjeblikkeligt ville slå larm. Men der skette intet – eller också var NN för sent på den", skriver Lynge i sin bok.

Bara tre dagar efter bomben i Malmö blev Hells Angels åter utsatt för attack, den här gången i Danmark. I samband med en fest i klubblokalen på Titangade i Köpenhamn smög sig en mörkklädd man upp på ett intilliggande tak med två pansarvärnsraketer. Mannen lade sig ner, riktade in det ena avfyrningsröret och tryckte av. Ögonblicket därpå slogs ett stort hål upp i den vita tegelväggen till Hells Angels-fortet. På andra sidan väggen fanns cirka hundrafemtio människor, både Hells Angels-medlemmar och andra inbjuda. Två av dem – en provmedlem i Hells Angels och en kvinnlig gäst – dog och ytterligare arton skadades. En tid senare greps en tjugofemårig Bandidos-sympatisör och dömdes till livstids fängelse för morden.

Det som började med ett infekterat bråk mellan Hells Angels-supporters i Helsingborg hade nu utvecklat sig till ett fullskaligt, internationellt krig. Invånarna i Sverige, Danmark, Finland och Norge hade tvingats vänja sig vid scener som de dittills bara sett på nyhetssändningar från krigshärdar. I Danmark inledde regeringen en översyn av lagstiftningen för att hitta sätt att försvåra för mc-gängen. Bland annat diskuterades en kriminalisering av medlemskap i föreningar som använder våld samt utökade möjligheter att värva privatpersoner som agenter åt polisen. Sveriges dåvarande justitieminister Laila Freivalds var skeptisk till de danska förslagen och kallade dem "politisk kosmetika".

Hells Angels och Bandidos fortsatte att attackera varandra under återstoden av 1996 och början av 1997 och någon lösning såg inte ut att vara i sikte. Men i början av sommaren 1997 inträffade två händelser som skulle förändra situationen. Strax före midnatt den 4 juni exploderade en bilbomb utanför Bandidos lokal i ett villaområde i norska Drammen. Förödelsen i klubblokalen och kringliggande byggnader blev enorm. Men värst av allt: en femtioettårig kvinna som råkade passera i bil sprängdes till döds. Någon dag senare hamnade barnfamiljer och andra oskyldiga mitt i ett kulregn i den lilla danska orten Liseleje. Som genom ett under skadades ingen, däremot sköts en Bandidos-medlem till döds. Dagarna därpå enades regeringarna i Danmark och Norge om att något måste ske. Inför ett nordiskt ministermöte i Norge några veckor senare meddelade den norske statsministern Thorbjörn Jagland att hans regering övervägde ett totalförbud mot Hells Angels, Bandidos och andra kriminella mc-gäng.

Beskedet tog skruv. Inför hotet om att tvingas under jord kontaktade Hells Angels och Bandidos varandra och kom överens om att inleda fredssamtal via den danske advokaten Thorkild Höyer. Förhandlingarna pågick hela sommaren. Den 25 september 1997 framträdde så Hells Angels-veteranen Bent "Blondie" Svane Nielsen och Bandidos-ledaren Jim Tinndahn i dansk TV och berättade att de lagt ner vapnen.

Förutom eldupphör innebar freden att ingen av organisationerna skulle få öppna någon ny avdelning utan motpartens godkännande. Ett så kallat styrningsråd bildades, bestående av medlemmar från båda sidor. Rådet skulle träffas mellan fyra och sex gånger per år och diskutera gemensamma problem. Trots åren av bittert krig och de många dödsoffren på respektive sidor kom organisationerna förvånansvärt bra överens. Några nya sammandrabbningar skedde inte och snart övergick diskussionerna mellan Hells Angels och Bandidos till att handla om hur klubbarna tillsammans skulle förhålla sig till yttre fiender som polis och press. Enligt ett beslagtaget protokoll från 2003 enades organisationerna till exempel om "en aktiv insats för att det inte pratas illa om BA och Hells Angels" och att "slå hårt mot utomstående som motarbetar lugnet i miljön".

Även i Sverige har de båda mc-gängen samarbetat mot yttre fiender. I oktober 2006 träffades Hells Angels och Bandidos på den lilla orten Grums i Värmland för att diskutera mc-gänget Outlaws allt högre profil i landet. Idag, tio år efter fredsavtalet, framstår mc-kriget mest som en våldsam marknadsföringsfas, där uppmärksamheten i tidningar och TV gav de båda gängen ett grundmurat farligt rykte. Precis som många poliser och andra förutspådde i samband med freden var det under den nya fasen som den stora utmaningen för samhället skulle börja.

Ganska snabbt stod det klart att löftet om att mc-gängen inte skulle fortsätta expandera varit en bluff för att tillfälligt lugna Skandinaviens regeringar. Efter bara något år började båda sidor att bilda nya avdelningar i Sverige, utan några tendenser till konflikt. År 1998 bildades Bandidos MC Halmstad och året därpå utsågs Gamlestaden MC i Göteborg till en fullvärdig Hells Angels-avdelning. En tid senare försökte Bandidos etablera sig i Stockholm, med hjälp av medlemmar från Asa MC.

Skåningar och stockholmare kom dock dåligt överens och sommaren 2001 hamnade ledaren för den blivande Bandidos-avdelningen i huvudstaden i onåd. För att få bort honom planerade en falang, med stöd från Bandidos i Skåne, att spränga ledarens bil med en fjärrstyrd bomb. Planen stoppades tack var en hemlig polisinfiltratör som lyckats ta sig in i grupperingen. Därefter upplöstes Stockholmsavdelningen tillfälligt.

Efter detta har Bandidos svenska ledning bytt strategi. I stället för att försöka "omvända" redan existerande mc-klubbar har man övergått till att leta efter lokala påläggskalvar, som får i uppdrag att sätta ihop grupper av Bandidos-supporters. Grupperna döps till X-team och tillåts bära kläder med Bandidos röd-gula färger. I gengäld måste X-team-medlemmarna vara beredda på att utföra olika tjänster.

– En och en har de fått komma ner till Bandidos i Skåne och slava. De som klubben varit nöjda med har så småningom utsetts till provmedlemmar, berättar en polisexpert.

Sedan 2000 har X-team bildats i Halmstad, Varberg, Falkenberg, Göteborg, Finspång, Stockholm, Säffle, Falun, Örebro, Borås, Jönköping och Umeå. Några har lagts ned igen, som X-team i Varberg, Finspång och Örebro, men de flesta finns kvar. I början av 2007 ingick sammanlagt ett sjuttiotal personer i grupperingen. De flesta inom X-team har varit tungt kriminellt belastade killar i tjugo–trettioårsåldern utan jobb. Få har haft motorcykelkörkort och ännu färre har ägt en egen mc.

Steg för steg har X-team-grupperna därefter förvandlats till mc-klubbar och medlemmarna har tagit mc-körkort, köpt en Harley-Davidson och gått in för att lära sig bikerkulturen. Flertalet medlemmar har dock hoppat av eller blivit uteslutna på grund av drogmissbruk, skulder eller andra problem. Trots detta finns Bandidos idag på sju svenska orter: Helsingborg, Göteborg, Säffle, Stockholm, Ludvika, Gävle, Västerås och Borås, varav de tre sistnämnda är så kallade prospect chapters. Organisationen är därmed lika stark som Hells Angels, åtminstone på pappret.

Men granskar man antalet medlemmar förändras bilden. I hela landet finns, enligt polisens kartläggning, färre än trettio fullvärdiga Bandidosmedlemmar, och ungefär lika många prospects och hangarounds. Detta kan jämföras med Hells Angels drygt hundra medlemmar, prospects och hangarounds våren 2007.

Liksom Hells Angels marknadsför sig många av Bandidos-avdelningarna med hjälp av hemsidor på Internet. Besökare möts av bilder på vapen, skotthål och slogans som "We are the people your parents warned you about" och "God forgives – Bandidos don't". Det är ingen tvekan om att ett av syftena är att framställa Bandidos som farliga. Ett annat är att ge allmänheten en möjlighet att kontakta organisationen. Vanliga frågor i hemsidornas så kallade "guest books" är hur man gör för att bli medlem och om man kan köpa tröjor, dekaler och andra supportprylar som Bandidos säljer.

Arkitekten bakom Bandidos expansion i Sverige är, enligt många olika källor, den nu fyrtiosjuårige Jan Clark Jensen. År 1999 trädde han fram som ledare för Bandidos Helsingborgsavdelning och övertog i praktiken

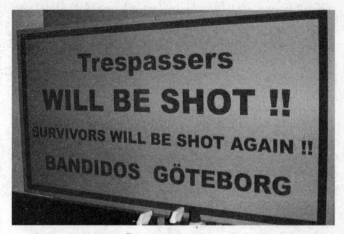

Inkräktare blir skjutna. Överlevande blir skjutna igen. Anslaget anträffat i samband med husrannsakan i Bandidos dåvarande källarlokal i Midsommarkransen i södra Stockholm 2005.

därmed ledarskapet för hela organisationen i Sverige. Hans bas finns sedan ett par år i ett trevåningshus i södra Helsingborg, dit Bandidos flyttade efter att ha övergett sin gård i Kattarp. Genom frekventa besök och e-postmeddelanden stöttar, uppmuntrar och kontrollerar Clark underavdelningarna runtom i landet med fast hand. Omdömena från dem som träffat honom varierar från "cynisk despot" till "en mycket fin människa".

– Clark kan vara väldigt trevlig och gemytlig. Men blir han arg är det ingen du vill ha efter dig, säger en källa.

Med sin bakgrund inom danska Hells Angels har Clark längre erfarenhet från den kriminella mc-miljön än kanske någon annan i Sverige. Även internationellt har Clark en tung position. Som tidigare nämnts är han nära vän med dansken Jim Tinndahn, president för Bandidos i både Europa och Asien. Clark spelade även en viktig roll i samband med att Bandidos 1997 etablerades i Kanada, det land där Clark är född och har bott i under flera år.

I Danmark och Norge har Clark flera domar bakom sig. I Sverige har han dock hittills undgått åtal, med undantag av ett tidigare nämnt ringa narkotikabrott. Sedan 2006 står Clark på listan över de hundra gängmedlemmar som polisen ska försöka lagföra i projekt Alcatraz. Poliskällor betecknar Clark som icke-nostalgisk och pragmatisk. Borta är till exempel den långhåriga och skinnklädda look som en gång utmärkte Bandidos. Idag har både Clark och de nya medlemmarna rakad skalle eller kort snagg, munkjackor och sneakers. De skriftliga regler som gäller för Bandidos internationellt tolkas, enligt polisen, inte heller lika bokstavligt under Clarks styre.

Om Clark och den övriga Bandidos-ledningen hade kunnat välja skulle de sannolikt föredragit att växa på samma sätt som Hells Angels, det vill säga genom ombildning av befintliga mc-klubbar. Detta hade gjort det lättare för Bandidos att hävda att man faktiskt är den mc-organisation som man utåt säger sig vara. Mycket pekar dock på att Bandidos i Sverige inte haft något val. Hells Angels satte tidigt skräck i landets mc-klubbar med hot och våld. Genom den så kallade Sverigemodellen har Hells Angels också behållit sin makt över Sveriges så kallade ryggmärkesklubbar. Nybildade klubbar ska skicka en ansökan till Gjutjärn MC i Uppsala, som står Hells Angels nära. Ansökningarna behandlas sedan på ett stormöte, där Hells Angels representanter har sista ordet. Bandidos deltar inte.

I några fall har nybildade mc-klubbar med spanskklingande namn, exempelvis Diablos MC, försökt att ansluta sig till den "röd-gula" Bandidos-sfären utan att gå via Gjutjärn. Detta har skett i bland annat Jönköping, Oskarshamn, Ängelholm och Malmö. Samtliga dessa är idag upplösta. Ett liknande exempel är Solidos MC, som dykt upp i Gävle, Västerås och Stockholm. Gävleavdelningen bildades sommaren 2006, Västeråsavdelningen kring jul samma år och Stockholmsavdelningen våren 2007. Initiativtagare i Västerås var bland annat Brödraskapet Wolfpacks nyligen avhoppade ledare, ex-nazisten Michael Bjellder.

Medan Solidos i Stockholm har bildats av före detta medlemmar i bland annat Bad Order MC och Hog Riders MC talar allt för att Solidos i Gävle och Västerås bara är mc-klubbar på papret. Exempelvis äger bara en bråkdel av medlemmarna en egen motorcykel. Grupperingarna har i stället profilerat sig som de absolut mest aggressiva inom den kriminella gängmiljön under senare år. I en dom i Gävle tingsrätt hösten 2006 slogs också fast att Solidos ska betraktas som en kriminell organisation. I domen fälldes ett flertal av Solidos medlemmar för utpressning, hot, grova vapenbrott med mera, däribland grupperingens tjugonioårige ledare Daniel Johansson. Flera av brotten hade samband med Solidos konflikt med en lokal prospectavdelning av Outlaws MC, som funnits i Gävletrakten sedan 2005.

Enligt flera källor hade Bandidos svenska ledning gjort klart för Solidos att Outlaws inte kunde tillåtas att finnas kvar på orten ifall Solidos i framtiden skulle kunna bli en fullvärdig Bandidos-avdelning. Kravet bottnade sannolikt främst i territoriella anspråk. Ytterligare en bidragande faktor kan ha varit att Outlaws trettionioårige ledare i Gävle under 1990-talet varit supporter till Bandidos i Skåne, men beslutat sig för att byta sida. I vilket fall som helst tog Solidos förebilderna på orden och under sommaren 2006 utsattes Outlaws för såväl mordbrand som beskjutning med automatvapen. Att ingen person skadades var ren tur.

– Egentligen fanns det ingen ovänskap mellan oss och Solidos, före attackerna hade vi träffats och kommit överens om att det fanns plats för båda klubbarna. Men efter att de här direktiven kommit ifrån Bandidos i Skåne gick det inte längre att snacka, vi skulle bara väck, berättar en före detta medlem i Outlaws-avdelningen.

Inom Outlaws fanns det de som ville slå tillbaka mot Solidos. Men denna falang var i minoritet och valde i stället att hänga av sig sina västar och lämna klubben. Den spillra som blivit kvar har hållit låg profil. Klubbens agerande har förvånat en del – i USA och flera andra länder är Outlaws känt för att aldrig backa undan.

– Det var ju så vi själva resonerade, om man ska vara en enprocentsklubb måste man slå tillbaka. Men när vi inte hade fullt stöd för den linjen var det bara att hoppa av, fortsätter ex-medlemmen.

Trots Outlaws undfallenhet fortsatte attackerna. Uppbackade av Bandidos-medlemmar från bland annat Säffle och Göteborg bröt sig Solidos Gävleavdelning i februari 2007 in i Outlaws klubbhus och utförde skadegörelse. En tid senare kom belöningen: Solidos i Gävle och Västerås utsågs till prospectklubbar. Kort senare förklarades den nya Bandidos-avdelningen i Gävle "frusen" eftersom alltför många medlemmar hade häktats eller hamnat på anstalt. Händelserna anses av polisen talande för den aggressiva expansionslinje som Clark och övriga Bandidos-ledare numera driver.

– Bandidos i Sverige har helt släppt den traditionella strategin att växa sakta men säkert. Nu är det snabba erövringar som gäller, till nästan vilket pris som helst. De tidigare kraven på att blivande avdelningar ska göra minst ett år som hangarounds respektive prospects har också övergetts, kommenterar kriminalinspektör Thorbjörn Johansson, expert på mc-brott inom Rikskriminalen.

Liknande attacker som de i Gävle har skett mot en ny utmanare på den svenska mc-arenan: Rough Creed MC med fästen i Jönköping, Helsingborg och Skellefteå. Rough Creed bildades i England under 2006 och spred sig till Sverige. När det blev känt att Rough Creed öppet tagit ställning för Outlaws angreps under våren 2007 flera av medlemmarna i Rough Creed Jönköping och misshandlades. Ingen greps, men enligt flera källor låg personer med koppling till Bandidos och X-team bakom.

Ytterligare en händelse, som inträffade vid en mc-träff i Norrtälje den 2 juni, gjorde läget spänt inför sommaren 2007. Flera Outlaws-medlemmar attackerades och förnedrades av ett gäng Bandidos-anhängare. Två av Outlaws-männen knivskars lindrigt och andra kastades ner i ett vattendrag. Ingen av angriparna greps. Efter händelsen blev det känt att Outlaws hade fått stöd av en helt ny gruppering: Loyalty BFL Sweden. Kärnan i Loyalty BFL Sweden utgörs, enligt poliskällor, av tungt kriminella från Skåne. Enligt grupperingens hemsida hade i juli 2007 avdelningar även bildats i Tranås, Växjö och Stockholm.

Bandidos aggressiva linje, i kombination med en allmänt hög brottsfrekvens, har öppnat möjligheter för polisen att lagföra medlemmarna och pressa tillbaka organisationen. Under april och maj 2007 var också avdelningarna i både Stockholm och Ludvika i praktiken utslagna efter ett flertal gripanden. Det faktum att ledaren för Ludvika-avdelningen, trettiofyraårige Patrick Huisman, satt häktad för bland annat försök till grov utpressning ansågs ha orsakat organisationen särskilt stor skada. Huisman betecknas som en viktig samlande kraft.

Bandidos interna regler – så kallade by-laws – består av en lista med fyrtio punkter som gör klart vad varje medlem får göra och inte göra. Exempelvis är det inte tillåtet att bära Bandidos symboler ihop med shorts och joggingkläder, att låta emblem och andra märken bli smutsiga eller att prata skit om andra medlemmar. Det är också förbjudet att hantera heroin, LSD, ecstasy samt att injicera någon form av drog som inte skrivits ut av läkare. Punkt nummer sex är mer svårtolkad. Den säger att Bandidos har rätt att kasta ut den som använder sitt medlemskap för att "tjäna pengar eller göra annan business". Vilka inkomster som avses anges inte. Men vinningsbrott i Bandidos namn är vanliga.

De tydligaste exemplen rör utpressning, som förefaller ha blivit något av en huvudnäring för Bandidos medlemmar. Enligt domstolarna har gärningsmännen i dessa fall ofta hänvisat till Bandidos som organisation, antingen verbalt eller genom att uppträda i Bandidos-kläder. Även i andra fall kan medlemmarnas koppling till Bandidos antas ha ökat deras chanser att tjäna pengar genom brott, till exempel i samband med rån mot andra kriminella och handel med narkotika. Ingen av de personer som dömts har såvitt känt tvingats lämna Bandidos. En rimlig slutsats är därför att brotten varit sanktionerade uppifrån och genererat inkomster till organisationen. Det faktum att det blir allt vanligare att medlemmar från olika Bandidos-avdelningar begår brott ihop visar också att Bandidos alltmer utvecklats till en renodlad brottsorganisation.

Utöver utpressning är narkotikaaffärer allt vanligare bland Bandidos svenska medlemmar. Efter en lång tid av allmänna misstankar har polisen och tullen under senare år lyckats spränga flera knarkligor, vars medlemmar funnits i Bandidos-miljön. Precis som i USA är amfetamin den drog som svenska Bandidos helst gör affärer med. I september 2006 beslagtogs till exempel ett kilo av drogen när en medlem i Bandidos Ludvika stoppades i bil på väg från Bandidos lokal i Stockholm. Ungefär samtidigt greps en medlem i X-team Göteborg för att ha köpt två kilo amfetamin från en liga i Litauen. Och i oktober samma år gjorde Rikskriminalen ett storkap: ledaren för Bandidos i Stockholm, trettioårige Andreas Olsson greps med tolv kilo amfetamin i en ryggsäck på väg från Holland till Stockholm. Samtliga har nu dömts till långa fängelsestraff.

– En del har ifrågasatt om mc-klubbarna i Sverige verkligen sysslar med narkotika. Efter tolvkilosbeslaget tycker jag att det är slutsnackat om den saken för Bandidos del, säger en av poliserna som deltog i utredningen.

Provkartan över Bandidos-medlemmarnas kriminalitet rymmer emellertid det mesta. Ett av de mest uppmärksammade brotten på senare tid var den välplanerade storkuppen mot Landvetters flygplats utanför Göteborg i början av 2006, där en grupp rånare kom över åtta miljoner kronor. Tre av de åtalade var knutna till Bandidos och avtjänar nu straff för grovt rån. Vanligt förekommande är också olika former av så kallad systemhotande brottslighet, där poliser, vittnen och andra i rättskedjan utsätts för påverkan. Vid flera rättegångar under 2006 och 2007 har framträdande Bandidos-medlemmar i Stockholm, Ludvika och Gävle dömts för våld och hot mot poliser och andra tjänstemän.

Också i Dalsland har Bandidos etablering utmanat rättssystemet. Flera personer som ingripit mot gänget, däribland ett antal lokala ordningsvakter, har tvingats gå under jorden efter att ha vittnat om medlemmarnas brott. Ledaren för Bandidos i Säffle, tjugoåttaårige Anders Gustavsson, dömdes under 2006 till fängelse vid två tillfällen för dödshot. Och två medlemmar i supportergruppen X-team fälldes för att ha beskjutit en bil, vars ägare tidigare vittnat mot Gustavsson.

– Men ofta behöver gängmedlemmarna inte ens ta till våld, Bandidos krig mot Hells Angels under 1990-talet lever fortfarande kvar i allas minne. Det enda sättet att tvinga tillbaka grupperingen är att visa att alla vi andra står eniga, och att ingen av dem som drabbats står ensam, säger chefsåklagare Barbro Jönsson, som fått flera av Säffles Bandidos- och X-team-medlemmar fällda.

Barbro Jönsson har funderat över hur Bandidos ledning ser på de medlemmarnas höga kriminella profil.

– Man skulle kanske kunna tro att de tycker att det här ger Bandidos dålig publicitet. Men det skulle tvärtom kunna vara på det viset att hot och våldsbrott förstärker den farliga framtoning som gänget sen kan utnyttja i utpressningar och annan kriminalitet, resonerar hon.

– Jag har haft skitkul under de år jag varit med. Alla fester man varit på och alla polare man fått ... och att vråla in hundra man på hojar i nån stad nere på kontinenten, eller att komma in på ett ställe ensam med västen på och se hur tjugofem man ryggar tillbaka ... sånt är fett.

Så säger Mats, som har ett förflutet inom en av Bandidos svenska avdelningar. Egentligen heter han något annat, men av rädsla för repressalier vill han inte låta sig intervjuas under sitt riktiga namn. Efter ett bråk om pengar var Mats en av flera som fick lämna sin klubb. Nu är han inte välkommen tillbaka. Aldrig mer, eftersom han är utesluten i så kallad "bad standing".

Mats allra bästa minne är det första. Som ny supporter blev han inbjuden till Bandidos i Skåne och fick träffa ledarna där.

– Vi var ju rätt nervösa när vi åkte ner, man visste ju inte hur de skulle vara. Men det visade sig att de var hur schysta som helst. En av dem frågade om jag var trött och erbjöd sig att låna ut sin säng. Sånt gjorde att man kände sig välkommen, berättar Mats vidare när vi ses på en restaurang i en stad i Mellansverige.

Mats hade tidigare varit med i ett annat mc-gäng. Men Bandidos var något helt annat. Mer på allvar, fast samtidigt inte så stelt och ortodoxt.

– Jämfört med andra klubbar är det mer humant inom Bandidos, det är inte så stränga regler. Det finns mer förståelse för om man har problem.

Vi fortsätter att prata en stund och bilden nyanseras. Visst kan Mats sakna en del saker, men när han fick besked om att han hade slängts ut kände han faktiskt en viss lättnad.

– På många sätt var det ju skitjobbigt att vara med. Hela tiden kom det order uppifrån om att man skulle åka än hit, än dit. Över hela Europa. Hela tiden. Att säga nej fanns inte på kartan, säger Mats och fortsätter:

– Jag menar, hur kul är det egentligen att köra till Säffle och sitta där och lyssna på ett möte i en halvtimme och sen köra hem igen? Eller köra ner till Skåne därför att man inte kan ta snacket på telefon och så kommer man dit och det visar sig att det inte var nånting. Såna gånger har det bara känts jävligt jobbigt.

Mats hann aldrig uppnå fullvärdigt medlemskap. Kanske hade det blivit annorlunda då.

– Men så länge man är provmedlem är det grymt slitigt, man måste vara "stand by" tjugofyra timmar om dygnet. Jag var kanske hemma sådär två timmar i veckan. Och jag har aldrig haft så lite pengar som då … Bandidos är världens dyraste mc-klubb att vara med i. Dels är det månadsavgifterna till "National Chapter", men framför allt är det alla resor som man måste stå för själv. Hos oss fanns det aldrig några pengar i klubbkassan.

– Så när det här bråket om pengarna kom upp kände jag till slut att det faktiskt var rätt skönt att kliva av. Nu kommer det att bli mycket lugnare. Förhoppningsvis blir ekonomin bättre också, avslutar han.

Mats berättelse stämmer väl in på vad polisen fått höra från andra före detta medlemmar.

– De som går in i Bandidos är kriminella som vill visa sig ännu större och starkare. Men när de väl kommit in i gänget märker de att de blir springpojkar som måste städa och tvätta de andras kalsonger. Det är liksom inte det de har tänkt sig. Dessutom kostar det faktiskt mycket pengar, säger en polisman i Dalarna.

I telefonavlyssning mot dåvarande Solidos MC i Gävle hörde polisen den tjugonioårige ledaren Daniel Johansson beklaga sig för en X-team-medlem över alla uppoffringar som krävs. Några år tidigare hade Daniel Johansson själv hoppat av X-team, innan han kom tillbaka som ledare för den nya supporterklubben.

Johansson: "Men du ser hur ni reser runt hela jävla tiden."

X-team-medlem: "Ja ..."

Johansson: "Ja, usch, usch."

X-team-medlem: "Du hatar ju mötena."

Johansson: "Ja."

X-team-medlem: "Det var ju därför du hoppade av."

Johansson: "Ja. Annars skulle jag aldrig ha gjort det."

En annan före detta X-team-medlem berättar för oss hur svårt det var för honom, som erfaren torped och indrivare, att acceptera det hierarkiska tänkande som styr värvningsprocessen. Trots att han hjälpte till att tjäna stora pengar till de andra kände han sig dåligt behandlad:

– Jag blev övertalad att gå med i X-team och tänkte, ja va fan. Först var det riktigt bra, det blev fart på indrivningarna direkt och vi drog in nästan två miljoner på ingen tid alls, pengar som vi delade upp, berättar mannen.

– De var så nöjda med mig att jag direkt fick såna här X-team-kläder som man egentligen bara får om man har varit med i ett halvår. Och det tyckte alla först var ok. Men sen när vi skulle ut på en krog för att visa upp oss ... marknadsföra oss typ ... då var det plötsligt annat ljud i skällan. Eftersom nån höjdare från Bandidos nerifrån Helsingborg skulle dit så fick jag inte längre ha de här kläderna, jag skulle ha en annan tröja med andra färger som visar att man har lägre rang. När de ringde och sa det blev jag så jävla lack att jag tog alla jävla X-team-grejer jag hade och slängde dom i en påse. Sen drog jag in till den här krogen där alla satt och väntade och gick rakt fram till den som ringt mig. Inför alla de andra slängde jag kassen rakt på honom och skrek "ni kan knulla er allihop!" Sen gick jag.

Lite efter klockan nio en torsdagskväll i november 2006 piper det i en av våra mobiltelefoner. Ett textmeddelande har mottagits. Avsändare är Clark, Bandidos Sverigeledare. En av de personer som vi intervjuat har hört av sig till honom och berättat om vårt arbete med den här boken.

Clark vill nu veta varför vi är intresserade av Bandidos. Vi ringer tillbaka och Clark svarar med ett kort "hallå". Tonen är lågmäld och trevlig. Han säger att han är lite trött på att det hela tiden är "polisens version" av mc-gängen som lyfts fram. Till exempel tycker han att det borde komma fram att många inom Bandidos inte dömts för brott lika ofta, sedan de antagits som fullvärdiga medlemmar. Vi kontrar med att fråga om detta inte beror på att de då kan utnyttja organisationens underhuggare i stället men det håller Clark inte med om.

– Jag har faktiskt funderat på om vi inte borde ha en annan mediapolicy, det finns mycket saker som kan behöva redas ut, säger Clark och antyder att han kan tänka sig att ställa upp på en intervju.

Vi kommer överens om att höras igen och avslutar samtalet. Någon månad senare ringer vi upp och undrar om det går bra att ställa ett antal frågor över telefon. Clark svarar att han helst ser att vi träffas och föreslår ett möte i Stockholm någon vecka senare. I väntan på detta skickar vi ett trettiotal frågor med e-post. När tiden för intervjun är inne har Clark inte hörts av. Vi kontaktar honom igen och frågar om han fortfarande är intresserad.

– Jag ringer när jag har tid, säger han.

Därefter hör vi inte mer från Clark. Våra frågor om hur han ser på Bandidos utveckling och brottslighet är alltjämt obesvarade.

Masoud Garakoei kommer gående över gatan semesterklädd i gympaskor, jeans och en svartvitrandig pikétröja. Framme vid ytterdörren trycker han ned ena handen i byxfickan och halar upp en nyckelknippa. På en skylt ovanför honom står det "Persisk Restaurang Khan Salar". Han larmar av lokalen, öppnar dörren och visar oss in. En smal trappa klädd med spräcklig heltäckningsmatta viker av i en högersväng.

– Det var här jag lämnade ifrån mig pengarna till Bandidos, berättar han på vägen upp.

Fyrtiotreårige Masoud Garakoei är den iranske krögaren på Hisingen i Göteborg som blev rikskänd efter att ha tagit strid mot Bandidos. I början av 2005 framträdde han i tidningar och teve och berättade att han polisanmält mc-gänget för utpressning och uppmanade andra drabbade att göra samma sak. Många beundrade Masouds mod. Masoud svarade att om alla vågar stå upp mot de kriminella förlorar de sin makt. Dessutom, förklarade han, hade han full uppbackning från Göteborgspolisen.

– Att jag gick ut i pressen var för att polisen tyckte att jag skulle göra det. Om jag blev känd skulle Bandidos inte våga göra nåt mer, då skulle det bli lugnt, sa dom. Andra som blivit pressade skulle också titta på mig och våga anmäla, berättar Masoud och tänder upp det som är Khan Salars hjärta, en cirka hundra kvadratmeter stor matsal med ett femtontal mörka ekbord, dekorerade med grön-gula dukar och vita plastblommor.

Idag, sommaren 2006, är det annorlunda. Nu ångrar Masoud att han gick till polisen.

Allt började hösten 2003 då två män dök upp på Khan Salar. Männen var iranier precis som Masoud. Varje gång hade de kallat till sig Masoud och pratat om samma sak.

– De sa att det fanns en maffia som höll på att ta över alla krogar i Göteborg och om man inte ville förlora sin restaurang var man tvungen att betala. De sa att maffian hade tagit en kille och slagit ihjäl honom för att han inte betalat. Jag sa att jag inte var orolig eftersom jag bara hade en lunchrestaurang med liten omsättning. Då sa dom att det inte spelade någon roll, maffian visste att jag tjänade bra med pengar. Men hände det något skulle jag inte behöva vara rädd, bara jag gick till dom, berättar Masoud.

Masoud och hans hustru Shahnaz hade då drivit Khan Salar i två år. Verksamheten gick bra och fler och fler hade fått smak för deras iranska specialiteter. Masoud hade fullt upp och tänkte inte mer på männen. Men en dag i november 2003, när Masoud var på väg in i restaurangen, hörde han en okänd röst ropa hans namn.

– Jag vände mig om och såg två killar som jag inte kände. De sa "Det tar bara fem sekunder" och vinkade ut mig på gatan, berättar Masoud.

Ute på trottoaren sa männen "Vi är från Bandidos" och knäppte upp sina jackor. Därunder hade de skinnvästar med märken som Masoud aldrig sett.

– De sa att ryska maffian var på väg från Stockholm för att ta över alla restauranger. Därför skulle de ge mig skydd. De sa "Vi kommer att kontakta dig" och så gick de. Jag fattade ingenting, berättar Masoud, som ringde en landsman och frågade vilka Bandidos var.

– Han svarade att de var kriminella och att de slår folk. Men han sa också att Bandidos chef i Göteborg är från Iran och att han kunde ringa och säga att jag inte behövde något skydd, berättar Masoud.

Vännen ringde upp Bandidos president, den då tjugonioårige Mehdi Seyyed. Samtalet gav inget. Seyyed sa att han inte visste vad den andre snackade om och lade på. Bara några timmar senare dök männen som först hade pratat om maffian upp på Khan Salar och var arga. Deras budskap: Masoud måste omedelbart komma överens med Bandidos – annars skulle han "läggas i en låda cement och slängas i havet".

– Han sa att jag skulle svimma om jag kom in i Bandidos lokal, där satt jättemycket folk och knäckte datakoder och lyssnade på polisradion. Gick jag till polisen skulle Bandidos få reda på det direkt och då skulle jag bli dödad, berättar Masoud.

Men det fanns en utväg, förklarade männen. Om Masoud köpte en present till Bandidos kunde de överlämna den och prata gänget till rätta. Det enda Bandidos ville ha var kokain, förklarade männen. Det skulle kosta 20 000 kronor.

– Jag förstod att det var nåt slags spel, att iranierna samarbetade med Bandidos. Men jag tänkte ändå att "ok, löser det mina problem så kan jag göra det". Så jag tog tjugo tusen ur kassan och gav till dom. Det var mitt första fel, säger Masoud.

Någon dag senare kom männen tillbaka. Bandidos var inte längre arga på Masoud, berättade de. För något ögonblick kände han lättnad. Sedan förstod Masoud att han bara gått ur askan in i elden. Det männen nu sa fick det att svartna för hans ögon: "Du ska betala hundratjugotusen kronor till Bandidos för skydd. Annars kommer saker att hända med dig och

din familj. De vill ha pengarna i morgon klockan fem." Masoud tänkte
på sin fru, sin tioåriga son och sin fyraåriga dotter. Han såg Bandidos
högkvarter för sitt inre. Han kände sig maktlös. De hade slagit klorna i
honom. Till sist sa Masoud att han visserligen hade pengar, men att de
fanns på banken och att det skulle ta tid att få fram dem eftersom det var
helg. Iranierna lyssnade inte. "Blir du försenad tar de inte emot pengarna,
utan då slår dom dig. Och ringer du polisen, då hamnar du i havet", sa
de och gick. Masoud orkade inte vara kvar ute bland restauranggästerna
utan gick in i köket och försökte tänka.

– Jag visste att de visste att jag hade pengar hemma, det har alla in-
vandrare som har företag. Det är det som är problemet, då blir vi mycket
lättare att pressa, säger Masoud.

På kvällen när han kommit hem till familjens radhus öppnade Masoud
sitt kassaskåp och räknade buntarna med kontanter. Där fanns drygt
100 000 kronor. Han låste skåpet igen. Tänkte och våndades. Gick och
lade sig men sov knappt någonting.

Nästa dag tog han ut sedlarna och lade ner dem i två avfallspåsar. Se-
dan åkte han in till jobbet med pengapåsarna innanför skinnjackan. Inne
på Khan Salars kontor räknade han fram det som fattades. Exakt klockan
fem stod två män från Bandidos och en av iranierna utanför restaurangen.
Masoud tog sedelbuntarna och gick ut. Iraniern sa åt honom att lämna
över pengarna till Bandidos-männen. Masoud lydde.

– Bandidos-killarna sa att jag gjort en bra grej och att jag nu var deras
bror. Om jag fick problem skulle jag gå till dom, ville jag ha någon sla-
gen skulle dom fixa det. Dom gav mig sina telefonnummer och sa att jag
skulle ringa om det var något, berättar Masoud.

Han ringde aldrig. Efter den här dagen ville han slippa all kontakt med
männen. Han jobbade på som vanligt och försökte glömma, sa ingenting
till någon utomstående. Utåt sett gick det fortsatt bra, gästerna fortsatte
komma och nya pengar rullade in. Men hela tiden grämde det Masoud
att han tvingats ge bort en del av vinsten till kriminella. Att glömma blev
också svårare än vad Masoud först hade trott. Såväl iranierna som flera
Bandidos-medlemmar, däribland Mehdi Seyyed, dök då och då upp som
matgäster. Visserligen var de vänliga och gav bra med dricks. Men flera
gånger visade de upp tjocka sedelbuntar och log, som en påminnelse.

Den iranske medborgaren Mehdi Seyyed bestämde sig i början av 2000-talet för att satsa på en karriär inom Bandidos. Fram till dess hade han varit en av många brottsaktiva ungdomar i Göteborgs norra förorter och dömts för bland annat olaga frihetsberövande, vapenbrott och misshandel.

Masoud hade sett betalningen till Bandidos som en engångssumma. Det hade inte Bandidos. Ett år senare meddelade de att "försäkringen" löpt ut och behövde förnyas – för lika mycket pengar. Den här gången var Masoud och hans hustru överens om att det fick vara nog. De tänkte inte betala mer. Men hur skulle de komma undan? Masoud kände att han inte hade något att förlora. Han visste att Mehdi Seyyed brukade hålla till på en annan restaurang i närheten och bestämde sig för att gå dit. Mötet blev en besvikelse. Mehdi Seyyed lyssnade visserligen artigt, men sa sedan att det inte fanns något han kunde göra.

– Han förnekade att vi skulle ha något avtal, han sa att det här var de andra killarnas grej och att han bara hade procent på deras pengar, jag tror det var trettio procent. Ville jag diskutera fick jag prata med dom som jag hade betalat till, berättar Masoud.

Masoud gjorde som Mehdi Seyyed sa. Inte heller det gav något, mer än ett erbjudande om att dela upp betalningen på flera. När Masoud gjorde klart att han inte skulle komma att betala fick han höra att det skulle "bli problem". Kort därefter kom ett par unga killar med rakade skallar till restaurangen och hotade Masoud. Det var då Masoud kände att det bara fanns en utväg.

– Jag stod ute i köket när jag bestämde mig och ringde till polisen.

Polisen tog Masouds anmälan på stort allvar. Han fick komma till polisstationen och berätta allt för två polismän inför en videokamera. Familjen fick en kontaktman på Göteborgspolisens nyinrättade person-skyddsrotel, övervakningskameror sattes upp i familjens bostad och larm och en telefon med inspelningsfunktion installerades. Sedan började polisen i hemlighet att planera ett tillslag mot Bandidos.

På morgonen den 22 februari 2005 greps Mehdi Seyyed, två andra Bandidos-medlemmar och en av budbärarna. Inför tillslaget hade polisen flyttat Masoud och hans familj till en liten lägenhet inne i centrala Göteborg. Där fick de bo under hela den fortsatta utredningen och under den kommande rättegången i Göteborgs tingsrätt. Det blev en tuff tid för Masoud och hans fru. Ingen annan än åklagarna, poliserna och en advokat fanns vid deras sida.

– Våra vänner dök aldrig upp, de var väl rädda att de skulle drabbas själva. Bandidos-killarna hade däremot en massa folk på läktaren som satt och tittade på oss och skrattade. När presidenten kom in glodde han på mig med svart blick och skakade på sitt huvud, som om han inte kunde hjälpa vad som skulle hända mig. Men jag stirrade bara tillbaka för att visa att jag inte var rädd ... det var han som tittade bort först, minns Masoud.

Massmediebevakningen var massiv. Men det störde inte Masoud – tvärtom. Han ställde villigt upp på intervjuer i tidningar och tv.

– Det var ju det polisen sagt var så bra, att vi skulle bli så kända att Bandidos skulle tycka att det blev för jobbigt att ge sig på oss igen, säger Masoud.

I maj 2005 föll domen. Mehdi Seyyed fick fängelse i ett år och sex månader. Även om Seyyed inte personligen krävt Masoud på pengar ansåg rätten att det var osannolikt att någon annan skulle göra detta i Bandidos namn. De andra männen dömdes till fängelse i mellan åtta månader och två år. Ingen överklagade. Strax före domen flögs Masoud och hans familj till Kreta på semester på socialtjänstens bekostnad. Väl hemma igen fick familjen flytta tillbaka till sitt radhus. Egentligen hade polisen helst sett att hela familjen bytte identitet och flyttade till en ny hemlig adress. Men familjen ville fortsätta leva som vanligt.

Tiden gick och inget hände. Polisbevakningen drogs in. Masoud och hans fru öppnade Khan Salar igen och livet började återgå till det normala. Ändå var det inte riktigt som förr. Färre människor kom och åt. Det faktum att Masoud och hans fru vittnat mot landsmän hade splittrat den iranska kolonin. En del tog uttryckligen avstånd från dem, andra höll sig borta för att inte förknippas med makarna. Sjunkande inkomster gjorde att makarna fick allt svårare att betala hyra och löner. Hela hösten 2005 kämpade Masoud och hustrun i motvind.

– Egentligen ville vi bara sälja restaurangen. Fast de bud vi fick var så dåliga att det inte gick, berättar Masoud.

Samtidigt hade makarna Garakoei många vanliga göteborgares stöd och beundran. I slutet av hösten utsågs de till "Årets vardagshjältar" av Göteborgs minnesfond. Men när Masoud intervjuades av *Göteborgstidningen* med anledning av utmärkelsen kunde han inte hålla tillbaka känslorna. För första gången sa Masoud öppet att han ångrade att han gått till polisen. "Alla säger att jag är modig och stark. Jag har till och med fått pris som hjälte! Men jag är varken modig, stark eller hjälte. Jag är ett offer." Många läsare greps av Masouds uppgivenhet. En av dessa var en copywriter inom reklambranschen i Göteborg. Copywritern bestämde sig för att försöka hjälpa familjen. Under rubriken "Stoppa terrorn. Ät Masouds shizkebab" satte han ihop en annons som uppmanade alla att stödja Masoud och Khan Salar. *Göteborgstidningen* upplät gratis annonsplats, vilket gav makarna Garakoei en julklapp i förskott.

– Plötsligt kom det jättemycket folk och dagskassorna var enorma. Det var det bästa som kunde hända! Jag ville inte ha några gåvor eller bidrag, jag ville bara att folk skulle komma hit och äta som förr, säger Masoud och ler när han tänker tillbaka.

Lyckan varade i knappt två veckor. Sen kastades Masoud och hans familj tillbaka till helvetet. Tidigt på morgonen annandag jul 2005 hördes en kraftig smäll i familjens radhusområde.

– Jag vaknade och sprang fram till fönstret. Över taken såg jag rök stiga upp, sen small det igen. Jag tog på mig kläderna och sprang ut på gatan. På parkeringsplatsen såg jag vår bil brinna, berättar Masoud och vill visa oss platsen.

Vi går ut från Khan Salar, sätter oss i bilarna och kör norrut. Tio minuter senare är vi framme i Tuve. Bostadsområdet ger intryck av idyll.

– Här stod den, säger Masoud och pekar på en av rutorna på områdets gemensamma parkeringsplats, där svarta märken av sot och bränt gummi fortfarande syns på asfalten.

Dagen efter bilbranden kryllade det av poliser i kvarteret. Tekniker finkammade området och familjen fick bevakning i hemmet. I fyra dagar försökte de leva som vanligt och hålla restaurangen öppen. Men dagen före nyårsafton sa polisen att det var för riskabelt, de måste stänga.

– Vi hade fått en ny kontaktman på polisen som körde en mycket tuffare stil. Han sa: "Glöm restaurangen, du kan inte fortsätta." När jag frågade vad jag skulle göra med alla räkningar och skulder sa han bara att det skulle lösa sig, jag behövde inte oroa mig, någon skulle betala. Så jag gjorde som han sa och stängde, berättar Masoud.

Bilbranden visade att strategin att gå ut i offentlighet hade misslyckats. Bandidos hade uppenbarligen inte blivit avskräckta, tvärtom. Flera tidningar ägnade stort utrymme åt saken. *Göteborgspostens* ledarredaktion skrev att rättsväsendet borde göra mycket mer för att skydda enskilda. Och *Expressen* lät Masoud själv komma till tals på tidningens debattsida. Masoud passade på att tacka för allt stöd han fått från människor i hela landet – men förklarade också att brandattentatet fått honom och hans fru att ge upp. Nu tänkte de sälja restaurangen och flytta till hemlig ort. "Jag har gjort vad jag kunnat för att rättsstaten ska segra. Jag trodde länge att Sverige var ett land där rättvisan inte vek ner sig för skumrasket. Men jag hade fel. Och mina ansträngningar har varit förgäves", skrev Masoud och kritiserade den svenska regeringen för att vara för flat mot kriminella.

Dagen därpå svarade justitieminister Thomas Bodström i tidningen att regeringen inte alls var flat, tvärtom. Buggning, infiltration och lagring av teledata var verktyg som polisen behövde och skulle få, lovade Bodström. Att regeringen fått upp ögonen för fallet väckte hopp hos Masoud och hans fru. Kanske kunde Thomas Bodström ordna så att de fick sina förluster täckta? Makarna hade vid det här laget gjort slut på sina besparingar och tvingats låna över en halv miljon kronor till löner och hyror. Masoud letade upp telefonnumret till Regeringskansliet, lyfte luren och hamnade hos en av justitieministerns tjänstemän. Masoud sa vem han var och förklarade att han ville träffa Bodström. Det kunde nog bli svårt, förklarade tjänstemannen, men Masoud kunde ju alltid lämna ett meddelande. Flera dagar gick utan att något hände. Då ringde Masoud tillbaka och sa att om Bodström inte ville prata med honom tänkte han gå ut i media och berätta att han fått nobben. Nu blev det fart på Bodströms kansli. På kort tid ordnades ett möte på ett hotell i Göteborg. Mötet skedde den 20 januari år 2006.

– Det var jag, min fru, vår familjeterapeut, en polis, Bodström och Bodströms sekreterare, berättar Masoud.

Hans och hustruns förväntningar var höga. Enligt Masoud hade de poliser han pratat med sagt att om man får träffa Bodström så kan allt hända. Det var så fel det kunde bli.

– Bodström sa med en gång att han inte kunde göra nånting, han fick inte gå in i enskilda fall, det fick socialen och polisen göra. Min fru blev arg och frågade vad det då var för mening med att vi pratade. "Jo, jag ska lyssna på er för att kanske ändra lagen", sa Bodström.

Innan mötet var slut riktade justitieminister Thomas Bodström oväntat en vädjan till Masoud och hans fru. Bodström ville, enligt Masoud, inte att de skulle fortsätta att kritisera regeringen offentligt.

– Jag minns det exakt, han sa "Om ni är tysta och säger ingenting till tv och tidningar så löser det sig. Men om ni går ut i media för mycket tar media den här diskussionen emot mig eftersom de inte gillar mig. Så om ni vill att det ska gå bra ska ni inte prata med media."

Hur saker och ting skulle ordna sig om de höll tyst fick Masoud aldrig veta. Men på något sätt litade han på att justitieministerns ord betydde att samhället skulle finnas där. Efter bilbranden tyckte även Göteborgspolisen att det var bäst att Masoud höll låg profil. Kunde familjen möjligtvis tänka sig att flytta från landet? undrade den nya kontaktmannen. De hade ju varit så driftiga när de kommit hit till Sverige som flyktingar, så de skulle säkert ha lätt att bygga upp något nytt utomlands, menade polismannen.

– Han ville att vi skulle sälja restaurangen, huset, allt och försvinna utomlands under nya namn. Vi tänkte på det där ett tag men sen kände vi: varför skulle vi byta identitet och fly? Det borde ju vara de som gjort brottet som skulle försvinna! Så jag sa nej, vi stannar, berättar Masoud.

Beskedet gillades inte av den nye kontaktmannen. Han sa det visserligen aldrig rent ut, men följden av Masouds beslut blev att familjen efter ett tag lämnades åt sitt öde. De bodde kvar i samma hus, sonen gick kvar i skolan och dottern på lekis. Masoud och hans hustru själva gick hemma, utan inkomster. Masoud mådde allt sämre. Han insåg att familjens säkerhet var upp till honom själv. Så skulle han försöka skaffa ett skjutvapen som skydd? Han hade vapenträning från motståndsrörelsen i Iran.

– När jag var som mest deprimerad tänkte jag bara i de här banorna. Lyckligtvis fick min fru mig att inse att det var fel. Hon sa: "Titta på dina barn, vad ska hända med dem då?" Då började jag gråta, säger Masoud.

Under våren 2006 stod det mer och mer klart att attentatet mot familjens bil varit Bandidos verk. Polisens kartläggning av telefontrafiken visade att tre personer befunnit sig i närheten av platsen. Samtliga tillhörde X-team i Göteborg och en av männen var dessutom son till en av de Bandidos-medlemmar som tidigare dömts för att ha försökt pressa Masoud.

I april 2006 åtalades X-team-medlemmarna för grovt övergrepp i rättssak. Än en gång ställdes Masoud öga mot öga med Bandidos i rättssalen. Men den här gången tyckte han mest synd om sina plågoandar. Åtminstone en av dem, en tjugoettåring med indisk bakgrund.

– Man såg så tydligt varför han hamnat där, han var en svag kille som varit dålig i skolan och börjat med droger och sånt. Det var typiskt att han blivit upplockad i en sån här organisation, Bandidos och andra gäng jagar killar som inte har någonting. Alla har spottat på dem sen de var små, och sen kommer de här kriminella ledarna och säger att dom är jättebra. Det är inte konstigt att de väljer det livet, menar Masoud.

Just den här killen var den ende som fälldes av tingsrätten. De båda andra friades i brist på bevis. Åklagaren överklagade till hovrätten, men domen stod fast. Under hela rättsprocessen hade Khan Salar hållit stängt. Följden blev att räkningar samlades på hög och Masoud Garakoei och hans restaurang hamnade i kronofogdens register.

När vi ses i juli 2006 har Masoud och hans fru fattat beslut om att jobba utan lön i tre månader. Därefter måste de bestämma om de ska lägga ner restaurangen eller inte. Polismannen som lovade att det skulle ordna sig har makarna Garakoei inte hört av mer. Efter att polismannen sagt till Masoud att han måste ha missförstått det där med att samhället skulle täcka förlusterna såg Masoud ingen anledning att behålla kontakten. Han och hustrun har bestämt sig för att klara sig på egen hand. Men bitterheten mot både Bandidos och dem som har ingett falska förhoppningar är stor.

– Vårt företag gick bra och vi hade pengar. Nu är vi panka och står utan skydd. De skyldiga är tillbaka ute i samhället och när som helst kan de komma tillbaka. Det känns inte bra, det känns inte bra, säger Masoud och kisar ut genom fönstren.

Under de kommande tre månaderna kämpar makarna Garakoei på och gästerna börjar så sakta att återvända. I oktober 2006 får de en oväntad present. Flera församlingar inom Svenska Kyrkan i Göteborg har samlat in kollekt för att stödja paret, totalt 70 763 kronor. I lilla Brämaregårdens församling, som skänkt drygt 15 000 kronor, har kollekten aldrig tidigare varit så stor. Gåvan kombinerat med gästernas stöd gör att Masoud Garakoei och hans fru lyckas hålla näsan ovanför vattenytan under resten av året. I december ombildar de sitt bolag till ett aktiebolag och hoppas på en nystart.

Innan året är slut får de ta emot en ny utmärkelse. Tidningen *Fokus* ringer och berättar att deras jury utsett makarna Garakoei till årets svenskar. Några dagar före julafton bjuds de till Kulturhuset i Stockholm för att ta emot priset. Motiveringen lyder: "Masoud och Shahnaz Garakoei har agerat med exceptionellt civilkurage i en livsfarlig situation. De har med risk för egen säkerhet stått upp för grundläggande demokratiska värden, och för lag och rätt. Deras agerande kännetecknas av stort mod och hög integritet, och är en inspirerande förebild för andra."

Två veckor senare ringer vi Masoud och kan konstatera att den gångna julledigheten varit den första på flera år då inget obehagligt inträffat. Glädjande är också att Masoud och hans fru, som numera sköter Khan Salar själva, den sista tiden har fått laga mat till fler och fler människor.

– Vi är på benen och kan betala räkningarna, ja till och med kan vi kanske ta tillbaka någon av våra anställda igen. Det är jättekul, säger Masoud på telefon medan han slamrar med grytor och köksredskap.

Vi pratar vidare och kommer in på det faktum att Masoud nu är en symbol för människor i hela landet, någonting han själv aldrig bett om. Hur tar han det?

– Jag tänker vara en bra symbol. Då måste restaurangen vara öppen.

Men en morgon några veckor senare, i början av 2007, möts Masoud av krossade fönsterrutor när han kommer till jobbet. Ungefär samtidigt ringer någon på hans mobil och framför ett hot. Återigen kommer obehaget krypande. Och den här gången känner Masoud att han inte orkar mer. Han och familjen har kämpat klart. Nu får det vara slut. För sista gången släcker Masoud ner sin restaurang, går nerför trappan och ut på gatan. Låser ytterdörren och går bort till bilen. Kapitlet Khan Salar är slut.

– Det var för barnens skull. Jag bestämde mig för att jag hade gjort mitt och att polisen fick ta över, säger Masoud vid vårt sista telefonsamtal.

Det hörs på hans röst att han tycker det är skönt att få vila ut. Den bitterhet som tidigare var så påtaglig verkar också vara borta.

– Jag är glad och mår bra för jag känner att samhället ändå har vunnit. Bandidos gömmer sig och vågar inte längre vara ute på stan. Polisen har börjat jaga Bandidos överallt, jag är inte arg på polisen längre. Vad som händer i framtiden får vi se. Kanske bor vi kvar i Göteborg, kanske flyttar vi. Men restaurangen ska i alla fall säljas, avslutar Masoud.

Bandidos-ledaren Mehdi Seyyed och krögaren Masoud Garakoei har slående lika bakgrund och erfarenheter. Båda är födda och uppvuxna i Irans huvudstad Teheran, båda flydde hemlandet av politiska skäl i slutet av 1980-talet, båda kom till Göteborg och båda började jobba inom restaurangbranschen. Men likheterna vägde uppenbarligen inte lika tungt för Mehdi Seyyed som lojaliteten till Bandidos. Enligt fängelsedomen var han beredd att stjälpa en landsman för att försvara mc-klubbens färger.

Just Bandidos är också den kriminella gruppering i Sverige som kanske tydligast suddat ut betydelsen av etnicitet, religion, ideologi etcetera. Medhi Seyyeds lojala underhuggare är en brokig samling av svenska nynazister, latinamerikaner, östeuropéer och personer från mellanöstern.

– Den första som dök upp i Bandidos-kläder här i Göteborg var en nazist som dömts för mord. Han fick med sig ett gäng andra högerextrema killar, som hade lämnat grupperingen Brödraskapet Wolfpack. Så småningom började det också dyka upp fler och fler killar med invandrarbakgrund. Det var inte utan att man funderade på hur de fungerade ihop, berättar kriminalinspektör Sven Lindgren, som följt Bandidos utveckling i Västsverige.

Det högerextrema inslaget bland Göteborgs Bandidos-sympatisörer var starkast under 2001 och 2002, då grupperingen fortfarande bara hade status som X-team. När Medhi Seyyed därefter tog grepp om gänget och värvade medlemmar ur sitt eget kriminella nätverk försvann flera nazister. Men några stannade kvar. Även inom andra Bandidos-avdelningar finns personer med tidigare nazistsympatier, däribland Bandidos Sverigeledare Clark.

Fotografier som polisen tagit i beslag visar honom bland annat poserande framför en hakkorsflagga. I Bandidos i Säffle utgörs ryggraden av en grupp våldsbrottslingar som tidigare ingick i Vitt ariskt motstånd, VAM. Den som var drivande under Säffleavdelningens uppbyggnadsskede var Patrick Huisman, också han med ett förflutet i VAM men även Brödraskapet Wolfpack. När Bandidos i Säffle var självgående fortsatte Huisman vidare till sina hemtrakter i Dalarna och byggde upp ännu en Bandidos-avdelning. Inga tecken finns på att Patrick Huisman och de andra ex-nazisterna skulle ha svårt att komma överens med den numera invandrardominerade Bandidos-avdelningen i Göteborg.

– Tvärtom. När de kommer på besök är det en enda stor förbrödring och alla omfamnar varandra med hälsningsfrasen "love, loyalty and respect", berättar kriminalinspektör Sven Lindgren.

En mörkhyad kille, som under flera år ingick i kretsen kring en av de svenska Bandidos-avdelningarna, säger så här om hur det kändes att tussas ihop med personer han tidigare i livet skulle ha hatat:

– Visst kändes det lite konstigt att börja umgås med nån som hade hakkorset intatuerat på kroppen. De första gångerna blev det ju också att man testade varandra lite. Men ganska snabbt försvann det. Det var västen som gällde, och allt handlade om att visa att man var värd den.

Samma källa hävdar att det är en medveten strategi från Bandidos sida att rekrytera nya medlemmar ur en så bred grupp som möjligt.

– Där är Bandidos smartare än Hells Angels. De inser att de unga invandrarna är framtiden och att det inte håller i längden att bara plocka in en massa gamla bikers som snart är gubbar, menar han.

Attityden bekräftas av det faktum att nästan ingen av dem som rekryterats till svenska Bandidos på senare år har haft någon tidigare mc-erfarenhet. Presidenten för Bandidos i Göteborg, Mehdi Seyyed, är en av många som tagit körlektioner och fått motorcykelkort först när han redan stått med ena benet i organisationen. Ett ständigt problem för de svenska avdelningarna är hur man ska få fram tillräckligt många Harley-Davidson-motorcyklar vid mc-träffar och korteger. Ett annat bekymmer är att upprepade trafikbrott och regelöverträdelser gjort att många medlemmar fått sina mc-kort indragna. Chansen att få se ett gäng svenska Bandidos-medlemmar åka sida vid sida på Harley-Davidson-motorcyklar utan att ha något särskilt för sig är därför liten.

Om motorcykeln inte längre är vägen till medlemskap i Bandidos, utan snarare en pliktskyldig imageattiralj, vad är det då som utgör kittet mellan de nya medlemmarna? Den som frågar Bandidos-medlemmarna själva kan vänta sig tillrättalagda svar. Så här sa till exempel Patrick Huisman i juni 2007, när Stockholms tingsrätt bad honom förklara innebörden av Bandidos-medlemskapet i samband med att Huisman åtalats för grov utpressning och misshandel. "Det är som vilken förening som helst, som om man spelar hockey eller bandy. Men med motorcykeln i centrum". Mer talande är då antagligen texten på ett av Bandidos egna klistermärken: "If you can't be well liked – be well hated. Support your local Bandidos." En annan talande slogan som numera används inom den svenska Bandidos-sfären är "search and destroy." Ur detta perspektiv förefaller skillnaden mellan Bandidos-medlemmarna och de mest aggressiva fotbollssupportrarna att vara liten. Även en längtan efter action kan ofta skönjas. Som exempelvis hos en medlem i X-team, som av Falu tingsrätt 2005 tillfrågades varför han gått med i grupperingen. "För att vi har kul tillsammans", svarade mannen, som vid tillfället satt häktad för mord ihop med vänner inom Bandidos och X-team.

Lördagskvällen den 27 mars 2004 var det drag på Faluns nöjesställen. Löner och bidrag hade betalats ut under den gångna veckan och gjort stans unga extra festsugna. Ute i vimlet syntes ett gäng killar som den senaste tiden hade jobbat hårt på att bli medlemmar i Bandidos. Två av dem hade blivit provmedlemmar i Bandidos avdelning i Säffle: Petter, en straffad trettiosexårig lastbilschaufför som varit sjukskriven i ett halvår på grund av psykiska besvär och Pontus, en tjugosjuårig sjukpensionär, dömd flera gånger för våldsbrott och periodvis vårdad för aggressions- och missbruksproblem.

De tre andra killarna i gänget – tjugoåttaårige Linus, tjugotvåårige Michael och artonårige Niklas – var fortfarande underhuggare i Bandidos supportergrupp X-team. Precis som Petter och Pontus saknade de jobb och kunde ägna mycket tid åt "Teamet", som de kallade sig. Linus var sjuk-pensionerad efter en hjärnskada han fått som följd av misshandel, Michael hade varit en lovande hockeytalang men gick nu arbetslös och Niklas hade misskött sina praktikplatser och fått socialbidraget indraget. Linus var den som åkt fast för brott flest gånger. Redan som artonåring avtjänade han sitt första fängelsestraff, för rån. Sedan hade det rullat på med misshandel och narkotikabrott. Michael hade fällts för stöld medan Niklas enda prickar i belastningsregistret var olovlig körning och trafikbrott.

Gängets lördagskväll började med öl och whisky på en lägenhetsfest. Därefter drog de vidare till ett lokalt mc-gäng. Där hamnade Linus i bråk, men de andra lyckades kyla ner situationen. Linus skulle senare säga att han varit psykiskt sliten och "inte riktigt med i matchen" efter två må-naders dagligt supande i kombination med psykofarmaka. Vid midnatt bar det iväg inåt Faluns centrum igen. Tiden gick fort och när ställena stängde klockan två på natten ville gänget fortsätta festa. De bestämde sig för att åka ut till sin nyinredda klubblokal i Hosjö öster om stan. Efter en sväng förbi macken för bunkring av folköl, snus och cigaretter kom de fram till den låga industribyggnaden och låste upp, tände och satte på musik. Det hade varit mycket slit för att få i ordning lokalen. Men nu var de nästan färdiga med bardisken och den övriga inredningen som bestod av ett lågt träbord med tillhörande fåtöljer, ett black jack-bord, två spel-maskiner och två flipperspel.

Ryktet om efterfest spreds snabbt. Taxibil efter taxibil svängde upp framför klubblokalen när natten övergick i morgon. Ett gäng tjejkompi-sar till X-team-killarna satte fart på festen. Lite senare, vid sextiden på morgonen, dök fyra killar oväntat upp. En av dem var Joe, en tjugoåttaårig thailändare som tränade kickboxning och var känd som en av Faluns värsta "fighters", straffad för våldsbrott och mån om sitt farliga rykte. På senare tid hade Joe blivit ett allt större irritationsmoment för X-team-killarna. Vid olika tillfällen när de själva och deras kompisar hamnat i bråk med folk, hade Joe ställt sig på motståndarnas sida för att provocera. Vid ett sådant tillfälle hade X-team samlat ihop ett gäng för att "märka" Joe i hans lägenhet. Gänget hade skjutit in genom hans ytterdörr, men Joe hade besvarat elden och träffat en av angriparna i ryggen. Efter händelsen hade Joe lämnat Falun och flyttat till Västerås. Att han nu var tillbaka i stan berodde på att det kommande måndag skulle vara rättegång i Falu tingsrätt mot Joe och en av killarna som skjutit.

När Joe och tre vänner till honom nu klev in genom dörren till X-team-lokalen låg det spänning i luften direkt. Vad ville Joe? Några av X-team-killarna hade visserligen sagt åt honom att "komma ut till klubben", för att testa honom. Men ingen hade trott att han skulle komma. Joe och hans vänner var ordentligt fulla men ville ändå dricka mer. X-team-killarna gick till baren och gav dem varsin öl.

Exakt vad som hände sedan blev aldrig utrett. Men allt pekar på att ett bråk uppstått om vem som skulle få sälja narkotika i Dalarna. Joe ska, enligt vittnen, ha blivit aggressiv och förklarat att han inte tänkte ta order. Ett kort slagsmål uppstod mellan X-team-killarna på den ena sidan och Joe och hans kompisar på den andra. När de förstnämnda beväpnade sig med yxor och andra tillhyggen gav Joes vänner sig av. Men Joe, som var kvar inne i lokalen, gick till motangrepp. Det sista vännerna såg av honom var att han träffades av flera slag. Några minuter senare skulle Joe ligga mördad på golvet i lokalen.

För att röja undan Joes kropp backade X-team-killarna, enligt åklagarens senare misstankar, upp Petters bil till lokalen och använde denna som liktransport. Efter en snabb städning av golvet gav sig alla av. Alla utom Niklas, som somnat tungt på en soffa och först på eftermiddagen hämtades av två äldre Bandidos-medlemmar som kommit dit: Patrick Huisman och Tony Bjurell. Vid det laget hade polisens ledningscentral fått flera samtal från Joes övervakare, en falubo i sextioårsåldern. Övervakaren hade i sin tur blivit uppringd av Joes vänner, som befarade det värsta. Övervakaren hade blivit mer och mer frustrerad och påstridig för varje samtal. "Joe kan ju ligga död därute och ni gör ändå ingenting", hade han sagt i luren. Till slut upprättade poliserna på ledningscentralen en anmälan om misshandel med stöd av övervakarens uppgifter. Men något beslut att gå in i X-team-lokalen togs inte. I stället skickades ett par patruller ut för att bevaka byggnaden på håll. Först efter flera timmar, vid 19-tiden, inledde polisen husrannsakan.

En uniformerad styrka letade nyfiket igenom X-team-lokalen; det var första gången polisen var därinne. Ansvarigt befäl konstaterade att "inga tecken på misshandel/blodspår" kunnat hittas. Däremot beslagtog polisen en del sprit som misstänktes vara hembränd. Någon teknisk undersökning påbörjades inte och först efter nästan tre timmar spärrades lokalen av. På måndagsmorgonen drog polisen ärendet för vice chefsåklagare Catharina Wikner. Hon behövde inte lång tid för att göra en ny bedömning.

– I mina ögon var det ganska klart att människorov eller i värsta fall mord kunde ha skett. Men det var ett problem att det tagit så lång tid för polisen att agera, bevis kunde ju ha undanröjts. Varför lokalen inte spärrades av direkt fattade jag inte, risken var ju stor att spår förstörts när polismännen klampat omkring i lokalen, säger Wikner idag.

Eftersom viktig tid redan hade gått förlorad kom åklagaren fram till att det var taktiskt rätt att fortsätta avvakta med gripanden och i stället försöka samla så mycket bevis som möjligt. Hennes första drag blev att ansöka om telefonavlyssning hos Falu tingsrätt, som tidigare under dagen tvingats ställa in rättegången där Joe skulle ha varit målsägande. Domstolen beviljade åklagarens begäran.

– Min förhoppning var att de misstänkta skulle röja sig själva genom att prata om mordet på sina mobiler, berättar åklagaren, som också beslutade om en grundlig brottsplatsundersökning i X-team-lokalen.

Polisteknikerna sökte av golv, väggar och inredning och mängder av föremål beslagtogs. Efter tre dagar kom beskedet: blod som med största sannolikhet tillhörde Joe hade säkrats på flera platser. Bland annat på två yxor och en vägg, som X-team-killarna i all hast hade försökt måla över. Även ett annat fynd intresserade teknikerna. Under en madrass låg brandrester, däribland en smält Nokiatelefon av samma modell som polisen visste att Joe hade ägt. Någon dag senare hittades Petters bil övergiven i Göteborg. Bilen, som inte var anmäld stulen, var delvis utbrunnen och inne i kupén hittades SIM-kortet till Petters mobiltelefon. Nu var utredarna så gott som säkra: Joe hade blivit mördad i lokalen och sedan dumpad någonstans. Den tekniska undersökningen av bilen blev dock en besvikelse. Inga DNA-spår från Joe hittades.

Genom tidningarna visste de misstänkta att en mordutredning pågick. Poliserna som avlyssnade deras telefoner konstaterade att killarna var försiktiga; ingen sa någonting om händelsen i klubblokalen och flera bytte ut sina gamla mobiler mot nya som polisen inte lyckades spåra. Efter två veckor vågade åklagare Catharina Wikner inte vänta längre. Niklas och Michael, som var yngst och relativt ostraffade, greps först och dagarna därpå Petter, Linus och Pontus. Förhörsledarna hade hoppats att någon av dem skulle bryta ihop. Men samtliga nekade sig genom förhören. Och hur kunde polis och åklagare vara så säkra på att ett mord verkligen hade begåtts, det fanns ju ingen död kropp? undrade deras försvarare vid häktningsförhandlingarna.

– Även om det fanns en mängd indicier saknade vi de avgörande pusselbitarna. Det var frustrerande, minns åklagare Catharina Wikner.

Det dröjde två månader innan det så sakta började lossna för mordutredarna. De hade fått en allt starkare känsla av att en ung kvinna i tjugoårsåldern som varit med på efterfesten visste mer än vad hon vågat berätta. En eftermiddag åkte flera polispatruller hem till kvinnan med ett åklagarbeslut om hämtning till förhör. Kvinnan, som vi kan kalla Stina, kördes till polishuset medan mordutredarna sökte igenom hennes lägenhet. I en bokhylla i vardagsrummet hittade de ett anteckningsblock, som gav poliserna den bekräftelse de behövde.

Att Stina varit vittne till mordet framkom i flera anklagande brev till Linus som hon aldrig hade skickat. Det hon var upprörd över var egentligen inte mordet, utan att Linus i efterhand varit nonchalant mot henne. Bland annat hade hon skrivit "Självklart så skulle du ställa upp för Teamet och vara med i bråket men (jag) tycker ändå att om du nu tycker om mig (...) så hade jag gärna velat att du skulle bry dej lite om hur (jag) reagerade på allt, jag var ju faktiskt oxå där och såg allt. Det var ju inget som mina nerver och psyke klarar av att hantera särskilt bra." Förhörsledarna konfronterade Stina, men det tog lång tid att få henne att berätta.

– Hon medgav att hon varit vittne till mordet, men vågade inte peka ut någon, säger kriminalinspektör Leif Nykvist som ledde utredningen.

Stina kallades till nya förhör under hela sommaren men fortsatte att tiga. Till slut övervägde åklagare Catharina Wikner att delge henne misstanke om skyddande av brottsling. Det behövdes inte. I början av september 2004 öppnade hon sig plötsligt. Hon berättade om slagen och sparkarna, om vem som gjort vad, om hur Joes kropp skakat i spasmer och om hur hon hört honom rossla till innan han försvann in i medvetslöshet. Det sista Stina sett på väg ut från lokalen var en växande blodpöl under hans skalle. "De behandlade honom som en skadeinsekt", sa hon och hävdade att Linus och de andra jublat när allt var över. "Nu har vi gjort det, nu är han död!" hade de hånskrattat och slagit ihop sina handflator i "high five"-tecken. Linus ansiktsuttryck hade etsat sig fast i Stinas minne. "Han var rå som på en skräckfilm", mindes hon.

Nu berättade hon också varför hon hade tigit så länge. Stina var helt enkelt livrädd för de äldre killarna i X-team/Bandidos. Flera av dem, däribland Patrick Huisman och Tony Bjurell, hade flera gånger dykt upp både hemma hos henne och i klädbutiken där hon jobbade och sagt att det var bäst för henne att hon höll tyst.

När förhöret med Stina var över gick allting snabbt. Polisutredarna vände sig till den lokala polisledningen och förklarade att de inte vågade ha kvar sitt nyckelvittne i Falun. Beslut om en omfattande skyddsinsats fattades och Stina fick några timmar på sig att packa ihop vad hon behövde. Sedan hämtades hon av personal från personskyddsroteln vid Stockholmspolisen och kördes till en annan stad. Polisen informerade Catharina Wikner om de påtryckningar som Stina hade utsatts för. Wikner beslutade att anhålla Huisman, Bjurell och en tredje person misstänkta för övergrepp i rättssak. Nu kände Leif Nykvist och de andra mordutredarna i fallet att de var så gott som i hamn.

Vad de vid det laget inte visste var att de misstänkta hade en plan. Niklas, som vid mordet bara hade varit arton år och därmed kunde räkna med en rejäl straffrabatt, hade kommit överens med de andra att ta på sig hela skulden. Trots att de häktade hade restriktioner och inte tilläts ha kontakt med omvärlden lyckades de kommunicera på olika sätt, bland annat genom att skicka lappar till varandra via häktets låneböcker.

I slutet av januari 2005 var tiden inne för rättegång. Av rädsla för fritagningsförsök och attentat hade Falu tingsrätt beslutat att flytta förhandlingen till Stockholms tingsrätts säkerhetssal. Innan Stina gick in i salen och fortsatte fram till vittnesbordet hade häktesvakterna fört ut Linus, Pontus, Niklas, Michael och Petter. Under stor vånda började hon berätta. Flera gånger föll hon i gråt och förhandlingen fick avbrytas. Men när vittnesmålet var över hade hon stått fast vid sitt utpekande.

Försvarsadvokaterna gjorde därefter sitt bästa för att skjuta åtalet i sank. Vad hade Bandidos överhuvudtaget med mordet att göra? undrade Petters försvarare, advokat Thomas Martinsson, när Wikner kallade en dansk polisman som vittne för att berätta om den hierarkiska beslutsordningen inom mc-gänget. Och hur trovärdig var egentligen Stina, hon hade ju också varit påverkad vid tillfället? sa någon annan.

En månad senare kom domen. Rätten konstaterade att Stina vittnat "med en framträdande psykisk styrka och med en påtaglig vilja att uppriktigt berätta". Niklas försök att skydda de andra genom att påstå att han ensam mördat Joe ansåg rätten skulle lämnas utan avseende. Niklas, Linus och Pontus fälldes för mord, Michael för medhjälp till mord och Petter för medhjälp till grov misshandel och brott mot griftefriden. Men ännu var pressen inte över för Stina. Både åklagaren och de dömda överklagade och tre månader senare hölls en ny rättegång, nu i Svea hovrätt. Under förhöret i hovrätten fick Stina frågan hur hennes liv hade förändrats. Hon svarade: "Det är som natt och dag. Jag har flyttat, jag har inga vänner. Jag är helt ensam. Nu försöker jag bygga upp det så att jag kan leva ett så normalt liv som möjligt." Också hovrätten tog starkt intryck av hennes vittnesmål – med ett undantag. Det kunde inte anses bevisat att Michael hade deltagit i mordet och han skulle därför frias helt, ansåg rätten. Övriga fälldes, men Pontus, Linus och Niklas fick sina domar mildrade från mord till medhjälp till mord. De båda förstnämnda dömdes till fängelse i åtta år medan Niklas klarade sig undan med fem år. Petter fick samma straff som i tingsrätten, fängelse i fyra år. Patrick Huisman, Tony Bjurell och den tredje man som misstänktes för att ha försökt tysta Stina blev aldrig åtalade. Efter några veckor i häktet släpptes de i brist på bevis. Staten betalade senare ut skadestånd till dem för tiden de suttit frihetsberövade.

Både poliser och kriminella väntade med viss spänning på hur Bandidos svenska ledare i Skåne skulle bedöma Falukillarnas agerande under rättegångarna. Uppenbarligen var de nöjda. Redan under tiden i häktet fick de misstänkta mängder av uppmuntrande brev och kort från Bandidos-medlemmar runtom i landet och övriga Europa. Och bara någon månad efter domen i hovrätten beslutade ledningen för Bandidos MC Europe att utse X-team Falun till Bandidos Prospect Chapter. Samtidigt nådde Bandidosavdelningen i Säffle fullvärdigt medlemskap i organisationen. Även för Catharina Wikner ledde mordrättegången till en förändring. Hon bestämde sig helt enkelt för att lägga av och i stället satsa på en advokatkarriär.

– Det hade varit en sådan press att leda den här utredningen. Vid ett tillfälle fick jag en sten inkastad i min villa och under lång tid hade vi larm och vakter som ronderade huset. När jag hade bett ledningen om att få förstärkning av någon kollega var det ingen i hela Dalarna som erbjöd sig att ställa upp, utan man fick vända sig till en åklagare i Karlstad. Jag nådde en punkt där jag kände att jag gjort mitt, säger Catharina Wikner.

En fråga har förblivit obesvarad även efter rättegångarna och plågar Joes anhöriga. Var gömdes kroppen? Trots att skogar, gruvschakt och ödehus har sökts igenom har liket fortfarande inte hittats. Mängder av tips har kommit in, bland annat påstod en uppgiftslämnare att kroppen skulle ha eldats upp i en brännugn på ett sågverk i Grangärde norr om Ludvika. Åtskilliga kubikmeter aska söktes igenom, men inga människorester hittades.

– Jag har bönat och bett de dömda och andra som skulle kunna veta. Men ingen säger något. Lojaliteten med gänget väger för tungt, suckar kriminalinspektör Leif Nykvist.

Ett kollektivt mord. En städningspatrull. Dumpning av offrets döda kropp. Överordnade som rycker ut för att tysta ett vittne. Misstänkta som lyckas kommunicera i häktet. En åklagare som känner olust och beslutar sig för att byta jobb. En organisation som belönar gärningsmännen för att de hållit tyst. Och en ensam polisman som förgäves vädjar till de inblandades moral. Många skulle kanske ha gissat på Sicilien, Latinamerika eller 1920-talets New York. Inte på Dalarna idag.

BRÖDRASKAPET OCH BRÖDRASKAPET
WOLFPACK – FÅNGARNAS HÄMND

"Vi är starka individer med stark lojalitetskänsla mot vår flock. Få till antalet, hatade, fruktade och beundrade. Ständigt jagade håller vi ihop och tar hand om varandra."

DANNY FITZPATRICK, BRÖDRASKAPETS GRUNDARE

I mitten av 1990-talet drabbade ett nytt fenomen Sverige: organiserade fängelsegäng. Dittills hade den största utmaningen för Kriminalvården varit att fångar då och då hade försökt göra uppror på enskilda anstalter eller att tillfälliga konstellationer satt sig i maktposition gentemot andra intagna. Den sortens problem hade fängelsecheferna haft rutin på att lösa; ofta räckte det med att omplacera upprorsmakare och ledargestalter. Att intagna över hela landet enades under en ledning, utförde brott på order och vägrade lyda personalen ens om de isolerades flera veckor i sträck hade däremot inte hänt tidigare. Inte förrän Brödraskapet bildades på Kumlaanstalten våren 1995.

Grupperingen var vad många kriminella längtat efter. På bara några år anslöt sig över femtio våldsbrottslingar på anstalterna Kumla, Tidaholm, Hall, Norrtälje och Österåker. Följden blev ett markant hårdare klimat genom att medlemmarna satte sig i respekt bland sina medfångar. Tidigare hade mord på fängelser varit en sällsynt företeelse i Sverige. Men enbart mellan 1996 och 1998 mördades nu fem intagna, alla på anstalterna Kumla och Tidaholm. Ett av morden kunde knytas till en av Brödraskapets medlemmar och misstankar finns om att grupperingen ligger bakom minst ytterligare ett fall. Men det som verkligen oroade polisen var Brödraskapets ambitioner att ta kommando även utanför murarna. Med mc-gänget Hells Angels som förebild byggde Brödraskapets ledning på kort tid upp en systerorganisation med bas i södra Stockholm, Brödraskapet MC. Polisledningen fruktade att en ny, toppstyrd brottsorganisation skulle få fotfäste i landet.

För att bekämpa det nya hotet tog Stockholmspolisen till metoder som aldrig tidigare använts av det svenska rättsväsendet. Privatpersoner värvades som infiltratörer, fällor riggades, och bevis och brott provocerades fram. Delvis genom detta, men kanske ändå mer till följd av ledarnas bristande disciplin och ledarskapsförmåga, splittrades Brödraskapets ursprungsgrupp redan efter några år. Namnet och emblemet kom dock att övertas av andra. Idag är Brödraskapet, som fått tilläggsnamnet Wolfpack, en av de mest brottsbelastade grupperingarna i Sverige. Inne på anstalterna är gruppen däremot inte längre någon maktfaktor.

Brödraskapets bildande följde en internationell trend. I USA hade de första fängelsegängen vuxit fram redan på 1960-talet, som en konsekvens av ökade slitningar mellan olika etniska grupper. De mest kända bar namn som The Mexican Maffia, Nuestra Familia, Black Guerilla Family och Aryan Brotherhood. Först hade dessa gäng bara erbjudit sina medlemmar skydd mot hotande fiender inne på anstalterna. Men snart hade grupperingarna även börjat handla med narkotika och ägna sig åt utpressning. Samtliga gäng existerar än idag och är starka även utanför fängelserna.

Motsvarigheter till de amerikanska fängelsegängen finns bland annat i Sydafrika, England och Brasilien. Den gruppering som gjort sig mest känd internationellt under senare år är brasilianska Primeiro Comando da Capital, bildad 1993 på ett fängelse utanför Saõ Paulo. Under 2006 organiserade PCC ett våldsamt upplopp på åttio anstalter runtom i Brasilien som slutade med att ett fyrtiotal poliser dödades.

I Sverige har, förutom Brödraskapet, även en del andra fängelsegäng uppstått. De mest framträdande är International Evil Minds, Hoorydaz, Ariska Brödraskapet, Muslimska Brödraskapet och Asir. Inget av dessa har emellertid haft förmåga att rekrytera medlemmar i samma takt som Brödraskapet gjorde på mitten av 1990-talet. Sannolikt beror detta delvis på att Kriminalvården lärt sig att hantera fenomenet och bland annat byggt upp en egen underrättelseavdelning, med uppgift att identifiera potentiella inre hot. Om det är någon gruppering som varit jämförbar i styrka med Brödraskapet så är det i stället Original Gangsters. Original Gangsters bildades inte som ett fängelsegäng, men har periodvis ändå fungerat som ett sådant som en följd av att dess ledare tillbringat långa tider bakom galler. (Se kapitlet Original Gangsters.)

Den som i hög grad bidrog till Brödraskapets starka dragningskraft var dess president och "ideolog", den nu mördade brittiske medborgaren Danny Fitzpatrick. Uppvuxen med medelklassvärderingar och med en stark vilja att jobba sig upp hade Danny egentligen alla förutsättningar för att leva ett laglydigt liv. Ändå blev grov kriminalitet lösningen när han drabbades av ekonomiska problem.

Ett hårt fängelsestraff avskräckte inte Danny från nya brott, utan fick honom att vilja bli en storspelare i den undre världen. Ett tag såg det ut som att han var på väg att lyckas. Men Brödraskapet-ledaren lärde sig aldrig spelreglerna och följderna skulle bli ödesdigra. En av dem som stod Danny Fitzpatrick närmast var hans dotter. Efter att ha tvingats uppleva den grova kriminaliteten inifrån valde hon att bryta med sin pappa och söka skydd hos polisen. Några år senare skulle hon överraska sin omgivning genom att själv utbilda sig till polis. För första gången ska hon här berätta om sitt liv som gängledarens dotter.

Historien om Danny Fitzpatrick börjar i Afrika. Dannys pappa, som var veterinär, hade tröttnat på vardagen hemma i England och övertalat sin fru att följa med till den dåvarande brittiska kolonin Kenya. Danny föddes på senvintern 1953 i en liten stad nära Victoriasjön. Familjen trivdes bra med livet i exil och återvände till England först när det var dags för Danny att börja skolan. Inskolningen, som skedde på en internatskola långt från hemmet, blev allt annat än mjuk. Dannys mamma berättade inte att det var dags för sonen att flytta hemifrån, utan sa bara att de skulle ut och åka en sväng med bilen. När de var framme vid skolan lämnade hon Danny på parkeringen med en väska.

– Danny väntade jättelänge på att hon skulle komma tillbaka, men när hon aldrig gjorde det så gick han in i den byggnad som låg där. Det var en katolsk pojkinternatskola, berättar en av Dannys släktingar.

Klimatet på skolan var hårt och utanför undervisningen gällde djungelns lag. Danny blev tvungen att lära sig slåss. Så fort han hade klarat av den obligatoriska skolgången bröt han med föräldrarnas medelklassideal. I stället för att plugga vidare drog sjuttonårige Danny till London och tog olika ströjobb. Bland annat arbetade han som kontorist på Londonbörsen. Efter en tid i London träffade Danny en ung svenska och blev kär. När flickvännen skulle åka hem till Sverige igen lovade Danny att komma över och hälsa på. Men på båten tillbaka till England efter Sverigebesöket stötte Danny ihop med en annan svensk tjej. Hon var på väg till London för att jobba som au-pair och charmade Danny till den grad att han gjorde slut med sin flickvän. Sugen på att se något nytt bestämde han sig lite senare för att följa med den nya fästmön tillbaka till Stockholm. Där dröjde det inte länge förrän de gifte sig och fick en dotter.

Danny, som nu var tjugotre år, ville jobba och göra rätt för sig i det nya landet. Men att ta sig in på arbetsmarknaden skulle visa sig vara svårt – trots att han bättrade på sin bakgrund och påstod att han hade jobbat som börsmäklare i hemlandet. Tack vare sitt intresse för bilar och motorer fick Danny till sist jobb som rostskyddsbehandlare på en OK-verkstad i Bandhagen. Motorintresset ledde honom också till en beryktad raggarklubb i Stockholmsförorten Västertorp. Bland Västertorpsraggarna fick Danny snabbt vänner, bland annat två långhåriga killar som gick under namnen Nubbe och Gedda. När Danny en tid senare skilde sig var det raggarkompisarna som ställde upp och passade hans dotter Maria när det behövdes.

Nubbe, Gedda och en del andra av Västertorpsraggarna var straffade för stölder, häleri och annat. I början av 1980-talet blev även Danny ett fall för polisen. Brottsdebuten var inte särskilt märkvärdig; vid en raggarträff hade han försökt avstyra ett bråk men själv börjat slåss. Straffet blev tre månaders fängelse. Inför domen inhämtades ett yttrande från Dannys chef på OK, som löd: "En utomordentligt duktig medhjälpare. Skötsam på alla sätt. Populär bland kunder och arbetskamrater."

Även om Danny trivdes på verkstaden längtade han efter att bygga upp något eget. Han hade många idéer och ville vara sin egen chef. En bit in på 1980-talet tog Danny över en industrilokal på Värmdövägen i Nacka och startade en egen rostskyddsverkstad, Nacka Rostskydd & Bilvård AB. Verksamheten gick strålande redan efter något år.

Danny Fitzpatrick före Brödraskapet-tiden, mån om sitt yttre och att hålla sig i trim.

– Han var otroligt driftig och funderade hela tiden på nya sätt att locka kunder, berättar en kvinna vi kallar Åsa som vid den här tiden blev Dannys flickvän, sexton år gammal.

Många av kunderna fick Danny tack vare att han hade övertalat Motormännens Riksförbund att rekommendera honom. En annan säker inkomstkälla var alla bussar inom Storstockholms Lokaltrafik, som behövde skyddas mot vintervägarnas salt. Danny var dessutom en mästare på att knåpa ihop tidningsannonser som väckte uppmärksamhet. En annons föreställde en tjej i högklackade skor och slitsad kjol tillsammans med texten: "Dax för en underredsbehandling. Av din bil." Näringslivets etiska råd prickade reklamen, men det hindrade inte att kundernas bilar stod på kö utanför verkstaden.

För pengarna som rullade in köpte Danny bland annat en motorcykel, flera bilar och en stor racerbåt. Han tog allt på firman. Framgången gjorde att Danny välkomnades som styrelsemedlem i rostskyddsverkstädernas branschorganisation. Han hade idéer om hur hela branschen kunde utvecklas och de andra företagarna lyssnade.

Trots Dannys kreativitet hade affärerna i slutet av 1980-talet börjat gå allt sämre. I takt med att biltillverkarna förbättrade rostskyddet på sina nya bilmodeller hade köerna till Dannys verkstad krympt. Men att sälja motorbåten, motorcykeln och bilarna hade Danny ingen lust med. Var det någonting han älskade så var det båten; det bästa han visste var att lasta ombord polare, tjejer och ölbackar och dra ut till Bullandö eller Sandhamn för att åka vattenskidor och festa. För att kompensera förlusterna började Danny snegla åt börsen.

– Han kände en kille som kunde lite om aktier och hade bra bankkontakter. Tillsammans lånade de ett par hundratusen kronor och började köpa värdepapper, minns Åsa.

Men de snabba klippens tid var förbi. Satsningen gick först halvdåligt, sen käpprätt åt skogen. Hösten 1991, då världens ekonomier fallit ned i en djup lågkonjunktur, såg Danny och hans vän sig klämda mellan rasande börskurser och rusande räntesatser. Motvilligt sålde Danny racerbåten för att få loss pengar. Vid det laget var Åsa gravid. Danny ville satsa allt för att hålla ihop familjen. Och då behövde de bo bra.

– Han hade en lägenhet och jag en. Men plötsligt var det bara hus som gällde, berättar Åsa.

Trots att skulderna från aktieaffärerna var obetalda och kronofogden var honom i hälarna började Danny se sig om efter en villa. Lösningen fanns närmare än han trott. En kille i Dannys kompisgäng hade en ombyggd sommarstuga högst uppe på en bergsknalle i idylliska Björknäs öster om Stockholm. När kompisen suckade över de stigande räntekostnaderna fick Danny en idé. Han övertalade kompisen till att överlåta lånen mot att Danny fick huset. Fast på ett villkor: kompisen måste stå kvar som låntagare på topplånet medan Åsa, som precis hade fått jobb på en av Stockholms domstolar, skulle stå som ensam ägare och överta grundlånet på cirka en halv miljon kronor. Kompisens situation var sådan att han inte kunde säga nej. Danny, Åsa och deras nyfödde son flyttade in.

Det trixiga upplägget kring huset lyckades och trots nya utmätningsförsök kom kronofogden inte åt Dannys tillgångar. Men skulderna gjorde att den nu trettionioårige Danny hade svårt att vara en lycklig far. Enbart huset kostade över 10 000 kronor i månaden. Utåt höll Danny masken, han vägrade framstå som en "loser". Men inombords blev han mer och mer desperat. Det var i det här läget som han i hemlighet började skissa på olika planer tillsammans med ett gäng dörrvakter som han hade träffat på gym och i krogdörrar.

Dörrvakterna – fem–sex till antalet – var nästan tjugo år yngre än Danny. Flera av dem hade redan hunnit dömas för brott som misshandel, dopingbrott och stölder. En av dem var en kort, muskulös träningsfanatiker som Danny kallade Minikubik. En annan var en storvuxen kille, som några år senare skulle skjutas ihjäl under ett arbetspass på nattklubben Sturecompagniet i samband med den så kallade Stureplansmassakern. I dörrvaktsgänget fanns också en lång jugoslav med smeknamnet Sasha. Sasha hade redan rykte om sig inom den undre världen genom sin pappa. Pappan – Ratko Djokic – hade ett stort internationellt kontaktnät av kriminella. Bland annat kände han den mytomspunne rånaren Zeljko Raznatovic, som några år senare skulle göra sig känd som krigsherre på Balkan under namnet Arkan.

Under sina första tio år hade Sasha bott i Stockholmsförorten Alby hos sin mamma, sedan föräldrarna skilt sig. Därefter hade pappan plötsligt bestämt sig för att sonen skulle följa med honom tillbaka till Jugoslavien. Sasha rycktes ur skolan och tvingades anpassa sig till ett helt annat liv tillsammans med pappan och dennes kriminella vänner. När far och son återvände till Sverige efter flera år hade det bara dröjt några veckor innan Ratko Djokic greps och dömdes till fängelse och utvisning. Sedan dess hade Sasha återigen bott hos sin mamma och försökt ta igen det han missat i skolan. Sashas längd och respektingivande uppsyn gjorde att Danny gärna tog med sig honom på hembesök hos de kunder som låg efter med betalningarna. Då hade skulderna ofta reglerats direkt.

Varför inte gå ihop och tjäna de riktigt stora pengarna? föreslog Danny en dag när han och dörrvakterna satt och snackade. Hur då? undrade någon. Genom rån, svarade Danny och log. Men att råna en post eller bank var inte vad Danny hade tänkt sig. I stället ville han slå till mot de väktare som körde ut pengarna, något som krävde lite mer planering men i gengäld kunde ge mycket mer. Ingenting fick lämnas åt slumpen, allt skulle vara genomtänkt i detalj, förklarade Danny och gjorde klart att det var han som skulle vara chefen.

Vilket som var ligans första brott vet polisen inte. Men en förmiddag i början av augusti 1992 låg Danny och några av dörrvakterna och tryckte i ett soprum i Tippens Centrum i Saltsjöbaden. Några minuter senare skulle två väktare komma med väskor fulla av sedlar till Första Sparbankens kontor. I det ögonblicket hade ligan tänkt springa ut och övermanna väktarna. Men en städare på väg till soprummet förstörde planen. När mannen öppnade dörren fick Danny och kumpanerna panik. Städaren fick ett hårt slag i nacken och föll ihop medvetslös. Danny och de andra avbröt operationen och stack.

Fyra dagar senare var ligan på fötter igen. Målet den här gången: en Securitasbil med två väktare som skulle lämna pengar till Ringens köpcentrum på Södermalm i Stockholm. Från förarsätet i en stulen van parkerad på Götgatan såg Danny, Minikubik och Sasha väktarbilen komma. De startade motorn och följde efter in i köpcentrumets garage. Där ställde de vanen på tvären för att blockera utgången och sprang ut med dragna vapen. Tajmingen var perfekt, väktarna stod med pengasäckarna i händerna. Två varningsskott fick väktarna att lämna över säckarna och Danny och de andra flydde springande med pengarna.

Ute på Götgatan igen tog Danny, Minikubik och Sasha till höger mot Ringvägen. Där höll en fjärde kille motorn igång på en stulen Saab 9000. Andfådda öppnade de dörrarna och kastade sig in, chauffören tryckte gasen i botten och några sekunder senare var de på väg ut ur stan över Skanstullsbron. Danny och de andra vände sig om och tittade in mot stan. Inga blåljus – de hade klarat sig. Hemma i Sashas lägenhet i Norsborg delade de upp bytet på nästan 1,5 miljoner kronor.

De kunde bara hålla sig i några dagar innan de började spendera. Minikubik och chauffören köpte guld, klockor och vattensängar. Danny betalade räkningar på hundratusentals kronor och köpte en ny racerbåt för ytterligare cirka hundratusen. Kontant.

Pengarullningen blev ligans fall. Flera personer fattade misstankar och tipsade polisen. Sex veckor senare rullade en karavan av bilar ut ur polishuset på Kungsholmen och österut mot Nacka. Danny, Minikubik, Sasha och ytterligare några andra greps. En AK 4, en pistol och fem handgranater hittades i Minikubiks sommarstuga. Och hemma hos Danny beslagtogs, förutom mängder av dopingpreparat, flera stulna komradioapparater. Danny och Minikubik nekade sig igenom alla förhör. Både

Sasha och chauffören bröt däremot ihop och erkände. Danny, som hade litat hundraprocentigt på killarna, trodde inte sina öron när han fick höra det. Därefter var det promenadseger för åklagaren. Sommaren 1993 dömdes Danny till åtta års fängelse och Minikubik till fem år. Sasha och chauffören klarade sig lindrigare.

Chocken efter domen förlamade Danny. Allt han hade kämpat för var borta: firman, huset, bilarna, båten och – inte minst – familjen. Han kände sig förrådd av dem som han hade trott varit lojala. I sina egna ögon hade Danny alltid varit den schyste kompisen som ställt upp i alla lägen och sett till att alla hade det bra. Nu kände han bara hat. Och han tog ut det på vem som helst som råkade komma i hans väg. Både fängelsevakter och andra intagna. Lasermannen John Ausonius, som Danny döpte om till Lasermuppen, var bara en av många som han misshandlade utan anledning efter att ha flyttats från häktet till Kumlaanstalten. När Danny så småningom fick börja ta emot besök tvingades även flickvännen och gamla vänner lyssna på Dannys gormande monologer och förebråelser.

– Han kunde aldrig se att det var hans eget fel att han hamnat där han hamnat. Till mig sa han "Hur fan kan du jobba på en domstol när jag har blivit dömd?", berättar Åsa, som snart bestämde sig för att bryta med Danny.

Men en bit in på strafftiden började Dannys vilja att göra något konstruktivt att komma tillbaka. Att plugga, som en del medfångar gjorde, var inte hans grej. Knappast heller att gå med i de intagnas förtroenderåd och stångas mot paragrafer i kriminalvårdslagen. Däremot fascinerades Danny av de amerikanska mc-gäng – Hells Angels och Bandidos – som nyligen etablerat sig i Sverige. De hade ställt sig utanför lagen och visat att det funkade. Och framför allt: där kunde man lita på att ingen tjallade.

Med Kriminalvårdens hjälp köpte Danny alla böcker om Hells Angels som fanns och läste dem från pärm till pärm. Han började också höra sig för om någon kunde lägga ett gott ord för honom inom dåvarande Choppers MC i Stockholm. Han visste att klubben hade fått status som hangaroundklubb till Hells Angels. Om han spelade sina kort rätt kunde det här bli hans biljett in i den tyngsta mc-grupperingen, tänkte han. Problemet var bara att han saknade kontakter. Harley-Davidson-klubbar hade tidigare aldrig imponerat på honom; själv hade han alltid kört japanska hojar eftersom han tyckte de var bättre och snabbare.

– Jag satt själv inne på den här tiden och brevväxlade med Danny. Han visste att jag hade ett stort kontaktnät och i ett brev undrade han om jag kunde introducera honom för de här mc-killarna som höll på att bli Hells Angels. Men just dem hade jag medvetet hållit mig undan för och där kunde jag inte hjälpa honom. Men lite senare skrev jag tillbaka och föreslog att vi skulle starta nånting eget med riktigt smart folk. Fast min tanke var aldrig att det skulle vara ett gäng med namn och dekaler och sån skit, det var ju bara korkat tyckte jag. Det jag såg framför mig var ett osynligt nätverk med de vassaste hjärnorna, som jobbade ihop och tjänade en massa pengar utan att åka fast, berättar Pinocchio, en före detta narkotikahandlare från Stockholm.

På Kumlaanstalten fanns ett gäng rånare som hade liknande tankar som Pinocchio. Danny kände en av dem. Mannen, som kallades för Hampan, var före detta legosoldat och hade krigat för pengar i Angola. En tid hade Hampan, enligt egen uppgift, även suttit häktad i USA och träffat dömda som tillhörde den högerextrema fängelseorganisationen Aryan Brotherhood.

– De hade ett system som funkade skitbra. De tog hand om varandra inne på kåkarna och hjälpte varandra när de kom ut. Var du med i organisationen behövde du inte stå där med en kofot och börja bryta direkt efter muck. Det där imponerade på mig och en del andra och det var det vi ville bygga upp här, berättar Hampan idag.

Danny fick höra om planerna och började drömma på sitt håll. Vid det här laget hade han gett upp tanken på att gå tillbaka till ett liv som företagare. Tiden i fängelse hade bara gjort honom ännu mer inställd på att begå nya brott – han skulle göra dem smartare. Det han behövde var ett stenhårt gäng av bra killar som inte vek sig som Sasha och chauffören hade gjort efter Ringenrånet. En kille som Minikubik skulle däremot vara självskriven.

Danny delade också Hampans och de andras vision om en stark sköld som kunde ge skydd under strafftiden. Vetskapen om att en medlem hade full uppbackning av landets kanske tyngsta kriminella skulle avskräcka andra från att jävlas. Själv hade Danny fått problem med ett gäng jugoslaver som gett honom så mycket stryk att han fått läggas in för vård. Han och de andra hoppades även slippa trakasserier från personalen.

– Det hände ju då och då att plitarna kom in tio man på ens rum och bankade skiten ur en bara för någon skitsak. Vår plan var att ta reda på var alla plitar bodde och se till att nån skickade in nånting genom ett fönster på dom som gått över gränsen. Då skulle det inte vara lika kul för dem, säger Hampan, som lyckades komma över personnummer och annat på hundratals kriminalvårdsanställda som han sparade ner på diskett.

Bildandet av Brödraskapet skedde i maj 1995. Danny var den som kom på namnet, efter att först ha funderat på MC Chain Gang och MC Jailbirds. Det var också Danny som utsågs till president. De andra hade insett hans talang för att få med sig folk när han snackade. Var han på rätt humör kunde han övertyga nästan vem som helst om att han kommit på världens grej.

– Sen ville vi andra undvika att synas för mycket utåt, hävdar Hampan, som blev vicepresident.

Ett antal stadgar skrevs ner. Dessa sa bland annat att den som ville bli medlem skulle godkännas av alla andra. Ett obligatoriskt krav var att kunna visa upp sina domar som bevis för att man inte tjallat. Och för att markera att Brödraskapet inte lät sig hunsas infördes en regel om att inga medlemmar fick lämna mer än ett urinprov – även om det skulle betyda flytt till isoleringscell. Trots ansträngningarna för att Brödraskapet skulle framstå som ganska harmlöst utåt förstod Kriminalvården tidigt det verkliga syftet. Det säger Christer Isaksson, säkerhetschef inom Kriminalvården under 1990- och 2000-talen.

– Vi insåg ganska snabbt att det här kunde bli ett allvarligt hot som vi var tvungna att möta på ett helt nytt sätt. Fram till dess hade det ju inte skett några försök att organisera intagna i Sverige, utan vi hade mest behövt tänka på att inte placera kumpaner eller medgärningsmän på samma avdelningar, säger Isaksson.

Danny gjorde till en början ingen av sina klubbkamrater besviken. Genom flitigt nätverkande och brevskrivande lyckades han värva flera nya medlemmar av rätt virke. Bankrånaren Jonas Oredsson, dubbelmördaren Leif Axmyr, nazisten Mitri Lehto som huggit ihjäl en hockeyspelare i Västerås var några av dem som värvades på ett tidigt stadium. Budskapet var enkelt: medlemmarna skulle bli starka tillsammans och hålla ihop mot allt och alla. Som bröder. En förklaring till att även de mest råbarkade brottslingarna lyssnade på Danny var att hans status plötsligt hade ökat markant. I början av 1995 berättade *Aftonbladet* nämligen att polisen trodde att det var Dannys rånarliga som även låg bakom det olösta mordet på polismannen Leif Widengren, som skjutits ihjäl vid ett värdetransportrån i Högdalen i februari 1992. Danny nekade i förhör till all inblandning, men var väl medveten om att misstankarna gav honom ett rykte som spelade honom i händerna.

– Att skjuta en polis kanske inte ses som en merit i sig. Men gör man det för att komma undan visar man att man är hård, och då kan man få mycket jobb när man kommer ut. Jag tror personligen inte att Danny sköt den där snuten, men han red jättemycket på det. Om någon frågade om han verkligen gjort det log han bara och sa "gissa", berättar en person som var intagen på Kumla vid tidpunkten.

Precis som förebilderna i Hells Angels ville Danny att Brödraskapet skulle ha ett emblem. Han och de andra föll för ett varghuvud med blottade tänder och bad en skicklig falskmyntare, som jobbat som gravör, att hjälpa dem att rita. Vargen fick stå modell för hur en medlem skulle vara. Ur stadgarna: "Vargens levnadssätt liknar också på många sätt vårt sätt att leva. Vi är starka individer med stark lojalitetskänsla mot vår flock (familjen och klubben). Få till antalet, hatade, fruktade och beundrade. Ständigt jagade håller vi ihop och tar hand om varandra, vår flock." (Några år senare skulle organisationen också börja använda namnet "Wolfpack" eller "Vargklubben".)

Det dröjde bara några månader innan tidningarna hade upptäckt vad som var på gång. I september 1995 berättade *Expressen* att "Sveriges farligaste fångar" gått samman i en ny klubb. En polisman som intervjuades anonymt sa "att det här kan utveckla sig till landets i särklass tyngsta kriminella nätverk". "Helt fel", kontrade en talesman från Brödraskapet i slutet av artikeln och fortsatte "Tvärtom avser vi att främja den frigivna fångens återanpassning till ett liv fritt från droger och kriminalitet." Flera personer berättar i efterhand att Danny njöt av publiciteten. Bättre reklam kunde Brödraskapet inte få. På hösten 1995 lossnade rekryteringen på allvar och från Hall, Tidaholm, Norrtälje och andra anstalter strömmade breven in från långtidsdömda som ville gå med i grupperingen. Kriminalvårdens försök att splittra kärnan från Kumla, genom att sprida ut medlemmarna på olika anstalter, gynnade bara rekryteringen.

– Överallt där vårt folk kom stod ju nya killar som ville gå med, berättar Hampan.

Men långt ifrån alla var välkomna. Inte en enda av de nya medlemmarna hade utomeuropeisk bakgrund, eller ens sydeuropeisk. Med undantag av Danny själv och ytterligare någon var alla svenskar eller finländare. Trots detta förnekade Danny att det skulle förekomma rasism, då han intervjuades av journalisten Dick Sundevall i tidningen *Café*. Danny hävdade att urvalet bottnade i att han helt enkelt föredrog folk från Sverige och Finland eftersom "där finns det en manlig kultur som innebär att en man inte pratar för mycket".

I brev som lästes av anstaltspersonalen presenterade Danny och de övriga medlemmarna sig emellertid som "ariska bröder". Och en av grundarna skulle några år senare säga att Brödraskapet bildats som ett svar på invandrarnas allt starkare ställning i den undre världen. "I och med att det hade kommit in mycket folk från öst och andra länder och börjat ta över vår del när det gällde den kriminella biten så sa vi att ska vi ha en chans att ta våra bitar och inte ge bort pengarna så måste vi organisera oss", förklarade han i en intervju i TV3.

Danny började tidigt att uppvakta Hells Angels. Sommaren 1995 skickade han ett brev till Hells Angels hangaroundklubb Choppers MC och förklarade att Brödraskapet inte tänkte utmana Hells Angels-sfären, tvärtom. "Vi inom Brödraskapet tycker Hells Angels lagar och regler är för oss riktigare än statens. Dom enda vi kan tänka oss samarbeta med och lyda under är Hells Angels och deras officiella supporterklubbar, till exempel Choppers Nord o Syd i Stockholm och MC Sweden. / .../ Kommer era medlemmar eller stödtrupper hit behöver inte de känna sig ensamma speciellt länge! Dom blir väl mötta", skrev Danny och bifogade Brödraskapets medlemslista. Om sig själv skrev han: "Jag är mycket bra på att organisera och även fundera ut lösningar på knepiga problem!" Dannys flirt fungerade. Han och Choppers MC ingick en uppgörelse om att motorcykelgängets medlemmar och supportrar skulle få skydd inne på anstalterna.

Danny knöt även kontakt med en av de fullvärdiga medlemmarna i Hells Angels Malmöavdelning, Stefan "Rudaz" Rodin. Rudaz var upp-

BRÖDRASKAPET
MC

GEDDA
TEL 070 7984988

LAGERVÄGEN 14 SKOGÅS
TEL KLUBB 08 7079440

*Ledningen för Brödraskapet lät trycka upp visitkort för att dela ut till poten-
tiella affärspartners. Ständigt i jakt på pengar var medlemmarna öppna för
alla förslag.*

muntrande och höll kontakt genom flitigt brevskrivande. Som nästa
steg började Danny och de andra skissa på en systerorganisation utanför
murarna. Det var medlemmarna utanför som skulle dra in pengar till
Brödraskapets gemensamma kassa och ta hand om nymuckade bröder.
Att Danny, Hampan och de andra i ledningen satt på Kumlaanstalten
var inget problem. Via besök och brev gav Brödraskapet-ledarna direktiv
till pålitliga vänner i frihet, däribland Dannys gamla vänner Gedda och
Nubbe och så småningom även rånarkumpanen Minikubik. Folket på ut-
sidan hade i sin tur kontakter inom en nystartad mc-klubb som hette Asa
MC. Denna hade ganska få medlemmar men i gengäld en stor klubblokal
i ett industriområde i Länna söder om Stockholm.

– Vi och Brödraskapet-killarna började snacka om att slå våra påsar
ihop. För att lära känna varandra bättre körde vi en gemensam fest i vår
lokal. Det blev lite gruff och några rök ihop. Men från den dagen var vi
ett, berättar en av grundarna till Asa MC.

Den nya klubben fick namnet Brödraskapet MC/Asa och tog över Asa
MC:s lokal. Fotografier från den här tiden visar ett entusiastiskt gäng
med hammare och målarpenslar i högsta hugg, i färd med att bygga sov-
rum, allrum och en rejäl bar i westernstil. Så småningom registrerades
också en ideell förening, Föreningen för fria män och medborgerliga rät-
tigheter, med Hampan som ordförande.

– Det var för att jäklas med snuten och hindra att staten tog våra egendomar. Meningen var att klubblokalen, hojarna och alla gemensamma tillgångar skulle skrivas på föreningen, då skulle det bli mycket svårare för myndigheterna att beslagta grejerna, berättar Hampan.

Med en ideell förening gick det också att få utskänkningstillstånd och söka olika former av bidrag, som till exempel anställningsbidrag för Brödraskapets medlemmar. "Vi kommer att garantera varje medlem jobb och bostad när dom muckar", sa Danny när han intervjuades i *Café*. På reporterns fråga om vilka jobb han menade blev det något tvekande svaret: "Mecka bågar och bilar ... Och det finns ju lagliga indrivningar och sånt ..." Att Brödraskapet MC skulle vara en brottsorganisation förnekade Danny bestämt.

– Men självklart var det syftet. Och så blev det också. Vi sålde knark, rånade och tog folks pengar, berättar den före detta medlemmen i Asa MC.

Nere i Malmö hade Dannys mentor, Hells Angels-medlemmen Rudaz, först varit skeptisk till Dannys idé om att kalla Brödraskapets "fria" gren för en mc-klubb. Nästan ingen av medlemmarna hade ju en egen motorcykel, invände Rudaz. Tveksamheten försvann dock efter att representanter från Hells Angels skickats till Brödraskapets lokal i Länna och avlagt rapport.

I februari 1996 blev Brödraskapet MC/Asa officiell stödklubb till Hells Angels. I praktiken innebar det att medlemmarna började utföra uppdrag på Hells Angels order, som till exempel att fixa kokain till Hells Angels fester. Polisrapporter vittnar också om ett flertal vänskapliga besök hos Brödraskapet MC av Hells Angels-medlemmar från både Malmö och utlandet. Hells Angels blivande avdelning i Stockholm, Choppers MC med klubbhus i Bromma, var däremot inte lika välkommen. Danny kallade lite nedlåtande medlemmarna där för "Brommapojkarna".

Brödraskapet MC, som snart släppte tillägget Asa, växte i snabb takt och höll hög profil. Stockholmspolisen såg under våren 1996 flera ökända torpeder och indrivare gå runt på stan i organisationens skinnvästar. Företagare och andra började höra av sig till polisen och berätta att de blivit pressade på pengar av den nya grupperingen.

Kriminalinspektör Claes-Erik Lindsten, som vid den här tidpunkten hade i uppdrag att följa utvecklingen för Stockholmspolisens räkning, bekräftar idag att det fanns en stark oro över utvecklingen hos polisledningen.

– Varken Hells Angels eller något annat mc-gäng kunde mäta sig med Brödraskapet när det gällde medlemmarnas brottslighet. Det här var väldigt våldsamma busar, som enligt vår bedömning också hade förmåga att organisera sig. Därför utsågs Brödraskapet ganska snart till ett högprioriterat mål som skulle bekämpas, berättar Lindsten.

En omständighet som bidrog till att blåsa upp bilden av Brödraskapets farlighet var rykten om att grupperingen hade mördat flera intagna. Två mord på Kumlaanstalten och ett på Tidaholmsanstalten under 1996 och 1997 kopplades till Brödraskapet-medlemmar.

– Det var framför allt ett av morden på Kumla som vi knöt till Brödraskapet. En person ur en annan gruppering har senare tagit på sig ansvaret för detta, men det finns starka skäl att tro att det skedde för att skydda de verkliga mördarna, säger Claes-Erik Lindsten.

Under hösten 1996 lade Stockholmspolisen ner allt större resurser på att försöka knäcka Brödraskapet MC. Omfattande spaning bedrevs och ett otal razzior gjordes i klubbhuset i Länna. Men utdelningen blev liten och få medlemmar kunde dömas för brott. I stället fortsatte grupperingen att växa och blev mer uttalat en stödorganisation till Hells Angels blivande Stockholmsavdelning.

Men i slutet av året nådde polisen ett genombrott som få trodde var möjligt. I en topphemlig operation lyckades man placera en infiltratör inom Brödraskapet MC. Plötsligt hade de övertaget och visste var och när Brödraskapets medlemmar skulle begå brott. På kort tid greps och dömdes ett stort antal medlemmar för olika brott. Insynen fick också polisen att ändra uppfattning om hur den nya grupperingen fungerade och styrdes. Det stod mer och mer klart att Danny Fitzpatrick och de andra initiativtagarna inne på anstalterna i praktiken inte hade särskilt mycket att säga till om. Ursprungstanken om att Brödraskapet MC skulle vara ett mjukt skyddsnät för de som muckat hade inte heller förverkligats. I stället var Brödraskapet MC bara en plattform för grova kriminella som ville begå brott för egna syften.

Brödraskapet poserar tillsammans med medlemmar från finska Cannonball MC framför Västertorps Krog i södra Stockholm hösten 1997. Presidenten Danny Fitzpatrick, vid tillfället på permission från Hallanstalten, syns stående i mitten.

Polisens infiltratör hette Max och var tjugosju år gammal. Egentligen hade han velat bli yrkesmilitär, först inom svenska försvaret och sedan inom franska främlingslegionen. Men av olika anledningar hade drömmen spruckit och i stället hade han fått jobb hos dåvarande vaktbolaget Abab, med placering vid militärstaberna i Stockholm. Med tiden hade det blivit mer och mer extrajobb som dörrvakt på olika nattklubbar i city för Max del.

De nya kollegerna var av ett helt annat slag än de som Max hade på Abab. Många varvade sina vaktjobb med att sälja knark och driva in pengar. Även Max hade efter ett tag gett sig in i indrivningsbranschen. Dessutom hade han alltid gillat vapen, och började nu sälja pistoler och andra vapen illegalt. Men narkotika vägrade han att befatta sig med. I hans släkt fanns tunga missbruksproblem och därför hatade han allt vad droger hette.

Sommaren 1996 kom Max för första gången i kontakt med Stockholmspolisens särskilda enhet mot mc-gängrelaterad brottslighet. Enheten hade byggts upp på kort tid när polisledningen förstått att det bara var en tidsfråga innan Hells Angels och Bandidos tänkte etablera sig även i Stockholm. De handplockade polismännen var kända för att gå hårt fram, både en och annan kriminell hade kroknat efter att ha misshandlats av poliserna i arresten eller bakom en husknut. Mindre känt var däremot styrkans aktiva försök att värva informatörer och infiltratörer. Och en av de mest aktiva rekryterarna var en nyutbildad polisassistent vid namn Olle Liljegren. Liljegren, som själv hade jobbat som dörrvakt, hade flera tipsare bland personalen på Stockholms krogar och nattklubbar. En av dessa var god vän med Max. Så när Max vid ett tillfälle berättade för denne att några killar som han kände planerade ett rån fick Max rådet att kontakta Liljegren. Så blev det.

– Det var mycket spänningen som drog. Plus att det ju faktiskt var en god gärning, säger Max, när vi träffar honom våren 2006.

Det första mötet mellan Max och Olle Liljegren skedde i Max bil på en ödslig plats i Solna. För säkerhets skull hade polisen posterat ut prickskyttar ifall det skulle visa sig att Max hade gillrat en fälla. Men Max och Olle, som var jämnåriga, fann varandra snabbt och när Olle klev ur bilen hade de ingått en hemlig överenskommelse. Max skulle förmedla information som han trodde att polisen var intresserad av. Om det ledde till gripanden eller beslag skulle han få pengar. Under de första månaderna hördes Olle Liljegren och Max bara av sporadiskt. Men i oktober 1996 blev kontakterna plötsligt tätare. Anledningen var att några dörrvakter som Max kände hade blivit medlemmar i Brödraskapet MC och nu undrade om Max ville följa med på ett uppdrag utomlands. Polisens drömscenario höll på att bli verklighet.

– Jag hade firat min födelsedag på en krog i Gamla Stan och bland gästerna fanns de här vakterna. Presenten jag fick av dom var en flygbiljett till Budapest. Först undrade jag vad det var frågan om, men när de sa att det handlade om ett klubbärende förstod jag att det här kunde bli min chans, berättar Max.

Någon vecka senare satt han, en av dörrvakterna och en tredje man på ett plan till Budapest. De två sistnämnda hade västar med vargemblemet på sig och blev noggrant kontrollerade av ungerska myndigheter vid ankomsten. En rapport skickades till svenska polisens sambandsman i Ungern, som i sin tur informerade Rikskriminalen i Stockholm. Där fann man informationen något förbryllande. Vad skulle Brödraskapet i Ungern att göra? Redan några dagar senare visste Stockholmspolisens länskriminal svaret.

Efter att Max hade lämnat sin första rapport redogjorde Olle Liljegren för sina chefer: "En uppgiftslämnare har i sak uppgivit följande: Brödraskapet MC har under vecka 44 haft medlemmar på besök hos Geronimo MC i Budapest. Brödraskapet har haft följande tre skäl med resan. Brödraskapet MC och Geronimo skall utarbeta en plan för hur HD-motorcyklar tillgripna i Sverige skall transporteras till Ungern för vidare avyttring i Europa. Brödraskapet ämnar starta upp prostitutionsverksamhet i Sverige. Geronimo skall ombesörja att lämpliga ungerska kvinnor ställs till Brödraskapets förfogande. Brödraskapet och Geronimo skall tillsammans arbeta som kurirer av svarta pengar tillhörande porrimperiet Privat. Privat skall enligt uppgift ha förlorat pengar i samband med kurirtransporter utförda av andra ljusskygga element, varför man nu vänt sig till mc-klubbarna."

Det var inte bara polisen som var nöjd med Max, det var även Brödraskapet-killarna. De tyckte att han hade visat helt rätt attityd när trion träffat en rysk gangster på en ungersk bar.

– För att testa mig hade den här killen bitit mig i örat och för ett ögonblick undrade jag vad i helvete jag skulle göra. Efter någon sekund bestämde jag mig, jag bet tillbaka så hårt jag kunde. Då började gangstern garva och klappade om mig. Efteråt sa killarna som jag var där med att "det är precis sånt folk vi vill ha", berättar Max.

Att Max hade skött sig bra nådde snart Gedda, Nubbe och de andra i ledningen för Brödraskapet MC. Hans rykte som främlingslegionär, indrivare och vapenhandlare gjorde dem också intresserade. Några veckor efter att Max hade kommit tillbaka till Sverige blev han inbjuden till klubblokalen i Länna för att träffa ledningen på ett så kallat lördagsmöte. Max kände att det började bli allvar. Efter tre dagars funderingar och diskussioner med Olle Liljegren åkte Max ut till Länna.

– Först var det ingen som pratade med mig, utan hela klubben försvann in i mötesrummet och stängde dörren. Jag fick sitta ensam i baren med en bira och vänta. Jag var så nervös att jag inte visste var jag skulle fästa blicken. Efter ett långt tag öppnades plötsligt dörren och Gedda kom ut. Han tryckte min hand och sa: "Förråder du oss eller golar i nåt jävla förhör, då mördar vi dig." För mitt inre såg jag en enkel resa ut i skogen. Men på något sätt lyckades jag behålla kylan utåt, minns Max.

Nu var Max invald som hangaround i Brödraskapet MC och fick bära väst. Olle Liljegren jublade och försäkrade Max om att han hade maximal uppbackning från polisen. Efter diskussioner med ledningen för länskriminalen ordnade Liljegren så att Max fick en månatlig ersättning på cirka 10 000 kronor skattefritt, något som såvitt känt aldrig tidigare hade inträffat inom svenska polisen.

– Samtidigt var Olle ärlig och sa att han aldrig skulle kunna garantera min säkerhet fullt ut. Men jag valde ändå självmant att gå in i det. Kicken var större än rädslan. Adrenalinpundare som jag är fick jag ju världens kick av att känna att jag knullade världens tuffaste killar i arslet, de som trodde att de var "untouchable", säger Max.

Efter att Max tryckt Geddas hand dröjde det inte länge förrän tips och underrättelseuppslag började strömma in till Stockholmspolisen. Bland annat berättade Max att Brödraskapet planerade att misshandla en reporter på *Expressen* på uppdrag av Hells Angels i Malmö. Skälet skulle vara att Hells Angels fått alltför mycket negativ publicitet. Reportern stod dock redan under polisbeskydd på grund av tidigare hot från Brödraskapet och den planerade misshandeln utfördes aldrig.

Så småningom fick Max full insyn i Brödraskapets kriminella verksamhet, däribland vilka vapen grupperingen hade tillgång till. I en av hans första rapporter nämndes en gömma bestående av två svenska armékulsprutor, pansarskott, sprängdeg, hagelgevär och en större mängd pistoler och revolvrar. Annan information gällde narkotika. Bland annat rapporterade Max att Brödraskapet fixat kokain till ledningen för Hells Angels Malmöavdelning på besök i Stockholm. Flera gånger erbjöds Max själv också att delta i olika knarkaffärer. Hans instruktion från Olle Liljegren var dock att aldrig befatta sig med droger på ett sådant sätt att han riskerade att gripas.

Max berättade även för Liljegren att Brödraskapet fick information från flera polisläckor. "Köpta" polismän skulle på beställning gå in i hemliga register och ta ut känsliga uppgifter, hävdade han. Enligt Max gick en kanal via Hells Angels i Malmö. En Brödraskapet-medlem skulle också ha tät kontakt med en polisman i yttre tjänst i Stockholm. Men mest handlade Max rapporter om olika indrivningar. Brödraskapets rykte som effektiv inkassofirma var vid det här laget grundmurat. Ofta behövde medlemmarna bara visa sina västar för att pengar skulle komma fram. Företagare och andra som inte fått hjälp av kronofogden att driva in sina fordringar stod snart i kö hos Brödraskapet.

– Det var en strålande verksamhet. Vid den här tiden brukade vi käka middag på Broncos Bar i Vasastan och efter maten lämnade alla som gjort uppdrag kuvert med pengar till den som var ansvarig. Ofta var det tjocka kuvert som vandrade längs bordet, berättar Max.

Även ren utpressning förekom. Ett av offren var Berth Milton, ägare till porrimperiet Private Media Group. Det var någonstans i samband med detta som Max övergick från att vara passiv informatör till att aktivt driva på de andras brottslighet. Bakgrunden var att Max kände Berth Milton sedan han hade jobbat som vakt på en av Privates sexkryssningar i Medelhavet, där privatpersoner betalat dyrt för att komma ombord på ett fartyg lastat med porrfilmsaktriser. När ledaren Gedda fick nys om detta berättade han för Max att han ansåg att porrkungen var skyldig honom pengar efter en historia på 1980-talet. Gedda skulle ha utfört ett indrivningsuppdrag åt Milton men åkt fast. Enligt Gedda skulle Milton ha lovat att gottgöra honom för detta, men några pengar hade aldrig kommit.

Max föreslog att Gedda och han skulle åka ut till Milton på dennes kontor i Nacka och ta ett snack. Det blev ett ganska trevligt möte och de båda gick aldrig rakt på sak. I stället lindade de in budskapet genom att prata om en annan kille som inte gjort rätt för sig. Men Milton låtsades inte förstå vad de menade. Då tog ett par andra Brödraskapet-medlemmar över ärendet. En av dessa sökte upp Milton tillsammans med två andra torpeder och förklarade att nu skulle pengarna fram, totalt 400 000 kronor.

Berth Milton blev livrädd och ringde sin advokat. Denne rådde honom att gå till polisen, vilket han gjorde. Men tack vare Max visste polisen redan och planeringen för hur en fälla skulle kunna gillras var i full gång. Fast detta berättade polisen inte för Berth Milton, i stället sa de till Milton att spela med i utpressningen så skulle det nog lösa sig. Så blev det, och Milton kom överens med Brödraskapet om tid och plats för överlämning av en väska med pengar: Mc Donald's på Sveavägen i Stockholm en dag i februari 1997. Men Milton behövde själv inte gå dit. I stället låtsades en polisman vara Miltons ombud och satte sig att vänta inne på restaurangen med en hamburgare i handen. Brödraskapet-medlemmen kom, men blev snabbt misstänksam. Författaren Thomas Sjöberg har i sin bok *Private med Milton och Milton* beskrivit hur polismannen under fem minuters samtal försöker få den andre att bekräfta att han är där för att hämta Miltons pengar. Detta misslyckas och Brödraskapet-medlemmen går därifrån. Kort därefter greps medlemmen, som kom att dömas till tio månaders fängelse. Max egen roll i utpressningsförsöket kom aldrig fram.

– Jag var ju med och drev på ända fram till Mc Donald's. Men i sista stund sa jag att jag fått maginfluensa och var tvungen att stanna hemma, avslöjar Max.

Under de kommande veckorna lämnade Max flera andra tips som resulterade i gripanden och beslag. Det verkliga genombrottet kom i mars 1997. Då kunde Max berätta att flera Brödraskapet-medlemmar – däribland Minikubik – hade beväpnat sig för att utföra ett bankrån någonstans utanför Stockholm. En stor polisinsats drogs igång och någon dag senare greps Minikubik och tre andra med vapen och annan rånarutrustning. Samtliga dömdes till fängelse.

I samma rättegång åtalades även en trettiotvåårig Brödraskapet-medlem med öknamnet Tok-Erik. Tillsammans med Max, Minikubik och flera andra hade Tok-Erik åkt hem till en kille som anklagats för att ha stulit en annan medlems Harley-Davidson. Killen, som bodde i en lägenhet vid Gullmarsplan, tvingades följa med ut i en bil. Därefter startade en färd i hög hastighet härs och tvärs runt i stan, där gänget letade efter en annan person som också skulle ha varit med om mc-stölden. Tok-Erik satt bakom ratten, kraftigt påverkad av droger.

– Efter ett tag insåg jag att det höll på att balla ur ordentligt. Tok-Erik hade bland annat stannat mitt på vägen och tryckt ned den stackars killen i bagageluckan, berättar Max.

I smyg ringde Max upp Olle Liljegren från sin mobiltelefon så att Liljegren skulle kunna höra vad som hände. Liljegren uppfattade allvaret i situationen och en polisinsats förbereddes. Max låtsades sen ringa sin flickvän och fick då klartecken från Liljegren om att ett gripande skulle ske.

– Jag avslutade med "puss, puss gumman", skrattar Max.

Efter att Max lämnat sällskapet, som hade parkerat vid Norra Bantorget i centrala Stockholm, dröjde det inte länge innan Stockholmspolisens piketstyrka slog till. Tok-Erik och flera andra greps. Men mannen i bagageutrymmet låg tyst kvar utan att våga ge sig till känna. Först efter cirka tio minuter öppnade piketstyrkans chef bagageluckan och hittade mannen, skakande. Motvilligt berättade denne då vad han hade varit med om. Inte heller i det här fallet avslöjades det verkliga skälet till polisens ingripande. Den officiella versionen var att polisen hade spanat på Brödraskapet och tyckt sig se en "avlång väska" innehållande ett misstänkt vapen.

Under rättegången i tingsrätten blev det problem. Offret dök nämligen inte upp. Men statsåklagare Nils-Eric Schultz lyckades ändå övertyga rätten och Tok-Erik fälldes för olaga frihetsberövande. I hovrätten blev situationen ännu mer intrikat. Nu infann sig offret – i sällskap med Tok-Erik. Såväl Tok-Erik som de andra åtalade Brödraskapetmedlemmarna var helt oskyldiga, försäkrade offret. Att han hittats i det låsta bagageutrymmet hade en enkel förklaring. Han hade helt enkelt lagt sig där frivilligt eftersom det hade varit för trångt inne i kupén.

Olle Liljegren och de andra poliserna som kände till den verkliga bakgrunden satt nu i knipa. Skulle de berätta för åklagaren om Max roll och ta risken att han kallades som vittne? Eller skulle de hålla tyst för att inte röja sin mullvad? Det blev det senare – trots att rättegångsbalken säger att alla omständigheter av vikt måste läggas på bordet under en rättegång. Nu fick i stället åklagare Nils-Eric Schultz försöka ro målet i hamn utan att ha tillgång till alla fakta. Det slutade dock i framgång för hans del; Svea hovrätt trodde inte på offrets nya berättelse utan fastställde tingsrättens beslut.

Redan innan domen föll hade Max tid som spion inom Brödraskapet fått ett abrupt slut. Inte genom att han blev avslöjad utan på grund av en konflikt med Tok-Erik. Max hade sällat sig till en falang som ville att Tok-Erik skulle uteslutas på grund av att denne gett flera medlem-

Tok-Erik – en av Brödraskapet MC:s mest beryktade medlemmar. I början av 1997 greps han för att ha kidnappat en man och hållit denne inlåst i bagageutrymmet på en bil.

mar stryk. När Tok-Erik fick nys om Max uppfattning blev han rasande och krävde att få träffa Max. Detta skedde i samband med ett klubbmöte på Brödraskapets stamkrog Lilla Maria vid Mariatorget på Södermalm i mars 1997. Ett stort antal poliser låg gömda på håll och avvaktade när Max gick till mötet. Max hade känt på sig att det låg bråk i luften och larmat Olle Liljegren. Och mycket riktigt, när Max och ett antal andra Brödraskapet-medlemmar satt sig tillrätta inne på krogen dök Tok-Erik upp med ett gäng storvuxna vänner. Tok-Erik började med att utmana Gedda och den övriga ledningen. Han sa att de fick välja: Antingen skulle han få ta över klubben eller så skulle de andra köpa ut honom. Gedda, som inte hade några planer på att lämna ifrån sig ledarskapet, accepterade en ekonomisk uppgörelse. Därefter sa Tok-Erik till Max att följa med ut på gatan.

Där small det direkt. Max fick näsan spräckt och blodet forsade. När misshandeln var över låg Max på gatan, nästan avsvimmad. Ingen av de andra Brödraskapet-medlemmarna ingrep. Däremot dök flera poliser upp från ingenstans och försökte gripa Tok-Erik, som satte av till fots. Poliserna hade legat och spanat på Brödraskapet utifrån tips om att det skulle finnas vapen i en bil, men beslutat att röja sig när de såg vad som hände.

– När vi såg misshandeln tvingades vi improvisera. Det blev "go, go, go" och vi stormade fram från alla håll, berättar Claes-Erik Lindsten, en av de poliser som fanns på plats på Mariatorget i civila kläder.

Tok-Erik lyckades springa till en parkerad bil i närheten och försvinna från platsen. Max omhändertogs och kördes till Södersjukhuset.

– Jag kände att det var över, klubben hade offrat mig för att slippa fortsatt bråk med Tok-Erik. Men att agera målsägande i en rättegång och få en massa uppmärksamhet som riskerade att avslöja mig var ju det sista jag och Olle ville. Därför blev det aldrig någon utredning av misshandeln, förklarar Max i efterhand.

Det skulle dröja sju år innan Max hemliga uppdrag uppdagades. I början av 2004 greps han och Olle Liljegren, båda misstänkta för att ha använt olagliga metoder i samband med en operation mot en kokainliga. För att visa hur samarbetet hade fungerat och försöka övertyga rätten om att metoderna var sanktionerade av polisledningen, valde de att även berätta om infiltrationen av Brödraskapet. Dåvarande chefen för Stockholmspolisens informatörsverksamhet, kommissarie Ali Lindholm, bekräftade till stora delar Max och Olle Liljegrens berättelser. Även länskriminalens chef, Leif Jennekvist, medgav motvilligt att han varit den som godkänt utbetalningar på flera hundratusen kronor till Max. Trots detta dömdes Max till tre års fängelse av Svea hovrätt för att själv ha tagit befattning med narkotika i olika hemliga operationer. Han avtjänade sitt straff och sattes därefter i ett omfattande skyddsprogram. I dag lever han utomlands under annat namn.

Olle Liljegren friades från narkotikabrott men dömdes i Högsta domstolen för tjänstefel och vapenbrott till villkorlig dom. I juni 2006 blev han skild från sin anställning av Rikspolisstyrelsens ansvarsnämnd. Några månader senare avslöjade en annan före detta provmedlem i Brödraskapet MC att också han infiltrerat grupperingen på Olle Liljegrens uppdrag. I tidningen *Expressen* uppgav mannen att han värvats av polisen redan 1995, då han jobbade som bartender på krogen Down Town i Stockholm. Kontakterna med såväl Brödraskapet som polisen hade fallit sig naturliga; Down Town var ett populärt tillhåll för både kriminella mc-gäng och poliser, fast på olika dagar. Bartenderns hemliga rapportering inifrån Brödraskapet MC ska ha pågått till och med början av 1997, då mannen uteslöts efter ett bråk om pengar. Några år senare dök mannen upp inom svenska Bandidos, även här som infiltratör åt Stockholmspolisen. Totalt ska mannen, enligt egen uppgift till *Expressen*, ha deltagit i ett trettiotal operationer innan hans identitet röjdes och han tvingades flytta utomlands. Inget talar för att han och Max kände till varandras parallella uppdrag för Olle Liljegren.

Polisens arbete med att splittra Brödraskapet slutade emellertid inte här. En annan metod var att försöka skapa motsättningar mellan medlemmarna. Vid ett tillfälle då några polismän upptäckt att en av medlemmarna hade dömts för sexbrott mot en minderårig flicka kopierades domen och sattes i händerna på Brödraskapets ledning. Följden blev att medlemmen omedelbart sparkades ut.

– Vi läckte ju inga hemligheter, domar är ju offentliga, säger en av de få poliser som har insyn i saken med ett litet leende.

Bitande kyla möter Danny Fitzpatrick när han öppnar den sista dörren på väg ut från Hallanstalten. Efter fem och ett halvt års inlåsning är han den här januarimorgonen 1998 på väg tillbaka till friheten. När Danny greps var han en rånare bland hundratals andra. Nu är han en kriminell kändis och ligaledare – som äntligen ska få utdelning för det han byggt upp inifrån fängelset. Om och om igen har Danny drömt om hur det ska bli. När grindarna öppnas ska han gå raka vägen ut till parkeringsplatsen. Där ska Brödraskapet-medlemmarna stå och vänta. De ska ha fixat en motorcykel till honom och han ska sätta sig på sadeln, starta motorn och köra iväg in mot stan. Utan att vända sig om. Aldrig mer ska han bevärdiga Hall med en blick. Allt detta har han sagt till sina närmaste flera gånger.

Men när grindarna öppnas och Danny börjar gå mot parkeringen, över gångbanans isiga asfalt, är det något som är fel. Väldigt fel. Där finns ingen väntande motorcykel. Och det är kanske egentligen inte så konstigt, ingen kör ju motorcykel på vintern. Men värre: varken Brödraskapet-medlemmarna eller någon annan är där för att ta emot honom. Först tänker Danny att vännerna bara blivit lite försenade. Han står kvar och väntar. Andas ut vit rök. Tittar då och då upp mot stora vägen. Men ingen kommer. Till slut tvingas han göra det som han lovat sig själv att låta bli. Han vänder sig om mot anstaltsbyggnaden och går tillbaka.

Framme vid grinden ringer han på klockan och säger till vakten att han glömt en sak. Tillbaka i entrén ber han sedan att få låna en telefon och ringer till sin tjugoettåriga dotter. Var är alla? frågar han dottern, som lovat komma och möta honom. Dottern förklarar att hon är på väg och inte har långt kvar. Några minuter senare möter han henne och en enda vän ute på parkeringsplatsen. Det är hela välkomstkommittén.

Hur kunde de glömma honom? Vad hade gått snett? Den tomma parkeringsplatsen gav ett obarmhärtigt kvitto på hur Dannys ställning hade försvagats under hans sista tid på anstalt. Några av dem som skulle ha velat välkomna honom ut satt förstås själva inne. Den ursäkten gällde dock inte för de gamla vapendragarna Gedda och Nubbe. Sanningen var att även dessa hade tröttnat på Danny. Från att ha varit kul, karismatisk och kaxig hade han blivit maktfullkomlig, lynnig och paranoid. Gedda och Nubbe hade fått order inifrån Hall om att göra än det ena, än det andra. Danny hade dessutom påmint dem om att de bara var en temporär lösning – när han kom ut igen var det han som skulle vara chefen.

– Fitzpatrick hade blivit en despot och det hade kanske funkat inne på kåken. Men det han inte fattade var att kåken bara är en pseudovärld och att helt andra regler gäller på utsidan. Hans misstag var att tro att det bara gick att köra på som om han var kung, säger kriminalinspektör Claes-Erik Lindsten på länskriminalen i Stockholm.

En del menar att Danny blev fixerad vid det som skrevs om honom i tidningarna, att han skulle vara så farlig och mäktig.

– Han sparade varenda artikel och försökte liksom bli den person som media målat upp, berättar en källa nära Danny.

Dannys ledarskap hade börjat vackla redan när han under 1997 förflyttades från Kumla till Hall. På den nya anstalten hade ett gäng jugoslaver misshandlat honom och ett par Brödraskapet-medlemmar svårt. Dannys ansikte hade varit svullet och missfärgat länge efteråt. För Danny hade misshandeln inneburit en personlig förnedring. Men attacken var också ett hårt slag mot allt som Danny predikat. Hela idén med Brödraskapet var ju att ett medlemskap skulle skydda emot alla tänkbara fiender.

Men om inte ens ledaren gick säker, vilken uppbackning kunde då en vanlig medlem räkna med? Danny stod inför en kris. Om bara några dagar skulle han träffa medlemmarna inom Brödraskapet MC på sin egen muckarfest. Då handlade det bara om en sak: att visa vem som verkligen bestämde.

Fredagen den 30 januari 1998 bjuder Danny in till fest i klubbhuset i Länna. Dannys tanke är att festen ska pågå i tre dagar, precis som när Hells Angels firar stora händelser. Just Hells Angels tillhör de gäng som Danny gärna vill se på festen. Intresset visar sig dock vara ganska svalt, bara ett par Hells Angels-medlemmar dyker upp. Polisens spanare noterar förvånat hur Danny själv åker runt och hämtar upp inbjudna i en lånad bil.

Partyts inledning blir också betydligt mindre festlig än vad Danny tänkt sig. De cirka hundrafemtio gästerna är tvungna att gå den sista biten fram till klubbhuset i snön, eftersom Stockholmspolisen upprättat en vägspärr ett hundratal meter från byggnaden. Besökarna kontrolleras och fotograferas innan de släpps in. Bakom en mur av poliser kör festen till slut igång. Men stämningen vill inte riktigt infinna sig.

– Det var ganska avslaget. Det bjöds inte på något, utan folk fick köpa öl och sprit i baren som vanligt, berättar en av gästerna.

Danny själv tillbringar den mesta tiden i klubbens så kallade VIP-rum. Han anstränger sig för att hålla masken och visar, såvitt känt, ingen ilska mot de Brödraskapet-medlemmar som inte åkt ut till Hall för att möta honom några dagar tidigare. Den inledande kvällen blir lugn och polisen avbryter bevakningen redan vid ettiden.

Nästa natt bjuder på desto mer dramatik. Vid halvsjutiden på söndagsmorgonen ringer en kvinna till SOS Alarm och berättar att en person har blivit skjuten i knäet inne på festen. En ambulans skickas dit, men då har offret med vänners hjälp redan tagit sig till Huddinge sjukhus. Kort därefter stormas lokalen av ett fyrtiotal poliser.

Danny och övriga gäster omhändertas och bussas till olika polisstationer, där de förhörs och sedan släpps. Ingen säger sig ha sett någon skjutning. Något vapen hittas heller aldrig inne i klubblokalen. Däremot beslagtas en blodig yxa, som senare kan kopplas samman med att en man kommit in till akuten på Södersjukhuset med ett djupt jack i svålen.

JAILBREAK 98 PARTY!!!

BRÖDRASKAPET

30/1-1/2   21.00

"THE HOOD" IS BACK IN TOWN

"PEDJA" 30 YEAR BIRTHDAY PARTY

WE NEVER CLOSE!!!

BRÖDRASKAPET MC ● WOLFPACK PLACE

LAGERVÄGEN 14 • (Gräsvretens uppl.omr.) 08-707 94 40 (For more info)

Danny Fitzpatrick slog på stora trumman efter att ha frigivits från anstalt i början av 1998. Stora delar av Stockholms undre värld bjöds på en tre dagar lång fest – men antalet besökare blev klent.

Inte heller den patrull som försöker förhöra den skottskadade kommer någon vart. Mannen, en tjugonioårig hangaround till Brödraskapet, är helt ointresserad av att vittna. Samstämmiga uppgifter som framkommit långt senare säger dock att det var en rasande Danny som sköt honom. Anledningen ska ha varit att tjugonioåringen vägrat utföra en tjänst åt Danny. När Danny försökt läxa upp honom hade tjugonioåringen, som var kraftigt påverkad av droger, skrikit att han tänkte gå ur Brödraskapet. Därefter hade tjugonioåringen fortsatt fram mot Danny och hotat att ge honom stryk. I detta läge ska Danny ha lyft vapnet och fyrat av.

Efter festen krymper skaran av trogna kring Danny Fitzpatrick snabbt. Vem vill ingå i ett gäng där man riskerar att bli skjuten av chefen? undrar många och bestämmer sig för att kliva av. Bland avhopparna finns Dannys gamla vapendragare Nubbe och Gedda. Tillsammans med den skottskadade tjugonioåringen börjar de umgås allt flitigare med medlemmar i Hells Angels Stockholmsavdelning. Den återstående spillran från före detta Asa MC lämnar också Brödraskapet, för att lite senare dyka upp som supporters till Bandidos avdelning i Helsingborg.

Även bland de få som fortsätter att vara lojala mot Danny växer missnöjet. Presidenten är oberäknelig, aggressiv och vill festa varje dag. En tid senare ska en av dem ge den här beskrivningen i ett brev som läses av Kriminalvården: "Att vi skulle vara bröder stämmer inte alls. I själva verket var vi slavar utan någon lön. / .../ Broderskänslan försvann helt efter det att Hood (Danny Fitzpatrick, vår anmärkning) inte längre ville att vi skulle ha en MC-klubb utan hellre ville ha oss springande på stan i hans ärenden."

Nu ser Stockholmspolisen sin chans att sätta in den sista stöten. Ägaren till ett stort städföretag har hört av sig och berättat att Danny och några andra försökt överta hans bolag genom hot. I mitten av mars 1998 grips och häktas Danny för grov utpressning. Några dagar senare meddelar Stockholmspolisen via TT att Brödraskapet MC är knäckt. Danny kokar av ilska när han nås av beskedet inne på häktet. På ett vykort som han skickar till *Dagens Nyheters* kriminalreporter Ulrika By bekräftar Danny att Brödraskapet MC visserligen är upplöst. Men han betonar att det absolut inte är "smutsens" förtjänst (Dannys omskrivning för polisen). I stället har beslutet fattats av ledningen för Brödraskapet Wolfpack, hävdar han och syftar på fängelseorganisationen. "Vi lade ner det", avslutar Danny och försäkrar samtidigt att Brödraskapet Wolfpack kommer att finnas kvar.

En tid senare, efter att Danny släppts ur häktet, får han reda på att Nubbe, Gedda och mannen som han skjutit i benet är på väg att bli hangarounds till Hells Angels. Rykten säger dessutom att de forna vännerna tagit med sig Brödraskapets klubbkassa. Nu brister det för Danny. Han åker till Hells Angels lokal i Bromma och ställer till en scen, anklagar de gamla vännerna för att ha svikit honom och förklarar att "det är krig". Detta får knappast Nubbe, Gedda och tjugonioåringen att ändra sig. De är helt inriktade på att bli medlemmar i Hells Angels, vilket de båda förstnämnda också blir något år senare.

Vid den här tidpunkten är Danny av allt att döma helt pank. Desperat börjar han gå igenom alla gamla affärsrelationer för att se om någon är skyldig honom pengar. Då kommer han att tänka på hans kompanjon på rostskyddsverkstaden. År efter år har Danny ältat samma fråga: Kunde inte kompanjonen ha räddat firman från konkurs? Danny söker upp ex-kompanjonen och förklarar att han vill bli kompenserad för att företaget gick omkull. Mannen svarar "Det kan du glömma" och påpekar att han numera är medlem i Hog Riders, ett nordiskt mc-gäng lojalt med Hells Angels. Danny ger sig inte. Han och några andra åker ut till Hog Riders klubblokal i Stuvsta söder om Stockholm och skriker hotelser mot hela klubben. Händelsen ska följas av ytterligare hot på telefon.

I början av juni 1998 är Danny i det närmaste isolerad. Polisens spanare noterar att han uppträder mer och mer instabilt.

– Till slut ligger han och trycker hemma hos en vän ute i Hässelby, en av få som han fortfarande litar på, berättar en källa.

Några dagar före midsommar ringer Danny en av sina gamla vänner i Nacka. Danny frågar om det är någon som ska ut och åka båt till midsommar, som förr i tiden. Mannen i andra änden av telefonlinjen, som de senaste åren bara har läst om Danny i tidningarna, svarar att det inte är aktuellt och lägger på luren.

I skymningen den 18 juni 1998, kvällen före midsommarafton, ska Danny möta sitt öde. Vid 22-tiden lämnar han sin väns lägenhet i Hässelby och går ut till en hyrbil som han ställt på gatan. Luften är lite kylig

Under våren 1998 blir Danny Fitzpatrick mer och mer oberäknelig och aggressiv. Här gör han ett utfall mot en polisman som fotograferar honom i samband med en trafikkontroll.

efter flera dagars regn. Timmarna innan har Danny pratat flera gånger i telefon med en trettiotreårig man som nyligen muckat från ett långt straff för mord. Trettiotreåringen har själv tidigare varit medlem i Brödraskapet och nu vill han träffa Danny. Varför är okänt, men de båda har i alla fall kommit överens om att ses på en bar vid Norrmalmstorg senare denna kväll. I hyrbilen, en silverfärgad Toyota Corolla, kör Danny österut från Hässelby. Vid Bergslagsplan svänger han höger och fortsätter in mot stan på Bergslagsvägen. Danny upptäcker aldrig de män som står längs vägen. Direkt efter att han passerat dem plockar de upp sina mobiltelefoner och ringer. Danny passerar rondellen som leder in till Vällingby och kör vidare mot Råckstarondellen. Därefter sker allt blixtsnabbt. Inne i Råckstarondellen blir Toyotan upphunnen av en BMW och en Ford Sierra Combi som saknar bakruta.

Två skyttar sträcker sig ut ur de upphinnande bilarna, håller ut sina vapen, siktar och avfyrar. Totalt avlossas tjugotre niomillimeterskulor, varav åtta träffar Toyotan. En av kulorna går in genom vänstra delen av

Dannys bröstkorg och fortsätter genom vänstra lungan, hjärtat, högra lungan och ett revben för att stanna i en muskel. Danny dör vid ratten och bilen fortsätter ner i diket. Under en av bilens bakre golvmattor ligger en laddad revolver som han aldrig hunnit sträcka sig efter.

Knappt fem månader var vad Danny hade fått på sig för att försöka befästa sin ställning som Brödraskapets ledare. Det hade slutat i katastrof. Genom sin osmidighet och benägenhet att utmana vem som helst blev Dannys korta tid i frihet ett avskräckande exempel för alla som vill lära sig att överleva i den undre världen. Han hade skaffat sig alltför många farliga fiender – och gjort sig av med nästan alla allierade.

Även inom Stockholmspolisen hade Danny Fitzpatrick blivit mer illa sedd än kanske någon annan. I en intervju med brittiska morgontidningen *The Independent* betecknade en kriminalinspektör vid länskriminalen mordet som "a lucky shot". "A big piece of shit is gone", slog polismannen fast. Uttalandena citerades ordagrant och noterades med förvåning av svenska ambassaden i London. I kontakterna med svenska massmedia var polisen försiktigare. Spaningsledningen sa, som så ofta i svåra mordutredningar, bara att man höll alla dörrar öppna i jakten på gärningsmännen. Men i hemlighet inriktades utredningen snabbt mot mc-gänget Hog Riders. Redan natten efter mordet hörde polisen nämligen hur en medlem i Hog Riders Linköpingsavdelning ringde till klubbens president för att lämna ett glädjande besked.

– Man hade lyssning på presidenten i ett narkotikaspaningsärende. Han själv låg och sov men hans sambo svarade. Hon var först tveksam till att väcka presidenten, men gjorde det efter att medlemmen garanterat att presidenten skulle bli glad av det han skulle få höra. Vi hörde tyvärr aldrig hela samtalet på grund av att männen bytte till andra telefoner. Men det vi hörde räckte för att förstå att det var mordet som avrapporterades, kommenterar en polisman.

En omfattande kartläggning i efterhand av all telefontrafik som förekommit kring mordplatsen visade dessutom att minst två Hog Riders-medlemmar befunnit sig där vid den aktuella tidpunkten. När polisen sedan upptäckte att Hog Riders-medlemmarna haft telefonkontakt med den nymuckade mördare som Danny skulle ha träffat klarnade bilden. Danny hade lurats in i en fälla. Under spaningarna såg polisen att de båda misstänkta Hog Riders-medlemmarna hade nära kontakt med Hells Angels. Bland annat festade männen tillsammans med ledningarna för alla svenska Hells Angels-klubbar hos Hells Angels i Bromma september 1998. Hade Hog Riders-medlemmarna möjligtvis bara varit ett redskap för mc-världens verkliga makthavare? undrade poliser som jobbade med fallet.

Två veckor senare skedde tillslaget. Hog Riders-medlemmarna och mannen som lurat Danny i fällan greps. Under den fortsatta utredningen konstaterades krutstänk i en av männens bilar Men det som hade sett glasklart ut för polisens spanare skulle visa sig bli svårare för åklagaren att styrka i rätten. Målet mot männen slutade med att hovrätten dömde de båda Hog Riders-medlemmarna för medhjälp till mord medan trettiotreåringen friades helt. Något enskilt motiv till mordet på Danny Fitzpatrick utkristalliserades aldrig. Utredarna tvingades nöja sig med att det funnits en massiv hotbild mot Danny. Några av punkterna på polisens lista över tänkbara anledningar var:

• Danny hade planerat att göra verklighet av sina hotelser mot Hog Riders och sin före detta kompanjon i rostskyddsfirman. Hog Riders hade kommit fram till att anfall var bästa försvar.

• Danny hade förklarat krig mot sina forna idoler Hells Angels efter Nubbes och Geddas avhopp. Hells Angels hade bett ledningen för lojala Hog Riders att "ta itu med problemet".

• Flera kriminella konstellationer, däribland en grupp jugoslaver, hade tröttnat på Dannys försök att spela maffialedare och bildat ett gemensamt mordkommando. Även bland Brödraskapets avhoppade medlemmar kan det ha funnits personer som samarbetat.

– Vi kommer nog aldrig att få ett säkert svar. Det enda vi vet är att det låg i flera grupperingars intresse att Fitzpatrick försvann, säger en polisman som deltog i utredningsarbetet.

Men det fanns även de som sörjde. Till begravningen kom ett trettiotal personer, däribland Minikubik och ett par andra före detta medlemmar i Brödraskapet MC. Dessutom dök en helt ny gruppering upp: förortsgänget Chosen Ones, som Danny tagit hjälp av under sin sista tid. Och i en dödsannons i *Dagens Nyheter* hyllade Brödraskapets fängelsesed sin grundare med orden: "Du föddes till en krigare. Du levde som en krigare. Du dog som en krigare." Bland brödraskapets ursprungsmedlem-

Sörjande vid Danny Fitzpatricks begravning på Skogskyrkogården i Stockholm sommaren 1998. En av få vänner från Brödraskapet som dök upp var Paul Jacobsson (i vit tröja), själv mördad i Tumba tre år senare. Bakom honom syns medlemmar från då nybildade Chosen Ones.

mar fanns det också de som krävde hämnd. Vid mordplatsen satte någon till exempel upp en skylt med texten "God Forgives – We Don't". Så vitt känt uteblev dock alla vedergällningsförsök. Enligt underrättelseinformation till polisen ska Brödraskapet till och med ha skickat ett så kallat fribrev till de dömda Hog Riders-medlemmarna, vilket skulle garantera dem säkerhet under strafftiden. På Tidaholmsanstalten fick emellertid en fyrtionioårig intagen plikta med livet för att ha häcklat den döde Danny Fitzpatrick. Knappt två veckor efter mordet hittades fyrtionioåringen ihjälslagen i sin cell. En tjugofyraårig finsk provmedlem i Brödraskapet dömdes senare till livstids fängelse för dådet.

I samband med utredningen av mordet på Danny Fitzpatrick försökte länskriminalen återigen lösa polismordet i Högdalen 1992. Flera poliser var övertygade om att det var Dannys rånargäng som hade öppnat eld med tre vapen och dödat Leif Widengren, en av flera poliser som eskorterat en värdetransportbil lastad med 20 miljoner kronor till Hög-

Hells Angels MC Stockholm öppnar för första gången dörrarna till sitt klubbhus i maj 2001 med anledning av att amerikanske HA-pionjären Ralph "Sonny" Barger marknadsför sin nya bok. Barger sitter i mitten, med morddömde Jörn "Jönke" Nielsen t.v. och Thomas Möller t.h. Foto: Scanpix.

Julhälsning från fem svenska Hells Angels-klubbar. Foto: Polisen.

Den svenska enprocentskulturen föddes på den skånska landsbygden. Här syns Thomas Möller och flera andra medlemmar i Dirty Dräggels, som 1993 blev landets första Hells Angels-avdelning. Foto: Okänd.

Thomas Möller, tidigare president i Hells Angels Malmö, poserar med pistol i byx-linningen. Bilden anträffades vid en husrannsakan i Hells Angels klubblokal och avfotograferades av polisen.

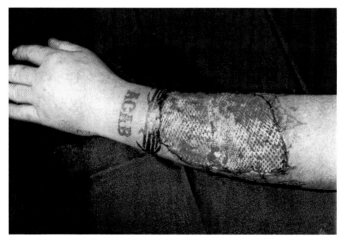

En utesluten medlem i Hells Angels blivande Göteborgsavdelning fick sina klubb-tatueringar bortslipade med vinkelslip. Trots att medlemmen avskydde polisen valde han att göra anmälan. Fem klubbkamrater dömdes till fängelse för grov misshandel. Foto: Polisen.

Bandidos starke man och hans lojala undersåtar. Jan "Clark" Jensen (med händerna i sidan) styr sedan flera år svenska Bandidos med fast hand. Bilden tagen av polisen i samband med begravning av en medlem i grupperingens Stockholmsavdelning 2005.

I början av 2000-talet bildade Bandidos en undergrupp som fick namnet X-Team. Medlemmarna, varav de flesta är tungt kriminellt belastade, används för diverse uppdrag och utgör rekryteringsbas för moderorganisationen. Foto: Okänd.

Under hösten 2006 sprängdes två personbilar i Göteborg med hjälp av handgranater som placerats intill fordonens hjul. Båda offren, som klarade sig med lindriga skador, hade tidigare hamnat i onåd hos Bandidos. Trots ett omfattande utredningsarbete körde polisen fast. Foto: Scanpix.

Brödraskapet-medlemmar fotograferade inne på Kumlaanstalten sommaren 1997. Bilden skulle skickas till ledaren Danny Fitzpatrick på Hall men beslagtogs av Kriminal-vården. Den blivande presidenten Patrick Huisman syns stående i mitten. Foto: Okänd.

Ovan t.v.: Danny Fitzpatricks Brödra-skapet-tatuering. Vargens egenskaper sågs som ett ideal för grupperingens medlemmar, taggtråden symboliserade fängelsemurar och de finska och svenska flaggorna representerade ursprungs-medlemmarnas nationella bakgrund.
Foto: Privat.

Ovan t.h.: Dömd för bankrån blev Danny Fitzpatrick snabbt en ledargestalt inom fängelsevärlden. Flera av de kontakter som ledde till Brödraskapets bildande skedde på Kumlaanstaltens gym.
Foto: Okänd.

T.v.: Efter att ha frigivits från anstalt grävde Danny Fitzpatrick bokstavligt talat sin egen grav. Han förnedrade sina egna medlemmar och gjorde sig ovän med mängder av andra kriminella. Den 18 juni 1998 mördades han.
Foto: Privat.

Efter en lång karriär som yrkeskriminell i bland annat Sverige åkte Zeljko "Arkan" Raznatovic tillbaka till Jugoslavien och bildade en privat armé. Styrkan, som kallades Arkans Tigrar, deltog på den serbiska sidan under 1990-talets inbördeskrig på Balkan och anklagades för åtskilliga grymma övergrepp. Foto: Scanpix.

Sommaren 2005 sköts affärsmannen Pera Grujic ihjäl på Södergatan i Malmö. Dådet avslutade en serie mord och mordförsök på svenska serber knutna till rånaren och krigsherren Arkan. Foto: Patrick Persson.

År 2005 svepte en rånvåg över Sverige, där gärningsmännen sprängde sig in i värde-transportbilar. Ett av rånen, som inträffade i Stockholmsförorten Hallunda, utfördes av personer knutna till grupperingen Fucked for Life. Foto: Scanpix.

dalens postkontor. Indicierna var flera. Bland annat hade samma typ av ammunition använts vid mordet som när Danny, Minikubik och Sasha rånat värdetransportbilen vid Ringens köpcentrum. En av flyktbilarna i Högdalen-fallet hade dagarna innan fått en parkeringsbot i närheten av Dannys dåvarande verkstad i Nacka. Och inne på anstalt hade Danny ju själv på olika sätt gett sken av att han var en polismördare. Bland annat undertecknade han vid ett tillfälle ett brev med "werewolf".

– Beteckningen var Brödraskapets motsvarighet till "Filthy Few", alltså sådana medlemmar som dödat för klubben. Det fanns inget skäl för Fitzpatrick att fejka sig till den status som detta innebar, säger kriminalinspektör Claes-Erik Lindsten, som upptäckte brevet och skrev ett så kallat underrättelseuppslag till de kolleger som utredde polismordet.

Dannys kompanjon på verkstaden hade i tidigare förhör gett honom alibi för polismordet. När Danny nu var borta hoppades polisen att kompanjonen skulle ändra sig. Så skedde inte.

– Det hölls nya förhör i kretsen kring Fitzpatrick om polismordet när vi ändå pratade med dem om vem som skjutit Fitzpatrick. Men det var ingen som ville berätta nu heller, kommenterar kriminalkommissarie Eiler Augustsson, som ledde förhören.

Även senare har Fitzpatrick-gänget fortsatt att vara polisens huvudspår. Våren 2002 anhölls två av Dannys rånarkumpaner från Ringenrånet, Minikubik och den man som agerat chaufför. Men när Stockholms tingsrätt ansåg att bevisen inte ens höll för häktning gick luften ur utredningen. De två miljoner kronor som utlovats i belöning för avgörande tips kring polismordet står fortfarande kvar orörda på Rikspolisstyrelsens konto.

Vad Hog Riders Stockholmsavdelning beträffar fanns denna kvar till och med 2005. Därefter bröt medlemmarna med de övriga Hog Riders-avdelningarna i Norden och ändrade namn till Dark Demons. I mitten av januari 2007 brändes Dark Demons klubbhus i Huddinge ned av okända gärningsmän. Inget tyder på att detta skulle ha någon koppling till mordet på Danny Fitzpatrick. Brödraskapet-grundaren är sedan länge glömd av de flesta av sina forna kumpaner och undersåtar. Men en person som aldrig lyckades begrava minnet av Danny Fitzpatrick helt och hållet var, enligt flera källor, Fitzpatricks gamle vän Gedda. I februari 2007 hittades Gedda hängd i sitt hus i Norrtäljetrakten. Uppgifter tydde på att Gedda, som då var medlem i Hells Angels, hade mått dåligt under en längre tid och att flera saker tyngde honom. Kanske var en av dessa saker vetskapen om hur mordet på hans gamle vän planerades och utfördes.

Hur påverkas ett barn av att se sin pappa förvandlas till en ökänd gängledare? Maria vet. Hon är dotter till Danny Fitzpatrick och tvingades följa hur han gradvis förändrades. Maria har aldrig tidigare ställt upp på någon intervju. Men efter att vi kontaktat henne per brev bestämmer hon sig för att göra ett undantag.

– Visst hade pappa sina sidor redan från början, han var ju alltid lite bufflig och så. Men samtidigt var han i grunden kul och charmig. Inne på fängelset försvann nästan allt det som varit positivt. Han blev hatisk och bitter, tyckte att samhället jävlades med honom och ville bara hämnas. Dessutom började han använda droger, trots att han tidigare avskytt allt som droger stod för. Till och med när han satt på Halls säkerhetsavdelning fick han in narkotika, säger Maria, som var sexton år 1992 när Danny greps för rånet mot värdetransporten vid Ringen.

Marias ljusaste minnen av sin pappa är från hennes tidiga tonår. Ända sedan hon var liten hade hon träffat Danny mest på helger och lov. Vid dessa tillfällen hade han skämt bort henne med presenter och överraskningar. När Maria fyllde femton fick hon en splitterny moped. En annan gång åkte de till Disneyland i USA. Och på somrarna tog han med Maria ut i motorbåten och lärde henne att åka vattenskidor. Under de första åren som Danny satt i fängelse träffade Maria honom bara några gånger. Men efter att hon flyttat från sin mamma vid nitton års ålder sågs de regelbundet, ibland flera gånger i veckan. Det var under den här perioden som Brödraskapet bildades.

– Han började prata mer och mer om det där. Jag försökte säga att jag inte ville höra, att jag bara ville vara hans dotter. Då sa han att jag var tvungen att lyssna om jag ville träffa honom. Brödraskapet hade blivit hans liv, berättar Maria.

Snart uppstod absurda situationer i Marias liv. Hon bodde nu tillsammans med en tjejkompis i en förort söder om Stockholm och gick fortfarande i gymnasiet. Okända män – vänner till Danny – ringde och frågade om allt var bra. När hon fyllde år kom ledarna för Brödraskapet MC med presenter från Danny. Och när hon började jobba som säljare i en butik efter skolan hände det att gängmedlemmar åkte förbi bara för att se hur Maria hade det.

– Det kändes bara ansträngt, både för dem och för mig. Men de gjorde det för att de såg upp till pappa, säger Maria.

Vid ett tillfälle fick Maria ett samtal från en av medlemmarna, Tok-Erik. Han frågade om inte han och några kompisar kunde få ta med Maria ut en kväll. Maria sa ja. Kvällen kom och hon åkte in till stan. På en restaurang vid Kungsträdgården träffade hon Tok-Erik och tre andra.

– Jag fattade inte riktigt vad de ville. Men efter ett tag åkte vi ut till ett industriområde i Bromma, där det var fest i en lokal. När vi kom fram och klev ur bilen gick de här killarna framför mig och föste undan allt folk. Inne på festen frågade de om jag ville ha en cigarett och jag sa ja. Då kom de med en hel limpa cigaretter. Jag fattade ingenting och det kändes mer och mer obehagligt, många var påtända och konstiga. Efter en stund bad jag om att få åka hem igen, berättar Maria.

När hon läste en kvällstidning dagen därpå rätades frågetecknen ut. Festen hade hållits för att fira att MC Sweden nått ett steg närmare fullvärdigt medlemskap i Hells Angels. I artikeln stod att Maria varit hedersgäst, som dotter till presidenten för Brödraskapet.

– Det kändes helt sjukt att pappa blivit upphöjd på det viset och att jag sågs som någon slags kronprinsessa som de här killarna ville synas med. Men när jag berättade för pappa vad som hänt var han jättenöjd. Han såg det som ett bevis på sin makt och njöt av det, säger Maria.

Samtidigt minns Maria att hon ofta undrade vad medlemskapet i Brödraskapet egentligen var värt. Som till exempel när Danny hade bett Gedda och Nubbe om en ministereo att ha i cellen och fått nobben. I stället blev det Maria som till slut fick köpa en musikanläggning på avbetalning.

Under senare delen av 1997, när det bara var några månader kvar tills han skulle friges, försökte Danny på olika sätt dra in Maria i sina affärer. Han pratade öppet om begångna brott och avslöjade nya brottsplaner. Dessutom ville han att Maria skulle utföra tjänster åt honom; bland annat försökte han övertala henne till att undersöka ifall en viss krets av personer som han hamnat i luven på planerade att hämnas när han kom ut.

– Jag hade ju ingen aning om vilka de här personerna var eller vart jag skulle gå för att få information. Jag pratade med min pojkvän och vi kände båda att det började bli sjukt, berättar hon.

Det gick längre och längre tid mellan Marias besök på Hall. Redan den där januaridagen 1998, då hon åkte ut för att hämta Danny när han muckat, hade kontakten egentligen upphört. Men Danny ville ta upp tråden igen och skaffade en lägenhet nära Marias. Maria kände att det blev för mycket.

– Han ringde en kväll och frågade om han fick låna en lampa. Då sa jag rakt ut att jag inte ville träffa honom mer. Han blev skitarg och svarade att allt var min killes fel. Innan jag lade på luren hörde jag honom säga att han skulle komma och "klippa oss" samma kväll, berättar Maria.

Maria funderade en stund. Sedan ringde hon polisen. Växeln kopplade henne till Söderortspolisens dåvarande mc-grupp. Där tog man hennes berättelse på stort allvar. Maria och pojkvännen hämtades av en polispatrull och kördes till ett hotell, där de fick bo på polisens bekostnad. Paret fick så kallade skyddade personuppgifter, vilket innebar att deras identiteter blev hemliga i myndigheternas register. För säkerhets skull flyttades de runt mellan flera olika hotell i Stockholmsområdet, innan de till slut fick en ny lägenhet i söderförorten Skogås. Den bostadsadressen blev dock inte långvarig, polisen hade missat att Dannys tillfälliga flickvän bodde i samma område.

– Bara någon dag efter att vi flyttat in i lägenheten i Skogås hörde jag pappas röst ute på gården. Jag utgick från att han letat upp oss och blev helt stel. Men det visade sig att det bara var en slump, han visste inte att vi var där, berättar Maria.

Inte heller efter nästa flytt, som gick till en annan söderförort, skulle Maria gå säker. En dag när hon var på väg i bil in mot Stockholm längs Nynäsvägen kom plötsligt en Volvo kombi med två män i upp jämsides med henne. När Volvon låg någon meter före hennes bil vred föraren sin ratt till höger. Volvons högerskärm träffade kofångaren och vänsterskärmen på Marias bil, som pressades ut mot vägkanten. Maria blev chockad. Men genom att kämpa emot med ratten lyckades hon hålla kvar bilen på vägen. Några ögonblick senare hände samma sak igen.

– Jag hade två tankar i huvudet. Den ena var att jag inte fick stanna bilen utan att jag måste ta mig in till stan. Den andra var att undvika att se männen i ögonen. Jag fick för mig att de skulle kunna döda mig om jag kunde peka ut dem efteråt, berättar Maria.

Prejningsförsöken fortsatte, inför ögonen på andra bilister. Flera gånger stötte Marias bil in i räcket på vägens högersida och skrapades. När bilarna började närma sig Globen lyckades Maria till slut sträcka sig efter sin mobiltelefon som låg i bilens baksäte. Hon tog upp den och tryckte två gånger på ettan, en gång på tvåan. Men innan hon fått kontakt med en larmoperatör var Volvon borta.

– Jag vet inte om de såg att jag ringde och blev skrämda. Men vid avfarten innan Globen försvann de i alla fall, säger Maria.

Maria körde vidare in emot stan, skakande av rädsla. När hon fick kontakt med polisens ledningscentral kom hon bara ihåg delar av Volvons registreringsnummer. En efterlysning gick ut via polisradion. Men varken bilen eller de båda männen påträffades.

– Det kan ha varit pappa själv, det kan ha varit någon av hans killar. Jag vet inte. Men jag har svårt att förstå vem som skulle utföra ett sånt uppdrag, förutom någon som är riktigt påtänd.

Efteråt har Maria funderat på om prejningsförsöket var en hämnd för att hon hade gått till polisen.

– Han kanske fattade det och kände att han berättat för mycket för mig. Saker som skulle kunna skada både honom och klubben om de kom ut.

Prejningsförsöket fick Maria att ta ett beslut. Hon ville inte bara gå omkring och vara rädd, utan kände att hon måste göra något konstruktivt. Lösningen blev en livvaktsutbildning i privat regi. Dessutom gick hon med i en pistolskytteklubb.

– Det spelade in att polisen gjort missar. Trots att de gett mig mycket uppbackning kunde jag inte lita på dem fullt ut. Bland annat hade jag upptäckt att de hyrt in mig och min sambo på ett hotell i våra egna namn. Och en annan gång läckte en känslig sak om pappa som jag berättat för polisen ut i pressen. Att jag anmälde mig till den här livvaktskursen fick mig att känna att jag åtminstone försökte ta kontroll över situationen. Att jag började skjuta var väl av samma skäl, med en vapenlicens och ett vapenskåp hemma skulle jag inte vara lika sårbar, säger Maria.

Livvaktskursen pågick under maj och juni 1998. Maria tränade säkerhetsstrategier, självförsvar, bilkörning i hög hastighet och mycket annat.

Den 17 juni var det avslutning. Maria och de andra deltagarna skulle trygga transporten av en fiktiv skyddsperson genom västra Stockholm. I Marias uppgifter ingick att säkra ett stort område i närheten av Råckstarondellen. Hon lyfte på stenar, letade i sandlådor och genomsökte i princip varenda kvadratmeter i jakt på sprängladdningar. Transporten kunde genomföras utan problem och Maria och de andra kursdeltagarna fick godkänt. Dagen därpå mördades Danny Fitzpatrick på nästan samma plats.

– Min poliskontakt ringde och väckte mig vid femtiden på morgonen. Först trodde jag att de gripit pappa för polismordet i Högdalen. När jag förstod att han var död kände jag på något sätt en lättnad. Jag hade ju gått och varit livrädd för honom och för länge sedan gett upp hoppet om att han skulle bli som förut, säger Maria.

Begravningen av Danny Fitzpatrick hölls fyra veckor senare på Skogskyrkogården söder om Stockholm. Maria var den som skötte kontakterna med församlingen och som betalade gravstenen. På stenen lät hon gravera in Brödraskapets emblem.

– Några släktingar har i efterhand tyckt att det var fel och det var det kanske. Men just då kände jag att det var ju ändå därför han hade dött, säger Maria.

Några veckor senare började Maria jobba som väktare. Men redan då var hon inställd på att så småningom försöka bli polis.

– Det var en tanke som jag haft ända sedan jag var riktigt liten. Efter det som hänt hade jag fått bra kontakter inom polisen och kände ännu mer att det var vad jag ville, säger hon.

År 2001 antogs Maria till Polishögskolan. Sedan 2003 tjänstgör hon som närpolis i Stockholm. Hon har hela tiden trivts bra, även om hon först mötte viss skepsis från en del håll. Kunde äpplet verkligen falla så långt från trädet? undrade någon. Men i takt med att Maria fick chans att visa vad hon gick för ändrade de flesta attityd. Några gånger har Maria också råkat träffa på före detta Brödraskapet-medlemmar i tjänsten. Bland annat en av Dannys gamla vänner, som satt barnvakt åt Maria när hon var liten.

– Visst har det känts lite konstigt, men jag är trygg i min polisroll. Vi har hälsat och sagt något kort och jag tror att de respekterar mitt yrkesval, berättar hon.

Det är svårt att bortse från motsatsförhållandet mellan Dannys och

Marias karriärer. Danny rånade en värdetransport, Maria började jobba som väktare. Danny misstänktes för att ha skjutit en polisman, Maria blev polis. Men Maria själv förnekar att det skulle finnas ett samband mellan pappans kriminalitet och hennes eget yrkesval.

– Det skulle säkert låta bra om jag sa att det var så, fast det är det inte. Men skulle jag ha valt ett jobb där jag ville försöka ställa nånting till rätta så skulle det snarast ha varit inom Kriminalvården. Där såg jag så mycket som var otroligt illa skött, säger hon.

Många hade nog gissat att mordet på Danny Fitzpatrick skulle bli det definitiva slutet för Brödraskapet. Men det skulle inte dröja länge förrän grupperingen återuppstod, nu med en helt ny inriktning. Fem dagar efter Dannys död skickades en "bulletin" från Kumlaanstalten till ett okänt antal kvarvarande medlemmar på landets olika anstalter. I brevet förklarade tjugosexårige Patrick Huisman att han var den som övertagit presidentskapet och att organisationen i fortsättningen skulle heta Brödraskapet Wolfpack. Huisman skrev också att "viss omstrukturering" nu skulle ske, bland annat skulle Brödraskapet Wolfpack tills vidare bara existera inne på anstalterna. Mordet på Danny Fitzpatrick kommenterade Patrick Huisman med orden: "Utan tvekan bör detta år betraktas som sorgens år." Samtidigt uppmanade han medlemmarna att inte spekulera i motiv eller planera någon hämnd.

Patrick Huisman har redan presenterats kort i bokens kapitel om Bandidos MC. Här finns skäl att göra några tillägg. Huisman, som är född och uppvuxen i Dalarna, hade sedan unga år tre intressen: samhällshat, brott och organisationer. I början av 1990-talet hade Huisman varit skinhead och samlande kraft inom högerextrema Vitt Ariskt Motstånd, VAM. Några år senare hade han i stället börjat dras till den kriminella mc-världen. Tillsammans med en blivande Hells Angels-medlem rånade han banken i värmländska Torsby 1995. Brottet gav Patrick Huisman en biljett till Kumlaanstalten lagom till Brödraskapets bildande. Där träffade han Danny Fitzpatrick och flera andra Brödraskapet-medlemmar. Patrick Huisman ansågs vara av rätta virket och antogs tidigt som hangaround. Hans alias inom grupperingen blev Hin Håle och för att understryka sin onda framtoning lät Huisman tatuera in texten "born to hate" över hela bålen.

Patick Huisman skulle sitta kvar på Kumla under nästan hela sitt första år som president för Brödraskapet Wolfpack. Genom flitigt brevskrivande lyckades han ändå hålla tät kontakt med medlemmarna. Inför sin frigivning våren 1999 tog Patrick Huisman ett nytt beslut: en ny organisation skulle byggas upp ute i samhället. Under sitt sista år i livet hade Danny Fitzpatrick haft kontakt med ett gäng i Västerås som kallade sig Bulldog MC. Det var den här skaran som Patrick Huisman skulle komma att använda som material för en nystart av Brödraskapet utanför fängelsemurarna. Inne på anstalterna lämnades däremot grupperingen vind för våg och återfick aldrig sin tidigare styrka.

Precis som Patrick Huisman hade flera av medlemmarna i Bulldog MC ett förflutet som nynazister. Bland annat ingick ett brödrapar som var tongivande inom den lokala nazi-gruppen Westra Aros Stormavdelning. Den äldre av bröderna, Michael Bjellder, var en trettiotvåårig hantverkare och tvåbarnspappa som nyligen avtjänat sitt första fängelsestraff efter att ha krossat skallbenet på en man med ett basebollträ. Lillebrodern, tjugoåttaårige Thord Lind, hade något år tidigare skickats hem från FN-tjänstgöring i Bosnien sedan hans nazi-sympatier avslöjats av tidningen *Expressen*.

– Första gången jag såg Michael och Thord stod de och skrek "Heil Hitler" intill en demonstration som arrangerats av invandrare. Men efter ett tag blev mc-miljön mer intressant och de lämnade nazismen, berättar före detta Västeråspolisen Sten Axelsson, som kartlagt olika nazistgrupper.

Patrick Huismans närvaro i Västerås drog både nya och gamla Brödraskapet-medlemmar och -supportrar till Västerås. Hans organisatoriska talang var precis vad den splittrade grupperingen behövde.

– Huisman hade en helt annan stil än Danny Fitzpatrick och var mycket mer diplomatisk. Han lyckades ingjuta nytt hopp och få folk att blicka framåt, säger kriminalinspektör Claes-Erik Lindsten i Stockholm.

En sak som irriterade Patrick Huisman var det faktum att så få av de nya medlemmarna var intresserade av motorcyklar. I hans vision ingick att Brödraskapet Wolfpack skulle vara en mc-klubb. Men trots stora ansträngningar fick han aldrig något riktigt gehör. I brist på förenande

Patrick Huisman (t.v.) och Michael Bjellder (t.h.) trädde fram som nya ledargestalter inom Brödraskapet efter mordet på Danny Fitzpatrick. Båda hade tidigare varit organiserade nynazister.

fritidsintressen blev tillvaron för medlemmarna också ganska grå. Polisens spaningsfilmer från den här tiden visar ett ganska håglöst killgäng, som drar runt på Västerås gator mellan pizzerior och diskotek.

Patrick Huismans band till såväl nynazister som renodlat kriminella gjorde honom dubbelt intressant för polisen. Både Rikskriminalen och Säpo var intresserade av vilka kontakter han skulle etablera när han nu åter var fri. En särskild händelse i maj 1999 gjorde att Patrick Huisman inte kunde ta ett steg utan att vara övervakad av polisens spanare. Denna händelse var polismorden i Malexander, där två närpoliser sköts till döds av rånarna och nynazisterna Tony Olsson, Jackie Arklöv och Andreas Axelsson. Polisen visste att Patrick Huisman var länkad till polismördarna genom en nynazist från Växjö. Hypotesen var att även Patrick Huisman haft ett finger med i spelet under den serie rån som föregått morden.

Några veckor efter Malexandertragedin skuggade Säpos spanare Patrick Huisman och en annan känd nynazist, David Emilsson, på en tågresa från Göteborg till Nässjö i Småland. I Nässjö väntade Växjönazisten i en park. Men innan Huisman och Emilsson mötte Växjönazisten hade de låst in en fullastad ryggsäck i ett av förvaringsskåpen på Nässjö järnvägsstation. Säpo hade diskret öppnat skåpet med stationspersonalens hjälp och hittat en kpist, två pistoler, två revolvrar, extramagasin, ett kikarsikte, stora mängder ammunition och en skyddsväst. I stället för att gripa Patrick Huisman och David Emilsson direkt sattes förvaringsboxen under spaning. Polisen misstänkte att vapnen skulle säljas och hoppades på att kunna gripa både säljare och köpare. Planen sprack dock, sannolikt på grund av att någonting gjort männen misstänksamma.

I slutet av hösten samma år blåstes polisoperationen till sist av. Säpos spaningsmaterial skickades till en åklagare, som åtalade Patrick Huisman och David Emilsson för grovt vapenbrott, vapenbrott och brott mot lagen om brandfarliga och explosiva varor. Domarna blev fängelse i ett och ett halvt respektive två år.

Fängelsestraffet skulle bli slutet på Patrick Huismans karriär inom Brödraskapet Wolfpack. Efter att ha frigivits hoppade han av organisationen i slutet av augusti 2000. I ett avskedsbrev till sina "bröder" motiverade han sitt beslut med orden: "Jag vill satsa på min familj och ge dem en stabil grund att stå på." Enligt flera källor var det verkliga skälet att Huisman tröttnat på att förgäves försöka ombilda Brödraskapet Wolfpack till ett mc-gäng. Det skulle inte heller dröja länge förrän Patrick Huisman dök upp i mc-kretsar. Tillsammans med en grupp lokala nynazister startade han något år senare ett så kallat X-team i Dalsland, vilket senare blev en fullvärdig Bandidos-avdelning. Huisman själv drog därefter vidare till sina hemtrakter i Dalarna, där han påbörjade uppbyggnaden av ännu en Bandidos-avdelning.

Efter Patrick Huismans avhopp uppstod en maktkamp inom Brödraskapet Wolfpack. På ena sidan stod en gammal veteran kallad Zeke the Knife, uppbackad av ett fåtal andra medlemmar. På den andra fanns exnazister från Västerås och Göteborg med bland annat Michael Bjellder och nyförvärvet David Emilsson i spetsen. De senare avgick med seger. Bjellder tog sig titeln "national president" medan Emilsson utsågs till "sergeant at arms". Vad som hände med Zeke the Knife har aldrig blivit klarlagt. Sedan våren 2001 är han försvunnen och polisen utgår från att han har blivit mördad i en intern uppgörelse. Några månader därefter försvann dessutom två andra Brödraskapet-medlemmar som hamnat i onåd hos ledningen. Männen, vars kroppar senare hittades nedgrävda, hade slagits ihjäl i Hells Angels klubbhus utanför Göteborg (se kapitlet Hells Angels MC). Något samband mellan morden gick aldrig att klarlägga.

Brödraskapet Wolfpack har sedan dess fortsatt att vara en löst sammansatt kriminell gruppering, med ett medlemstal som gått upp och ned. Förutom Västerås och Göteborg har fästen uppstått i Uddevalla, Helsingborg och Kristianstad. Våren 2007 återstod bara Kristianstad av de sistnämnda. Michael Bjellder fortsatte som ledare till och med i slutet av 2006, då han följde Patrick Huismans exempel och hoppade över till Bandidos. Sedan 2006 leder Bjellder Bandidos blivande avdelning i Västerås. David Emilsson har däremot stannat kvar och betraktades av polisen som grupperingens samlande kraft våren 2007.

Periodvis har Brödraskapet Wolfpack utmärkt sig som en av de allra mest brottsaktiva grupperingarna. När Rikskriminalen kartlade de kriminella gängens systemhotande brottslighet 2004 hamnade Brödraskapet Wolfpack i topp. I genomsnitt hade varje medlem dömts för mer än ett systemhotande brott per år (övergrepp i rättssak, frids- och frihetsbrott, brott mot poliser och andra tjänstemän, hot och vapenbrott). På andra plats kom Original Gangsters och först längre ner Hells Angels och Bandidos. Denna bild har hållit i sig. I såväl Göteborg som Skåne utredde polisen i slutet av 2006 flera grova brott med koppling till gänget, bland annat ett par brutala utpressningsfall. Och i början av 2007 häktades en medlem i Brödraskapet Wolfpacks Göteborgsavdelning för mord på en tidigare supporter till Hells Angels i Göteborg.

Drygt ett decennium efter Brödraskapets bildande kan några sammanfattande slutsatser dras. För det första hade grupperingen inte förutsättningar att bli den maktfaktor på anstalterna som Danny Fitzpatrick, Hampan och de andra grundarna drömde om. Brödraskapet Wolfpack är nämligen sedan länge uträknade på landets fängelser. Även tanken på ett skyddsnät för nymuckade långtidsdömda fångar dog tidigt. I stället blev Brödraskapet Wolfpack en renodlad kriminell organisation, lätt att ansluta sig till och utan några större krav på sina medlemmar. Just detta gör att flera poliser tror att grupperingen har förutsättning att överleva och på sikt fortsätta att locka till sig nya medlemmar.

– Namnet Brödraskapet Wolfpack är tacksamt för kriminella som vill tillhöra en organisation. Det finns ett inarbetat rykte att skrämmas med och kraven på medlemmarnas motprestation är betydligt lägre än inom mc-gängen, säger kriminalinspektör Peter Lundberg på Rikskriminalpolisen som kartlagt grupperingen.

GÄNGEN I BETONGEN
– BIKERDRÖMMAR OCH GANGSTA RAP

"Jag har respekt för Hells Angels eftersom det var det första gänget i Skandinavien. Och jag har ännu större respekt för Bandidos, eftersom de vågade stå upp mot Hells Angels. Men framför allt har jag respekt för den nya generationen, sjutton–artonåringarna i förorten. De är framtiden, det är dem jag satsar på."

JÄRVEN, LEDARE FÖR SOUTH SIDE PUSHERS

"Ska jag vara riktigt ärlig? Gå inte med i ett gäng vad du än gör. För i gänget kan du inte bestämma själv, det är gänget som bestämmer vad du ska göra."

THOMAS, FÖRE DETTA MEDLEM I CHOSEN ONES

De kriminella gäng som hittills beskrivits har under senare år gjort den svenska landsbygden till sin nya spelplan. Orter som Säffle, Ludvika, Svenljunga, Arvika och Sala har fått strategisk betydelse när Hells Angels och Bandidos tävlar om vilken av organisationerna som kan placera flest flaggor på Sverigekartan. Att ständigt expandera ingår i mc-gängens grundidé. De är den kriminella världens kolonisatörer, som hela tiden strävar efter att bryta ny mark och öka sitt arbetsfält. Att såväl konkurrensen från andra kriminella som att polisens resurser är mindre på landsbygden än i storstäderna är sannolikt också faktorer som bidrar till de mindre orternas attraktivitet. Brödraskapet Wolfpack verkar resonera på samma sätt – i stället för att försöka återta Stockholm, där grupperingen en gång startades, har nya medlemmar och supporters i stället värvats på orter som Uddevalla och Kristianstad.

Men detta är inte hela bilden av den gängrelaterade organiserade brottsligheten i Sverige 2007. Parallellt har en snabb tillväxt av kriminella grupperingar skett i storstadsområdena, främst i förorterna. Från mitten av 1990-talet har mängder av gängbildningar dykt upp i Stockholm, Göteborg och Malmöområdet. Fittja Boys, Angereds Tigrar, Fucked for Life, Werewolf Legion, Chosen Ones, Gangsta Albanish Thug Unit, Gipsy Gangster och Vendetta är några av många namn. Riktade polisinsatser har splittrat en del av dessa grupperingar. Men de som överlevt har likt mc-gängen utvecklats till slutna, multikriminella organisationer med utpressning, narkotikahandel, grova stölder och rån som inkomstkällor.

Gemensamt för många av storstadsgängen är att de är knutna till ett geografiskt territorium – nästan alltid socialt och ekonomiskt utsatta förortsområden – och att majoriteten av medlemmarna har invandrarbakgrund. Influenserna kommer inte sällan från den "street gang"-kultur som vuxit fram inom USA:s invandrargrupper och som kännetecknas av revirtänkande, utanförskap och lojalitet med gänget in i döden.

De amerikanska gatugängen har en lång historia. Redan på 1800-talet slöt sig irländska, italienska och judiska manliga invandrare samman för att trygga säkerheten i sina bostadskvarter. När dessa gäng blivit maktfaktorer inom mikrosamhället uppstod affärsmöjligheter. Beskyddarpengar från butiksägare och andra blev tidigt en viktig inkomstkälla för gatugängen. Successivt späddes intäkterna på med andelar från prostitution, illegalt spel och smuggling. Under den så kallade förbudstiden mellan 1920 och 1933, då all försäljning av alkohol var förbjuden i USA, utvecklades en del av gatugängen till renodlade maffiaorganisationer. Med mutor, hot och mord på poliser och politiker lyckades de trotsa alkoholförbudet och sälja sprit till törstiga amerikaner för skyhöga priser. Vinsterna från den illegala försäljningen återinvesterades i andra branscher, som exempelvis hotell- och casinoanläggningar. När kokain och andra droger blev populära några årtionden senare var maffiaorganisationerna där och kapade åt sig delar av vinsten.

Dagens amerikanska gatugäng har ofta redan från början haft droghandel som primär inkomstkälla. Upptäckten av drogen crack under 1980-talets början gjorde att stora delar av USA:s större städer delades upp av kriminella gäng som sålde den billiga drogen på gatan. I de fall där gängen inte kunde enas om var territoriegränserna skulle gå utbröt krig.

Två av de mest uppmärksammade gatugängen, och kanske de bittraste fienderna, är Bloods och Crips. Båda bildades i Los Angeles kring 1970 och har idag expanderat till stora delar av USA genom att lokala gäng anslutit sig till endera sidan. Såväl Bloods som Crips domineras av afroamerikaner. Utmärkande för Bloods medlemmar har varit att de burit röda kläder och vägrat använda bokstaven C som i Crips (ersätts i skrift ofta med K). Medlemmar i Crips har å sin sida klätt sig i blått och burit sneakers av märket BK, som uttolkats som Blood Killers. Under senare år har gängmedlemmar på båda sidor oftast undvikit att signalera sin gängtillhörighet, för att lättare undgå polisen.

Hatet mellan Bloods och Crips återspeglas sedan 1990-talet inom den amerikanska hiphop-scenen, framför allt inom genren gangsta rap. Artister som Snoop Dogg, Niggas With Attitude och Warren G har ställt sig på Crips sida medan The Game, Dipset och DJ Quik är några av de som tagit parti för Bloods. Tusentals gangsta rap-låtar handlar om hur det är att leva som en gängmedlem och vad som krävs för att vara en riktig "G" – en gangster.

Under senare år har kriminella nätverk med rötter i Centralamerika på många håll tagit över de svarta gatugängens dominerande ställning inom droghandeln i USA. Ett av de mest ökända är Mara Salvatrucha, även kallat MS13, som enligt vissa uppskattningar består av över hundratusen medlemmar i USA, Mexiko och övriga Centralamerika. Även asiatiska kriminella grupperingar har på senare år flyttat fram positionerna. Enligt en rapport från amerikanska justitiedepartementet har antalet städer som rapporterat gängrelaterade problem ökat från cirka tvåhundra på 1970-talet till ettusenfemhundra i slutet av 1990-talet. Totalt uppskattas de amerikanska gatugängen bestå av cirka 650 000 medlemmar. Det som började i gatuhörnen har utvecklats till ett nationellt hot.

Till skillnad från mc-gängen finns inga kända kontakter mellan amerikanska gatugäng och liknande kriminella grupperingar i Sverige. Flera medlemmar i svenska gäng berättar emellertid att de har hämtat namn och symboler från amerikanska gangsta rap-låtar, musikvideor, gangsterfilmer och dataspel.

Ett av många nybildade svenska förortsgäng som inspirerats på detta sätt är LA Bloodz från Landskrona, som uppmärksammades under 2006 i samband med en serie brutala personrån i staden. Men influenserna är inte alltid entydiga. För precis som det kriminella mc-gänget Solidos MC i Gävle – senare Bandidos MC Prospect Chapter – välkomnar besökarna på gängets webbsajt med en gangsta rap-låt så har en del av förortsgängen hämtat inspiration från bikervärlden. Hells Angels och Bandidos organisationsmodell med president och vice president i toppen har exempelvis kopierats av flera förortsgäng. Och samma tatueringar och symboler som Hells Angels en gång började använda – till exempel tatueringen FTW (Fuck the World) – syns numera även på medlemmar i gatugäng. En som personifierar denna korsbefruktning är den tjugofemårige kokain-handlaren Järven i Malmö.

Järvens familj härstammar från Latinamerika men själv har Järven levt hela sitt liv i Holma och Rosengård, två av Malmös mest nedgångna bostadsområden. Till och med början av 2006 tillhörde Järven Diablos MC, en lojal underklubb till Bandidos som sedan dess gått i graven. Sedan hösten 2006 satsar Järven helhjärtat på ett eget gäng som han döpt till South Side Pushers. På en chatsida på Internet läser vi i december 2006 att Järven även vill bygga upp ett X-team i Malmö, det första embryot till en ny Bandidos-avdelning. Vi ringer upp honom på det mobiltelefon-nummer som han har uppgett i chatkontakten. Han har inget emot att ses och berätta om sina planer.

Mötet blir mer komplicerat än väntat. Det visar sig att Järven sedan länge är efterlyst efter att ha rymt från ett fängelsestraff. Han är på sin vakt och vill förvissa sig om att vi inte är poliser. Därför dyker han själv inte upp på den parkeringsplats i Malmös utkant som vi kommit överens om att träffas på. I stället har han skickat en tystlåten, ung kille med rakat huvud. Killen ber oss att visa upp våra legitimationer. Sedan tar han upp en mobiltelefon, ringer ett samtal och säger "Det är lugnt". Därefter öppnar han dörren till den främre passagerarplatsen i vår bil och kliver in.

– Starta bilen och kör in mot stan. Ta vänster vid trafikljusen och sen höger i rondellen, säger killen med det rakade huvudet, som inte vill av-slöja vårt slutmål.

Den guidade turen fortsätter i femton–tjugo minuter, tills vi har tråcklat oss igenom Malmös östra delar och börjar närma oss stadens södra utkanter. Vid det laget har vi förstått att vår vägvisare inte är särskilt van vid Malmös vägnät. Flera gånger har han visat oss fel och vi har tvingats vända. För att ursäkta sig berättar han att han nyligen flyttat hit från en helt annan landsända för att jobba ihop med Järven.

– Om ni vill veta nåt om gängen i Malmö är ni på väg till helt rätt person, säger han.

Framför ett lågt hyreshuskomplex blir vi till slut tillsagda att svänga in på en liten återvändsgata och parkera. Vi kliver ur och blir ledsagade till en trappuppgång. Killen med det rakade huvudet öppnar porten och visar oss in i hissen. Någon minut senare står vi framför en stängd lägenhetsdörr. Vår eskort knackar. Dörren öppnas av en vältränad, tatuerad kille med bar överkropp och en tjock guldlänk runt halsen. Det är Järven. Intill honom hoppar och gläfser en valpig kamphund. Längre in svischar en ung tjej förbi och säger hej. Ungefär samtidigt känner vi hur ett moln av haschrök kommer ut från lägenheten. Vi går in och hälsar.

Järven är på gott humör och misstankarna om att vi skulle vara från polisen verkar bortblåsta. Klädd i bara ett par blå Adidas-byxor och flip-flop-tofflor visar han oss in i ett litet rum som ser ut som någons pojkrum. På vägen dit hinner vi notera svartvita släktfotografier, bonader och annat som antyder att vi befinner oss hemma hos en familj, vars äldre medlemmar uppenbarligen är någon annanstans. Även killen med den rakade skallen kommer efter ett tag in i det lilla rummet. Innan dess har vi hört hur han pratat med någon annan ute i lägenheten.

Järven sätter sig på en kontorsstol framför en dator, vi på en låg soffa som även fungerar som någons säng. På väggen bakom Järven hänger ett porträtt av Che Guevara, på ett bord intill honom ligger en kniv och på golvet står en bärbar CD-spelare och spelar hiphop med artisten 50 Cent, en ikon inom musikgenren gangsta rap, som har blivit skjuten nio gånger och slog igenom stort 2003 med albumet *Get Rich or Die Tryin'*. Så vad vill vi honom? undrar Järven. Vi berättar om boken och att vi intresserar oss för det faktum att så många gäng vuxit fram i Sverige just nu. Vilka är drivkrafterna? Varför är det viktigt att ingå i ett gäng? Vilka är ledarnas mål? Järven drar ett bloss på det som är kvar av hans morgonjoint och låter röken vända i halsen, innan han svarar:

– För min del har jag alltid velat leva det här livet. Redan när jag var sju såg jag *Scarface* och förstod att jag skulle bli kriminell. Han i filmen var min förebild. Han hade pengarna, husen, kvinnorna. Att jobba var inte för mig. Kolla på mina föräldrar, min pappa får fem tusen spänn i månaden i pension efter att ha städat på sjukhuset i trettio år. Och så en guldklocka förstås, en jävla Tissot! Så varför gäng? Jag har varit med i gäng i hela mitt liv, det är min grej.

– I många städer är det bråk mellan olika kriminella och de bildar gäng för att skydda sig. Så är det inte i Malmö. Här är alla på samma sida, alla är connected, därför blir det inga bråk. Det är kärlek, du vet. Här finns inga gränser mellan olika nationaliteter, ingen rasism, alla håller ihop. Det här är maffian, mannen! fortsätter Järven.

– Kolla här, fortsätter han och pekar på en tatuering på sin vänstra axel.

Där står Dead Silence.

– Det var det första riktiga gänget jag var med i. Det var på 1990-talet på Rosengård, vi var tänkta att bli en underklubb till Bandidos. Många av dem som var med var riktigt, riktigt tunga Old G's, men nästan alla lever vanliga liv idag.

Järven vänder sig ett kvarts varv och håller fram sin högra underarm.

– Det här är mitt nya gäng, South Side Pushers, säger han och pekar på en annan tatuering.

– Kill or get killed. Det är vår slogan.

Vi frågar om det ska tolkas bokstavligt.

– Var och en får tolka det som han vill, ler Järven.

Hittills har Järven gett nio andra medlemmar tillåtelse att tatuera in South Side Pushers emblem. Ytterligare fem står på tur. En av dem är killen med den rakade skallen, som fram till nu suttit tyst vid Järvens sida.

– Det är en stor ära, svarar killen när vi frågar hur det känns.

– Han är min bror nu, fast han bara är nitton år, vi träffades inne på kåken och fann varandra. Vi tog hand om kiosken där inne och började deala droger. Vi hade allt, amfetamin, kokain, hasch, roppar, subutex … till och med GHB! Vi tjänade hur mycket som helst, det var bättre än här ute. Vi gjorde det dubbla på allt. Sen tvättade vi pengarna i kiosken, minns du? skrattar Järven och klappar vännen i sidan.

Järven böjer sig fram och letar efter en tändare. Jointen har slocknat och han vill sätta fyr på den igen. Killen med det rakade huvudet reser sig och går ut i lägenheten. En stund senare kommer han tillbaka, och sticker en tändare i handen på Järven.

– När han muckade tog jag hit honom till Malmö för att lära upp honom. Det är så jag gör med de yngre killarna. När samhället sviker dem är jag där och tar hand om dem, ger dem tak, kläder, pengar … allt. South Side Pushers handlar om kärlek, familj, lojalitet. Det känns i hjärtat när jag säger det, fortsätter Järven, vars högertumme nu jobbar febrilt för att få tändaren att fungera.

South Side Pushers hade ursprungligen kopplingar till sfären kring Bandidos, förklarar Järven. Nätverket började byggas upp redan under den tid som Järven var provmedlem i Diablos. Syftet var att tjäna pengar till mc-gänget. En händelse i början av 2006 ledde dock till att Järven och mc-gänget gick skilda vägar. I samband med att Järven och ett antal andra Diablos-medlemmar var på väg till en fest hos Bandidos i Göteborg hade narkotikapolisen avlyssnat Järvens mobiltelefon och hört honom berätta att han hade med sig ett kilo cannabis till en köpare. När de kom fram slog polisen till. Narkotikan beslagtogs och Järven, köparen och flera andra greps – däribland Diablos president.

Efter några veckor i häkte släpptes presidenten, sedan rätten kommit fram till att mannen inte varit delaktig i narkotikaaffären. Men uppenbarligen ansågs skadan så stor att Järven var tvungen att lämna Diablos. Järven själv dömdes mot sitt nekande till fängelse i ett år och två månader, ett straff som han nu alltså bara delvis avtjänat.

– Det blev som det blev och jag saknar det ibland, inte minst gemenskapen och livet på klubben. Jag kommer alltid att vara ”red and gold” i hjärtat, förklarar han och syftar på Bandidos färger.

– Det är därför jag tagit kontakt med X-team för att höra om de är intresserade av att vi ska bygga upp nåt här i Malmö. Vi har organisationen, det är bara att köra. Det är upp till dem.

Vi ber Järven att berätta om sin uppväxt. En mörk men ganska typisk bild tecknas. Föräldrarna skildes tidigt, Järven bodde kvar hos sin mamma och storebror. Brott var ett vardagligt inslag i deras bostadsområde och även bland Järvens släktingar fanns det de som dömdes till fängelse.

Dagen innan Järven skulle börja första klass begick han själv sitt första brott.

– Jag och några kompisar krossade alla fönsterrutorna på skolan. På det viset slapp vi första dagen, skrattar Järven.

Han vantrivdes tidigt med undervisningen. Lärarna tröttnade på att säga till honom. Järven placerades i specialklass.

– Där gick det en massa CP-skadade och handikappade. Men jag var ju bara dampis. Jag är ju smart, men jag kan inte lära mig sånt som jag inte är intresserad av. Så jag blev bara mer utanför.

Däremot trivdes Järven med sin fritid. Ett nöje blev att på höstarna palla äpplen i villaträdgårdarna i det välmående området Videdal, intill det fattigare Rosengård.

– En gång kom en villaägare ut och sa att vi inte behövde palla, att han kunde ge oss sina äpplen. Vad menade han? undrade vi. Då var det ju inget kul längre. Vi ville ju bli jagade och hoppa över staket och springa ifrån bilar. Det var ju adrenalinkicken vi ville åt, inte äpplena.

1993 var Järven tolv år gammal och gick fortfarande på mellanstadiet. Under det året begick han två grova brott. Det ena var att sälja hasch, som han själv börjat röka, till äldre elever på skolan. Det andra var att skjuta en lärare med ett luftgevär.

– Han hade gett sig på mig och slagit mig i sidan när jag flippat med några tjejer på skoj. Det gjorde så ont att jag började böla och därför bestämde jag mig för att han skulle dö. Senare på dagen följde jag och några kompisar efter honom till ett dagis där han jobbade extra. Jag hade med mig ett luftgevär och sköt honom inför alla på dagiset, berättar Järven.

Båda gångerna gjorde skolledningen polisanmälan och båda gångerna kom personal från Rosengårds närpolisstation över för att utreda vad som hänt. Med hänvisning till Järvens låga ålder bollades fallen snabbt över till socialförvaltningen. Där såg man inte skäl att besluta om någon mer genomgripande åtgärd än samtal i hemmet.

– Det var ju psykologer och alla möjliga myndighetspersoner hemma hos oss varje vecka ... men det sket ju jag i, minns Järven.

År 1993 bildades också Hells Angels första svenska avdelning i Malmö. Något år senare fick Järven upp ögonen för mc-gänget.

– Det var när mc-kriget drog igång som man började intressera sig. Presidenten, Thomas Möller, var som en fotbollsstjärna för mig ... en idol. Man ville bli som han, berättar Järven och fortsätter:

– Men sen när Bandidos bombade Hells Angels hus här i Malmö, jag bodde jättenära det, då började man ju tycka att Bandidos var ännu tyngre.

Det skulle dröja flera år innan Järven fick chans att närma sig sina förebilder. I stället blev det fler och fler brott och mer och mer droger. När det receptbelagda sömnmedlet Rohypnol började läcka ut på den illegala marknaden i Malmö i mitten av 1990-talet var Järven en av dem som stoppade i sig tabletterna. Följden blev våld, rån och psykisk kollaps.

– Rohypnol är helt livsfarligt om man äter mer än en tablett. Första gången jag tog Rohypnol ville jag mörda min rektor. Så fortsatte det, jag blev så aggressiv och hatisk. Jag och mina kompisar bara rånade, rånade, rånade. En gång åkte jag fast för att ha rånat åtta människor på en dag. Och det var ju så billigt, för en tjuga fick man två tabletter och var påtänd till nästa dag. Ja, det var en mörk tid och det är inget jag är stolt över. Det slutade inte förrän jag hamnade på psyket och låg där ett tag, säger Järven, som har tänt en ny joint.

Det fanns också bra perioder, även om de var kortare. Rektorn på grundskolan, en före detta polisman, såg att Järven hade talang för att teckna och måla. När Järven gått ut nian lyckades rektorn fixa in honom på gymnasiets estetiska program – trots att betygen egentligen var alldeles för dåliga.

– Det var kul och jag trivdes. Jag hade en egen utställning på Rosengård och de tyckte att jag var så duktig att de betalade för att jag skulle få gå på konstskola inne i stan på helgerna. Där fanns det värsta pennorna och all utrustning man kunde tänka sig. Jag var ju där ibland, men jag tog det inte på allvar. Det var synd ... kanske hade det blivit annorlunda då, säger han och tar ett nytt bloss på jointen.

Plötsligt ringer det i Järvens mobiltelefon som ligger på det låga bordet framför oss. Han svarar och pratar kort med en person.

– Vi ska träffa en kille från Original Gangsters i en annan stad i kväll. Men det är ingen brådska, det här får ta den tid det tar, förklarar Järven när han tryckt av samtalet och lagt tillbaka mobilen på bordet.

Haschdimman i det lilla rummet har tätnat och börjar kännas besvärande. Järven frågar om vi vill att han ska vädra och vänder sig mot rummets fönster. Efter att vi nickat skjuter han upp fönstret med ena handen och snurrar sen tillbaka på kontorsstolen.

– Så det blev att jag hoppade av gymnasiet och fick lite olika jobb, bland annat på en köttfabrik och som städare på sjukhuset. Men det blev inget långvarigt ...

Järven avbryts mitt i meningen av att hans mobiltelefon ringer igen. Han lyfter upp den, svarar någonting ohörbart och tar ner telefonen från örat. Sen flyttar han stolen till en bokhylla och sträcker sig efter någonting. I nästa ögonblick lyfter han ner ett stort vinglas från hyllan. En bit plastfolie är spänd över glasets kant och där under ligger ett stort antal knaggliga, centimeterstora, vita bollar. Järven tar av folien, lutar glaset och låter en av de vita bollarna rulla ut på bordet.

– Det är vår produkt. Kokain. Bästa sorten. Ett gram i varje, åttahundra spänn per gram, säger Järven och ler.

Ett snabbt överslag ger att glaset innehåller mellan tjugo och trettio gram kokain. Det är halvvägs till gränsen för grovt narkotikabrott, som ligger på femtio gram. Men redan innehav av den här mängden borde räcka för minst ett års fängelse. Situationen börjar kännas olustig. Har narkotikapolisen spaning på Järven? Ligger en piketstyrka redo att storma lägenheten? Vad ska vi i så fall säga när vi tas med till förhör? Självklart kan vi inte knytas till narkotikan, men risken att vi tvingas sitta anhållna i ett eller flera dygn innan allas roller klarats ut är inte alldeles försumbar. Och vad skulle förresten Järven tro om vår roll, om nu polisen rusade in?

Järven sätter tillbaka plastfolien över glasets kant, placerar det i hyllan och lämnar sen över den vita bollen på bordet till killen med det rakade huvudet. Killen lämnar rummet.

– Nu ser ni vad vi gör. Vi är pushers, vi dealar droger. Vårt kokain är det bästa som finns i Malmö och då är det det bästa i hela Sverige. Skåne har de bästa varorna och det bästa priset ... det är tack vare den här jävla bron som de har byggt till Danmark. Så de får skylla sig själva, skrattar Järven och riktar det sista till politikerna.

– Under tiden som jag har varit ute från kåken har jag byggt upp en organisation som funkar och det är jag stolt över. Det spelar ingen roll om de griper mig imorgon, SSP kommer att rulla på. Jag har tänkt på allt och litar på mina killar. Vi kontrollerar hela kedjan. Jag är uppvuxen i Christiania, jag har lärt mig allt där, du vet, säger Järven och pekar mot fönstret, i riktning mot Köpenhamn.

Järvens vision börjar klarna för oss. Han ser strikt affärsmässigt på South Side Pushers. Han är chefen och kan marknaden. Men affärerna ska inte vara beroende av att han håller i trådarna, vinsterna ska rulla in till honom och de andra även om han tillfälligt är borta. Gängidentiteten och de gemensamma tatueringarna har som enda syfte att hålla ihop narkotikaaffärerna.

– Vi sysslar inte med utpressning och sån skit. Det får andra gäng göra. Jag är affärsman, entreprenör. Vi fixar drogerna, vi gör business, vi har mobilerna på alltid. Det handlar om cash, inte om pistoler och västar, säger Järven.

Men i nästa stund lägger han till:

– Fast skulle nån börja bråka är det inget problem. De har vapen, vi har vapen. De har västar, vi har västar. Men är de tio man så är vi tjugo. Fast egentligen vill vi inte ha nåt bråk, vi vill bara göra vår grej.

– Det är samma sak med brudarna, fortsätter Järven. Vi har lagt dem åt sidan. Varje brud som säger att hon vill satsa på mig är fel, hon måste acceptera att det här alltid kommer att vara nummer ett. Jag är helt inne på mitt mål.

Vi säger att det är en sak som vi inte fattar. Om man nu ägnar sig åt narkotikaaffärer, vilket straffmässigt kan stå en väldigt dyrt, varför väljer man då ett namn som gör att alla direkt förstår vad man sysslar med?

– Så vadå? svarar han. Det här är revolt. Det är inget som är hemligt. South Side Pushers är ett bra namn, det låter ungdomligt. De som jag vill få in i gänget är sjutton–artonåringarna. Det handlar om att respektera den nya generationen. Jag har respekt för Hells Angels eftersom det var det första gänget i Skandinavien. Och jag har ännu större respekt för Bandidos, eftersom de vågade stå upp mot Hells Angels. Men framför allt har jag respekt för den nya generationen, sjutton-artonåringarna i förorten. De är framtiden, det är dem jag satsar på. Annars kommer de förr eller senare att utmana mig.

Vi kommer att tänka på filmen *Carlito's Way*, där huvudpersonen Carlito, spelad av Al Pacino, i slutet skjuts ned av den unge uppstickaren Benny Blanco. Är det så Järven menar?

– Ja, precis, nickar han. Först tyckte man ju att Benny Blanco var en tönt, men det var ju ändå han som vann.

Under samtalet kommer killen med det rakade huvudet tillbaka. I handen håller han några sedlar som han lämnar över till Järven. Järven räknar och blir snabbt irriterad.

– Sa jag inte åttahundra? Det här är ju bara sju.

Den andre försöker säga någonting om att kokainköparen på gatan inte hade råd med mer, men avbryts av Järven.

– Det är mitt ord som gäller! Ingen annans! Det måste du fatta!

Järven tar upp sin mobiltelefon och ringer själv upp köparen. I skarp ton gör han klart att han inte gillar personens stil och att den resterande hundralappen kommer att föras upp på skuldlistan, innan han knäpper av samtalet.

Det blir tyst. Järven tänder det som är kvar av jointen. Sen vänder han stolen mot en dator som står på ett litet skrivbord och trycker igång en hiphop-låt. Redan efter några takter byter han rastlöst till en annan. I jakt på ett nytt samtalsämne försöker vi föra in intervjun på hur det är att kombinera hiphop-stilen och bikerstilen, om det nu skulle bli så att X-team nappar på Järvens förslag. Järven förklarar att det inte är några problem. Det är mycket hårdrock i honom också, förklarar han. Och bikerkläderna har han kvar i garderoben.

Utan någon särskild baktanke frågar vi sen om medlemmarna i hans första gäng Dead Silence hade några motorcyklar, eftersom det tydligen var tänkt att bli en underklubb till Bandidos. Utan förvarning tänder Järven till och blir förbannad.

– Vad menar ni? Försöker ni driva med mig? Jag visar er respekt, jag ställer upp på den här intervjun utan att få en spänn. Vad vill ni? säger han och slår ut med händerna.

Tagna på sängen av Järvens reaktion försöker vi kyla ner situationen så snabbt som möjligt.

– Ok, vi backar bandet. Det är ingen viktig fråga. Vi är tacksamma att du ställer upp och pratar med oss och vi har full respekt för dig, säger vi.

För några ögonblick är stämningen tryckt. Egentligen hade vi tänkt fråga hur det gick till när Järven gick med i mc-gänget, men ämnet känns alltför laddat. I stället ber vi Järven spå in i framtiden. Var är South Side Pushers om fem eller tio år? Järven, nu åter lugn, gör en gest som visar att han är ledsen över att han brusat upp.

– Målet är att bli lagliga och starta ett vanligt företag inom någon bransch. Det är inte så svårt. Vi träffar folk på kåkarna som hjälper oss. En dag kommer vi att vara vanliga företagare och ingenting av det här kommer att synas, säger han.

Det blir tyst en liten stund. Sen berättar Järven att han har en dotter. Hon är tio år och föddes när han själv bara var fjorton.

– Jag har inte sett henne på fyra år, mamman vill inte att vi träffas, säger Järven. Men en dag ska jag ta kontakt med henne och då ska jag ha allting vitt. Då ska jag vara en förebild.

Återigen ringer det i Järvens telefon. Det är killen från Original Gangsters som är otålig. Järven tittar på oss och undrar om vi är klara. Vi nickar. Han förklarar för personen i andra änden att de är på gång och lägger på. Vi reser oss, alla fyra i rummet, och går ut i hallen.

Där ute väntar killen som befunnit sig i lägenheten under hela intervjun. Killen, som även han ser ut att vara i tonåren, har gjort klart några väskor med kläder och annat. Järven böjer sig ned mot en av väskorna, fiskar upp en röd T-shirt och håller upp den emot oss. Först visar han tröjans framsida. Där står det South Side Pushers i gotisk stil. Sen vänder han tröjan och gängets slogan, "Kill or get killed", syns.

– Vad tycker ni? säger Järven och ler.

Vi säger någonting om "fint tryck". Sedan tar vi på oss jackorna och lämnar lägenheten. Inga poliser väntar utanför.

Drygt fyra månader senare, i april 2007, tar vi kontakt med Järven igen för att höra hur saker och ting har utvecklats. Han svarar i sin mobil efter första signalen, fortfarande ute i frihet. Humöret visar sig vara på topp.

– Hallå, mannen! Du måste höra, det har hänt hur mycket som helst sen sist! Vi är på väg in i Bandidos, de tog kontakt och sa att de ville ha oss. Vi är femton man som har fått de röda X-team-tröjorna och om någon månad kan vi få de gula. Då är vi X-team Malmö på riktigt, och jag är presidenten! Och South Side Pushers kommer att finnas kvar och jobba som förut, fast som en underklubb.

Polisen säger sig Järven inte ha sett till – trots att han vid det här laget varit på rymmen i över nio månader.

– Äh, de har letat överallt efter mig men de kan bara suga ... De har till och med skickat brev till mina släktingar och skrivit att det är bäst att jag infinner mig i fängelset själv. Varför skulle jag det? Jag lever som en ledare och har tjugo lägenheter att gömma mig i!

Järvens tid på rymmen ska fortsätta i ytterligare några veckor. Men i början av maj 2007 grips han till sist av polisen och överförs till Kriminalvården. Under tillslaget grips även en äldre släkting till Järven.

Vid husrannsakan beslagtas cirka 50 gram kokain. Järven misstänks för grovt narkotikabrott och väntar åtal under sommaren 2007. Fälls han kan han räkna med ytterligare flera år på anstalt.

Inget talar för att gripandet av Järven kommer att påverka X-teams etablering i Malmö. Grupperingen har under våren 2007 vuxit sig stark och, enligt polisen, övertagit Diablos ställning som Bandidos representanter i staden.

En annan och mer etablerad storstadsgruppering som inspirerats av mc-gängen är Chosen Ones. Chosen Ones uppstod i Stockholms södra förorter i slutet av 1990-talet. En grupp kriminella med både svenskt och utländskt ursprung hade sneglat åt bikermiljön och försökt starta ett eget mc-gäng under namnet Syndicate MC. När dessa planer sprack byggde medlemmarna upp ett renodlat kriminellt gäng. Chosen Ones, som även kallat sig Black Power och Choice of War, var en av få grupperingar som samarbetade med Brödraskapets ledare Danny Fitzpatrick under dennes sista tid i livet. Efter mordet på Fitzpatrick närmade sig Chosen Ones Hells Angels. Dessa band finns kvar än idag. När den dåvarande presidenten för Hells Angels Stockholmsavdelning drabbades av inbrott i sin villa 2005 var det till exempel Chosen Ones som fick i uppdrag att leta upp de skyldiga. Grupperingen har även anlitats av det kriminella nätverket Naserligan i Göteborg.

Genom åren har Chosen Ones förekommit i utredningar om beskyddarverksamhet, narkotikabrott och stölder av fabriksnya bilar. I Malmö, där Chosen Ones numera finns representerade, har grupperingen knutits till narkotikaaffärer och ett väpnat rån mot en restaurang. Ledaren för Chosen Ones är en trettiofemårig tungt kriminellt belastad man från Gambia, bosatt i Huddingetrakten. I flera månader söker vi honom förgäves på olika mobilnummer och genom olika personer. Under letandet stöter vi av en slump i stället på en av de ursprungliga medlemmarna i Chosen Ones.

Thomas sitter utanför 7-Eleven vid Nytorget på Södermalm i Stockholm och snackar med en tjej när en av oss går förbi. Guldkedjorna, den maffiga klockan och den tatuerade överkroppen under ett svart linne signalerar gängmedlem lång väg . På höger biceps yttersida står det "Chosen Ones". Strax nedanför sticker två tatuerade händer fram ur ringar av taggtråd och kramar varandra. Vi börjar prata. Thomas är först avvaktande och uttryckslös och undrar om "det är från snuten". När han känner sig övertygad om att så inte är fallet sänker han garden.

– Att vara med i ett gäng är fantastiskt, det är som att gifta sig med sina kompisar. Fast utan att ha sex då! säger Thomas och skrattar ett smittande skratt när vi frågar lite om Chosen Ones.

Stolen som Thomas sitter i är ingen vanlig stol utan en rullstol. Och tjejen intill honom är inte hans flickvän utan en personlig assistent. Någonting har hänt som ändrat Thomas liv totalt. Hans huvud och kropp bär spår av kraftigt våld.

– Det är åtta år sen nu. Jag smällde på Centralbron på fyllan i tvåhundra kilometer i timmen. Flög ut genom bildörren och blev nockad av en betongmur. En bit av hjärnan hade hamnat på asfalten och snutarna och alla trodde jag var död. Men när jag låg där under filten hörde nån att jag rosslade. "Han lever." Och så kallade de på helikopter och jag kom till Karolinska. Där låg jag i koma länge innan jag vaknade. Det finns en film om mig som visats på teve flera gånger.

Thomas säger att han kan ställa upp på en intervju – på villkor att han blir bjuden på middag. Vi ses på restaurang Snaps uteservering vid Medborgarplatsen en solig fredagskväll i september 2006 och tar upp tråden där vi slutade. Thomas sticker inte under stol med att han varit kriminell, levt som en gangster och gjort folk illa. Faktum är att han inte sticker under stol med särskilt mycket alls. Han går rakt på sak oavsett om det handlar om hur det är att inte kunna tvätta sig själv utan att få hjälp eller att han tycker att servitriserna är bland de snyggaste han sett. Flera gånger flirtar han och frågar om ingen av dem vill fortsätta kvällen i hans sällskap.

– Jag har inte halva inne, jag har hela inne! That's me, garvar han förtroligt när en tjej i personalen lämnar vårt bord och skakar på huvudet.

Det finns bara ett ämne som Thomas konsekvent undviker och det är vad de andra i hans gamla gäng har gjort eller sagt.

– Man är ju ingen golare, kom ihåg det, säger han och ser bestämd ut.

Det var just här, på Snaps, som den kriminelle Thomas dog. Det var också här han förlorade sitt minne. Allt som hände den kvällen har Thomas fått berättat för sig av andra.

– Vi var ett stort gäng som var här och festade. Jag hade lovat en av killarna att han skulle komma hem. Men i stället för att fixa en taxi så tog jag nycklarna från en annan snubbe i gänget, nycklar som gick till en hyrbil som den här snubben hade, berättar Thomas och suger på sugröret som är nerstoppat i hans stora stark.

Thomas och kompisen gick ut till bilen, en Mercedes, och Thomas öppnade förardörren. Han hade inget körkort och hade druckit mängder av öl. (Alkoholhalten i hans blod var över en promille skulle det senare visa sig.) Ändå var det i Thomas värld en självklarhet att han skulle köra. Han hoppade in och vred om nyckeln, satte fart och svängde ner i tunneln till Södermalmsleden in mot city. Det var en bit in på hösten och den första frosten hade lagt sig på vägbanan. Det märkte aldrig Thomas. Kompisen hade bett Thomas att först köra förbi ett ställe på Kungsgatan, där en tjej som han ville säga hej till satt. Thomas körde upp utanför stället och höll motorn igång medan kompisen stack iväg. Minuterna gick och till slut tröttnade Thomas, som ville tillbaka till Snaps och festa. Han körde ner mot Cityterminalen, svängde vänster mitt emot Postens sorteringscentral och ut på påfartsleden mot Centralbron. En svart Saab låg bakom honom på nära håll. Han gasade på och Saaben följde efter.

– Förmodligen trodde jag väl att det var span och försökte skaka av mig dem, säger Thomas.

När påfartsleden var slut gav Thomas järnet. Riddarhuset svischade förbi till vänster, Riksarkivet till höger. Ungefär i höjd med

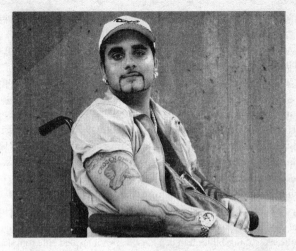

Berövad sin rörelseförmåga – men med livsgnistan i behåll. Trafikolyckan fick före detta Chosen Ones-medlemmen Thomas att omvärdera sitt liv.

Gamla Stans tunnelbanestation hände det. Mercan började vobbla och kränga på den hala asfalten. Föraren i den svarta Saaben, som inte alls var polis, bromsade in och avvaktade. I nästa sekund såg mannen hur bakvagnen på Thomas Mercedes slog in i ena räcket, kastades tillbaka ut i vägen och började snurra. Förardörren öppnades och Thomas föll ut. Bilen, som fortfarande befann sig i en snurrande rörelse, träffade Thomas kropp och svepte med sig den in i mittrefugens cementfundament. Chockad fick Saabens förare stopp på sin bil, bromsade och sprang ut. Någon minut senare var det blåljus överallt. En teori är att Thomas, samtidigt som han tryckt gaspedalen i botten, hade försökt slänga ut en cigarett men upptäckt att elhissen var trasig. För att inte fimpa inne i bilen kan han ha öppnat dörren.

– Det var vad polisen trodde i alla fall. Jag har ingen aning, säger Thomas och tar en klunk öl till.

Olyckan skedde i oktober 1998 när Thomas var tjugoett år gammal. Som yrkeskriminell hade han levt snabbt och redan hunnit med mycket. Från snatterier i tidiga tonåren via stölder och "lagerrensningar" till rån och torpedverksamhet mot slutet av tonårstiden. Till sist var Thomas uppe på en nivå där han kunde leva som han drömt.

– Jag hade alltid tänkt att jag behövde pengar för att leva flott. Men för att kunna leva flott måste man vara kriminell. Det går inte bara att växa upp från nobody till att bli svinrik. Då måste man ha tur, säger Thomas och gör klart att det i hans värld inte fanns på kartan att gå den långa vägen och plugga och få ett jobb.

– Hur flott jag levde? Brände tiotusen per helg typ. Bjöd ut tjejer, gäng med tjejer. Sen var jag ju i Thailand och Sri Lanka med polarna. Vi blev bjudna dit i tre månader, som tack för hjälpen med vissa grejer. Vi hade kul och sköt automatvapen på banor och sånt. Jag levde som en kung och var inte gammal alls. Och det var mycket droger, kola och sån skit. Säkert en femma koks per helg. Men sen fick man ju lugna ner sig, det går inte att bränna för mycket pengar, för då får de koll … polisen.

Polisens spaningsbilder från den här tiden visar en glad kille som skämtar med sina kompisar och verkar må bra. Men under de sista månaderna före olyckan skulle Thomas livsstil börja ta ut sin rätt. Thomas hade börjat känna sig rädd för första gången i sitt liv. Flera i hans umgängeskrets hade mördats, bland annat Brödraskapets ledare Danny Fitzpatrick och en kille från mc-gänget Hirdmen, som hittats skjuten i huvudet i en bil i Gamla Stan. Thomas själv hade vid ett tillfälle blivit bortrövad och krävd på pengar. Varför säger han sig inte minnas.

Efter olyckan låg Thomas medvetslös i nästan tre veckor. Neurokirurgerna jobbade för fullt men kunde inte säga om han skulle vakna upp igen. När han så småningom slog upp ögonen fick han en chock. Bröstet, axlarna, armarna, halsen – allt var täckt av tatueringar.

– Jag tänkte "va fan e det här?" Inte ens Chosen Ones-tatueringen förstod jag vad det var. Gänget kom upp och kramade mig och kallade mig broder. Jag fattade ingenting. Sen kom det bara fler och fler, till sist var det så mycket gangsters som hängde där och snackade och drack sprit i korridoren att sjukhuspersonalen fick kalla på vakter och köra ut dem, säger Thomas och skrattar sitt typiska skratt.

I takt med att Thomas återhämtade sig ökade hans vilja att veta vem han egentligen hade varit. Parallellt med den fysiska rehabiliteringen och minnesträningen gav han sig på jakt efter svar.

Kärnfrågan var: Varför hade han blivit kriminell? Thomas frågade ut alla i sin omgivning. Gamla vänner, familjemedlemmar, killarna i Chosen Ones. Det var vid den här tiden som Thomas blev kontaktad av två filmare som ville göra en dokumentär om honom. Efter att ha pratat med sin mamma och sina läkare sa Thomas ja till att medverka. Hans förhoppning var att filmarbetet skulle hjälpa honom i hans sökande. Resultatet blev *Jakten på en identitet*, som visats i bland annat TV4. Nu, flera år senare, har Thomas kommit så långt han kan. De berättelser han fick från omgivningen har han bakat ihop med de minnesfragment som finns kvar.

– Jag är uppvuxen i Rågsved och umgicks tidigt med äldre killar. Det började med att jag fick försvara min bror som är tre år äldre än jag. De som var efter honom blev impade av mig och så blev jag polare med dom, för att dom skulle slippa stryk, typ. Jag har alltid varit en sån som vågar säga vad jag tycker och inte backar.

– Tillsammans med de här äldre killarna började jag göra grejer. Åka runt och sno och misshandla folk. Som till exempel en gång när jag var fjorton–femton år, då hade jag och en polare bråkat med några inne i stan på Vattenfestivalen. Och då kom monsterbussen, piketen du vet, och tog mig. När snutarna frågade vad jag hette och jag sa Thomas och mitt efternamn, som är svenskt, fick jag så jävla mycket stryk. De trodde att jag ljög, för jag ser ju utländsk ut. Men när de körde hem mig till morsan – mormor var där också – fattade de att jag talat sanning. Då vart de helt chockade. Sen när morsan frågade vad som hänt och jag skulle förklara sa en av snutarna "Håll käften". Då knockade jag honom, den där snuten, där i lägenheten. Jag kände "du ska inte trampa på mig i mitt eget hem". Då ville dom köra mig därifrån men mamma vägrade släppa mig. Så blev det, och jag åkte aldrig dit på det. Efter det blev det bara värre. Om man knockar en snut hemma blir man hjälte bland kompisarna.

Thomas kaxighet fick lärarna i Rågsved att ge upp redan i sjuan. Han blev förflyttad till en skola i Hagsätra och så småningom till ett skoldaghem på andra sidan stan. Ingenting fungerade.

– Det enda jag satsade på var att bli kriminell. Och jag hade ju deg och grejer, så varför skulle jag bry mig om skolan?

Sommaren efter nian lyckades Thomas mamma övertyga honom om

att gå gymnasiet. Han fick plats på livsmedelsprogrammet och skötte sig hyfsat, även om han skolkade mycket. Men tre månader innan studenten hoppade Thomas av. Tillsammans med några barndomsvänner drog han till Norge och åkte snowboard och sedan blev det inte mer skola. Inte jobb heller. Thomas försörjde sig fortsättningvis på kriminalitet. Det var någonstans härefter som Thomas kom på att det var mer lönsamt att ta pengar direkt, i stället för att stjäla saker som skulle säljas vidare till hälare. Stölder övergick i rån. Exakt hur det gick till när Thomas gick med i Chosen Ones minns han inte. Men han kommer ihåg känslan av gemenskap, tillit och total uppbackning.

– Vi som var med var ju de som var något i förorten. De som hade kontakter och kunde fixa grejer. Vi kunde gå emot vad som helst, polarna fanns där vad som än hände. Och många har fortsatt att ställa upp efter olyckan. Det är det som är att vara med i ett gäng. Det är därför jag inte skulle vilja ta bort tatueringen än idag. Tatueringen gör att vänskapen sitter kvar för evigt, det är ristat in i själen, förstår du? säger Thomas och slår med vänsterhanden på Chosen Ones-tatueringen högst upp på den andra armen.

– Den här skulle jag däremot vilja ta bort, fortsätter Thomas och pekar på tre gröna bokstäver på högerhanden, mellan tummen och pekfingret.

Bokstäverna är F, T och W. En förkortning för "Fuck the World" som används av Hells Angels och andra mc-gäng.

– Det var så jag tänkte innan, att jag sket i systemet, kommunen, staten ... de som bestämmer. Låt mig bara komma fram, typ. Men nu har jag ju ändrat min syn på hela samhället. Jag tycker om samhället nu, för de hjälper ju mig så mycket. Jag är ute och föreläser för ungdomar en del och varnar om att det kan gå åt helvete om man kör på fyllan. Då känns det som att jag betalar tillbaks till samhället, för jag ser att dom förstår vad jag menar, att det inte bara händer färskingar ... det hände ju mig, jag som var kungen!

Att varna för att det är dumt att köra bil full är inte särskilt svårt när man, som Thomas, kan peka på hur det drabbat en själv. Men vad säger han när han träffar killar som är på väg att bli kriminella?

– Skaffa ett liv! Kör in i en betongvägg i tvåhundra kilometer i timmen! Nej, skämt åsido. Att stoppa folk från att vara kriminella, det är inte min grej. Det är farbror polisens grej, svarar Thomas och viftar bort frågan.

Han sitter tyst ett tag och tittar ut i vimlet på Medborgarplatsen. Sedan lutar han sig fram mot oss och säger:

– Ska jag vara riktigt ärlig? Gå inte med i ett gäng vad du än gör. För i gänget kan du inte bestämma själv, det är gänget som bestämmer vad du ska göra. Man kan inte göra vad man vill, man måste snacka med andra... Man har ingen riktigt fri vilja. Ifall nån har blåst din farbrors systers kusin, då ska alla gå och spöa han för det. Man känner inte killen man spöar på, men man gör det ändå ... det är helt sjukt. Man gör det för grupptrycket ... eller för kärleken till gänget.

– Sen är det ju så här: ju fler brott man gör ju mindre kommer man ihåg. Jag kunde slå på en kille en kväll bara för att han sagt nånting och ha glömt det efter en tre–fyra dagar, bara för att jag slagit på tio andra. Det blir så många ... Tänk dig själv, man står upp för alla trettio i gänget och alltid är det nån som har nåt problem. Man får ont i knogarna. Och dåligt samvete ...

En vecka senare sitter vi i Thomas kök i hans tvåa i Enskededalen. Thomas mamma Carina är med. Tillsammans med ett antal assistenter från kommunen är det hon som ser till att det praktiska funkar för Thomas. Carina har sin egen bild av allt som hänt i sonens liv. Hon har tänkt mycket på varför Thomas blev kriminell och hamnade i ett gäng. När filmen om Thomas spelades in valde hon att medverka. I en scen i filmen, där hon och sonen sitter bredvid varandra i en soffa, suckar Carina över att den gamla Thomas var "hopplös" och att inget hon gjorde hjälpte. Thomas kontrar i samma filmscen med att säga: "Så i stort sett ångrar du att du skaffade barn?" och Carina svarar: "Nej, men det är ingen förälder som vill att ens barn ska bli kriminella och gangsters."

– Jag försökte ju med utegångsförbud, jag åkte runt och hämtade dig, jag gjorde ju allt jag kunde ... Men det var ju bara polarna och gänget som gällde, säger Carina och tittar på Thomas, som rullar fram och tillbaka med rullstolen mellan köksbordet och kylskåpet.

– Det var som att du bara hade det i dig. I efterhand, när man börjat prata om DAMP och sånt, har jag kommit ihåg hur det var, att du aldrig kunde sitta stilla. Du hade liksom myror i byxorna, fortsätter Carina, reser sig och går bort mot diskbänken där kaffebryggaren står.

– Sen var du ju alltid tvungen att hävda dig. Det började redan på dagis. Det handlade väl delvis om att du såg utländsk ut. Det var ju inte så många barn som gjorde det i Rågsved på den tiden …. Det var ju heller inte bra för dig att du inte hade någon pappa som kom och hämtade dig som de andra barnens pappor gjorde. Jag minns att du sa till dem på dagis att en dag skulle din pappa komma och han skulle ha en stor säck med guldpengar med sig och ni skulle gå på Grönan, säger Carina.

Det blir tyst en stund. Thomas funderar.

– Men min storebror hade det ju likadant. Varför blev inte han som jag? frågar han sedan.

– Jag vet inte … nej, han blev ju hur snäll som helst, svarar Carina och häller upp kaffet.

Ett annat kriminellt förortsgäng från Stockholm är Fucked for Life, ofta förkortat till FFL. En rad händelser från 2002 och framåt har gjort att grupperingen blivit mer omskriven än de flesta. Välplanerade stölder och butiksinbrott var till en början grupperingens signum. Därefter lärde sig några av medlemmarna att använda sprängmedel, och åtskilliga banker i Mellansverige fick sina pengaautomater sprängda nattetid. Nästa steg för FFL blev värdetransportrån. I motsats till andra grupperingar undvek FFL dock till en början att beväpna sig med riktiga automatvapen. I stället använde medlemmarna attrapper, sannolikt i hopp om att på så sätt slippa att dömas för grovt rån om de åkte fast. På senare år har däremot såväl AK 4- som Kalasjnikovvapen använts i FFL-relaterade dåd.

Hur många värdetransportrån som grupperingen har utfört vet bara medlemmarna själva. Men vid minst fyra tillfällen har polisen fått anledning att misstänka delar av FFL för rån: Liljeholmen 2000, Landskrona 2002, Eskilstuna 2003 och Hallunda 2005. Resultatet har blivit att ett tiotal personer med koppling till FFL fällts för grovt rån eller förberedelse till samma brott. Parallellt med rånen har de grova stölderna fortsatt. Under hösten 2006 greps exempelvis tre kriminella i FFL:s svans på bar gärning när de transporterade drygt sju ton stulna kopparrör söderut längs E6:an med lastbil. Ändå är det inte rånen och kupperna som gett FFL mest uppmärksamhet, utan olika fritagningar från landets säkraste anstalter. Inte mindre än fyra gånger har grupperingen överlistat

Kriminalvården och fått ut medlemmar och vänner i frihet.

Den mest spektakulära fritagningen skedde på Hallanstalten i slutet av juli 2004. FFL och deras medhjälpare hade lyckats få en anställd att smuggla in en laddad pistol , vilken användes för att hota andra i personalen. I sällskap av bland annat polismördaren Tony Olsson kunde FFL-ledaren Daniel Maiorana därefter promenera ut genom fängelsegrindarna, där andra gängmedlemmar stod klara med en flyktbil. Bara några dagar senare fritogs FFL-medlemmen Mårten Tammiharju och två andra tungt kriminella från Norrtäljeanstalten. En annan FFL-medlem, Sergio "Chico" Sepulveda, hade planerat fritagningen som utfördes genom att en bil forcerade ytterdörren till anstalten, varpå en man utrustad med en bensindriven motorkap sågade upp stängslet.

Både dessa och andra liknande rymningar har blivit kortvariga, och 2007 är nästan hela FFL:s kärna om ett dussintal personer tillbaka på olika anstalter. Även många av grupperingens cirka trettio medhjälpare avtjänar fängelsestraff. Polisen har dock långt ifrån räknat ut grupperingen och det anses bara vara en tidsfråga innan den slår till igen.

I massmedia har FFL ibland beskrivits som ett fängelsegäng. Det är fel. Visserligen har de FFL-medlemmar som hamnat bakom galler stöttat varandra genom flitigt brevskrivande etcetera. Men det som ursprungligen förde medlemmarna samman var snarast drömmen om att komma undan med det perfekta brottet – och löften om att aldrig tjalla.

Grupperingen tillhör heller inte dem som använder sitt namn för att utöva utpressning, och några influenser från de kriminella mc-gängen går inte att se. Förebilderna finns i stället inom den amerikanska gatugängskulturen och dess romantiserade syn på livet som gangster. Kanske är detta förklaringen till att FFL periodvis tillhört de gäng som varit mest aggressiva mot polisen.

Fucked For Life föddes kring millennieskiftet. Ursprungsmedlemmarna var ett gäng sjuttiotalister från Tumba, Rönninge och Södertälje. Bildandet av grupperingen skedde i Thailand, dit killarna åkt för att fira några lyckade brott. En efter en gick de till en tatueringsstudio för att få bokstäverna FFL inristade på ena axeln. Namnet hade de hämtat från låten *Hit'em Up* med Tupac Shakur, en amerikansk gangstarappare som sköts ihjäl i Las Vegas 1996. Så här lyder en textrad ur låten:

"You claim to be a player but I fucked your wife/We bust on Bad Boy niggaz fucked for life".

– "Fucked for life" förekommer även på lite andra ställen, bland annat i filmen *Heat*. Men det var från Tupac vi tog det.

Det berättar en av medlemmarna i FFL:s kärna, en kille i trettioårsåldern som vi kan kalla Robert. På telefon har Robert sagt att varken han eller någon annan i FFL är intresserad av att ge någon intervju. När vi förklarar att vi kommer att skriva om gänget ändå ställer Robert upp på ett samtal för att "hjälpa till att få saker och ting rätt". Vi ses på ett kafé i ett köpcentrum i södra Stockholm.

– Varför Fucked for life? Det var så vi kände oss. Det blev en skylt för att visa att här är vi, vi står utanför samhället och har gjort det så länge. Vi var ju helt körda på det viset att vi inte kunde få några vanliga jobb. Å andra sidan var det väl ingen av oss som ville ha något vanligt jobb heller, inte jag i alla fall. Jag valde att gå den kriminella vägen, även om jag säkert kunde ha gjort något annat, säger Robert.

Ingenting i hans yttre utstrålar kriminalitet. Han bär inga guldlänkar eller andra typiska attribut. Han är oklanderligt klädd i vit Nike-jacka och blå dunväst. Han pratar eftertänksamt och lågmält. Det enda han vill ha när vi frågar om vi får bjuda på något är mineralvatten. Av polisen betraktas Robert emellertid som en av landets mest brottsaktiva gängmedlemmar. Hans namn finns med på Rikskriminalens lista från 2006 över de hundra kriminella med gängkoppling som ska punktmarkeras särskilt. Precis som för flera andra i FFL började Roberts brottsliga bana tidigt, i tolv–trettonårsåldern. Egentligen hade han inte särskilt svårt för sig i skolan. Men olika faktorer gjorde att han ändå hoppade av redan på högstadiet.

– Jag hängde med ett gäng som drack mycket, slogs, målade graffiti och gjorde inbrott. Det där fortsatte och så småningom lärde man känna fler och fler som sysslade med brott, även i andra områden, säger Robert.

Några krogar i Stockholms södra förorter, däribland TB's i Tumba, blev i mitten av 1990-talet samlingsplats för killar som Robert. Det var här som han och FFL:s andra blivande medlemmar drogs till varandra. De hade olika bakgrund, en del var svenskar och andra invandrare. Brotten och jakten på spänning förenade dem. Några av killarna ingick sedan

Trettiotvåårige Daniel Maiorana från Tumba, ledare inom Fucked for Life. Avtjänar ett fängelsestraff för bland annat rån till och med år 2010.

tidigare i gänget Tumba Lords, vars namn influerats av amerikanska gatu-gäng som Spanish Lords och Vice Lords. Gänget hade börjat med mo-pedstölder och fortsatt med allt grövre brott. I spetsen för Tumba Lords stod Daniel Maiorana, näst äldst i en brödraskara om fyra och straffad för mängder av stölder. Maioranas bostadskvarter på bergsknallen Stor-vreten, sydöst om Tumba centrum, blev snabbt det nya gängets territo-rium och flera av de blivande FFL-medlemmarna flyttade dit.

– Vi levde tillsammans dygnet runt och hade mycket kul ihop. Nästan hela tiden planerade vi brott. Vi ville bli bäst på det vi gjorde, vara grym-ma, säger Robert och förklarar att FFL tidigt kom att handla mycket om "tekniska brott".

Exempel på det senare är att FFL enligt olika brottsutredningar hit-tat innovativa sätt att forcera butikstak, banklokaler och skal till värde-transportbilar. Även fritagningen av FFL-ledaren Daniel Maiorana på Kumlaanstalten 2003 kan läggas till listan. På några minuter lyckades fritagningsexpeditionen ta sig in till Maiorana genom att resa stegar över den yttre muren och såga upp flera stängsel med en motorkap. Därefter kunde Maiorana lugnt klättra ut från Sveriges säkraste anstalt utan att någon ingrep.

Första gången FFL nämndes i massmedia var 2002. Den då tjugofemår-ige Daniel Maiorana hade fritagits från Hallanstalten, där han satt dömd för värdetransportrån, och efter rymningen hade Maiorana och en grupp andra FFL-medlemmar inlett en serie rån och kupper runtom i Stockholm. Med vapenhot hade de tvingat privatpersoner att lämna ifrån sig sina bilar och på nätterna hade de sprängt bankboxar för att få pengar. Efter att ha lyckats hålla sig undan polisen i drygt en vecka spårades Maiorana och hans medhjälpare till en lägenhet på Odengatan i centrala Stockholm. De civila poliser som skickades till platsen möttes i trappuppgången av Maiorana, som var beväpnad med vad som såg ut att vara en kpist. Poliserna beordrade Maiorana att lägga ner föremålet, men han lydde inte. Följden blev att Maiorana sköts med fyra skott i brösthöjd och föll ihop på en trappavsats. Men inget av skotten hade gått in i kroppen eftersom han bar skottsäker väst. Ännu mer överraskade blev poliserna när de upptäckte att det vapen som Maiorana haft i händerna var en kpistkopia i plast. Händelsen ledde till spekulationer i kvällstidningarna om att Maiorana hade velat bli martyr genom att begå så kallat "suicide by cop"[1]. Det faktum att han bar skyddsväst talade dock för motsatsen.

Men publiciteten då var ingenting jämfört med vad som skulle komma året därpå. I februari 2003 hade en trettiosexårig kvinna i Tumba träffat ett gäng yngre killar, varav en FFL-medlem, på en lokal krog och bjudit in dessa på efterfest i sin lägenhet. I bostaden hade kvinnan gruppsex med flera av killarna, men någonstans på vägen urartade situationen och dagen därpå polisanmälde hon männen för våldtäkt. Flera av dem greps och polisen hävdade tidigt att det fanns en koppling till FFL. En polisman påstod till och med att FFL betydde "fucking for life" och antydde därmed att Tumbagänget ägnade sig åt överlagda sexuella övergrepp. I ett slag blev gänget rikskänt och förknippat med kvinnoförnedring och gruppvåldtäkt. Men ingen av de gripna tillhörde i själva verket FFL och den gängmedlem som inledningsvis följt med hem till kvinnan var aldrig misstänkt. Utredningen slutade med att tre unga män åtalades för grovt sexuellt utnyttjande. Såväl Huddinge tingsrätt som Svea hovrätt och Högsta domstolen friade dem.

FFL:s medlemmar kände sig oskyldigt utpekade och misstänkte att polisen medvetet velat smutskasta gänget. Rätt eller fel, händelsen försämrade de redan tidigare dåliga relationerna mellan FFL och Södertörn-

---

1. Begrepp som uppstod i USA på 1980-talet. I stället för att överlämna sig till polisen agerar en gärningsman medvetet så provokativt att polisen ser sig tvingad att skjuta honom.

spolisens specialstyrka Särskilda gänginsatsen. För FFL:s medlemmar och yngre supporters, som växte kraftigt i antal under den här tiden, blev det en sport att på olika sätt utmana Särskilda gänginsatsen. Ofta ganska harmlöst, som till exempel när några FFL-supporters drog ner byxorna och visade skinkorna för polispatruller utanför en krog i Tumba. Men enligt en rapport från Rikskriminalen inträffade under 2004 ett tiotal incidenter där FFL-relaterade personer "planerat attentat mot poliser, hotat och visat aggressivitet", vilket placerade gänget i topp tillsammans med Brödraskapet och Original Gangsters i fråga om så kallad system- hotande brottslighet. Gentemot andra inom den kriminella miljön har FFL däremot varit fredliga. Den Tupac-text som gav upphov till grup- peringens namn handlar visserligen om att bekämpa och förnedra sina konkurrenter. Men Robert säger att den delen av gangsterkulturen aldrig har intresserat dem.

– Vi har alltid kommit bra överens med andra kriminella och haft cred. Vi har aldrig använt namnet för att få makt eller skrämma någon. Makt är inte vår grej, vi vill bara ha pengar. Man kan säga att vi är beroende av pengar ... sen är det klart att det varit spännande också, säger han och ler lite grand.

Hur mycket pengar gänget genererat genom sina brott är omöjligt att räkna fram. Fakta är emellertid att FFL-medlemmarna och deras medhjälpare dömts för inblandning i olika rån och kupper där uppskatt- ningsvis totalt nästan 40 miljoner kronor försvunnit. Det i särklass mest uppmärksammade brottet med FFL-koppling inträffade i Hallunda sö- der om Stockholm i augusti 2005. På en avfart från E4:an stoppades en Securitasbil och sprängdes i luften. Minuterna tidigare hade ett tiotal bilar satts i brand på olika platser – bland annat mitt på E4:an – för att avleda polisen och försvåra jakten. Polisen uppskattade att mellan tjugo och trettio personer inom och i kretsen runt FFL deltagit i rånet som gav 14,9 miljoner kronor. Fram till och med juni 2007 hade endast fyra av dessa kunnat fällas för inblandning i rånet. Utmärkande för Fucked for Life är enligt Robert att medlemmarna försökt hålla huvudet kallt även när de har kommit över mycket pengar.

– Till skillnad från andra har vi inte använt bytet för att åka in till Stureplan och flasha. Oftast har vi handlat spriten på Systemet och festat hemma eller gått till kvarterskrogen. Att bränna femtiotusen på kort tid här hemma känns ju rätt dumt när man kan köpa en lång resa utomlands för pengarna i stället.

Vi fortsätter att prata om hur det är att leva som gängmedlem och yrkeskriminell. Robert tecknar en nyanserad bild utan illusioner.

– Visst kan det ibland vara flashigt, men man ska veta att det är tufft också. Det har varit trist och grått när man suttit inne på fängelserna. Så det är hela spektrat ... Och även om det är skönt att mucka och komma ut igen så är det samtidigt svårt. Tiden har stått still och du har inte följt med. Men egentligen ångrar jag ingenting, säger han.

Även i framtiden har Robert svårt att tänka sig ett liv utan brott.

– Ett tag funderade jag på att börja studera, men jag vet inte ... Man har lärt sig ett yrke, det är svårt att lära sig nåt nytt.

Vad som kommer att hända i takt med att medlemmarna friges vill Robert inte förutspå. En spekulation är att FFL kan komma att överge Tumba, där Stockholmspolisens Särskilda gänginstats sedan länge punktmarkerar medlemmarna. Under senare år har FFL-knutna personer från Tumba periodvis bott på orter som Kramfors, Fellingsbro och Lindesberg. Enligt poliskällor finns också tecken på splittring. Några av medlemmarna ska under 2006 ha startat en ny gruppering som kallar sig International Criminal Elite. Inget av detta vill Robert kommentera.

Under arbetet med kapitlet har vi även försökt att få intervjua fängelsedömde Daniel Maiorana, som sitter på Kumlaanstalten och väntas friges tidigast år 2010. I brev till oss har FFL-ledaren förklarat att "allt han vill är att lägga av med kriminalitet" och få chans att starta ett nytt liv i Italien, där han är medborgare. Kriminalvårdens ledning har emellertid gett oss besked om att Maiorana inte längre tillåts ta emot journalister. Vid den senaste intervjun, som gjordes av *Aftonbladet* i november 2005, poserade Maiorana på en bild med uppsträckt långfinger, riktat till Kriminalvårdens generaldirektör Lars Nylén och dåvarande justitieministern Thomas Bodström.

ORIGINAL GANGSTERS
– STÄNDIGT I KRIG

"Har man inga fiender har man inte gjort något med sitt liv."

DENHO ACAR, LEDARE FÖR ORIGINAL GANGSTERS

Festlokalen Forum ligger i samma gråa byggnad som bingohallen vid torget i Kortedala, en av Göteborgs nordöstra förorter. Lokalen ägs och hyrs ut av kommunen genom fastighetsbolaget Göteborgslokaler. Enligt fastighetsbolagets hemsida är den särskilt lämpad för bridge, körsång och pensionärsverksamhet. Men fredagen den 11 augusti 2006 är kommunens tillfälliga hyresgäster inte några pensionerade bridgespelare, utan ledarna för en av Sveriges mest ökända brottsorganisationer. Helgstressade Kortedalabor som passerar märker att någonting ovanligt är på gång. Polisen är på plats och kontrollerar biltrafiken, på torget står flera patruller utposterade. Ryktet går snabbt över det ödsliga betongtorget och strax vet alla som hänger där vad som är på gång.

– Det är en fest för en kille som suttit i fängelse jättelänge, berättar en liten flicka på nio–tio år, som tillsammans med sitt kompisgäng betraktar polisen och de tillströmmande gästerna på avstånd.

Trettioettårige Denho Acar, president för och grundare av den kriminella organisationen Original Gangsters, OG, är sedan tre dagar frigiven från ett långt fängelsestraff för grovt rån. Straffet har han avtjänat på landets två hårdaste säkerhetsanstalter, Kumla och Hall. I kväll är det Denho Acars stora återkomst. Han är festklädd i mörk kostym, vitrandig skjorta och svarta lackskor. Huvudet är renrakat och skägget välansat.

– Lite skillnad från Kriminalvårdens gråa kläder som jag hade senast vi sågs, va? säger Denho Acar med ett stort leende när vi hälsar.

Som enda utomstående har vi bjudits in till Denho Acars muckfest. Tidigare har vi vid flera tillfällen intervjuat Denho på Hallanstalten och vid ett av dessa möten har han föreslagit att vi kan vara med och dokumentera hans kalas. De övriga cirka hundra gästerna på festen är Denho Acars "bröder" i Original Gangsters, hans familj och hans vänner. Det enda villkoret för vår närvaro är att de som inte vill prata med oss ska lämnas ifred och att ingen ska bli fotograferad mot sin vilja.

Trots att det är kommunen som, sannolikt ovetande, har upplåtit sin festlokal till Denho Acar är det tydligt att samhället inte vill se OG-ledaren i frihet. Några veckor tidigare har Rikskriminalpolisen listat hundra namn på kriminella gängmedlemmar som man ska göra allt för att gripa. Denho Acar är en av dem. På listan finns ytterligare fem OG-medlemmar; en i Göteborg, tre i Jönköping och en i Norrköping. Utanför festlokalen i Kortedala står nu civilklädda poliser i en halvcirkel vid entrén och begär legitimation av alla som passerar. Senare på kvällen blir de avlösta av uniformerade kollegor som parkerar en piketbuss vid ingången.

– Det är inte särskilt konstigt att vi vill hålla koll på vilka som är här. Med tanke på vad som hänt i den här staden tidigare och vad den här organisationen varit inblandad i, så kan man lugnt säga att det kan finnas en hotbild, förklarar en polisman när han tittar på våra ID-kort och skriver upp personnumren.

Inne i festlokalen ringer mobiltelefonerna i ett. Irritationen växer över poliskontrollen utanför. Sannolikt finns det inbjudna som på grund av polisens närvaro i sista stund tvingats meddela förhinder.

– Aina[1] katastrof! ropar en festdeltagare.

Denho Acar fnyser åt polisens tal om en hotbild och går två gånger ut för att prata med insatsledaren.

– Om det finns en hotbild är det väl ett konstigt sätt att skydda oss, det här att kräva legitimation av mina gäster. Vi kan svara för vår egen säkerhet, säger han vänd emot oss.

Även Kennedy Acar, Denhos sex år yngre bror, har frigivits under sommaren. 2004 dömdes han till fem års fängelse för inblandning i ett mord.

---

1. "Aina" är ett slangord för polisen.

Ett massivt polisuppbåd var närvarande när Denho Acar, Original Gang-
sters ledare, firade muck från Hallanstalten i augusti 2006. Festen hölls i en
av kommunens lokaler i förorten Kortedala i Göteborg.

I kväll har bröderna äntligen återförenats. Denho Acar har tidigare be-
rättat för oss att bröderna redan som barn begick brott tillsammans. När
Denho var elva år stal han en Volvo 240 och körde iväg med den då fem-
årige Kennedy på passagerarplatsen. Bilfärden tog slut först efter att brö-
derna hade upptäckts av personal på Kennedys dagis.

Kennedy Acar visar de inströmmande gästerna till ett bord vid entrén,
där champagneglasen står i långa rader. En av hans vänner skämtar om
Kennedys jeans, som har en lång moderiktig reva. Vännen har haft ett par
liknande, betalade tretusen kronor för dem och medan han sov lagade
hans mamma den dyra revan med symaskin. Den missriktade moderliga
omsorgen utlöser skratt.

I festsalen, en trappa upp, står borden dukade och smyckade med blom-
mor. De har ställts ihop i en E-formation, där stapeln utgörs av Denho
Acars honnörsbord. Här och var står stora skålar med godis, frukt och
nötter. Flera barn springer omkring och plockar ur skålarna. Det hela
påminner om ett släktkalas eller ett bröllop. Denho Acars systrar har la-

gat mat hela veckan – en traditionell assyrisk buffé bestående av piroger, dolmar, olika såser och bröd.

– Det assyriska köket är fantastiskt. Det är annars nästan bara gamla människor som fortfarande kan laga sådan här mat! säger trettiofemårige OG-medlemmen Joachim Nordwall lyriskt medan han förser sig.

Joachim Nordwall är en av få helsvenska medlemmar i Original Gangsters. Även på andra sätt avviker hans bakgrund från majoritetens. Han kommer från Göteborgs övre medelklass och är uppvuxen i en villaförort. Vägen till kriminalitet gick via studier på Handelshögskolan i Göteborg. Men efter tre terminer hoppade han av för att i stället börja jobba som dörrvakt. Inkomsterna därifrån drygade Joachim ut med indrivningar och så småningom även rån. Någonstans på vägen gick han med i OG.

– Jag var uttråkad. Det kändes som om jag hade upplevt allt när jag var nitton år, berättar han.

Under flera år lyckades Joachim Nordwall kombinera grov kriminalitet med vanliga jobb. Bland annat arbetade han som lärarvikarie på Bergsjöskolan i Göteborg och undervisade i matematik, fysik, kemi och engelska. I takt med att han dömdes för nya brott stängdes dock dörrarna till en laglig karriär. Som en av Denho Acars närmaste män har Joachim Nordwall en given plats vid honnörsbordet. Också han har nyligen frigivits efter ett långt fängelsestraff för grova rån. Rättegången, som hölls under sommaren 2000, uppmärksammades stort i massmedierna på grund av att Joachim Nordwalls dåvarande flickvän, fotomodellen Hannah Graaf, hade åtalats för medhjälp i härvan. Ex-flickvännen friades dock från alla misstankar.

Samma dag som domen vann laga kraft genomförde Joachim Nordwall en spektakulär rymning från Göteborgshäktet. Han lyckades krossa ett fönster på häktets åttonde våning och fira sig ner tjugotvå meter på klassiskt vis med hjälp av ett rep, tillverkat av sönderskurna filtar. Ett halvår senare greps han på ett hotell i Helsingborg med ett falskt pass i fickan. Under kvällen berättar Joachim Nordwall att han planerar ett stort bröllop senare i sommar. Hans blivande fru är kusin till Denho Acar.

– Vi har haft sådana problem med att hitta en bra lokal. Du vet, det är sjuhundra inbjudna och det är inte så många lokaler som kan svälja så mycket folk, säger Joachim Nordwall.

Efter långa fängelsestraff förenades bröderna Acar i frihet. Kennedy Acar, i mitten, hade avtjänat straff för att ha planlagt ett mord. Denho Acar, till höger, satt inne för ett väpnat rån i Södertälje.

Efter det planerade bröllopet och bröllopsresan till Thailand ser Joachim Nordwall fram emot att börja ägna tid åt OG igen.

– Jag och Denho kommer att arbeta mer som ledare för organisationen och mindre på fältet själva. Vi har, med vår erfarenhet, mycket att tillföra OG. Kan föra samman medlemmar i olika samarbeten och så.

Tiden i frihet skulle dock bli kort. Redan under våren hade Joachim Nordwall och en porrklubbsägare i Göteborg börjat pressa en person på över 200 000 kronor för en påhittad skuld. Utpressningen fortsatte under hösten och totalt kom de båda kumpanerna över ungefär 50 000 kronor innan de greps. I december 2006 dömdes de för bland annat olaga tvång till ett års fängelse vardera. Under strafftiden har Nordwall bytt sitt efternamn till hustruns, Garis.

Tillbaka till festen. Vid andra änden av honnörsbordet sitter Denho Acars brorson, tjugofemårige Robert Acar. Precis som farbrodern är han klädd i en flott kostym. Festhumöret är på topp. Svetten glänser i Robert Acars panna. Han hämtar mat till gäster och pratar med alla.

– Har ni det bra? Vill ni ha mer mat? Öl? Vin? Champagne?

För ett antal år sedan åtalades Robert Acar för delaktighet i ett mord i Göteborgsförorten Bergsjön, där en ung man sköts till döds på nära håll med ett hagelgevär. Såväl Robert Acar som de andra åtalade friades till sist för dådet, som polisen misstänker hade kopplingar till en vapenaffär som gått snett.

Det klirrar i glasen när Denho Acar ställer sig upp och skålar i Dom Perignon med Joachim Nordwall till höger och Robert Acar till vänster. Vid hans högra sida sitter en ung kvinna. Hon är en vän till familjen som har övat in en romsk dans till Denho Acars ära. Ursprungligen hade hon tänkt sig en flamenco, men ändrade sig när hon fick veta att Denho Acar är förtjust i zigenarmusik. Lite senare under kvällen ska hennes klackar klappra hetsigt mot golvet, medan gästerna klappar takten. Attraktionen mellan den dansande unga kvinnan och gängledaren är påtaglig. Från och med denna kväll kommer de att vara ett par. Vid de övriga borden sitter släktingar i olika åldrar, barndomsvänner till bröderna Acar blandat med OG-medlemmar och deras flickvänner. Även här är flera av männen välklädda i kostym. Andra bär munkjackor, T-shirts och typiska street-kläder. Många av de yngre har väl synliga tatueringar. En trettiofemårig trebarnspappa, med tidigare kopplingar till Hells Angels, har låtit tatuera eldsflammor som slickar ansiktet. Han har bara några månader kvar att leva när han skålar med Denho Acar och de andra medlemmarna i OG på festen. I januari år 2007 kommer han att knivhuggas till döds i närheten av Brödraskapets lokaler på Ångpannegatan på Hisingen i Göteborg.

Festens huvudperson är omsvärmad av människor som önskar honom välkommen ut i frihet med kramar, kindpussar och handslag. Denho Acar skålar flitigt, men dricker själv måttligt. Han röker inte heller, snusar inte och tar inga droger. Hans kropp är extremt vältränad. När Kriminalvården för några år sedan tog bort de fria vikterna på anstalterna fortsatte han att hålla sig i trim med en boxboll. Denho Acar har suttit i fängelse i sammanlagt över ett decennium. En stor del av den tiden har han tillbringat på bunker, som de säkerhetsavdelningar kallas som är reserverade för landets mest farliga och rymningsbenägna fångar. Anstaltstiden börjar redan blekna, säger Denho när vi följer med honom ut ur festlokalen i den regnfuktiga sommarnatten för att andas frisk luft.

Robert Acar klappar om sin farbror Denho Acar.

– Det är konstigt. Det känns som om all tid på kåken redan är borta, som om det aldrig hänt, säger han.

Några unga killar i hans gäng står bredvid och röker. Timmen är sen och torget är nästan helt öde. Kvar står bara polisens piketbuss. Genom dess rutor skymtar uniformerade polismän. Inifrån festlokalen hörs musik och skratt. När killarna fimpat följer de sin ledare tillbaka in igen.

Kampen mellan samhället och Original Gangsters står om ungdomarna. Det gör den idag och det gjorde den redan i början av 1990-talet, då Stefan Åberg jobbade som polis i bland annat förorten Bergsjön.

– Många av medlemmarna som idag utgör OG:s kärna kände jag till redan då. Jag såg dem växa upp. Vi borde ha satsat ännu mer på dem då, när de var yngre. Men vi inom polisen arbetade inte effektivt. Vi kunde aldrig fokusera på gängen, var alltid underbemannade eller skickades ut på annat, säger Stefan Åberg, när han blickar tillbaka.

I Göteborg finns gängens rekryteringsbas framförallt i stadens norra förorter. Där bor Göteborgs absoluta underklass. Medborgarna i dessa områden är betydligt fattigare, sämre utbildade, oftare sjukskrivna och arbetslösa än invånarna på andra håll i staden. Kommissarie Bertil Claesson arbetade under de första åren av 2000-talet som närpolischef i ett av de mest utsatta områdena, Angered. Vid det laget hade OG och andra gängbildningar fått starkt fäste. Trots en rad insatser riktade mot unga som stod på tröskeln till gängen misslyckades Bertil Claesson och hans kolleger med att hålla dörren stängd.

– Hur mycket vi än låg på och jobbade så växte de kriminella gängen. Man kan tycka att vårt arbete borde ha fått effekt, men det hade det inte. Förklaringen är att polisen inte fungerar i de här sammanhangen. Gängkriminalitetens orsaker är inte ett polisiärt problem, det är ett samhällsproblem, säger Claesson, som idag lämnat Angered för ett chefsjobb på länskriminalavdelningen.

Gängmatematiken är egentligen enkel. Om inte nya medlemmar strömmar till i samma takt som de äldre döms till fängelse, hoppar av eller försvinner på annat sätt så kommer gängen med tiden att minska eller tyna bort. Men för detta krävs att unga i riskzonen ser ett annat alternativ.

– Sanningen är att samhället har mycket lite att erbjuda den här gruppen. Tänk dig att du har två skålar som vägs mot varandra. I den ena skålen lägger du gängen med allt vad de för med sig av bilar, tjejer, respekt, status och sådant som är viktigt för en ung människa. I ett sunt samhälle väger den andra skålen, samhällets skål, tyngre än den kriminella skålen. Men för de unga killarna i Göteborgs förorter är det tvärtom. Samhällets skål är nästan tom, fortsätter Bertil Claesson.

Polisen i Västra Götaland har kartlagt flera tusen ungdomsbrottslingar för att få en bild av nyrekryteringen till de kriminella gängen. Kunskapen om vem som riskerar att dras in i gängkriminalitet är stor. Den potentiella medlemmen i Original Gangsters och andra gäng ser ofta ut så här: En kille som är sjutton år och bor i segregerat område. Han kom till Sverige när han var liten eller föddes här av utländska föräldrar. Han saknar godkända betyg i flera ämnen i grundskolan, har svårt att hitta jobb, men vill gärna tjäna pengar. Han började begå brott i tolvårsåldern och har redan dömts för flera allvarliga brott, sannolikt våldsbrott eller stölder. Han har kommit i kontakt med narkotika och med vapen, oftast har han också själv utsatts för brott. Han har en relation till personer som är eta-

En av festdelagarna på Denho Acars muckfest var en trettiofemårig tre-barnspappa. Bara några månader senare mördades han i samband med ett bråk.

blerade i de kriminella gängen. Dessa personer representerar en livsstil med dyra bilar och fina kläder som ett alternativ till ett samhälle som han känner att han inte får ta del av. Andra förebilder finns inom film- och musikvärlden, till exempel gangsta rapen. Många av de här faktorerna kan polisen inte ensam påverka. En del menar till och med att traditionella insatser riskerar att göra unga ännu mer brottsbenägna.

– När unga blir gripna av polisen bekräftas bara deras utanförskap ännu mer. Receptet handlar i stället om att ge ungdomarna något vettigt att göra, skola eller jobb spelar nog ingen roll, det viktiga är att de blir efterfrågade som individer, att de känner sig behövda. Ingenting är värre för en människa än att känna sig negligerad, säger Dan Gaversjö, chef för det kommunala projektet "Ung och Trygg" i Göteborg.

Kommissarie Bertil Claesson anser att kampen mot gängen är ojämn och att mätbara resultat ligger många år framåt i tiden. Om de alls kan uppnås.

– Vi slåss mot så oerhört starka krafter. Jag skulle se det som en väldig framgång om vi klarar av att hålla gängkriminaliteten på dagens nivå. Jag fruktar att vi om ett par år kan ha en situation som den i Frankrikes förorter, med rena upplopp och kravaller. Samhället måste visa för ungdomarna att kriminaliteten inte är ett alternativ. Det slutar förr eller senare med att man sitter på kåken, men det är oerhört svårt att få de unga att inse det, avslutar Bertil Claesson.

Medan poliser, tjänstemän och experter fortsätter att diskutera vilka åtgärder som bör sättas in kan OG-ledaren Denho Acar ständigt lägga nya namn till sin lista över gängmedlemmar. Den permanenta lågkonjunkturen i Göteborgs norra förorter borgar för fortsatt goda tider för hans kriminella organisation.

– När samhället stänger dörrarna för de här unga killarna så öppnar jag min dörr och hälsar dem välkomna. Här får de respekt. Men hade inte samhället stängt dörrarna från början så hade de inte kommit till mig, säger han vid vårt första möte på Hallanstalten utanför Södertälje.

Sommaren 2006 är den varmaste på decennier. I de små besöksrummen på Hall snurrar takfläktar utan att skänka svalka. De gallerförsedda ventilationsspringorna intill rummens låsta pansarglasfönster släpper knappast in någon luft alls. Rummen är kala, möbleringen inskränker sig till ett litet bord, tre stolar och en soffa. Det är här vi träffar Denho Acar en kort tid innan han ska friges. I början är han lite motvillig. Men efter ett par möten blir han alltmer öppen och berättar engagerat om sig själv och sin organisation. Denho Acar är en god värd. Han bjuder på en smörmättad mannagrynskaka som han bakat själv. Ibland serverar han rulltårta. Han trugar: "Ta mer, den ska ätas upp." Varma dagar har han förberett en colaflaska som han låtit ligga i frysen tills den har blivit isig.

– När jag var tio år greps jag första gången, för snatteri. De tog mig till polishuset, men jag vägrade att berätta vad jag hette. De frågade gång på gång. Ibland vänligt, ibland lite hotfullt. De bjöd på saft och bulle för att jag skulle berätta. Till sist gav jag dem ett påhittat namn och lyckades smita, efter att ha blivit lämnad obevakad en stund.

Så börjar hans egen berättelse om sitt första möte med den svenska rättvisan. I den ingår flera av de budord som gäller i den kriminella världen. Man håller tyst, samarbetar aldrig med rättsapparaten och gör allt

Denho Acar omgiven av OG-medlemmar, supportrar, släkt och vänner på muckfesten i Kortedala 2006. Till höger om honom står brodern Kennedy, till vänster Joachim Nordwall.

för att komma undan. Det gäller att visa att den jagade är smartare än den som jagar.

Denho Acar föddes 1974 i Turkiet, i den tusen år gamla staden Midyat. Föräldrarna tillhörde landets assyriska minoritet. År 1982 valde de att överge hemlandet och ta sig till Sverige. Här bosatte sig familjen, med totalt elva barn i Olofstorp, en av Göteborgs nordöstra förorter. Redan efter några år lämnade fadern familjen och flyttade tillbaka till Turkiet. Den åttaårige Denhos möte med den svenska skolan blev en frontalkrock. Koncentrationssvårigheter och skolk ledde till så kallad anpassad studiegång och kontakter med socialtjänsten. Den brottsliga banan började med snatterier och fortsatte med stölder och så småningom personrån.

– Du vet, det fanns egentligen aldrig någonting som samhället hade kunnat göra. Jag har alltid känt mig som en kriminell. Redan från allra första början, säger han.

Denho satsade tidigt på att bli bäst på att slåss. Han tränade mycket, huvudsakligen den koreanska kampsporten taekwondo. Han blev allt bättre på de snärtigt hårda sparkarna och tävlade på elitnivå. År 1991 stod han tillsammans med en kompis inför rätta för första gången. Denho var sjutton år, platsen var Göteborgs tingsrätt och åtalet gällde två fall av misshandel samt brott mot knivlagen. Han befanns skyldig och dömdes till vård inom socialtjänsten. Ett straff som inte uppfyllde något brottspreventivt syfte.

– Jag åkte till socialen i en stulen bil. Träffade en tjej där och drack lite kaffe. Vi snackade en stund och jag sade att allt är lugnt och så. Det var det, sen körde jag därifrån, berättar Denho.

Året därpå dömdes Denho Acar för nya fall av misshandel och överlämnades på nytt till socialtjänsten. Men sedan ändrade hans brott karaktär: från slagsmål till bank- och postrån med automatvapen. Mer action. Större lönsamhet. Mer cred i den kriminella världen.

Runt varje rånare finns en stor krets av medhjälpare som tipsar om lämpliga rånobjekt, fixar flyktbilar, ordnar gömställen och tvättar pengar. I rapporten *Rekrytering till kriminella gäng* från 2005, skriven av en analytiker vid polisen i Västra Götaland, konstateras en ökande förekomst av den här sortens nätverk. Ett stort nätverk kan, enligt rapporten, begå betydligt fler och mer avancerade brott än små konstellationer. Just så tänkte Denho Acar – fast tio år tidigare.

Original Gangsters bildades 1993 av Denho Acar och två av hans barndomsvänner.

– Vi hade börjat göra en del grövre brott som rån och utpressning och jag förstod att om man vill fortsätta på den kriminella banan så måste man växa och bli fler. I en större organisation har man råd med att några åker fast ibland. Då finns det alltid folk kvar på utsidan. Med en större organisation kan man också begå helt andra brott, som till exempel utpressning och olika sorters beskyddarverksamhet, säger han.

Förebilderna till OG fanns i USA. Inspiration hämtades från film- och TV-världens klassiska maffiafamiljer och amerikanska förortsgäng. Denho Acar blev den givne ledaren och tog sig makten att bestämma hur brottsbyten skulle användas och vilka som skulle få bli medlemmar. Efter ett grovt väpnat rån i Danmark dömdes Denho Acar till sitt första fängelsestraff 1994. Han var arton år och fälldes av Retten i Nibe för "röveri af saerlig farlig karakter og tyveri" till fem års fängelse. Så småningom överfördes Denho Acar från den danska Kriminalvården till Sverige och Härlandaanstalten öster om Göteborg. Där fick han regelbundna permissioner, ledigheter som sammanföll med nya rån. Som exempelvis mot ICA i Gunnilse, mot postkontoret i Mariefred och HP Storköp på Komettorget i Bergsjön, där två äldre kunder fick föras till sjukhus efter att ha blivit brutalt nerslagna.

– Jag delgavs brottsmisstanke men åtalades aldrig. Vad kan jag säga? Jag vill inte prata om brott som inte är preskriberade. Men jag var en notorisk rånare på den tiden, så mycket kan jag säga. Rån är spännande, det är action, man kan hamna i skottlossning när som helst. Man är tungt beväpnad och har skottsäker väst. Känslan före ett rån är som att ladda upp för att gå ut i krig. Man festar, testar kläderna och vapnen. Sedan är det förstås pengarna också. Jag menar, om ett rån inte gav pengar så skulle man knappast göra några rån.

Denho Acars villkorliga frigivning planerades till juni 1997. Men något kom emellan. Ute på permission rånade Denho Acar posten i Göteborgsförorten Olofstorp tillsammans med två kumpaner. Kumpanerna kom undan. Inte Denho, som dömdes och fick påbackning på sitt straff med ytterligare fem år.

År 1998 lyckades Denho Acar tillsammans med en ung OG-medlem hota sig ut från Kalmaranstalten. Den unge OG-medlemmen, som avtjänade straff för grova våldsbrott, hade beväpnat sig med en stulen matkniv och tryckte den så hårt mot en kvinnlig vårdares hals att hon började att blöda. Hotet att skära halsen av henne fick kollegorna att öppna fängelsegrindarna. Tiden i frihet blev dock kort. Redan samma dag greps OG-bröderna i närheten av anstalten. I Kalmar tingsrätt dömdes Denho Acar till två månaders påbackning på sitt straff. Den unge OG-medlemmen dömdes till ytterligare ett års fängelse. Idag är han försvunnen, polisen misstänker att han har mördats efter att ha fallit i onåd hos organisationen.

– Han är borta. Försvunnen. Han kanske kommer tillbaka någon dag, men det är inget som jag vet något om, säger Denho Acar kort.

I november år 2000 återfick Denho Acar friheten. Den varade bara några veckor, på julafton satt han åter bakom galler. Tillsammans med en barndomsvän och OG-medlem dömdes han, mot sitt nekande, senare för grovt rån mot en biljardhall i Södertälje. Drygt fem nya år på anstalt väntade.

Massmedia har ofta hävdat att Original Gangsters startade som ett så kallat fängelsegäng. Enligt Denho Acar är detta fel. Men det finns, enligt honom, klara fördelar med att blivande medlemmar suttit på anstalt.

– Då vet man hur en kille fungerar under press. Man vet om han hållit käften eller är en tjallare. Det är enklare att kolla upp en kille som suttit inne än en som inte gjort det, förklarar han.

Den som vill bli medlem i OG måste först genomgå ett samtal med Denho Acar, antingen öga mot öga eller per telefon. För de som godkänns väntar en prövotid som ibland kan vara i upp till två år. Andra gånger går det betydligt fortare att antas som fullvärdig medlem.

– Det viktiga är att man visar att man sätter organisationen före sig själv, säger Denho Acar.

Det yttersta testet är ofta att begå ett allvarligt brott – eller att visa sig vara beredd att göra det. Det har förekommit att provmedlemmar skickats ut på påhittade morduppdrag, som sedan avbrutits i sista stund. I de flesta fall vill medlemmarna inte avslöja hur de blivit antagna.

– Tro mig när jag säger att du inte vill veta vad jag har gjort för organisationen, säger en medlem som går under namnet Doktor OG.

Enligt Denho Acar har inträdesproven även ett annat syfte: att hindra polisinfiltratörer från att ta sig in i organisationen. Tvivlar OG:s ledning på att en provmedlem verkligen håller måttet eller misstänker att han kan arbeta för polisen eller konkurrerande organisationer återstår enligt OG-ledaren en metod – rysk roulett. En revolver laddas med endast en patron i stället för sex, trumman snurras och personen som ska testas får trycka av vapnet mot sin tinning. Har han tur överlever han.

– Rysk roulett tar vi bara till om vi verkligen tvivlar på någon, hävdar Denho Acar.

Alla medlemmar är män och kallar varandra för "bröder". Denho Acar kallas för "president" eller "storebror". Beviset på medlemskap är en tatuering på överarmen. Gängets emblem är inspirerad av den assyriska flaggan, med bokstäverna "OG" i centrum av en sol.

– Den assyriska flaggan symboliserar någonting evigt. Så tänkte jag mig OG. Som någonting som varar för alltid, berättar Denho Acar.

Idag finns det, enligt Denho Acar, ungefär hundra personer med Original Gangsters tatuering. Den inre kärnan består av ett trettiotal personer. De flesta har anknytning till Göteborg, men lokala fästen finns också i bland annat Jönköping och Södertälje. Utöver Denho Acar och Joachim Nordwall ingår ytterligare ett par personer i OG:s ledning.

Att tillhöra OG kostar pengar. Enligt gängets skriftliga regler måste varje medlem och provmedlem avstå 1000 kronor i månaden till gänget. Hälften av dessa pengar ska, enligt reglerna, gå till Denho Acar själv. Den andra hälften går till OG:s "kassa", som används för att stödja "bröder" i fängelse. I utbyte får medlemmarna skydd från hotande grupperingar och tillgång till ett stort, kvalificerat brottsnätverk. Medlemskapet innebär en slags grundläggande försäkring om tillit. Även i den kriminella världen är förtroende en förutsättning för att två parter ska våga göra affärer med varandra. Det är lättare att lita på en "broder" som genomgått samma prövningar och svurit samma löften. Den som vill lämna Original Gangsters måste be Denho Acar om lov. Accepterar ledaren inte denna begäran kan avhopparen, enligt reglerna, köpa sig fri. Huvudregeln är annars "En gång in, döden ut".

– Regeln finns och den är sådan. Men det finns omständigheter. Det beror på hur skadlig du kan vara för organisationen om du vill sluta, hur mycket du vet. Men en sak får man aldrig göra: svika någon, säger Denho Acar.

Vårt sista besök på Hallanstalten sker bara några dagar innan Denho Acar friges. Original Gangsters-ledaren tycker att dagarna känns långa. Är han rehabiliterad och vaccinerad från nya brott efter att under så lång tid ha varit föremål för Kriminalvårdens vård och omsorg? Knappast. I augusti 2006 planerar han att stärka och utveckla sin kriminella organisation. Medan han och de andra ledarna har suttit i fängelse har Original Gangsters tappat mark. Nu är det dags för revansch. På agendan står en OG-avdelning i Stockholm och en utvidgning av deras internationella kontaktnät.

– Den organiserade brottsligheten har fått fotfäste i Sverige och den är här för att stanna. I framtiden kommer de små gängen att gå upp i de större. Jag tror att de stora gängen om tio år kommer att vara desamma som nu. OG, Hells Angels, Bandidos. De som har starka ledare och starka organisationer. De som inte har det kommer inte att finnas, säger han självsäkert.

I polisrapporten *Rekrytering till kriminella gäng* konstateras en tendens till att kriminella organisationer jobbar mer och mer "marknadsanpassat". Med det avses att de väljer brottstyp efter vad som för tillfället maximerar förhållandet mellan vinst och risk. Denho Acar vill inte spekulera i vilka brott som ska ge pengar i framtiden. Men också han framhåller de kriminella gängens anpassningsförmåga till samhällsutvecklingen:

– Jag tror inte att narkotikan kommer att öka så mycket i framtiden. Det är en begränsad marknad med många aktörer. Spelet ger inte mycket pengar längre heller. Som kriminell är man snabb att se möjligheterna på olika marknader. Man ser snabbt vad som är aktuellt och vad det går att tjäna pengar på. Men om jag visste vad den framtida kriminaliteten kommer att handla om så skulle jag inte sitta här och berätta det.

När Denho Acar tittar tillbaka på sitt liv präglas reflektionerna mer av frustration över missade möjligheter än av ånger över de brott som han har begått.

– Jag har gjort dumma saker, visst, men ingenting som jag direkt ångrar. Jag kunde ha varit mycket större idag om jag använt hjärnan på rätt sätt. Men när jag var ung levde jag för pengarna, för stunden. Idag tänker jag längre.

Slutsatsen av de många åren på kåken är inte att det är dumt att begå brott, utan att det är dumt att åka dit.

– Det här är mitt sista straff. Jag bryr mig inte om vem som ställer sig i vägen för mig, men in hit ska jag aldrig mer. Jag har gjort min sista volta. Nästa gång får de mig inte levande, säger han bestämt.

Original Gangsters har sedan starten varit konfrontationernas gäng. Medlemmarnas självbild präglas av att de aldrig viker sig.

– Vi skadar alltid mer än vad vi själva blir skadade. Det måste vara så. Problemet som alla har med OG är att vi är raka och aldrig backar oavsett om det är en person eller hundra. De kanske hatar oss, men hat är ingen dålig grej. Hat leder till sist till respekt, säger en OG-medlem.

Bland Göteborgs poliser blev OG-medlemmarna tidigt kända för att vara besvärliga att ha att göra med.

– Det karaktäristiska för Original Gangsters var att de alltid sökte konflikt. Andra kriminella, till och med de värsta, hälsade alltid på oss och visade respekt även om de egentligen inte gillade poliser. OG-folket bara spottade och hatade. De hatade allt, samhället, polisen, ja alla, berättar en polisman som arbetat med flera uppmärksammade utredningar kopplade till gänget.

OG har också ofta befunnit sig i konflikt med andra kriminella organisationer. Från tid till annan har konflikterna eskalerat till rena krig. Första gången som OG hamnade i väpnad konflikt var 2000. Fienden hette Naser Dzeljilji, ledare för ett kriminellt albanskt nätverk med bas i Göteborg och Oslo. På ett plan handlade bråket om kriminella marknadsandelar; i dess centrum stod till exempel en illegal spelklubb på Friggagatan i centrala Göteborg. Men fejden hade inletts redan tidigare genom en personlig schism mellan Naser Dzeljilji och OG:s förre vicepresident, en man som här kallas Azad. Azad var nitton år när han kom till Sverige från den kurdiska delen av Irak. Psykiskt instabil, medgav han själv i en personutredning och hänvisade till påstådda krigsskador. Polismän beskriver utan omskrivning Azad som "något av det värsta som drabbat Göteborg". Azad dömdes första gången i Sverige i samband med att han skulle fylla tjugo år. En misshandel, ett par stölder och några snatterier kostade honom en månads fängelse. Nästan direkt efter frigivningen hotade han en vakt till livet när han blev avvisad från ett raveparty. Ytterligare en tid senare bet Azad av näsan på en person efter att ha misshandlat denne med ett stolsben.

Första sammanstötningen mellan Azad och kretsen kring Naser Dzeljilji skedde 1996 på en ungdomsfest vid Angereds torg, där omkring åttahundra ungdomar dansade och roade sig. Azad kom till festen berusad. I trängseln kom han i bråk med två ordningsvakter med albanskt ursprung. Azad drog kniv och högg den ene av vakterna tre gånger i huvudet och i bröstkorgen. En annan vakt som sett kniven blixtra till i discoljuset kom till sin kollegas undsättning. Azad svarade med att knivhugga även honom. Ett av huggen skar nästan av vaktens vänsteröra. De andra träffade i nacke och rygg och punkterade ena lungsäcken. Den blödande vakten var övertygad om att han skulle dö. Följden blev att Azad dömdes för försök till dråp, grov misshandel, försök till grov misshandel, olaga hot, hot mot tjänsteman och brott mot knivlagen till fem års fängelse och utvisning. Det var med största säkerhet under den här anstaltsvistelsen som Azad värvades till OG.

Fyra år senare, i februari 2000, frigavs Azad villkorligt och placerades i förvar i avvaktan på utvisning. Men utvisningen verkställdes aldrig på grund av den politiska situationen i Irak. Azad släpptes. Flera personer berättar idag att ett rykte började florera som sa att det albanska nätverket skulle hämnas Azads attack mot de albanska vakterna. Nätverkets ledare Naser Dzeljilji skulle, enligt ryktet, ha lejt en professionell mördare för uppdraget. Samtidigt hade konkurrensen om spelklubben på Friggagatan hårdnat.

– Sverige är ett litet land. Göteborg är en liten stad med många gäng. Alla trampar in på varandras områden förr eller senare och då smäller det. Alla skall äta och alla skall bli mätta. Det räcker inte lilla Göteborg för. Det finns för mycket vapen och för lite att äta, säger en person som vid tidpunkten var knuten till det albanska nätverket.

Vittnen slog larm om vild skottlossning på Friggagatan, alldeles utanför spelklubben en tidig morgon i slutet av maj 2000. Två män, utpekade som Naser Dzeljiljis livvakter, hade träffats av kulorna. En av dem sköts i pungen. Naser Dzeljilji själv klarade sig utan skador, liksom de på OG-sidan. Azad har senare i andra sammanhang stoltserat med att han var en av de inblandade i skottlossningen. Ingen av grupperingarna var riktigt förberedd på det krig som nu verkade oundvikligt.

– Albanerna hade nästan inga vapen så jag fick hjälpa dem. Först kunde jag bara ordna gamla skitvapen, typ från första världskriget. Men efter ett tag fick de modernare grejer, berättar en vapenhandlare i den undre världen, som plötsligt fick uppsving i sina affärer.

Många befarade att Naserligan skulle slå tillbaka mot OG med full kraft, men i över ett år uteblev hämnden. Sedan bröt stormen ut.

Onsdagen den 4 juli 2001 var en fantastisk sommardag. Hundratals lediga människor hade tagit sig till Näsets badplats, en av få badplatser i Göteborg med både sandstrand och klippor. En av dem som låg och solade var Azad. Det albanska nätverket samlade sig till attack. När de första skotten avlossades, strax efter klockan sju på kvällen, uppehöll sig fortfarande hundratals oskyldiga göteborgare på stranden och de intilliggande klipporna. Vem som öppnade eld först har aldrig klarlagts. Men på några ögonblick hade ett stort antal OG- och Naserligan-medlemmar fått upp vapen och börjat skjuta mot varandra.

Skräckslagna män, kvinnor och barn i badkläder kastade sig i skydd bakom klipporna. Några flydde ut i vattnet. Larmnumret 112 blev nedringt och ett tiotal polispatruller skickades till platsen tillsammans med en polisbåt och en polishelikopter. När de första patrullerna anlände hade de flesta som varit inblandade i skottlossningen hunnit försvinna. En medlem i det albanska nätverket hade träffats av en kula som trasat sönder skelettet i ena överarmen och sedan fortsatt in i bröstet. Hans kumpaner hjälpte honom från platsen och övertalade en bilist att köra honom till sjukhus. En kvinna pekade ut åt vilket håll en beväpnad gängmedlem hade sprungit och en polishund tog upp jakten. Spåret ledde upp till en bergsknalle och vidare mot en småbåtshamn. Där hittade hunden en tjugoettårig Naserligan-medlem som låg och tryckte under en enbuske endast iklädd kalsonger. Mannen greps, men hade inget att tillföra polisens utredning. "Han sade att han gillade området och ville vara ensam", sammanfattade en förhörsledare syrligt efter att ha misslyckats med att få tjugoettåringen att berätta något.

I övergivna bilar som gängmedlemmarna hade använt för att ta sig till Näset kunde polisen beslagta flera vapen: skarpladdade pistoler, en rysk-tillverkad kulsprutepistol och ett halvautomatiskt gevär. Vapnen kunde knytas till Azad och tre medlemmar i Naserligan. De fälldes för bland annat olaga vapeninnehav, men ingen av dem kunde knytas till själva skottlossningen.

Den fortsatta sommaren blev våldsam i Göteborg. Nya våldsdåd inträffade, varav flera kunde kopplas till konflikten mellan gängen. Nu var många gängmedlemmar beväpnade dygnet runt och hela tiden beredda på krig.

– Vi skickades ut på rena patrulleringsuppdrag i Göteborg, beväpnade och i skottsäkra västar. Ordern kunde vara att jaga än den ene, än den andre, minns en dåvarande medlem i det albanska nätverket.

Faran för allmänheten var flera gånger påtaglig. Gängen visade ingen hänsyn till utomstående. I samband med skottlossning utanför en krog i Gamlestaden träffades en trettiosjuårig privatperson som råkat befinna sig på platsen. Mannen fick livshotande skador men överlevde. I Gamlestaden skedde även ett bombattentat, riktat mot Naser Dzeljiljis videobutik. Sprängladdningen var så kraftig att lokalen demolerades.

Gängmedlemmarna fruktade nu för sina liv.

– Många satt hemma och vågade inte längre gå ut. Ingen gick ut utan vapen och skyddsväst. Hela tiden riskerade man en sex månaders volta för olaga vapeninnehav, men det fick man räkna med som en billig peng för livförsäkringen att vara beväpnad, berättar samma medlem som ovan.

Efter skottlossningen på Näset hade polisen förklarat krig mot den organiserade brottsligheten. Även andra myndigheter som Tullen, Ekobrottsmyndigheten, Kriminalvården och till och med Lotteriinspektionen var med på tåget. Målet var att sätta stopp för gängkriminaliteten till varje pris.

– Vi som jobbade på fältet hade vetat att gängen funnits länge. Det var en tickande bomb. Men det var skotten på Näset som kom att sätta allt i rullning. Först då fick allmänheten upp ögonen för vad som hände och samhället reagerade, berättar den tidigare Bergsjöpolisen Stefan Åberg.

Myndigheternas insatser blev massiva. Ett år efter skottlossningen på Näset hade mer än tvåhundra gripanden och tillslag skett. Ett femtiotal vapen hade beslagtagits, allt från automatvapen som AK 4, AK 5, Uzi och Scorpio till prickskyttegevär, hagelgevär, pennpistoler, elpistoler, handgranater, elsprängkapslar, militära sprängladdningar, sprängdeg och dynamit.

– Polisen införde nolltolerans mot gängen. Piketen körde verkligen hårt och lyckades bra. De visste i stort sett vilka bilar alla hade. Var och varannan dag fick man lägga sig på Avenyn och kräla. Till slut hade man inte lust längre och kriget dog ut, berättar en person som stod på albanernas sida.

Denho Acar, som följde kriget inifrån fängelset, bekräftar att det var polisens hårda tag som till sist ledde till en fred mellan hans och Naser Dzeljiljis organisationer. När rättssamhället pressade på visade det sig att organisationernas tidigare schism på liv och död vägde betydligt lättare än deras kriminella intressen. Målinriktade polisinsatser var ett betydligt större hot än den konkurrerande organisationen och när tidningarna rapporterade att en gängkommission skulle bildas lade de båda ledarna stridsyxan på hyllan.

– Det blev för mycket. Naser och jag talade i telefon. Vår tanke var att sluta fred för att förhindra att gängkommissionen skulle bildas. Men det visade sig vara för sent. Den hade redan bildats då vi slöt freden, berättar Denho Acar.

Att pengar skulle ha varit inblandade i uppgörelsen, vilket påståtts i massmedia, förnekar han:

– Jag skulle aldrig betala en annan organisation för fred. En krona eller en miljon, det spelar ingen roll. Det fanns inga sådana villkor i freden med Naser. Han ville ha fred och han fick fred. Det som har varit har varit, vi är inte fiender längre.

Den tillbakadragne Naser Dzeljilji har däremot aldrig öppet erkänt att han deltog i konflikten. Flera år senare kommenterade han skjutningarna mellan gängen så här: "Det är ett krig mellan småungar som leker krig. Jag finns inte med i det där." Azad överlevde kriget och är fortfarande medlem i OG. Sedan 2005 avtjänar han ett tolvårigt fängelsestraff för ett misslyckat kontraktsmord på en man i Uppsalatrakten.

Original Gangsters första stora konflikt hade börjat med att Azads kniv blixtrat till på ett diskotek och därefter eskalerat bortom alla gränser. Gängkrig nummer två började också med ett bråk på krogen. Men i stället för Naserligan var det Bandidos supportergrupp X-team i Göteborg som denna gång ställdes mot OG. Även nu skulle grova brott som mord, skottlossning och sprängdåd bli konsekvensen. De personer som utlöste konflikten mellan OG och X-team sommaren 2002 var inte själva medlemmar i gängen: sjuttonårige Amin Mosavi och artonårige Kennedy Acar. Men genom sina storebröder blev deras tjafs utanför en nattklubb till en politisk storkonflikt i Göteborgs undre värld. Amins storebror var en av ledarna i nybildade X-team. Kennedys storebror är Denho Acar. Kennedy jobbade som chef för dörrvakterna på krogen Kompaniet i centrala Göteborg. Något vaktförordnande hade han inte, men i praktiken var det han som styrde i dörren. Lördagen den 15 juni 2002 var en lugn kväll på Kompaniet. Kennedy satt och fikade tillsammans med en OG-medlem på uteserveringen. Där inne firade Amin Mosavi att han skulle fylla arton år dagen därpå, vilket inte hade hindrat vakterna från att släppa in honom redan denna kväll. Lite senare kom Amin ut från krogen. Han pratade högt i en mobiltelefon och sparkade på en papperskorg så att det dånade över Kompaniets uteservering. Vakterna ingrep inte. Men Kennedy gick fram till Amin och frågade vad denne höll på med. Efter en stunds tjafsande tog Kennedy tag i Amin och tryckte upp honom mot ett stängsel medan han förklarade att Amin inte var välkommen tillbaka in på krogen. En kvart senare dök Amins storebror upp utanför Kompaniet i sällskap med ett gäng killar i tröjor med texten "Support X-team". Storebrodern kallade till sig Kennedy och tog honom avsides. De båda promenerade tillsammans på trottoaren och pratade högljutt. Uppgifterna om vad som sades skulle senare gå isär, men klart är att Kennedy tvingades vika sig och motvilligt släppa in Amin igen. Efter arbetspasset åkte Kennedy och OG-medlemmen till en lägenhet i Gamlestan. Där träffade de ett av Original Gangsters senaste nyförvärv: nittonårige Goran Kotaran. Goran blev rasande när han hörde vad Denho Acars lillebror hade utsatts för. I hans värld betydde det bara en sak: X-team-ledaren måste dö.

Goran Kotaran hade vuxit upp i Dubica, en pittoresk stad från 900-talet i en dalgång i norra Bosnien. Invånarna är kända som ett uthålligt bergsfolk som livnärt sig på jakt och fiske. Första gången Goran Kotaran kom till Sverige var 1996. Hans mamma hade tidigare lämnat familjen och bosatt sig i småländska Hultsfred. Goran provade att bo hos mamman ett tag, men efter något år återvände han till sin far i Bosnien. Hans pappa Dusan hade varit en framstående idrottsman och handbollsspelare, men successivt glidit in i allt grövre kriminalitet. Pengarna från brotten hade han bland annat investerat i nattklubben Baltik i Dubica. Under sin kriminella karriär hade Dusan hamnat i konflikt med en lokal ligaledare som hade anklagat Dusan för att ha stulit ett antal prostituerade kvinnor från en konkurrerande strippklubb. En kväll i slutet av 1999 stormade ligaledaren in på Baltik, berusad och beväpnad. När han såg Dusan slet han upp vapnet och sköt fem skott. Dusan föll ihop, död. Ligaledaren flydde ut på gatan och försvann och först många år senare skulle han gripas för dådet – i Sverige. Goran Kotaran mådde dåligt efter mordet på fadern. Han bestämde sig för att lämna Bosnien och sökte sig återigen till mamman i Sverige, som nu hade flyttat till Malmö. Där hade han sporadisk kontakt med en psykiatriker och fick tabletter för att kunna sova. Med på resan till Malmö följde också Gorans bäste vän, kallad Tsar, som tog sig in i landet med falskt pass. Vännerna höll ihop ett tag. Men i slutet av 2001 var Tsar plötsligt borta. Senare skulle han hittas på ett fält nära Ikea i Malmö, skjuten till döds på nära håll. Flera år senare, sommaren 2007, uppgav en bosnisk polischef för tidningen *Göteborgsposten* att Goran Kotaran erkänt mordet på Tsar. Motivet skulle ha varit att Tsar hade sagt att Kotarans mamma var snygg. Efter mordet lämnade Goran Kotaran Malmö och flyttade till Göteborg. En av dem som han började umgås med där var Kennedy Acar. De båda hade gemensamma vänner från Bosnien och Kennedy lät under perioder Goran bo hos sig.

Goran Kotaran hade tagit livet av en person innan konflikten med X-team och Amin Mosavi startade. Detta hade skett i slutet av januari 2002. Goran hade varit nedstämd och ur balans och snortade kokain för att må bättre. I en knarkarkvart i Göteborg hade han träffat Tuben, som tog amfetamin på ett ovanligt sätt. Det irriterade Goran. "Han tog tjack med nålen i ögat, i ögonlocket. Det var därför jag blev förbannad på honom. Jag håller på att spy, jag gillar inte sånt. Och så har han en tatuering Fuck The World och så spelade han tuff och gick mig på nerverna", skulle Goran Kotaran långt senare säga i ett polisförhör. Kotaran bestämde sig för att ge Tuben en läxa. Han lurade ner honom till Säveån, slog honom i huvudet och kastade honom i ån, där han lämnades att drunkna. "Han vägde inte så mycket. Jag väntade på att han skulle komma tillbaka från vattnet men han kom inte tillbaka. Så jag åkte tillbaka till lägenheten och fortsatte att knarka. Det gick snett, men vad ska man göra?" fortsatte Goran Kotaran i förhöret utan några tecken till ånger. Det dröjde flera veckor innan Tubens kropp hittades, och ännu längre innan mordutredarna förstod vem som låg bakom. Under tiden fortsatte Goran Kotaran planlöst att driva omkring i Göteborgs undre värld. Vid ett tillfälle greps han för grovt vapenbrott och hamnade i fängelse. När han kom ut upptogs han som medlem i Original Gangsters. En OG-medlem berättar hur Kotaran totalt överraskades av ceremonin.

– Goran satt och tittade på när en annan ny medlem fick sin tatuering. När den var klar blev Goran tillsagd att kavla upp tröjan. Han bara: "Nej, men det kan jag inte, inte förrän storebrorsan Denho säger att det är ok." Så fick han veta att Denho redan gett klartecken inifrån fängelset. Goran var helt chockad av överraskningen. Sedan gick hela gänget ut och firade.

Vad Goran Kotaran gjorde för att bli medlem i OG är inte känt. Men att det var någonting utöver det vanliga är uppenbart.

– Han blev fullvärdig på rekordkort tid för att han gjorde organisationen extraordinära tjänster, svarar OG-ledaren Denho Acar kort när vi frågar.

Inom OG döptes Goran Kotaran snabbt till "Leon". Smeknamnet anspelar på en film av Luc Besson från 1994, som handlar om en lönnmördare med detta namn. Identifikationen var total. Till och med i kontakten med svenska myndigheter använde Goran Kotaran sitt nya smeknamn. En delgivning i en mordutredning undertecknade han med signaturen Goran-Kotaran-Leon.

– Man förstår att de jublade i OG när de lyckades knyta en sådan torped som Kotaran till sig, säger en polisman i Göteborg.

Tillbaka till den blivande artonåringen Amin Mosavi. Födelsedagen, som inföll dagen efter bråket på Kompaniet, hade Amin firat tillsammans med sin familj i föräldrahemmet i Angered. När klockan närmade sig midnatt bröt Amin upp för att träffa sina kompisar i Angereds centrum. Storebrodern hade lånat ut sin lägenhet i grannförorten Gårdsten, där gänget nu tänkte fortsätta fira. Med sig hade de en flaska smuggelsprit, några folköl och tre tjejkompisar i tretton–fjortonårsåldern. Storebroderns lägenhet var en tvårummare med kök. Möbleringen var sparsam: hörnsoffa, stereo, tv, en restaurangkyl och säng var ungefär det hela. Efter att ha låst upp ytterdörren och stolt släppt in de andra gick Amin fram till stereon och satte på musik. Kompisgänget slog sig ner i soffan och drack, pratade och lyssnade på musik. Amin mådde bra. Han hade blivit vuxen. Hela sommaren låg framför honom.

Goran Kotaran stod klädd i mörka kläder i rabatten utanför vardagsrumsfönstret. Genom persiennerna skymtade han en silhuett som han utgick ifrån var lägenhetsinnehavaren och ledaren för X-team. Han höjde vapnet, siktade och sköt åtta gånger. Knallarna lät som explosioner. Amin träffades inte av det första skottet, det kunde en av tjejerna se eftersom hon mötte hans blick just då. Förvånat höjde han händerna som för att skydda huvudet. Därefter perforerade ett skott hans hjärta. De chockade, men mirakulöst nog oskadda, tjejerna släckte ljuset i lägenheten. Stereon stod och hackade. En av tjejerna kastade en flaska på den för att få den att tystna. Utanför flydde Goran Kotaran från brottsplatsen på en motorcykel.

Efter mordet surrade Göteborg av rykten. Många trodde att kulorna i själva verket varit avsedda för X-team-ledaren, inte hans lillebror Amin. Polisen misstänkte samma sak. Mängder av personer hördes och nästan femtontusen telefonsamtal kartlades i ett gigantiskt pussel för att klargöra de inblandades inbördes relationer.

X-team startade en egen utredning och metoderna var okonventionella. X-team-medlemmar gav sig helt enkelt ut på stan och letade upp folk som kunde veta något om mordet, kidnappade dem och tvingade dem med slag och dödshot att berätta vad de visste. X-team ringade snabbt in de inblandade, däribland den man som hade skjutsat Goran Kotaran till mordplatsen på en motorcykel. X-team kidnappade chauffören, förde honom till Amins grav och hotade döda honom om han inte erkände. Mannen bröt ihop. Polisens utredning gick inte lika snabbt. I slutet av sommaren höll de ett förhör med X-team-ledaren för att informera sig om vad han visste. X-team-ledaren berättade då att det på olika håll framkommit att en OG-medlem påtänd på kokain hade berättat att det var han som planerade mordet på Kennedy Acars order och att också Goran Kotaran och en tredje person varit inblandade. Vid det laget hade Kennedy dock lämnat landet och en internationell efterlysning skickades ut. I slutet av januari 2003 greps han i Frankrike på en buss från London. Han utlämnades till Sverige och åtalades för delaktighet i mordet på Amin. Tumult utbröt i Göteborgs tingsrätts rättssal när rättegången inleddes. Mordoffrets far reste sig upp och spottade på Kennedy. Storebrodern – X-team-ledaren – försökte kasta sig över honom. Först efter att polisen tvingats ta till batongerna var ordningen återställd. För säkerhets skull avvisade domaren alla manliga åhörare ur rättssalen.

Några veckor senare förklarade tingsrätten Kennedy Acar skyldig till anstiftan till mord och dömde honom till livstids fängelse. Hovrätten mildrade senare straffet till fem års fängelse för stämpling till mord. Resonemanget i domen var juridiskt komplicerat. Domstolen ansåg det visserligen som bevisat att Kennedy Acar hade beställt mordet på Amins storebror, X-team-ledaren. Men då det inte blev X-team-ledaren som verkligen mördades kunde inte Kennedy Acar dömas för anstiftan. Däremot fann rätten bevisat att Kennedy Acar beställt ett mord på X-team-ledaren. Goran Kotaran dömdes för uppsåtligt mord. Men något fängelsestraff blev inte aktuellt i hans fall. Efter att ha undersökts av rättspsykiater förklarades Goran Kotaran vara allvarligt psykiskt störd och i behov av vård. Han dömdes till rättspsykiatrisk vård och utvisning till hemlandet. Vårdtiden blev rekordkort, efter tre dagar på en rättspsykiatrisk avdelning i Malmö ansåg läkarna att han var frisk nog för att utvisas och Goran bokades in på ett plan till Bosnien-Herzegovina. Men vid det laget var polisen övertygad om att han även hade dödat Tuben, mannen som hittats död i Säveån. En åklagare lyckades få Goran Kotaran häktad och därmed ställdes flygresan in. I april 2004 dömdes således Goran Kotaran för mord en andra gång. Domen blev densamma som tidigare. Men den här gången fick han stanna inom psykvården i nästan ett år. I februari 2005 sattes han till sist på ett flygplan till staden Banja Luka i Bosnien. När han landade i hemlandet upphörde den svenska tvångsvården och dubbelmördaren var åter en fri man. Det sammanlagda straffet för två mord hade blivit knappt ett års psykiatrisk vård och en betald flygresa till Bosnien. Den lagtekniska förklaringen är att en vårddom är underordnad en utvisningsdom. När den dömde bedöms vara i "transportabelt skick" ska han utvisas oavsett om han har blivit frisk eller inte.

– Rättsskandal är ett starkt ord, men att utvisa så sjuka personer till ett annat land är verkligen inte att ta sitt ansvar gentemot andra människor, säger polismannen Ulf Holst i Göteborg, expert på Balkanrelaterad kriminalitet.

Morden i Sverige skulle inte bli Goran Kotarans sista. I juni 2007 dömdes han till sexton års fängelse för tre mord i Bosnien. Offren var män i olika åldrar från trakten kring Dubica. Ungefär vid samma tid framkom uppgifter i Bosnien om att Goran Kotaran skulle ha skrutit om ett tiotal andra mord som han utfört i Sverige men som aldrig klarats upp. Om uppgifterna visar sig stämma innebär det att Goran Kotaran kan ha gjort sig skyldig till sammanlagt mellan tio och tjugo mord.

I Göteborg följde flera våldsdåd efter mordet på Amin. I augusti 2002 kastades en handgranat in genom fönstret till en lokal som X-team disponerade i Linnéstaden. På en krog i Kortedala, som ofta frekventerades av OG-medlemmar, upptäcktes en apterad bomb. Och i bostadsområdet Kålltorp hittade en man med X-team-kopplingar en sprängladdning på sin bil. Därutöver skedde flera skottlossningar som fortfarande är ouppklarade. Liksom under det tidigare kriget mellan Original Gangsters och Naserligan ingrep polisen kraftfullt. Under 2004 dömdes sjuttio kriminella gängmedlemmar i västra Sverige till sammanlagt 171 års fängelse, enligt polisens egna uppgifter. Fredssamtal mellan OG och X-team inleddes också så småningom. Minst ett rejält bakslag inträffade dock under förhandlingarna. År 2004 försökte X-team-medlemmar placera en handgranat under en parkerad bil som tillhörde en ledande OG-medlem. När en av männen skulle aptera granaten innanför vänster framhjul utlöstes denna av misstag. X-team-medlemmen skadades svårt vid explosionen och förlorade undre delen av armen.

Först under 2005 lyckades OG och X-team få till stånd en varaktig fred, sedan X-team blivit en fullvärdig Bandidos-avdelning. Ett villkor för freden var, enligt flera källor, att Amin Mosavis storebror blev tvungen att lämna grupperingen.

Under flera år har Kriminalvårdsstyrelsens ledning pekat ut OG som en av de mest besvärliga grupperingarna på landets anstalter. Medlemmarna hamnar oftare i bråk med andra intagna och de är hotfullare mot personalen än andra. Trots att OG-medlemmarna ofta sitter isolerade har de stort inflytande och försöker ständigt värva nya medlemmar. Till och med på Sveriges mest hårdbevakade anstalt, Kumla, har det förekommit att OG-medlemmar har tagit över hela avdelningar. Enligt anstaltens säkerhetsgrupp är ett av gruppens mål att ta in och sälja narkotika.

– Det där är skitsnack! Kriminalvården hatar oss. De behandlar OG-medlemmar sämre än alla andra. Avsikten är att få folk att lämna OG, säger Denho Acar irriterat.

– De tror att det är smart, men egentligen gör de oss en tjänst. De härdar oss och jag är tacksam för den behandlingen. Det är de svaga som piper iväg. Resultatet är att vi blir färre, men starkare, fortsätter han.

Kriminalvårdsstyrelsens säkerhetschef Christer Isaksson känner sig inte träffad. Han anser att gängmedlemmarna överdriver och medvetet gör sig till martyrer.

– Att vi skulle vara tuffare mot vissa organisationer är en del av gängens egen mytbildning. Myten att de är förtryckta ger dem större attraktionskraft, säger han.

Christer Isaksson pekar på faktorer som han tror är viktiga för att ett gäng ska bli "framgångsrikt" inne på en anstalt.

– Skillnaden mellan dagsländorna och de andra gängen är att de som klarar sig har karismatiska personer med förmåga att ta individuella initiativ. Sedan spelar slumpen också en viss roll. Ledarna måste hamna där det finns en rekryteringsbas, säger han.

Utöver ledarnas karisma ser Christer Isaksson förmågan att kommunicera som avgörande. Ledare som orkar skriva regelbundna brev till sina medlemmar och uppmuntra och stötta kan räkna med starkt stöd. Breven läses av Kriminalvården, men kan sällan stoppas om de inte innehåller domar, förundersökningar eller information om brottsliga aktiviteter, rymningar eller otillåtna föremål.

– Även hänsynslöshet är en faktor. Ledarna måste kunna klara av att hantera aggressivitet och våldssituationer. Det krävs speciella psykiska och fysiska kvaliteter för att få respekt i den här världen, säger Christer Isaksson.

För en gruppering med så hög profil som Original Gangsters händer det att andra fångar försöker utmana ledarna. Det har OG-medlemmen Joachim Nordwall fått erfara. År 2002 avtjänade han ett långt straff för inblandning i flera grova rån, först på Kumlaanstalten, sedan på Hall. En av många fångar på Hall som inte gillade OG var Tommy Zethraeus, som avtjänar livstidsstraff för massakern på Stureplan 1994. I samband med att Joachim Nordwall flyttades till Hall avlyssnade polisen av andra skäl en insmugglad mobiltelefon som Tommy Zethraeus disponerade. Under avlyssningen hörde man hur Tommy Zethraeus , "T", i ett samtal med en person utanför anstalten, "J", år 2002 planerade att statuera exempel när Joachim Nordwall anlänt.

J: Allt bra annars?

T: Ja, vi är skitglada. Fan du, den här Jocke. Han som jag kallar för Hannah Graaf.

J: Ja.

T: De sade att de hittat en biltelefon i hans cell på Kumla.

J: Okej.

T: Så han är på väg hit. Åhhh, Gud har hört mina böner.

J: Han är en OG, är han inte?

T: Jaaaa, och fy fan vad stryk ...(ohörbart).

J: Skrattar.

T: Och du vet (ohörbart) så snyggt nu, vi ska inte säga nånting så är man polare med han, förstår du. Dra ut så mycket information som möjligt, allt som han vet förstår du.

J: Okej.

T: Och sen ska vi bara gå in en morgon och lägga ett örngott över huvudet på han och dra ut honom i allrummet och bara slå sönder honom (skrattar). Så jävla skönt alltså. Måste linda händerna bara så att jag inte slår sönder dom för jag tänkte öppna han lite och det. Öppna ögonbrynen och läpparna och så.

J: Okej.

T: Så att det svider lite. Han ska se ut som den där killen i *Fight Club* (skratt). Den ljushåriga.

Polisen hade således en ganska klar bild av vad som väntade Joachim Nordwall. Vilka åtgärder vidtog de då tillsammans med Kriminalvården för att säkerställa att han inte misshandlades eller till och med dödades av Tommy Zethraeus och andra Hallintagna?

– De visste om det men gjorde inte ett skit. De visste att det skulle hända och lät det hända. Det är så de agerar mot oss i OG, säger Joachim Nordwall långt senare.

Joachim Nordwall satt och fikade med en medfånge när tre maskerade personer kom in på avdelningen. De bar anstaltskläder, hade handskar på sig och var maskerade med mössor som hade urklippta hål för ögonen. I händerna hade de dubbelslipade matknivar, livsfarliga vapen där bägge ändar var sylvassa. De maskerade männen gick till attack och Nordwall försvarade sig efter bästa förmåga. Överfallet varade i över fem minuter och avbröts lika plötsligt som det hade inletts. Joachim Nordwall fick föras till Södertälje sjukhus för stick- och skärsår i sidan, nacken och låret.

Tommy Zethraeus dömdes senare för delaktighet i misshandeln av Joachim Nordwall och en rad andra brott som avslöjades i telefonavlyssningen. Följden blev också att Tommy Zethraeus förflyttades från Hall – medan Original Gangsters lyckades etablera sig på anstalten. En allians upprättades med ett annat gäng, kallat Kurdiska Tigrarna, OTK, som startats av torpeden "Rosso" från Stockholm. Kurdiska Tigrarna vill, delvis med brott som medel, uppnå olika politiska mål i Kurdistan.

– OG är våra bröder. OG:s fiender är våra fiender. OG är starka i Göteborg medan vi finns i Stockholm. Vi kompletterar varandra. En hand kan inte applådera. Två händer kan. Fyra händer hörs än mer, säger "Rosso", som avtjänar sista året på ett långt straff för två mordförsök, då vi träffar honom på Hall sommaren 2006.

Alliansen sågs inom OG som ett steg mot en etablering i Stockholmstrakten. Men lika snabbt som allianser kan uppstå mellan kriminella gäng kan de också upphöra. I det här fallet efter mindre än ett år. Vid nyår 2006 ringde Rosso till oss från Hall med ett kort tillkännagivande:

– Jag vill bara meddela att Kurdiska Tigrarna inte längre har någonting att göra med OG. Vi står helt för oss själva nu.

En tid senare övergick förhållandet mellan grupperna till öppen konfrontation. Rosso hamnade i bråk med en OG-medlem på Hall. När personalen fick veta vad som hänt låstes Rosso in på isoleringsavdelningen och OG-medlemmen fick "knall", det vill säga omedelbar förflyttning till en annan anstalt.

– Kurdiska Tigrarna blev för sturska och snyltade för mycket på OG:s rykte, säger den förflyttade OG-medlemmen.

Hall är en så kallad klass A-anstalt. Det innebär att den ska klara av att hantera landets farligaste och mest rymningsbenägna fångar. OG-medlemmen Geofrey Kitutu anses vara en av dem. Han är dömd till fängelse i nio år och sju månader för grovt narkotikabrott. Han har dessutom fått tre månaders påbackning för att ha misskött sig och har lång tid kvar innan han kommer ut i frihet igen. Geofrey Kitutu bjuder på självplockade jordgubbar från anstaltens egna odlingar när vi träffar honom sommaren 2006.

– För mig finns det ingen återvändo. Det finns ingenting som samhället kan göra nu för att få mig att bli en laglydig människa, säger han.

Geofrey Kitutu kom till Sverige och Uppsala från Uganda som trettonåring och greps av polis första gången när han var fjorton år, "för snatteri eller nåt sånt". Han hamnade sedan i Stockholm och började umgås med kriminella. Nu är han trettioett år och har varit kriminell i mer än halva sitt liv.

Torpeden Rosso testar vapen i en lägenhet i en Stockholmsförort. Under en period var Rossos organisation Kurdiska Tigrarna lierade med OG.

– Jag har aldrig drömt om ett svenneliv med hus och familj. Man väljer sina egna vägar. Just nu när jag sitter inne betalar jag ett högt pris, men det är värt det priset. Jag ångrar inte mitt val. För mig är det egentligen skit samma om jag sitter inne eller är ute. Olika människor har olika intressen. Jag är kriminell. Jag sover och andas kriminalitet, säger han och fortsätter:

– Jag bryr mig inte om kvinnor och att kunna gå och bada och sånt som vanligt folk gör där ute. Det är inte det viktiga för mig i livet. Om jag kom över flera miljoner skulle jag inte gå i pension för det. Att ha mycket pengar är en bra grej, men det är inte det som jag lever för. Jag skulle dela med mig av pengarna till mina OG-bröder och sedan fortsätta med mitt kriminella liv.

I slutet av 1990-talet bodde Geofrey Kitutu i Göteborg. Det var där han började umgås med några av OG:s medlemmar och begå brott tillsammans med dem.

– Det blev naturligt att gå med. I den kriminella världen finns det så många som vänder kappan efter vinden. Men mina OG-bröder vet jag att

jag alltid kan lita på. De flesta har varit medlemmar i både goda och då-
liga tider och nu vet man att de som är kvar, det är folk som står upp och
som står på sig. Det är bröder som jag aldrig behöver tvivla på. De har
avlagt samma löften som jag. Det är solida killar. Får jag ett problem är
det alla mina bröders problem. Behöver jag någonstans att bo, mat eller
pengar, så får jag det alltid av någon av mina bröder på samma sätt som
jag alltid gör samma sak för dem. Utomstående kan man aldrig riktigt
lita på, säger Geofrey.

Geofreys prövotid skedde på utsidan, men av olika skäl fick han sin
medlemstatuering först inne på kåken. Vad han gjorde för att få bli full-
värdig medlem vill han inte prata om. I mer generella termer säger han
så här:

– Man måste visa att man är solid. Många lockas till OG för att kunna
profitera på medlemskapet men vill inte vara med och dela på bördorna.
Inne på en anstalt visar det sig snart vem som är av det rätta virket. Det
finns till exempel de som bryter ihop fullständigt efter någon månad på
isoleringen. Sådana är inget att ha, säger han.

Medlemmarna i OG håller täta kontakter med varandra via brev. Också
medlemmar som inte känner varandra sedan tidigare skriver till varand-
ra för att hjälpa till att hålla modet uppe. Breven och korten blir ett kitt
som håller samman gänget.

– När jag satt på isoleringen fick jag brev av Denho varje vecka. Varje
vecka i två år. Det är jävligt ensamt att sitta isolerad eller på bunker och
ett vykort från bröderna betyder så otroligt mycket. Det är sådant som
binder ihop ett gäng. Själv gick jag aldrig ut skolan eller lärde mig att
skriva och läsa ordentligt. Det lärde jag mig senare, här på kåken, genom
att skriva till andra medlemmar i OG och genom att läsa deras brev till
mig, berättar Geofrey.

Att tillhöra OG på en anstalt är oftast bra, tycker Geofrey Kitutu –
även om också han anser att medlemmarna får mycket sämre behandling
av personalen än andra intagna.

– Kriminalvården och deras tjuvhatare till chef har pressat oss hårt.
OG är inte heller populärt bland de intagna på anstalterna, men vi är
respekterade. Jag skulle tro att ungefär nittiofem procent av folket på
min avdelning inte gillar OG, men de är rädda och har respekt för oss.

Geofrey Kitutu och ledaren Denho Acar fotograferade i Hallanstaltens bibliotek våren 2006. Båda har OG-tatueringen på vänster överarm.

Rädsla och respekt går hand i hand. Hade jag varit en fitta hade jag varit vän med alla. Med fitta menar jag en sådan person som bara är passiv. Jag har skaffat mig många fiender för att jag gjort någonting med mitt liv, säger han.

OG-ledaren Denho Acar är förebilden för Geofrey Kitutu:

– Går jag med en kille som Denho är det som om jag har fyra ögon. Jag behöver aldrig tänka på att bevaka min rygg. Vi tvivlar aldrig på varandra. Min lojalitet mot Denho är sådan att jag är beredd att döda för honom. Och jag är även beredd att dö för honom.

Efter freden med X-team försvann Original Gangsters nästan helt från Göteborgs kriminella arena. Det spekulerades till och med i att grupperingen hade upphört att existera utanför anstalterna. Men efter Denho Acars återkomst sensommaren 2006 förändrades läget. Nya medlemmar tillkom och i tidningarna blev OG återigen ett begrepp.

– Jag skulle vilja påstå att OG är detsamma som Denho Acar. När han satt på kåken så styrde han OG där och OG var inte stort här i Göteborg.

När han kom ut återuppstod grupperingen igen. Han är en karismatisk ledare, säger kommissarie Bertil Claesson.

I augusti 2006 sköljde Denho Acar och hans bröder ner tårta med champagne för att fira medan polisen tittade på inifrån en piketbuss. Många gissade att det inte skulle dröja länge förrän det var Denho Acar som satt i piketbussen medan polisen stod för firandet. Tre veckor efter muckfesten greps Denho Acar, hans brorson Robert Acar och fem unga kriminella med olika koppling till OG. I de två bilar som sällskapet åkte i hittade polisen flera skarpladdade vapen. En ung kille tog på sig ansvar för ett av vapnen medan de övriga inte kunde knytas till någon person. Denho och Robert Acar släpptes.

Ytterligare någon månad senare gjorde polisen ett nytt försök att få Denho Acar bakom galler. Den här gången anklagades han och några andra OG-medlemmar för att ha pressat en assyrisk familj på pengar. Bråket mellan familjen och Original Gangsters gick tillbaka flera år i tiden och bottnade i en mängd orsaker. Familjen, som drev ett café på Vasagatan i centrala Göteborg, kommer ursprungligen från samma trakter i Turkiet som släkten Acar. Tvisten handlade i första hand om pengar och om vem som var den rättmätige ägaren till caféet. Men det fanns också infekterade inslag av personliga motsättningar, som uppstått i samband med ett bröllop mellan familjerna. Vid flera tillfällen utsattes caféet för beskjutning nattetid, brott som aldrig klarades upp. Kennedy Acar dömdes däremot hösten 2006 till fängelse för att ha misshandlat en av caféets delägare.

Även OG-sidan utsattes för attentat under samma period. En pizzeria i stadsdelen Majorna, som ägs av en släkting till Denho Acar, fick rutorna sönderskjutna vid olika tillfällen. Den bil – en exklusiv Jaguar – som Denho brukade använda sprängdes också i bitar en natt i november 2006. Inget av dåden är uppklarade. En annan novembernatt kastade en dåvarande OG-medlem in en brandbomb genom caféets fönster. Mannen fångades på film av en övervakningskamera och dömdes i januari 2007 till fyra års fängelse för mordbrand. En annan person med koppling till Denho Acar fick två år och sex månaders fängelse för medhjälp. Även Denho Acar misstänktes under en period för anstiftan till mordbrand och satt häktad, men släpptes av Göteborgs tingsrätt i brist på bevis.

Internationellt efterlyst ryckte Denho Acar in i lumpen i hemlandet Turkiet vintern 2007. Under grundutbildningen utmärkte han sig för sin skicklighet med vapen.

– Jag hade ingenting med det där att göra, kommenterar han själv misstankarna via telefon.

Åklagaren överklagade till hovrätten, som beslutade att häkta Denho Acar i hans frånvaro. Men vid det laget hade Denho Acar lämnat Sverige och tagit sig genom Östeuropa till hemlandet Turkiet. Väl där kunde han känna sig trygg; tack vare sitt turkiska medborgarskap kan han inte bli utlämnad till Sverige. Efter en tids semester i badorten Marmaris och ett besök i byn där han föddes fick Denho Acar en idé. Om han nu ändå skulle vara kvar i Turkiet, varför inte ta värvning inom militären? Han sökte upp ett värvningskontor och någon vecka senare stod han i kamouflagefärgad uniform med ett automatvapen i händerna på en militärförläggning. I den mån den turkiska militären kände till Denho Acars förflutna ansågs detta uppenbarligen inte utgöra några hinder. I mars 2007 fick han en veckas permission efter grundutbildningen och förklarar själv sitt oväntade beslut för oss per telefon:

– Värnplikten är obligatorisk i Turkiet och jag kände att jag verkligen ville göra den. Jag trivs bra i armén, lär mig det turkiska språket och har fått bästa betyg i vapenutbildningen.

Under permissionen hade han åkt till Istanbul och checkat in på fyrstjärniga Inter Istanbul Hotel. På hotellet njöt den efterlyste OG-ledaren av en påkostad spaavdelning med turkiskt bad, gym och kabel-tv, samt återförenades med sin flickvän som rest ner från Göteborg. Till hotellet kom också flera medlemmar i Original Gangsters som har lett gängets verksamhet i Sverige medan ledaren varit borta. En av dem, trettiosjuårige Wojtek Walczak från Halmstad, utsågs våren 2007 till ny vicepresident med uppdrag att vara en länk mellan OG-ledaren i exil och organisationen i Sverige. Efter permissionen stationerades Denho Acar som vakt vid gränsen mot Grekland. I arbetsuppgifterna ingår bland annat att kontrollera så att ingen smugglar narkotika mellan länderna eller försöker resa på falska papper.

– Jag kan väl sägas vara väl lämpad för det, jag har ju lite förkunskaper om ämnena sedan tidigare, konstaterar Denho Acar ironiskt när vi åter får chans att prata med honom på telefon.

Ibland innebär tjänsten också att bevaka brottsmisstänkta som ska föras från häkte till domstol. Denho Acar, själv hårdbevakad intagen under ett decennium, fick nu fångvaktarens roll.

– Det kändes lite märkligt att vara plit. Ganska komiskt egentligen, helt ombytta roller. Jag vet ju hur man tänker när man är i den situationen, jag ser vad de tittar efter, hur de försöker upptäcka möjliga luckor att utnyttja. Men nu är mitt jobb att stoppa rymningar och det gör jag så gott jag kan, säger han.

Fortfarande i maj 2007 trivs Denho Acar bra med sin nya roll och är helt inställd på att fullfölja värnplikten, som är totalt femton månader lång.

– Jag har aldrig blivit så väl behandlad som här i Turkiet. Här bemöts jag med respekt, inte som en kriminell invandrare. Jag kanske stannar här efter lumpen och öppnar en restaurang. Eller kanske ett vilohem för semestrande OG-medlemmar, skämtar han.

Frågan är förstås vad ledarens landsflykt kommer att innebära för Original Gangsters. Enligt Denho Acar själv kommer det inte att bli så stora förändringar:

– Det är "business as usual". Det är lättare att leda OG från Turkiet än

Denho Acar och Wojtek Walczak visar sina tatueringar i samband med ett OG-möte i Turkiet. Walczak utsågs våren 2007 till organisationens vicepresident och till samordningsman mellan Turkiet och Sverige.

vad det var från Kumlabunkern. Och det tar inte särskilt mycket längre tid att flyga mellan Istanbul och Göteborg än mellan Stockholm och Göteborg.

I slutet av maj 2007 träffar vi OG:s nye vicepresident, Wojtek Walczak tillsammans med "Doktor OG" och några medlemmar och supporters på Saluhallen i Göteborg. De är fulla av tillförsikt.

– Avstånden är inga problem. Jag pratar med Denho i telefon varje dag, säger Wojtek Walczak över en linssoppa.

Han är en muskulös jätte med snaggat blont hår. Långt upp på halsen, nästan under örat, har han en stor tatuering där det står "OG 4-EVER".

– Tatueringen har jag gjort för att hedra Denho. Jag är stolt över att vara andremannen i OG, säger han.

Under våren 2007 har OG reviderat och skärpt sina regler, berättar Wojtek. Bland annat har nolltolerans införts mot narkotika, förbud mot att offentligt förneka sitt OG-medlemskap och krav på att alla "bröder" på utsidan ska komma till rättegångar där andra medlemmar är åtalade.

– Vi vill strama upp disciplinen, hellre färre och bättre medlemmar än tvärtom, säger Wojtek Walczak.

Inför framtiden planerar ledningen att göra organisationen mer synlig. Wojtek Walczak berättar att det finns planer på att trycka upp kläder med OG:s logotyp, bygga upp en sajt på Internet och skaffa en fast lokal.

– En del av lokalen ska vi bygga så att det ser ut som en sal i Göteborgs tingsrätt. Bara för att håna den svenska rättvisan! säger Doktor OG. De andra medlemmarna skrattar högljutt.

I Göteborgs tingsrätt döms samma dag tre OG-medlemmar till fängelse för bland annat grovt vapenbrott. De yngsta är arton respektive tjugoett år gamla. I samband med att domen avkunnas muntligt säger artonåringen att domaren kan stoppa upp lagboken där bak, något som framkallar jubel bland besökarna på åhörarplats.

En dag i början av i juli 2007, nyligen hemkommen från ett OG-möte i Turkiet, är Wojtek Walczak på väg till ett gym i Halmstad, där han bor. Plötsligt överraskas han av ett gäng killar som har förföljt honom i bilar. Killarna hoppar ur fordonen, springer fram till Wojtek Walczak och går till attack med nävarna. Wojtek Walczak inser att det inte är lönt att försöka kämpa emot, utan lyckas springa iväg och ta skydd inne på gymmet. Några av angriparna kastar saker efter honom, men ganska snart hoppar de in i sina bilar och åker iväg.

Några minuter senare är polisen på plats. Chockade vittnen har slagit larm. Poliserna får tag på Wojtek Walczak, men han är inte intresserad av att göra någon anmälan. Genom vittnesuppgifter framkommer att angriparna, som var ett tiotal, tillhörde Bandidos. Bara några dagar tidigare har ett antal andra OG-medlemmar drabbat samman med mc-gänget. När vi ringer Denho Acar i Turkiet är han fullt informerad om händelserna. Nu ser han bara en lösning.

– Det var ett stort misstag att hoppa på Wojtek. Vi kommer inte att nöja oss med ett slagsmål efter det här. Det finns ingenting att prata om. Nu är det krig mellan oss och Bandidos!

NASERLIGAN
– EN ÖVERLEVARE OCH HANS NÄTVERK

"Albanligan? Jag vet inte om det finns någon albanliga. Jag har läst om den i
tidningarna, men själv vet jag inget.."

NASER DZELJILJI, UTPEKAD LIGALEDARE

Skotten måste ha ekat i det folktomma parkeringshuset i stadsdelen Ma-
jorna i centrala Göteborg. Klockan var runt nio på lördagskvällen den
26 augusti 2006 när skytten eller skyttarna öppnade eld mot offret som
stod ensam vänd mot sin bil. Kulorna träffade honom i ryggen och ar-
marna och han vacklade omkull. Blödande släpade han sig de tio metrarna
bort till parkeringshusets ena vägg med öppningar ut mot gatan. Därifrån
skrek han på hjälp. En förbipasserande kvinna hörde den skottskadade
mannens rop och ringde till SOS Alarm. Poliserna som var först på plats
kände direkt igen den skjutne i blodpölen. Över polisradion rapporterade
de hans identitet. Polismännen på ledningscentralen tittade på varand-
ra. Var det möjligt? Vem vågade göra något sådant? De förstod att detta
skulle bli en lång natt.

I ambulansen kämpade sjukvårdarna för att hålla den skjutne vid liv.
På Sahlgrenska Universitetssjukhuset fördes han snabbt till ett väntan-
de läkarteam. Läkarnas bedömning var att tillståndet för mannen var
livshotande och operationen skulle pågå under större delen av natten.
På polishuset fattade ansvariga befäl beslut om att uniformerade patrul-
ler skulle bevaka sjukhusets akutintag. Risken för att attentatsmännen
skulle göra ett nytt försök när de förstod att deras offer inte hade dött
omedelbart ansågs överhängande. Polismännen som kom till sjukhuset

fick snabbt sällskap av den skjutnes egna män. Även de var inställda på att vad som helst skulle kunna hända. Det dröjde bara en halvtimme efter attentatet i parkeringshuset innan nya skott hördes i Göteborgsnatten. Den här gången var det fönstren till en pizzeria i närheten av parkeringshuset som genomborrades. Pizzerians ägare var känd för polisen som en nära släkting till Original Gangsters-ledaren Denho Acar. Ingen träffades i samband med den nya skottlossningen, men polisen tog även denna händelse på största allvar och fruktade att ännu ett gängkrig stod för dörren i staden.

Mannen som blev skjuten på väg in i sin bil var fyrtiosexårige Naser Dzeljilji. Läkarna lyckades rädda hans liv och några veckor senare fick han återvända hem. Sedan slutet av 1990-talet har polisen pekat ut Naser Dzeljilji som frontfigur för ett av de största och mest brottsaktiva nätverken i västra Sverige. De uppskattningsvis femtio till hundra medlemmarna är utspridda från Malmö till Oslo, med koncentration till Göteborgsområdet. Nästan alla är etniska albaner. I massmedia kallades grupperingen länge för Albanligan, innan några redaktioner av pressetiska skäl övergick till att kalla grupperingen för Naserligan. Grov kriminalitet av skiftande slag har kopplats till nätverket, som mord, rån, utpressning och narkotikahandel. Det kanske mest uppmärksammade brott som knutits till Naserligan skedde våren 2004, då Norsk Kontantservice rånades på cirka 57 miljoner norska kronor och en polisman sköts till döds.

Till skillnad från många andra kriminella grupperingar förenas Naserligans medlemmar inte av några emblem eller tatueringar. Det finns heller ingen tydlig rangordning eller fast organisation med titlar som inom till exempel mc-gängen. Skriftliga regler saknas, i stället är det av allt att döma det gemensamma intresset av att tjäna pengar som styr.

– Det albanska nätverket består av affärsmän, personer som gör affärer i brott. Det är inget gäng i traditionell mening utan ett nätverk, som plockar ihop de människor som behövs för ett visst jobb, säger en av de poliser som följt Naserligans utveckling.

Även om strukturen är plattare än inom de flesta andra kriminella organisationer måste alla invigda veta en sak: Naser Dzeljilji är chefen.

– När jag träffade Naser första gången var det precis som i en gangsterfilm. Jag hade bara hört talas om honom tidigare, men när han kom in på

Naser Dzeljilji, Naserligans ledare.

klubben förstod man direkt vem han var. Jag och andra som jobbade för honom blev inkallade en och en i ett sidorum. Där fick vi några minuter var för att presentera oss och berätta vad vi var bra på, säger en person som jobbat på en av de många illegala spelklubbarna som haft koppling till ligan.

Personer som har utrett Naserligan säger att Naser Dzeljilji oftast har god insyn i det övriga nätverkets kriminella aktiviteter. Men han styr inte allt.

– Visst förekommer det att brott begås utan den här personens kännedom. Man kan vara del av nätverket och själv besluta om man vill begå brott eller inte, säger kammaråklagare Thomas Ahlstrand.

Detta bekräftas av analysrapporten *Rekrytering till kriminella gäng* som presenterats av Göteborgspolisen år 2005. En generell tendens inom den organiserade brottsligheten är, enligt rapporten, att kriminaliteten flyttar ner i hierarkierna och att den enskilde individen får större frihet att operera på egen hand, men fortfarande med tillgång till nätverkens kompetens och skydd.

– Ofta har individerna en egen kriminell agenda som man utför inom ramen för nätverket. Organisationen får säkert ekonomisk vinning på något sätt, men det är de enskilda individerna som begår brotten, säger polisintendent Sven Ahlbin på länskriminalen i Västra Götaland.

Ytterligare en skillnad mellan Naserligan och andra kriminella grupperingar är, enligt flera personer, avsaknaden av storvulna honnörsord som "respekt" och "broderskap".

– De ser sig nog själva mer som ett gäng kompisar, säger mannen som jobbade på Naserligans spelklubb.

Angående Naser Dzeljiljis roll säger mannen så här:

– Visst är Naser karismatisk, alla ser upp till honom. Men det verkar samtidigt som om han fått en roll som han inte ville ha, att han någonstans tycker att det blivit för mycket.

Själv säger den utpekade ledaren ingenting. Naser Dzeljilji har genom åren konsekvent nekat till att låta sig intervjuas av journalister. Även vi har fått nobben, via hans advokat Hans Gaestadius.

– Det är fullständigt utsiktslöst att ens fråga. Han är helt ointresserad av att ställa upp i medier och är av uppfattningen att allt som han säger vinklas. Han har fått en lång rad förfrågningar om att träda fram i medier både i Sverige och utomlands och han har avböjt alla, säger Gaestadius.

De gånger Naser Dzeljilji konfronterats med polisens påståenden har han alltid ställt sig oförstående. "Albanligan?" utropade Naser Dzeljilji retoriskt från de åtalades bänk i säkerhetssalen i Göteborgs tingsrätt några månader före attentatet i parkeringshuset. "Jag vet inte om det finns någon albanliga. Jag har läst om den i tidningarna, men själv vet jag inget."

Vid ett tillfälle i början av 2006 lät dock chefen för enheten för grov organiserad brottslighet vid polisen i Västra Götaland, kommissarie Ronald Bagge, en reporter från *Göteborgsposten* vara med när polisen ställde frågor till Naser Dzeljilji. I artikeln skildrades hur den utpekade ligaledaren och förhörsledaren småpratade i kamratlig ton:

Dzeljilji: Jag är ju egentligen en snäll gammal fyrtiofemåring, men jag är redan dömd på förhand.

Bagge: Du skulle ha gjort som jag sa till dig där 1987, kommer du ihåg det? Jag sa att du skulle satsa på ett jobb på Volvo i stället?

Dzeljilji: Nej du, skulle jag jobba på Volvo? Bagge, du hade kunnat jobba för mig i stället. När du går i pension, kan du börja jobba för mig.

Bagge (vänd till *Göteborgspostens* reporter): Vet du vad Naser sa 1987 när jag föreslog att han skulle börja jobba på Volvo? Han sa att han aldrig skulle leva ett Svenssonliv, att jag kanske levde tryggare än honom, men att jag aldrig skulle ha det lika roligt.

Artikeln avslutades med att Naser Dzeljilji leende förklarade att han egentligen planerade att dra sig tillbaka: "Jag har ett fallskärmsavtal på 499 miljoner kronor hos de kriminella. Men jag måste ha 500 miljoner, så den sista miljonen, den slåss vi om."

Naser Dzeljilji är av albanskt ursprung och föddes i Makedonien, som då tillhörde Jugoslavien, i juli 1960. Han växte upp i huvudstaden Skopje tillsammans med sina föräldrar och fyra syskon. Efter åtta års grundskola utbildade han sig till elektriker. Sjutton år gammal lämnade han hemlandet och tog sig till Västeuropa. I Tyskland träffade han sin blivande hustru, en gammal barndomsvän från Skopje. Hennes familj hade lämnat Makedonien långt tidigare och rotat sig i Sverige och Naser Dzeljilji bestämde sig för att följa med henne till det okända landet i norr. Året var 1981 och Naser Dzeljilji var tjugoett år gammal.

Efter att ha beviljats tillfälligt uppehållstillstånd började den unge immigranten söka jobb. Det gick trögt och familjens ekonomi var dålig. Tidvis levde paret på hustruns ersättning från A-kassan, cirka 4 000 kronor i månaden. Av detta slukade hyran för lägenheten i Bergsjön mer än hälften. Ett tag jobbade Naser Dzeljilji som diskare på en restaurang, men anställningen blev kortvarig. Naser Dzeljilji tyckte att jobbet var "kvinnogöra" och hoppade av. I hopp om att dryga ut hushållskassan började Naser Dzeljilji spela kort. Men familjen tvingades till sist att ansöka om socialbidrag. Naser tyckte inte om att behöva be samhället om hjälp. För en barndomsvän som senare intervjuades i en personutredning berättade han att han var besviken över hur tillvaron hade blivit.

Strax före jul 1982 noterade en kvinna en man som betedde sig märkligt på Saluhallen i centrala Göteborg. Mannen tog hela tiden nya kölappar men gick aldrig fram till disken för att handla. I stället var han upptagen med att spana på förbipasserande. Såg han någon med en plånbok som stack upp ur bakfickan sprang han efter. Naser Dzeljilji hade hittat en födkrok som inte var kvinnogöra: ficktjuveri. Kvinnan lade även märke till Naser Dzeljilji på andra platser i stan. En tid senare, när kvinnan vittnade i en rättegång, berättade hon att Naser Dzeljilji närmade sig sina offer med en jacka i handen som han slängde omkring för att dölja vad han höll på med. Hans offer, nästan alltid kvinnor, märkte inte att de blivit bestulna förrän det var för sent. Naser Dzeljilji hade även andra tekniker. En kvinna charmerades av den unge Naser när hon efter en natt på krogen träffade honom vid ett gatukök. Mötet blev dyrt; när hon senare skulle betala taxichauffören som kört henne hem upptäckte hon att hennes plånbok saknades. Stölderna ledde till att Naser Dzeljilji dömdes till en månads fängelse 1983.

Straffet fick ingen avskräckande verkan. Naser Dzeljilji gav sig direkt ut på stan igen för att härja i handväskor. De nattliga jaktmarkerna fanns på Göteborgskrogar som Gamle Port och Valand. Tingsrätten konstaterade i nästa dom 1984 att Naser "synes ha förfarenhet och benägenhet för denna typ av tillgrepp". Den här gången blev påföljden betydligt mer kännbar, fängelse i åtta månader. Inte heller detta straff stoppade den nu tjugofyraårige Naser, som vid det här laget hade blivit pappa. Fem månader efter frigivningen greps han tillsammans med en landsman efter att ha gjort inbrott i en villa i Munkedal och stulit konst och mattor. Straffet blev åtta nya månader i fängelse.

Trots de många brotten beviljades Naser Dzeljilji permanent uppehållstillstånd i Sverige i mars 1985. Kanske gjorde han efter detta ett försök att byta livsstil. Han gick i alla fall regelbundet till arbetsförmedlingen och sökte jobb, bland annat som servitör och industriarbetare på Volvo. Det gick inte särskilt bra. Efter en tid fick han några månaders beredskapsarbete på Renhållningsverket, men därifrån var han ofta sjukskriven för magsår. När cheferna påtalade den höga frånvaron tyckte Naser Dzeljilji att de visade bristande förståelse.

Efter att ha hoppat av jobbet bröt Naser Dzeljilji successivt med samhället och slutade dyka upp hos arbetsförmedlingen. I stället tillbringade han mer och mer tid på caféer och spelklubbar. Där hade han ett stort kontaktnät och var omtyckt. En kvinnlig övervakare från Frivården noterade att Naser Dzeljilji var väldigt populär och att många såg upp till honom. Själv har han vid en senare rättegång beskrivit sitt umgänge så här: "När jag kom till Göteborg i början av 1980-talet fanns här fyrtio albanska familjer. Vi var inte många. Alla kände alla." Nasers hustru tog inte illa upp när maken uteblev från hemmet för att träffa vänner på stan. Umgänget på caféer tillhör kulturen bland albanska män, förklarade hon i samband med en av de utredningar som Frivården gjorde för att bedöma Naser Dzeljiljis sociala situation. Hade hon däremot varit svenska, tillade hustrun, hade hon kanske inte accepterat det på samma sätt.

Men livet på caféer och klubbar var inte bara frid och fröjd för Naser Dzeljiljis del. Vid ett tillfälle hamnade han i bråk utanför en illegal spelklubb på Friggagatan och drog kniv. Motståndaren backade inte och ögonblicket senare satt kniven inborrad i dennes mage. Naser Dzeljilji greps och dömdes till fängelse i två år för grov misshandel. Inte heller efter detta hade någon av hans bekanta något ont att säga. En barndomsvän från Makedonien som hördes i polisutredningen hävdade att Naser aldrig hade gillat bråk utan alltid varit den som försökt gjuta olja på vågorna. Även Naser Dzeljiljis kvinnliga övervakare hördes. Hon betecknade honom visserligen inte som en hårding, men samtidigt kunde hon mycket väl tänka sig att han var kapabel att begå brott om hans anseende stod på spel.

Kanske var det just det som hände en natt flera år senare, då han hade frigivits. Än en gång stod Naser Dzeljilji öga mot öga med fienden på en av Göteborgs spelklubbar. När den andre drog upp ett vapen gjorde Naser Dzeljilji detsamma och tryckte på avtryckaren fyra gånger till dess motståndaren segnade ner, svårt skadad. Den här gången friade rätten Naser, han ansågs ha agerat i nödvärn. Vad som utlöste bråket kom aldrig fram. Men efter händelsen skaffade Naser Dzeljilji ett av den illegala marknadens snabbaste handeldvapen: en kpist av märket Scorpio. Och under jackan bar han numera ofta skyddsväst.

Vad som hände under de kommande åren i Naser Dzeljiljis liv och kriminella karriär är delvis höljt i dunkel. Han var kvar i Göteborg, men höll sig av allt att döma undan nya konflikter. Inte förrän långt senare, sommaren 2000, drogs han in i en fejd som var nära att kosta honom livet. Det var nu som Naser Dzeljilji och hans män utmanades av Original Gangsters, blev lurade i en fälla på Friggagatan i centrala Göteborg och utsattes för skottlossning. (Se kapitlet Original Gangsters.) Alla överlevde, men en person fick bestående skador.

Stridigheterna bottnade i både personliga motsättningar och konkurrerande affärsintressen i spelbranschen. Enligt flera källor hade konflikten föregåtts av en lång tids upptrappning från Original Gangsters sida.

– Naser ville aldrig ha krig. Naser är en affärsman. Han skulle aldrig själv startat något sådant, säger en av Naser Dzeljiljis kriminella vänner.

Även om Naser Dzeljilji från början varit motvillig slog hans nätverk, enligt polisen, tillbaka med stor kraft. Flera våldsdåd riktade mot OG-medlemmar inträffade, dåd som alla förblivit ouppklarade. Kulmen kom sommaren 2001, då vild skottlossning utbröt på Näsets badplats och en person ur Naser Dzeljiljis gruppering sköts i magen. Händelsen ledde till omfattande publicitet i massmedia. Plötsligt blev "Albanligan" ett begrepp. Det var ingenting som medlemmarna var roade av. I en artikel i *Göteborgstidningen* den 10 juli 2001 uttalade sig en talesman så här: "Vi är ingen maffia, ingen liga som kämpar om makt eller pengar. Vi är gamla kompisar som växt upp i samma område i nordöstra Göteborg." Sedan lade mannen till: "Vi ville inte ha krig. Men fortsätter vi att jagas får vi tänka om." Även Naser Dzeljilji var bekymrad över tidningarnas skriverier. En av hans vänner berättar att han alltid skytt uppmärksamhet.

– Du vet, Naser är ingen "wow-wow" som vi kallar sådana som snackar mycket och gör lite. Naser Dzeljilji gör mycket men han gör det helst tyst, säger vännen.

För att stärka sin position under konflikten med Original Gangsters vidtog Naser Dzeljilji olika mått och steg. Han knöt bland annat band till andra kriminella grupperingar. Enligt flera källor kom till exempel mc-gänget Hells Angels i Göteborg att ställa sig på hans sida. Även grupperingen Chosen Ones i Stockholm ryckte under en period ut till försvar för Naser Dzeljilji och Naserligan. Men framför allt fick de sistnämnda stöd av ett gäng i Göteborg som bildades i slutet av 1990-talet och kallade sig Tigrarna. Tigrarna bestod av cirka tio tungt kriminellt belastade medlemmar i tjugo- till tjugofemårsåldern. Ledaren var av iranskt ursprung men flera av medlemmarna hade serbisk bakgrund. Däribland en man som senare greps för mord och utlämnades till Serbien. (Enligt serbiska myndigheter har mannen koppling till maffiaorganisationen Zemun, som tros ligga bakom mordet på den jugoslaviske premiärministern Zoran Djindjic i Belgrad i mars 2003.) Namnet Tigrarna ska ha tillkommit som en skämtsam provokation, riktad mot albanerna. Det hävdar åtminstone en person som fanns i utkanten av gänget.

– Juggarna i gänget tyckte att de kunde ta namnet efter Arkans Tigrar, som var serber, men det gillade inte albanerna. Sedan var det en massa snack fram och tillbaka, men det slutade ändå med att de tog namnet Tigrarna. En del tatuerade en tiger på kroppen men inte alla, säger källan.

Till och med när kriget mellan serber och albaner rasade som allra värst i Kosovo flöt samarbetet mellan kriminella albaner och serber i Göteborg bra.

– Så var det under hela inbördeskriget i Jugoslavien, att de kriminella grupperingarna i Sverige med små avbrott samarbetade som tidigare, säger Ulf Holst, expert på Balkanrelaterad brottslighet vid polisen i Västra Götaland.

Åldersskillnaden mellan den nu fyrtiofemårige Naser Dzeljilji och Tigrarnas medlemmar utgjorde heller inget problem. Tvärtom. Naser Dzeljilji förefaller under senare år ha haft som medveten strategi att omge sig med yngre kriminella.

– Naser, eller "Gubben" som vi kallade honom, knyter ständigt till sig nya, unga och lojala killar. I samma takt avför han de som blivit lite äldre. Det finns alltid en krets av unga killar som ser upp till Naser och som är hundraprocentigt lojala, berättar en person som vi kan kalla Burim, vilken själv befunnit sig i Naser Dzeljiljis närmaste krets.

– Ser han två killar som han känner att han kan lita på tar han med dem och får dem att känna sig viktiga. Han låter dem få vara med på grejer och berättar saker just för dem. Ska de ut och festa så kanske han lånar ut någon av sina klockor. På samma sätt kan han dumpa folk efter ett tag och satsa på några nya. Det är många som har använts på det sättet, fortsätter Burim.

Flera av Naser Dzeljiljis unga medhjälpare har periodvis agerat livvakter. Andra har utfört grova brott och gripits. Polisens uppfattning är att detta i flera fall skett på Naser Dzeljiljis uppdrag.

– De yngre är mer respektlösa, de är mer hungriga, de har inga familjer att ta hänsyn till vilket gör att de inte skyr fängelsestraff lika mycket. Bortsett från detta är det också spännande att vara med Naser, säger en polisman som kartlagt Naserligan.

Vissa hävdar att Naser själv gärna tar till sig kunskap från de unga.

– Till exempel var det självklart för oss att man måste ha med sig många magasin till sitt vapen om det är problem och man ska ut på stan. Naser såg det och sedan bestämde han att hans äldre killar skulle ta med sig fler magasin, berättar Burim och ger ytterligare ett exempel:

– En annan gång tackade jag nej till att ta en lina kokain före ett jobb eftersom jag ville vara klar i huvudet. Efter det bestämde bestämde Naser att ingen skulle få snorta före ett jobb.

I Danmark är tillgången på narkotika god. I Norge finns en stor marknad med köpstarka kunder. Mitt emellan ligger Göteborg.

– En förklaring till att det finns så många gäng här är stadens geografiska läge. Det är strategiskt viktigt för de kriminella organisationerna att etablera sig här, säger kommissarie Bertil Claesson på länskriminalavdelningen i Västra Götaland.

– Har man väl tagit upp ett parti till Göteborg är det inte många mil till som man behöver köra för att få ut en ännu bättre förtjänst i Oslo, säger en annan polisman i Göteborg.

I början av 1990-talet märkte polisen i Göteborg att nya aktörer slagit sig in på narkotikamarknaden i staden. De var av albanskt ursprung och handlade i första hand med heroin. Men de var aldrig intresserade av att stå i gathörnen och langa till missbrukare, i stället fick de snabbt en dominerande ställning som smugglare och grossister. Bilden överensstämde med utvecklingen i hela Europa. När kriget i Jugoslavien snörpte av den traditionella heroinrutten mellan Centralasien och västra Europa lyckades albanerna på andra vägar öppna tillförseln igen. De blev framgångsrika. På bara några år tog albanska karteller över cirka fyrtio procent av den totala heroinmarknaden i Europa, enligt Europols rapport om narkotika från 2005. I Rikskriminalpolisens rapport över narkotikasituationen i Sverige 2004 konstaterades att kriminella etniska albaner är en av de mest framträdande grupperingarna inom heroinhanteringen i Norden. Också information från operativa polisavdelningar visade att etniska albaner och personer från Montenegro och Makedonien stod för en stor del av insmugglingen. Enligt officiella rapporter från bland annat Totalförsvarets forskningsinstitut har en del av dessa pengar gått tillbaka till aktörernas hemländer och använts för vapenköp under inbördeskrigen på Balkan. Naser Dzeljilji i Göteborg var en av dem som misstänktes ha intressen i den ökande heroinhandeln. De första indikationerna på en sådan koppling fick polisen i november 1991.

Anledningen var att en då trettioåttaårig kosovoalban gripits av tullen i Ystad med två handsydda tygpåsar innehållande närmare ett kilo heroin i packningen. Mannen erkände att han mottagit heroinet i Prag och dömdes så småningom till åtta års fängelse för grovt narkotikabrott. Detta var inte första gången som trettioåttaåringen figurerade i utredningar rörande omfattande heroinsmuggling. År 1983 hade han gripits av ungersk polis i en släktings lägenhet, där tre kilo heroin fanns gömt. Den gången hade han emellertid tur. Efter åtta månader i häkte släpptes mannen eftersom de ungerska myndigheterna inte kunde binda honom till heroinet. Några år senare häktades mannen på nytt, nu i Schweiz där han misstänktes för inblandning i en annan heroinhärva. Inte heller denna utredning ledde till fällande dom. När trettioåttaåringen greps i Ystad berättade han att han var på väg till släktingar i Göteborg. En av dessa var hans kusin, Naser Dzeljilji.

– Det var då vi för första gången började misstänka att Naser kunde vara inblandad i grova narkotikabrott, berättar en polisman som haft i uppdrag att kartlägga Naser Dzeljiljis affärer.

Det är inte bara svensk polis som har haft anledning att utreda misstänkta kopplingar mellan Naser Dzeljilji och den lukrativa heroinhandeln. Också i Norge har Naser Dzeljilji granskats av narkotikapolisen vid flera tillfällen från 1990-talets början och framåt. I november 1993 slog norsk polis till mot ett hotell i Oslo, där en av Europas mest ökända narkotikahandlare hade tagit in. Narkotikahandlaren, som kallades Prinsen, kunde knytas till en bil som precis hade anlänt med färja till Norge lastad med fem kilo heroin. Polisen visste också att Prinsen kort före tillslaget hade träffat Naser Dzeljilji i Norge. Även Dzeljilji greps, misstänkt för grovt narkotikabrott. Svensk polis fick i uppdrag att göra husrannsakan i Naser Dzeljiljis bostad i Göteborgsförorten Bergsjön i jakt på ytterligare narkotika. Men det enda som hittades var den kpist som Naser Dzeljilji hade köpt tidigare. Även norsk polis misslyckades med att koppla Naser till knarkaffären och tvingades att försätta honom på fri fot. Senare dömdes han för grovt vapenbrott till nio månaders fängelse i Sverige.

Två år senare, 1995, fick norrmännen åter upp ögonen för Naser Dzeljilji. De visste att en större narkotikaaffär var på gång inom det albanska nätverket, som nu vuxit sig allt starkare på den norska heroinmarknaden. I samband med detta anlände Naser Dzeljilji till Oslo i sällskap av en gammal kriminell kontakt som han tidigare hade begått stöldbrott tillsammans med. När affären skulle göras upp slog polisen till. Tre kilo heroin beslagtogs och flera personer greps på bar gärning, däribland Naser Dzeljiljis följeslagare och den kurir som hade levererat narkotikan. Även Naser Dzeljilji som befann sig i närheten greps. Men försöken att knyta honom till affären misslyckades, och kort därefter kunde han återvända till Göteborg.

Året efter fick norsk polis åter anledning att intressera sig för Göteborgs albanska nätverk. Ännu en av Naser Dzeljiljis nära vänner, kallad Pulverkungen, hade kommit till Norge i narkotikaaffärer. I mannens tyskregistrerade Fiat hittade norsk polis omkring fem kilo heroin, men längre än så nådde inte utredningen.

De misslyckade försöken att komma åt toppskiktet inom det albanska nätverket har banat för ett ökat narkotikaflöde till Skandinavien. I Sverige har den goda tillgången på heroin till reapris blivit ett allt större problem. För alla med insyn i handeln står det sedan länge klart att chanserna att stoppa den dödliga drogen annat än tillfälligt är försvinnande små. Så länge finansiärer och organisatörer går fria kommer den vinstgivande handeln ständigt att locka nya kurirer och springpojkar. Ytterligare ett exempel: i juni 2006 greps fyra kosovoalbaner i samband med att narkotikaspanare stoppat en bil utanför en bussterminal i Malmö. I bilens tank hittades trettio vakuumförpackade paket innehållande sammanlagt femton kilo heroin. Narkotikan misstänktes tillhöra en av Naser Dzeljiljis kontakter, "Pizzan" från Göteborg. Efter en framgångsrik utredning lyckades åklagaren styrka att Pizzan och de övriga gripna varit inblandade i smugglingen. Alla fem fick tio års fängelse vardera. Bara tre månader tidigare hade en annan grupp narkotikahandlare ur samma nätverk avslöjats av tullen med tio kilo heroin. Enbart dessa två tillslag har orsakat det västsvenska albanska nätverket ett intäktsbortfall på mellan femton och tjugofem miljoner kronor. Mycket pengar, men sannolikt ändå bara några droppar i havet. Ingenting tyder på att flödet av heroin till Sverige och övriga Skandinavien skulle ha minskat därefter.

Polisens alla insatser till trots så är summan av femton års försök att avslöja Naser Dzeljilji som en av narkotikahandelns mäktiga profitörer noll. Släktingar, vänner och medarbetare har fastnat i polisens nät och dömts till långa fängelsestraff. För Naser Dzeljilji har bevisen aldrig ens räckt för åtal. Något som han själv inte har varit sen att framhålla när frågor ställts kring hans privata förmögenhet. "Polisen och media påstår saker som inte stämmer. Jag har aldrig dömts för narkotikabrott", sade han till exempel i annan rättegång.

– Det är ingen hemlighet att vi försökt sätta dit Naser Dzeljilji länge. För oss har det aldrig funnits någon som helst tvekan om att han sysslat med heroin. Men hittills har vi tyvärr aldrig lyckats, konstaterar en av de poliser som kartlagt Naser Dzeljilji.

Det är inte bara i narkotikasammanhang som Naser Dzeljilji varit intressant. Hans namn dök även upp i utredningen av ett av de mest uppmärksammade brotten i Norges moderna historia, rånet mot pengatransportföretaget Norsk Kontantservice i Stavanger den 5 april 2004, som slutade med att polismannen Arne Klungland sköts till döds. Några dagar tidigare hade Naser Dzeljilji träffat en av rånarna i Göteborg. Och samma dag som rånet ägde rum ringde en annan av gärningsmännen till honom från ett hotell i Stavanger. Naser togs in till förhör av Göteborgspolisen, men misstankarna om hans inblandning var för svaga för ett anhållande. Hans båda bekanta dömdes däremot i norsk domstol till elva års fängelse vardera för rånet, som gav motsvarande 56 miljoner norska kronor. Även en tredje person med nära band till Naser Dzeljilji är internationellt efterlyst för inblandning i rån och mord.

Uppgifter pekar också på, som tidigare nämnts, att Naser Dzeljilji har intressen i svarta spelklubbar i Oslo. En person som arbetade en tid på en av dessa klubbar berättar att lokalen inte hade mycket mer än spelet gemensamt med lagliga kasinon. Där fanns inga röda mattor eller kristallkronor, utan såg mer ut som ett kontor med lysrör i taket. Narkotikaförsäljning och prostitution pågick helt öppet.

– Naser syntes bara där ibland. Men det var ingen tvekan om att det var hans klubb, berättar mannen som jobbade där.

I en svit på Hotell Opera i centrala Göteborg satt Naser Dzeljilji en novembernatt 2003 och diskuterade bilbedrägerier med en ung kvinna. Deras samtal gled för en stund bort från affärerna och in på mer privata ämnen. Naser berättade för kvinnan att han planerade att iscensätta sin egen död för att få myndigheterna att dödförklara honom och sedan leva vidare under ny identitet. Ett år senare var Naser Dzeljilji försvunnen från Göteborg. Många, både poliser och personer i den undre världen, undrade vart han tagit vägen. Hade han självmant trätt tillbaka från den arena där han spelat en av huvudrollerna? Eller hade någon annan till sist lyckats manövrera ut honom?

Under Naser Dzeljiljis frånvaro rullade polisen upp en komplicerad bilhärva, som till slut ledde ända upp till honom själv. Att stjäla exklusiva bilar och exportera dessa utomlands är en verksamhet med hög lönsamhet och liten risk. Uppskattningsvis runt en halv miljon stulna fordon omsätts i EU-länderna varje år, enligt Europol. Vinsten uppskattas till närmare 7 miljarder svenska kronor, och marknaden finns huvudsakligen i de östeuropeiska länderna.

Kvinnan som Naser Dzeljilji träffade på Hotell Opera och hennes pojkvän var några av dem som kunde branschen. Naser och hans män hade upptäckt att paret själva ofta lurade till sig bilarna genom bedrägerier. Snart befann sig paret i en utpressningssituation där de såg sig tvingade att begå brott för ligans räkning. Via leasingavtal skaffade paret och deras bulvaner lyxbilar, vars värde trissades upp och sedan användes för att få krediter hos finansbolag. Som nästa steg såldes bilarna vidare utomlands eller anmäldes stulna utan att finansbolagen fick sina pengar tillbaka. Flera av bilarna hade under långa perioder använts av Naser Dzeljilji, hans familj och närmaste medhjälpare. För att komma undan utpressarna hade paret slutligen flytt till Belgien.

Innan paret hann nå en uppgörelse med ligaledaren greps de av belgisk polis och fördes till Sverige. De valde att avslöja allt om sina affärer med Naser och hans gäng. Naser Dzeljilji häktades i sin frånvaro och blev internationellt efterlyst, misstänkt för bland annat grovt häleri, grovt bedrägeri och grov utpressning. Frågan vara bara var Naser Dzeljilji fanns, och om han fortfarande var i livet?

En kväll i oktober 2005 är två narkotikaspanare från polisen i Västra Götaland på studiebesök hos kolleger i Köpenhamn. I en kvällsöppen jourbutik på Vesterbro, nära polisens huvudkontor, står de av en slump plötsligt intill en av Sveriges mest efterspanade personer – Naser Dzeljilji. Polismännen följer efter Naser Dzeljilji ut på gatan och går en bit, sedan tittar de på varandra och nickar. Ögonblicket därefter ligger Naserligans efterlyste ledare med ansiktet i gatan. En av poliserna ringer till sina danska kolleger, som kommer och omhändertar Naser Dzeljilji. En femton månader lång flykt undan rättvisan är över.

Efter att ha överförts till Sverige inleds så småningom en rättegång mot Naser Dzeljilji och flera personer i hans närhet, bland annat två familjemedlemmar. Både bilhandlarparet och ett par medlemmar i Naserligan hade redan fällts för brott i en tidigare rättegång. Hotbilden mot paret som hade vittnat mot Naser Dzeljilji ansågs så allvarlig att de gavs nya identiteter inom ramen för polisens vittnesskyddsprogram. Hovrätten för Västra Sverige dömde Naser Dzeljilji till fängelse i ett år och sex månader för bland annat anstiftan till grovt bedrägeri, grovt häleri, vapenbrott och ringa narkotikabrott. I samband med rättegången tog polisen inga risker. För att undvika attentat och fritagningsförsök fattades beslut om förstärkt bevakning, och alla besökare fick gå igenom metalldetektor.

– Alla är så jädrans rädda för den där gubben, muttrade en av de ditkommenderade poliserna.

Naser Dzeljilji kom till rättegången klädd i en ljus skjorta under en brun tröja. Det tunna håret var snaggat i en kort pojkaktig frisyr. När åklagaren pratade lyssnade han uppmärksamt med huvudet lätt på sned. Ibland, när han ville kontrollera något i det digra förundersökningsmaterialet, for ett par läsglasögon med svarta skalmar upp ur hans ficka och placerades längst ner på hans nästipp. Han rörde sig med tyngd och eftertryck och tog stöd med armbågarna för att ändra ställning i stolen. När Naser Dzeljilji blev ombedd att beskriva sig själv för rätten tecknade han bilden av sig själv som en respekterad familjefar och företagare:

– Jag kom till Sverige i början av 1980-talet. Sedan har jag arbetat med eget, varit egenföretagare. Har en videobutik i Gamlestan. Har haft en korvkiosk i Bergsjön. Vi hade solarium. Min fru skötte solariet och pojkarna skötte caféet. Väldigt många besökte caféet. Jag skulle kunna sitta här hela dagen och bara räkna upp namn på alla som kom dit.

Någon inkomst på pappret kunde Naser Dzeljilji inte visa upp, men han var onekligen stadd vid god kassa. På hans konton i Handelsbanken och SEB fanns cirka 2 miljoner kronor. Och i hans bostad hade polisen hittat 400 000 kronor i kontanter. Spelvinster, hävdade Naser själv.

– Jag har tjänat en förmögenhet på travet, påstod han.

Var han hade varit under sin tid på flykt, innan han greps i Danmark?

– På besök hemma i Makedonien, svarade Naser Dzeljilji.

I avvaktan på att fängelsestraffet skulle verkställas försattes Naser Dzeljilji – trots den tidigare befarade rymningsrisken – på fri fot redan efter rättegången. Den här gången valde han dock att stanna i Göteborg, men höll låg profil. På sina vanliga stamställen syntes han inte till. Rykten sa att han hade fått ovänner efter sig. En uppgift som florerade var att Naser Dzeljilji skulle ha gömt undan merparten av de 56 miljonerna norska kronor från rånet i Stavanger två år tidigare.

– Naser Dzeljilji är mycket respekterad men också mycket hatad, sa en av våra källor i juli 2006.

Hotbilden hade även nått polisen.

– Alla är inte odelat positiva till att han kommit tillbaka. Den information vi har är att han har många ovänner, uppgav en poliskälla.

Att ryktena var sanna visade sig alltså redan några veckor senare. Skotten mot Naser Dzeljilji i parkeringshuset avlossades av någon eller några som hade för avsikt att döda. Beskedet om att Naser Dzeljilji överlevde gjorde med stor sannolikhet gärningsmännen skakade.

– Naser kommer att använda alla sina ekonomiska resurser, allt han har för att göra upp med de som sköt. När tiden är rätt och allting lugnat ner sig kommer han att slå tillbaka. Han vet vem som låg bakom. Det var amatörer. De var rädda och stressade och nu när det misslyckades är de ännu räddare, säger en av de personer som vi intervjuat.

Även polisen befarar att Naser kommer att hämnas.

– Men det är inte säkert att vi någonsin får veta det i så fall. Det kan ju vara så att någon skjuts eller försvinner någon helt annanstans, säger Ulf Holst på kriminalunderrättelseavdelningen i Västra Götaland.

JUGOSLAVERNA
– KRIMINELLA KLANER

"Det finns inga gränser, ingen moral, ingen religion. Bara pengar."
NENAD MISOVIC, LIVSTIDSDÖMD FÖR MORD

Den som vill veta hur den organiserade brottsligheten i Sverige styrs kan inte undgå att fördjupa sig i nätverken av kriminella från före detta Jugoslavien. Under tre decennier har de haft en dominerande ställning när det gäller smuggling av narkotika och tobak, vapenhandel, illegalt spel, utpressning och beställningsmord. Flera andra etniskt homogena kriminella nätverk har periodvis varit lika starka. Men inget annat har haft lika god överlevnadsförmåga. Bilden av "jugoslaverna" som hårdföra och välorganiserade etablerades redan på 1970-talet. Blotta ryktet om att de hade intressen i en kriminell verksamhet kunde avskräcka andra från att blanda sig i. Därmed finns likheter med flera av de grupperingar som gjort entré betydligt senare, med Hells Angels som det kanske främsta exemplet.

Men till skillnad från HA och dess efterföljare består de jugoslaviska nätverken inte av fasta strukturer som enkelt låter sig ritas upp på papper. Även i övrigt är skillnaderna stora. De kriminella jugoslaviska nätverken i Sverige har varken namn eller emblem, de saknar skriftliga regler och har ingen tradition av kollektivt beslutsfattande. Dessa nätverk leds i stället despotiskt av de personer som har störst reell makt baserad på privat förmögenhet, kontakter och beskydd. Beslut fattas utifrån privata intressen, och några långsiktiga mål för nätverken som helhet finns inte. Medhjälpare värvas antingen inom släkt och vänkrets eller inom den stora grupp av kriminella från före detta Jugoslavien – både i och utanför Sveriges gränser – som är beredda att utföra brott för pengar. Andra nationaliteter kan förekomma men är sällsynta. Mot den här bakgrunden är "klan" en mer träffande beteckning på de kriminella jugoslaviska nätverken än "organisation". Klanerna i Sverige är ofta förgreningar av internationella klaner med bas på Balkan. Ett exempel är den klan som fanns kring rånaren och efterlyste krigsförbrytaren Zeljko Raznatovic, mer känd som Arkan. Från Arkan löpte under lång tid raka linjer till en mängd personer i Sverige.

En förklaring till de kriminella jugoslaviska klanernas överlevnadsförmåga är den goda tillgången på unga landsmän som är beredda att bege sig till Sverige och utföra brott. Så här säger kriminalinspektör Ulf Holst i Göteborg, landets idag kanske kunnigaste polisman när det gäller jugoslavisk brottslighet:

– Mönstret har varit likadant sedan i början av 1970-talet, då den första vågen av jugoslaviska arbetskraftsinvandrare kom. Unga killar som hört talas om Sverige har sökt sig hit, ofta bara med en adress till en vän eller en släkting på fickan. Väl här har de frågat runt om de finns något att göra pengar på och många, men absolut inte alla, har dragits in i kriminalitet. Först kanske fickstölder, klädstölder och annat lite mer oskyldigt, men en hel del har fortsatt med betydligt grövre brott.

En annan orsak till de kriminella klanernas överlevnadsförmåga är att de periodvis har stöttats av den jugoslaviska staten. Under 1970-talet, då bland annat delrepubliken Kroatien försökte bryta sig loss genom terrordåd, rekryterades unga kriminella av den jugoslaviska säkerhetstjänsten UDBA för att jaga misstänkta terrorister utomlands. Zeljko "Arkan" Raznatovic var bara en av många som fick hjälp med pengar och falska ID-handlingar från den egna staten. 1990-talets omfattande smuggling av illegal tobak till övriga Europa är ett annat exempel på långtgående samarbete mellan kriminella och statliga tjänstemän. Slutligen har påtagligt många kriminella en bakgrund som poliser eller militärer i hemlandet.

De kriminella jugoslaviska klanernas styrka och farlighet kan även förklaras med en stor tillgång till skjutvapen och personer med vapenvana. En effekt av de långvariga krigen på Balkan var att militära pistoler och automatvapen strömmade in i EU och att före detta soldater värvades som beskyddare och torpeder åt kriminella landsmän i såväl hemlandet som utomlands. Ledarna för de jugoslaviska klanerna i Sverige har också varit skickliga på att ingå allianser med andra kriminella. Till exempel finns idag affärsmässiga band mellan kriminella jugoslaver och ekonomiska brottslingar, narkotikaligor och företrädare för Hells Angels. Några tydliga yttre fiender går inte att se. De konflikter som har uppstått och de mord som skett – och de har varit många – har nästan alltid bottnat i interna maktkamper. Och de gånger som polisen varit framgångsrik är det ofta tack vare att en gruppering har tjallat på en annan.

Att ge en heltäckande beskrivning av de kriminella jugoslaviska klanerna i Sverige är en övermäktig uppgift. Här har vi valt att utgå från mordet på en av ledarna, ett mord som skedde i Skärholmens Centrum i maj 2003. Dödsskjutningen fick stor uppmärksamhet i tidningar och TV och beskrevs som ett "gangstermord". Men redan efter några dagar avtog intresset från massmedia. Vem den ihjälskjutne ledaren var är fortfarande okänt för de flesta. En rad uppgifter bekräftar emellertid att offret under lång tid var en av krigsherren Arkans representanter i Sverige. Någon förklaring till mordet har egentligen aldrig framkommit i massmedias rapportering. Men i tysthet har polis och åklagare, bit för bit, lagt ett pussel som ger bilden av en girig kamp om vinsterna från ett imperium som få utomstående kunnat föreställa sig existerade.

En eftermiddag strax före midsommar 2002 ringde telefonen på kriminalinspektör Ulf Jonssons rum på Rikskriminalen, i polishuset på Kungsholmen i Stockholm. Mannen i luren hette Ratko Djokic och var uppjagad. På bruten svenska förklarade den femtiotreårige Djokic att han just hade fått ett telefonsamtal från en okänd person som påstått att en mordpatrull var på väg till Sverige för att skjuta honom. Den som ringt hade sagt sig heta Goran och utgett sig för att tillhöra den serbiska säkerhetstjänsten. Goran skulle ha fått i uppdrag att kartlägga Ratko Djokics liv inför mordet, men av någon anledning valt att hoppa av. Nu ville han göra Ratko en tjänst genom att varna honom.

Andra polismän hade kanske avfärdat mannens påståenden som osannolika. Men kriminalinspektör Ulf Jonsson tog uppgifterna på allvar eftersom han visste vem Ratko var. Sjutton år tidigare, hösten 1985, hade Jonsson deltagit i ett spaningsärende som resulterat i att Ratko Djokic dömts till fängelse och utvisning. Spaningarna hade dragits igång utifrån misstankar om narkotikaaffärer men bytt inriktning när polisen fått tips om att Ratko låg bakom en serie rån som drabbat Stockholm. Mitt framför ögonen på polismännen hade Ratko Djokic klivit in i en vapenaffär, köpt ammunition och sen kört ut ur stan i racerfart. Spanarna visste att Ratko hade en karriär som framgångsrik tävlingsförare bakom sig men hade ändå beslutat sig för att hänga på. Den ena av spanarnas civila bilar blev ganska snart stoppad av en trafikpolispatrull. Poliserna i den andra hade däremot kunnat skugga Ratko till olika adresser i Tumba och Norsborg, söder om Stockholm. I Ratkos bil och i två lägenheter hittades senare en laddad revolver, ett avsågat hagelgevär, en luva med urklippta hål för ögonen och drygt 100 000 kronor i kontanter.

Under rättegången hade Ratko Djokics släktingar gjort sitt bästa för att skydda honom. Hans mamma hade påstått att revolvern i själva verket var hennes och att hon hade hittat den när hon städade på ett kafé. Rätten avfärdade denna och andra förklaringar och fällde Ratko Djokic för förberedelse till grovt rån och olaga vapeninnehav. Domen blev fängelse i ett och ett halvt år plus fem års utvisning.

Men detta var alltså för länge sedan. Nu var Ratko Djokic tillbaka i landet och ville ha polisens hjälp. Att Ulf Jonsson en gång varit med om att sätta dit honom hade Ratko Djokic inte tagit personligt.

– Det var inget konstigt att han ringde mig, vi hade faktiskt haft lite kontakt efter det att han avtjänat sitt straff och kommit tillbaka. När han nu ringde förstod jag att han verkligen var rädd. Vi kom överens om att han skulle komma upp till mig nästa dag och innan vi lade på sa jag till honom att ta in på hotell och inte prata med någon, inte ens sin flickvän, berättar Ulf Jonsson.

Klockan nio morgonen därpå stod Ratko Djokic i entrén till Rikspolisstyrelsens koloss på Polhemsgatan i Stockholm. Ute var det redan varmt och Ratko Djokic var klädd i jeans och grå, kortärmad skjorta. På höger handled: en tjock guldlänk. På vänster: ett rejält armbandsur, också det i guld. Ulf Jonsson kom ner och mötte, drog sitt passerkort i spärren och visade in Ratko Djokic till hissarna. Någon minut senare steg de in i ett av Rikskriminalens nyinredda förhörsrum. Ratko Djokic drog ut en av stolarna, lade sina båda mobiltelefoner på bordet och satte sig. Under tiden gick Jonsson fram till de båda videokameror som fanns riggade i rummet och startade inspelningen. Han satte sig åter, läste in det aktuella klockslaget på bandet och tecknade till den andre att börja. Sammanbitet och rakt på sak berättade Ratko Djokic sin historia. Efter att ha utvisats till hemlandet hade han, mitt under brinnande krig, gjort karriär inom tobakssmugglingsbranschen. Hans hemstad Podgorica, huvudstad i delstaten Montenegro, var navet i en svindlande handel med illegala cigaretter. Dit kom pirattillverkade Marlboro, Prince och andra populära märken från fabriker i Kosovo, Makedonien och andra platser. Efter omlastning exporterades en stor del av cigaretterna till EU med lastbil eller flyg. Handeln blomstrade och för att kunna exportera så mycket som möjligt använde smugglarna världens största fraktflygplan, rysktillverkade Iljusjin, som svalde tre fullastade containers.

Montenegros regering och den dåvarande presidenten Milo Djukanovic hade tidigt förstått vilka enorma summor som omsattes på det egna territoriet. Eftersom kriget i de kringliggande provinserna hade slagit sönder den vanliga ekonomin var alla inkomster efterlängtade. Djukanovic hade därför krävt provision på varje cigarettransport som passerade landet, enligt Ratko Djokic 40 D-mark per kartong.

För att kontrollera att smugglarna inte smet undan avgiften utsåg regeringen pålitliga medhjälpare för att kontrollera lager och omlastningsställen. Det var här som Ratko Djokic, enligt egen uppgift, kom in i bilden. "Min roll var att kolla så att det inte blev rån och så i samband med transporterna. Och om det försvann något från lagren så höll jag lite förhör och såna grejer", berättade han för Ulf Jonsson.

Enligt Ratko Djokic pågick en ständig kamp mellan regeringens representanter och olika aktörer inom smugglingskedjan om vem som kunde sno åt sig en extra del av kakan. En utbredd misstänksamhet spred sig och alla vaktade på alla. Ändå var det någonting annat som skulle göra att det blev riktigt farligt att vara inblandad. Gömt i cigarettlasterna hade det då och då legat särskilda paket som inte såg ut som de andra cigarettkartongerna. Direkt efter ankomst hade dessa paket plockats upp av muskelmän som Ratko Djokic visste jobbade åt en av smugglarligans högsta bossar, Stanko Subotic.

När Ratko Djokic hade uppmärksammat sin chef inom den montenegrinska staten, president Djukanovics säkerhetsrådgivare Goran Zugic, på paketen förstod han att denne redan visste vad som pågick. Zugic hade svarat att det inte var något konstigt, det var bara "specialcigaretter" som skulle till särskilt kräsna kunder. Ratko Djokic tyckte inte att det lät särskilt trovärdigt och lite senare fick han av andra personer veta vad paketen innehöll: kokain. Samma personer påstod också att italienska maffian hade intressen i narkotikasmugglingen.

En tid senare, sommaren 2000, hade Goran Zugic hittats skjuten utanför sitt hem i Podgorica. Det var det första i en serie mord på personer som, enligt Ratko Djokic, haft insyn i kokainsmugglingen. Nästa offer var en av Stanko Subotics närmaste män, som sköts ihjäl i Aten. Även den sistnämndes utpekade mördare hade i sin tur senare själv fallit offer för kulor och dött – dagen efter att han haft Stanko Subotic hemma hos sig på middag. Den mördade mördaren var en kusin till Ratko Djokic som till och från hade vistats i Sverige.

Efter mordet på kusinen hade Ratko Djokic blivit övertygad om att även hans namn stod på dödslistan. Ett bombattentat mot hans bil, som stått parkerad utanför hans hus i Podgorica, hade bekräftat misstankarna. I januari 2000 hade Ratko Djokic beslutat sig för att fly från Montenegro och bosätta sig i Stockholm, där hans mamma, hans ex-hustru och parets båda barn bodde. Utvisningsbeslutet hade hunnit löpa ut och Ratko Djokic kunde resa in i Sverige i eget namn. Först hade han bara sökt vanligt uppehållstillstånd, men senare hade han åberopat asylskäl genom att hänvisa till hotbilden i hemlandet. Den segdragna processen pågick fortfarande, nu två år senare. I avvaktan på beslut tillät svenska myndigheter att Ratko Djokic vistades i landet.

Att han befann sig innanför Sveriges gräns innebar dock ett klent skydd, menade Ratko Djokic i polisförhöret. Den som ville se honom död var enligt hans egna misstankar smugglingskungen Stanko Subotic – och för denne utgjorde de europeiska ländernas gränser inget hinder, påstod Ratko. Kriminalinspektör Ulf Jonsson lyssnade och funderade. Sedan frågade han av vilken anledning Stanko Subotic var arg på Ratko. "Jag hade trampat på knarken och jag har inget med det att göra, jag har inget vinstintresse på det där. De vill inte ha några vittnen på det som har hänt. Alla de killar som visste samma sak som jag har blivit skjutna. De är mycket nära nu, förstår du? Jag är inte paranoid", svarade Ratko Djokic på sin lite yxiga svenska och hävdade att det fanns flera hundra villiga ex-jugoslaviska lönnmördare som gick omkring och väntade på jobb runtom i Europa. Vad han däremot inte sa till Ulf Jonsson var att Stanko Subotic nyligen hade framträtt i kroatisk press och anklagat Ratko Djokic för utpressningsförsök. Ratko berättade inte heller att han själv hade engagerat sig politiskt i hemlandet och anslutit sig till en falang som propagerade för ett enat Jugoslavien, något som inte setts med blida ögon av presidenten Milo Djukanovic.

Men även utan denna information kände kriminalinspektör Ulf Jonsson att den sanna bilden antagligen var mer komplex än den som Ratko Djokic tecknat. "Jaaa", sa Ulf Jonsson dröjande. "Vi får ju sätta oss ner och fundera på vad vi ska göra med de här uppgifterna. Vi måste försöka strukturera upp det här på ett vettigt sätt. Det är ju väldigt mycket uppgifter som du lämnat här ..." Ratko Djokic, som självklart insåg att svensk polis hade begränsade möjligheter att ingripa mot internationella storsmugglare med politiska kontakter, hade sannolikt inga förhoppningar om att Ulf Jonsson och dennes kollegor skulle gripa hans fiender. Efter att tidigare ha resonerat med en svensk advokat hade han kommit fram till att det bästa skyddet skulle vara att gå ut med sin story offentligt. "Om det kommer i tidningar och så, dom kommer att stoppa", sa Ratko Djokic när Ulf Jonsson var på väg att resa sig för att gå bort mot videokameran. Några sekunder senare stängdes inspelningen av.

Ulf Jonsson hörde aldrig mer av Ratko Djokic. Några ansträngningar för att få tag på uppringaren "Goran" och dennes uppdragsgivare gjordes inte från Rikskriminalens sida. Några månader senare blev Ratko Djokic intervjuad av journalisten Kim Wadström på den nu nedlagda magasinstidningen *Kapital*. Reportaget inleddes med en stor närbild på Ratko Djokic och rubriken "Jagad av maffian". Liksom i polisförhöret hävdade Ratko Djokic att cigarettsmugglarna hade satt ett pris på hans huvud. Efter en ingående redogörelse för cigarettkriget och dess politiska kopplingar avslutade Kim Wadström artikeln med att fråga varför Ratko Djokic nu valde att berätta öppet om sin roll. "Ju mer jag säger till dig desto bättre skydd får jag. Och även om de skjuter mig så betyder det att de får sitt straff", svarade Ratko Djokic.

*Ratko Djokic fotograferad i samband med en intervju i den svenska må-
nadstidningen Kapital 2002.*

– Det lät lite kryptiskt, men min tolkning var att han hoppades att
chansen att få asyl skulle öka om hotbilden mot honom blev känd, säger
Kim Wadström idag.

På förmiddagen den 5 maj 2003 kör en kopparfärgad Mercedes in på Bod-
holmsplans parkeringsplats i Skärholmen Centrum. Efter Skärholmens
kyrka svänger bilen till höger och passerar stadsdelskontoret och arbets-
förmedlingen, för att sedan runda det lilla asfalttorget så att fronten står
riktad mot Skärholmsgångens affärsstråk. Snett till vänster framför Mer-
can ligger Ignis begravningsbyrå och ytterligare en bit bort ett gym, där en
del av lokalen är på väg att byggas om till boxningsklubb. Den som driver
boxningsklubben är Ratko Djokic, som alltid varit en hängiven boxnings-
entusiast. Han planerar att döpa klubben efter sitt smeknamn, Cobra.

Det är måndag, fint väder och mycket folk i rörelse. Men männen i
Mercedesen går inte ut. Efter en kort stund kör en sopbil upp bakom
dem. Sopgubbarna Anders och Nils har varit igång i flera timmar och
börjar bli törstiga. Anders, som sitter på passagerarsätet, öppnar dörren

och stiger ner på gatan för att gå iväg och handla läsk. Nils sitter kvar i förarsätet och hinner tänka att Mercedesen blockerar vägen och att han förmodligen måste påkalla förarens uppmärksamhet för att de ska kunna komma ut igen. Det behöver han aldrig göra. I nästa sekund öppnas Mercedesens bakdörrar och två män kliver ut. De är svartklädda, har kepsar på huvudet och pistol respektive kpist i händerna. Nästan omedelbart öppnar de eld mot något eller någon som befinner sig på höger sida av sopbilen. Skotten hörs först dovt eftersom vapnen är försedda med ljuddämpare. Men när en av skyttarna tappar sin ljuddämpare ekar knallarna över torget.

Intill sopbilens högra sida står en ung mamma i färd med att lyfta över sitt barn från en barnvagn till en bil. Precis när hon ska sätta ner barnet i barnstolen hör hon skottsalvorna. I panik trycker hon barnet så långt hon kan in i bilen och kastar sig över dess kropp som skydd. I ögonvrån ser hon skyttarna, som fortsätter att skjuta.

Det är osäkert om Ratko Djokic hinner se sina mördare innan han träffas av det första skottet. Han har promenerat från boxningsklubben och är precis på väg att stiga in i sin röda Volvo S70 då han överraskas. På klubben har han hämtat en kvinna, en bulgarisk städerska utan uppehållstillstånd, som han nu ska skjutsa in till Stockholm. Kvinnan kastar sig ner på gatan vid skotten och ser inte resten av händelseförloppet. Men andra vittnen berättar senare för polisen att Ratko Djokic stapplande försökte ta sig bort från skyttarna, som följde efter på fem–sex meters avstånd och sköt mot hans kropp gång på gång. Det sista och dödande skottet tog i nacken. När polisen kommer till platsen konstaterar de att Ratko Djokic hann ta sig cirka tjugo meter från sin bil innan han segnade ner på en refug och dog. Hans förhoppning om att han skulle skyddas genom att gå ut i offentlighet och prata om hotbilden hade uppenbarligen varit en felbedömning.

Bilderna på den döda kroppen, polisens avspärrningar och mängder av sörjande visas samma kväll i flera nyhetssändningar. TV-tittarna får höra att ännu ett gangstermord skett i Stockholm. Dagen därpå börjar mängder av tips om vad och vem som kan ligga bakom mordet strömma in till länskriminalen. Polisen upprättar en lista över vilka personer man vill förhöra. En av dem är Ratko Djokics svärson, Milan Sevo. Att boka ett förhör med honom visar sig bli lätt, Sevo sitter nämligen sedan någon månad häktad misstänkt för kokainsmuggling mellan Balkan och Sverige.

Milan Sevo är villig att prata och lanserar spontant tre egna teorier. Enligt den första kan mordet på Ratko Djokic ha samband med Sevos egen konflikt med en grupp före detta vänner inom indrivningsbranschen. Hösten 2001 hade Sevo utsatts för mordförsök och därefter hade två av de tidigare vännerna hittats mördade. Sevo själv hade misstänkts för delaktighet i ett av morden, men friats i domstol. Teori nummer två rör Ratko Djokics roll i cigarettsmugglingen från Montenegro. Milan Sevo menar att svärfaderns tro på att fienderna inte skulle våga komma efter honom när han gjort hotbilden känd för omgivningen var naiv. "Det kan ha varit ett misstag av honom att offentliggöra så mycket saker som han gjorde i den här intervjun med Kim Wadström", säger Sevo till förhörsledaren. Milan Sevos tredje teori är att mordet på svärfadern kan ha koppling till en strid inom den illegala spelbranschen. Sevo berättar för polisen att Ratko Djokic före mordet har haft kontakt med en ex-jugoslavisk affärsman i Göteborg. Göteborgaren dominerade enligt Sevo den svenska marknaden av olagliga spelautomater på krogar, klubbar, i videobutiker och andra ställen. På sistone skulle mannen ha känt sig hotad och börjat misstänka att olika personer ville ta över hans imperium.

Milan Sevo berättar vidare att Ratko Djokic och dennes son Sasha först hjälpt göteborgaren med skydd, därefter skulle kontakten ha övergått i "förhandling" av okänt slag. Kanske hade Ratko Djokic varit en av dem som spelkungen fruktat? Att Ratko Djokic kunde spelbranschen var ett faktum. Under de år på 1980-talet som han var borta från Sverige hade han enligt egen uppgift jobbat för ett spelbolag i Jugoslavien med uppdrag att kontrollera spelautomater.

Även andra personer har egna hypoteser om vad som låg bakom mordet. En del pekar på Djokics roll som medlare och påtryckare i olika ljusskygga affärer. Bara under de sista två åren hade Ratko Djokic haft ett finger med i styckningen av skalbolagsbrottslingen Seth-Roland Arnérs företagsimperium, agerat beskyddare åt ekobrottslingen Björn Monteine i Monaco och tillsammans med Uppsalaligan utövat utpressning mot en bilhandlare i Stockholm. Så var ska polisen börja nysta? Det spår som länskriminalens utredare till slut bestämmer sig för att följa är ett helt annat. En kriminell krögare på Östermalm har hört av sig till polisen och sagt sig vara säker på att mordet beställts av en ökänd trettiotreårig torped. Motivet ska enligt krögaren ha varit att torpeden själv utsatts för beskjutning i centrala Stockholm några månader tidigare, ett attentat som torpeden anklagat Ratko Djokic för att ligga bakom. Uppgifterna leder till att trettiotreåringen grips och häktas, misstänkt för anstiftan till mord. Men några bevis mot mannen finns egentligen inte och den åklagare som leder förundersökningen, kammaråklagare Ola Sjöstrand vid Internationella kammaren, börjar ganska snart att tvivla på den påstådda motivbilden. Att krögaren gått till polisen verkar i själva verket bottna i att han själv känner sig hotad av torpeden och gärna vill se denne i fängelse. När Ola Sjöstand ska gå på semester beslutar han att torpeden ska släppas. Flera viktiga veckor har gått förlorade och utredningen står åter på ruta ett.

Tillbaka på jobbet ytterligare någon månad senare kontaktas Ola Sjöstrand av en av de ansvariga utredarna som fortsatt jobba med fallet under sommaren. Polismannen är upphetsad och berättar att man fått tag i ett långt, videoinspelat förhör med Ratko Djokic som Rikskriminalen hållit mindre än ett år före mordet. Varför filmen fått ligga kvar i Rikskriminalens skåp fram tills nu har utredaren inte fått något svar på.

– Jag kan väl säga att jag milt uttryckt blev ganska irriterad. Om allting hade fungerat som det skulle borde jag förstås ha fått filmen direkt, säger Ola Sjöstrand idag.

Videobandet ger Ola Sjöstrand en kuslig känsla av hur väl Ratko Djokic förutsett sitt öde. Han inser också att mordutredningen sannolikt kommer att bli långt mer komplicerad än vad han och polisutredarna först kunnat ana. Konflikter på internationell nivå betyder att det svenska rättsväsendet måste ta hjälp av andra länders myndigheter. Och sådant kräver tid och tålamod. Om man kommer någon vart alls. Utredarna fortsätter att famla i mörker i ytterligare ett halvår. Men i början av 2004 inkommer ett tips. Tipset säger att de som mördade Ratko Djokic har bott hemma hos en äldre man i Täby, också han jugoslav. Efter mordet ska den äldre mannen ha kört mördarna söderut och hjälpt dem att lämna landet. En snabb kontroll i registren visar att Täbybon är en ostraffad, pensionerad pizzeriaägare utan koppling till kända kriminella. Tipset känns svalt.

Men för säkerhets skull beslutar åklagare Ola Sjöstrand att en kartläggning ska göras av mannens telefonkontakter vid tiden för mordet. Varken Sjöstrand eller polisutredarna har några större förhoppningar. Men analysen leder till en upptäckt som får dem att för första gången känna vittring: två mobiltelefoner som ringt till Täbybon i början av maj 2003 har befunnit sig i Skärholmens Centrum exakt när mordet begicks. Direkt därpå har mobilerna rört sig norrut. Först till Fruängen, där den kopparfärgade Mercedesen hittats övergiven och sedan vidare mot Täby. Därefter slocknar telefonerna och används inte mer.

Upptäckten är sensationell – fast hur ska utredarna få fram mobiltelefonernas ägare? Både mobiltelefoner och abonnemang är inköpta anonymt. Det visar sig emellertid att en av mobilerna har ringt till en trettiofemårig tyska, Sonja, bosatt i staden Ulm. Åklagare Ola Sjöstrand kontaktar tyska myndigheter och begär en husrannsakan i Sonjas bostad. Polisen i Ulm gör sitt jobb ordentligt, bland annat hittar de ett så kallat strafföreläggande som visar att Sonja har bötfällts med 600 euro för att ha försökt skicka två falska slovenska pass till en jugoslavisk man i Malmö. Försöket hade avslöjats av den tyska gränsmyndigheten kort efter mordet på Ratko Djokic.

– Det var en otrolig tur, strafföreläggandet låg rakt fram på ett bord. Sedan var det bara för oss att begära ut passen från polisens akt, berättar Ola Sjöstrand.

Efter att ha konfronterats med uppgifterna berättade Sonja att hon några år tidigare hade haft en pojkvän som hette Bojat Nidija. En dag hade han berättat att han fått jobb i Sverige och åkt iväg. Vad jobbet gick ut på mindes Sonja inte exakt, men som hon kom ihåg det skulle pojkvännen ha agerat "vakt åt någon i spelbranschen". I april 2003 hade Sonja rest till Stockholm för att hälsa på pojkvännen, som då hade bott hos mannen i Täby. Spontant berättade Sonja för de tyska poliserna att hon då sett ett par svarta handskar och en svart keps bland Bojat Nidijas saker.

Några veckor senare, när Sonja var tillbaka i Tyskland, hade pojkvännen plötsligt ringt och bett henne köra till Sverige för att hämta honom. Sonja gjorde som han sa och bilade hela vägen från Tyskland via Danmark och Öresundsbron. Framme på svensk mark hade hon blivit stoppad av tullen och fått bilen genomsökt. När hon ringt och berättat detta för Bojat Nidija vågade han inte träffa henne, och Sonja hade fått återvända till Tyskland ensam. Redan någon dag senare hade Bojat Nidija ändå lyckats ta sig ut ur Sverige och dök upp hemma hos Sonja. Det var då han hade sagt att han behövde hjälp att skicka ett paket till en vän i Sverige och frågat om han fick använda Sonjas namn. Men paketet hade tydligen inte kommit fram, för vid flera tillfällen hade Bojat Nidija sedan ringt Sonja och frågat om hon fått tillbaka försändelsen.

När utredarna i Stockholm får läsa det översatta förhöret med kvinnan har de all anledning att jubla. De har nu tre identiteter att föra in i det europeiska efterlysningsregistret SIS (Schengen Information System), Bojat Nidijas och de båda passinnehavarnas. Frågan är bara om männens namn är äkta eller inte. Flera månader av händelselös väntan följer. I september 2005 får polisen äntligen napp. En av de efterlysta, Bojat Nidija, har gripits på ett tåg mellan Italien och Tyskland. Sjöstrand begär Nidija utlämnad och efter ett tag flygs denne i handfängsel till Stockholm och häktas för mord. Under den fortsatta utredningen avslöjas att mannens pass är falskt. Egentligen heter han Nenad Misovic och kommer från Serbien. Trängd medger Nenad Misovic att han bott hemma hos pizzabagaren i Täby vid tiden för mordet på Ratko Djokic och att han ringt till Sonja från sin mobiltelefon. Däremot förnekar han all kännedom om något mord. Vid det här laget är åklagare Ola Sjöstrand emellertid övertygad om att Nenad Misovic ingått i trion som avrättade Ratko Djokic.

I november åtalas Nenad Misovic för mord och pizzabagaren i Täby för skyddande av brottsling. Den sistnämnde frias, eftersom domstolen inte anser det bevisat att mannen känt till vad hans hyresgäster varit inblandade i. Nenad Misovic döms mot sitt nekande av både Stockholms tingsrätt och Svea hovrätt till livstids fängelse för att ha kört Mercedesen i samband med attentatet. Enligt domen ska Nenad Misovic betala 132 000 kronor i skadestånd till Ratko Djokics son Sasha som ersättning för begravningskostnader samt det lidande som sonen utsatts för i samband med mordet. Sasha får aldrig något skadestånd. Nenad Misovic har inga pengar och svenska staten anser sig inte skyldig att gå in i Misovics ställe. I mars 2007 avslår Brottsoffermyndigheten Sashas begäran om ersättning med motiveringen att brottsoffer som "deltagit i brottslig verksamhet får finna sig i jämkad ersättning". Vad det enligt brottsskadelagen betyder, lite slarvigt uttryckt, är att Ratko Djokic haft sig själv att skylla genom sin kriminella livsstil. För åklagare Ola Sjöstrand och polisens utredare innebär domen mot Nenad Misovic bara att den första ronden är över. Ytterligare två gärningsmän återstår att gripa. Dessutom har de börjat att skönja en fjärde misstänkt – den verklige uppdragsgivaren bakom mordet på Ratko Djokic.

Samma dag som Ratko Djokic sköts till döds, den 5 maj 2003, hade dom fallit i ett till synes ointressant mål i Göteborgs tingsrätt. En femtioårig man hade dömts till villkorlig dom och böter för egenmäktigt förfarande och brott mot knivlagen. Men den dömde var inte vem som helst. Han var en driven och kompromisslös person som skapat en förmögenhet på att tillhandahålla olika typer av spelmaskiner. Anledningen till att mannen, som vi kan kalla Spelkungen, hade tvingats infinna sig i rätten ska vi återkomma till. Som tjugoåring, i början av 1970-talet, hade Spelkungen lämnat sitt hemland för att söka lyckan utomlands. Tillfälligheter hade fört honom till Göteborg. Där hade han fått jobb på Volvo och träffat en jugoslavisk kvinna som blivit hans fru.

Men Svenssonlivet lockade aldrig Spelkungen. Bara några år senare hade han lämnat Volvo, börjat träna karate på heltid och sagt upp äktenskapet. Spelkungens nya försörjning blev brott. Bland annat greps han för att ha plundrat dåtidens populäraste spelautomater, de så kallade enarmade banditerna, med borr och ståltråd. Ett känt trick bland jugoslaviska kriminella över hela Europa vid den här tiden, om man får tro den serbiske författaren Marko Lopusina som skrivit flera böcker om Balkanrelaterad brottslighet.

I början av 1980-talet bytte Spelkungen livsstil igen. Stölderna upphörde och han öppnade en pizzeria i förorten Bergsjön. Men intresset för spelautomater släppte han inte. Han hade insett att det fanns ett bättre sätt att tjäna pengar på automaterna än att bara plundra dem – att äga dem. En ny lag hade visserligen införts några år tidigare som förbjöd att spelanordnaren betalade ut vinsterna i kontanter. Enligt de nya reglerna fick vinsten bara bestå i varor eller nya spelomgångar. Men trycket från spelarna var hårt – de ville fortsätta som förut. Spelkungen skaffade ett par maskiner och gav dem vad de ville ha. Upplägget var enkelt. Spelaren stoppade in pengar i maskinen, ofta en så kallad pokermaskin, och spelade tills han var nöjd. Stod han då på plus kom Spelkungen och läste av poäng-ställningen. Den aktuella poängsiffran byttes sedan mot kontanter. Hade spelaren däremot förlorat, vilket betydligt oftare var fallet, tillföll peng-arna spelautomatens ägare. Risken för att myndigheterna skulle upptäcka vad som skedde var minimal; det var ju bara i utbetalningsögonblicket som brottet gick att bevisa. Spelkungen började med att ställa upp ett par spelautomater på sin egen pizzeria. Det gick strålande. Många spelade och bara några få vann. Snart skaffade han fler automater, som han ställde ut på andra pizzerior och gatukök. För att få restaurangägarna intresserade erbjöd Spelkungen en bra deal. De fick ena hälften av vinsten och han själv den andra. Att kontantutbetalningar var olagligt var inget problem, förkla-rade Spelkungen ifall någon frågade. Brott mot lagen om anordnande av visst automatspel var något som samhället tog lätt på, i värsta fall ledde det till några tusenlappar i dagsböter och beslag av spelautomaten. Innehava-ren kunde dessutom invända att han bara anordnat spel för en sluten krets av personer, och då var det tillåtet att betala ut vinsten i pengar.

Något som däremot började bekymra Spelkungen var hur han skulle hindra andra från att sko sig på hans spelmaskiner. Det hade förekom-mit att restaurangägare redovisat för låga intäkter och att tjuvar, med lika flinka fingrar som han själv en gång haft, gjort inbrott i maskinerna. Lösningen blev att anlita vänner från karateklubben som kontrollanter. Dessa besökte regelbundet spelställena och fick snabbt ett rykte om sig att inte vara några man lekte med. Även Spelkungen själv läxade upp en och annan. Vid ett tillfälle fälldes han till exempel för att ha misshandlat en ung praktikant som han beskyllt för att ha fifflat med en pokermaskin. Men nya problem tornade upp sig. Fler och fler hade insett vinstmöjlighe-terna på den illegala spelmarknaden och konkurrensen hårdnade, bland annat hade kriminella gäng gett sig in i branschen. Göteborg började helt enkelt att bli för litet. I stället för att utmana konkurrenterna bestämde sig Spelkungen för att etablera sig i andra delar av landet. Nya automater placerades ut i Malmö, Norrköping, Stockholm och flera andra städer.

I mitten av 1990-talet fick Spelkungen rejäl snurr på verksamheten. Nu hade han en skog av spelautomater som gav en stabil inkomst på flera miljoner kronor om året. De dagsböter som han vid två tillfällen dömdes att betala för illegal spelverksamhet motsvarade inte ens en dags omsättning. Spelkungens verkliga genombrott kom med det sena 1990-talets utveckling inom IT-området. I stället för att fortsätta skaffa fler dyra, specialtillverkade spelautomater gick han över till att köpa in billiga datorer. Dessa kunde förses med den senaste programvaran för flera olika sorters spel – och dessutom anslutas till Internet. Förutom kapade kostnader innebar det två fördelar. För det första hade spelinnehavare runt om i landet fått en ny historia att lägga fram för polisen och lotteriinspektionen – nämligen att spelarna bara surfade på Internet och inte alls ägnade sig åt spel. För det andra hade Spelkungen själv fått en fantastisk möjlighet att övervaka sina maskiner online från sitt kontor och se hur pengarna rullade in. Om någon spelare vann för mycket var det bara att justera ned vinstnivån.

Det var nu som Spelkungens bolag RK Company Sweden AB klev fram i offentlighetens ljus och bland annat skaffade en egen hemsida på Internet. Trots att verksamheten i grunden var olaglig hade Spelkungen slutat att oroa sig för myndigheterna. Till och med EU ifrågasatte ju svenska statens spelmonopol, så det var väl bara en tidsfråga innan det skulle rämna, resonerade han. RK Company byggde i rask takt upp filialer i Danmark, Tyskland och England och totalt jobbade drygt femtio personer i koncernen som hade kvar sitt huvudkontor i Göteborg. I deklarationerna redovisade RK Company ganska blygsamma inkomster. Räkenskapsåret 2003 stannade den officiella intäkten på 31 miljoner kronor. I själva verket var inkomsterna långt större. Kanske rentav miljardbelopp – åtminstone om man fick tro en rapport från Folkhälsoinstitutet. I rapporten slogs fast att det fanns cirka femtusen illegala spelautomater i landet, som totalt omsatte cirka fyra miljarder kronor. Enligt RK Companys egna uppgifter ägde koncernen vid den här tidpunkten tretusen spelautomater. Och detta enbart i Sverige, utomlands fanns ännu fler.

Men framgången hade en baksida. I takt med att inkomsterna växte ville fler och fler vara med och dela på kakan. I slutet av 2001 utsattes Spelkungens villa i Långedrag för skottlossning. Rykten sa att utpressare försökte sätta klorna i Spelkungen, men inte ens han själv verkade veta från vilket håll attacken kom. Efter dådet gick han ut i *Göteborgsposten* och utlovade en belöning på 100 000 kronor för avgörande tips. Om pengarna någonsin betalades ut är okänt. Någon misstänkt gärningsman greps aldrig.

Sommaren 2002 dök nya problem upp. Intäkterna från RK Companys regionkontor i Stockholm sjönk plötsligt dramatiskt utan förklaring. Spelkungen befarade att någon av hans medarbetare lurade honom – och i värsta fall planerade en kupp. Sedan attentatet mot hans hem året innan tog han inte ett steg utan livvakt. Nu utökades hans livgarde med flera personer, som fick i uppdrag att bedriva underrättelsearbete och ta reda på vad som hänt. Efter ett tag hade informatörerna bilden klar: någon eller några av de anställda på Stockholmskontoret måste ha kopierat RK Companys spelprogramvara, installerat denna i egna maskiner och byggt upp ett eget nät av spelställen. Informationen gjorde Spelkungen ursinnig. Han insåg att han måste agera handfast för att imperiet inte skulle rämna. I september åkte han, tillsammans med åtta välbyggda jugoslaver, runt till alla butiker, krogar och andra ställen som han misstänkte hade tagits över av utbrytarfraktionen. Spelmaskiner som inte bar RK Companys logotyp kånkades ut till en väntande lastbil.

En av utbrytarna fick reda på vad som hade hänt och larmade polisen. På väg E18 vid Spånga stoppades Spelkungen och karavanen av inhyrda medhjälpare. Samtliga greps och anhölls, misstänkta för stöld alternativt egenmäktigt förfarande och vapenbrott. I Spelkungens bil låg en kniv gömd i förardörren. Och ur en ficka bakom förarsätet på en danskregistrerad skåpbil fiskade poliserna upp en skarpladdad revolver. Vi kan här avslöja att bland Spelkungens medhjälpare fanns tre kända skådespelare från Danmark: Slavko Labovic, Zarko Labovic och Vasilije Bojicic, som hade haft roller som jugoslaviska gangsters i hårdkokta filmer som *Pusher*, *Pusher 3* och *I Kina käkar dom hundar*. Det var i deras bil som skjutvapnet låg. När vi ringer upp Zarko Labovic på hans mobiltelefon i Köpenhamn berättar han utan omsvep om sitt uppdrag för Spelkungen.

– Vi var med som bodyguards, chefen var nervös för att någon av de som stulit hans software skulle hitta på något. Jag kände själv inte chefen, men min bror Slavko var ansvarig för RK Company i Köpenhamn. För oss var det här ett normalt jobb, inget konstigt. Vi sysslar med säkerhet. Filmerna är mest en hobby.

Efter lite mer än ett dygn var polisen klar med sina förhör och Spelkungen och de andra släpptes. Revolvern kunde inte knytas till någon person. Zarko Labovic betonar att han och de andra har blivit ordentligt kompenserade av Spelkungen för obehaget och att det inte finns någon osämja.

– Business is business. No hard feelings, säger Zarko Labovic innan han lägger på.

Det var alltså denna händelse som låg bakom att Spelkungen dömdes i maj 2003 till böter för egenmäktigt förfarande och knivbrott. Länge skulle fallet bara betraktas som ett av alla de bagatellartade rutinärenden som polis, åklagare och domstolar tvingas hantera utan större entusiasm. Att saken långt senare skulle bli en pusselbit i utredningen av mordet på Ratko Djokic kunde ingen ana. Spelkungens förklaring i förhör till varför han beväpnat sig med kniv var att han var rädd för en av sina tidigare anställda. Mannen, en före detta jugoslavisk yrkessoldat, hade varit distriktschef för RK Companys Stockholmskontor och den som Spelkungen befarade låg bakom kuppen tillsammans med den tjugoåtta-årige svensken. Bara tio dagar tidigare hade distriktschefen utsatts för ett mordförsök i Fisksätra, öster om Stockholm. Av utredningen framgår att den polisman som höll i förhöret med Spelkungen visste om detta. Ändå slapp Spelkungen alla frågor om mordförsöket.

I den fortsatta jakten på den eller de som ville se Ratko Djokic död listar polisen flera frågor: Varför fick Nenad Misovic och hans kumpaner bo hos pizzabagaren i Täby? Vem var Malmöbon som skulle ha tagit emot de båda falska passen som Nenad Misovic skickade i Sonjas namn? Efter nya förhör klarnar bilden. De som hyst in männen hos pizzabagaren i Täby är en jugoslavisk familj som övertagit mannens pizzeria. Familjen har agerat på uppdrag av en släkting i Göteborg. Släktingen ska vara rik och syssla med spel, berättar kvinnan i familjen när hon hörs av mord-utredarna. Mannen i Malmö, även han jugoslav, är inte särskilt pratsam. Han medger visserligen att han dagen efter mordet på Ratko Djokic fick besök av Nenad Misovic och två personer som kallade sig Marko och Darko. Vem som har gett trion hans adress vill han däremot inte säga. Men när polisen övergår till att prata om andra saker framkommer att Malmöbon nyligen jobbat för ett företag i Göteborg, RK Company.

Till detta lägger utredarna Milan Sevos berättelse om att Ratko Djokic skulle ha legat i förhandlingar med en ex-jugoslavisk ägare av spelautomater samt Sonjas uppgifter om att Nenad Misovic arbetat som vakt åt en rik man i spelbranschen. Allt pekar åt samma håll och polisutredarna presenterar uppgifterna för åklagare Ola Sjöstrand. Under hösten 2005, strax före det att Nenad Misovic åtalas, fattar Sjöstrand beslut om att Spelkungen ska höras som misstänkt i mordutredningen. Då är Spelkungen sedan länge försvunnen. Enligt folkbokföringen utvandrade han från Sverige den 11 april 2003, några veckor före mordet på Ratko Djokic. Som ny adress hade Spelkungen uppgett en postbox i Storbritannien. Det är också där som han har registrerat en ny firma, RKC International Ltd, med adress i centrala London. Polisen vet däremot att Spelkungen har vistats i Göteborg efter utvandringsdatumet. En av de sista säkra uppgifterna är från den 21 november 2003. Denna dag var Spelkungen nämligen på vittnesförhör på polishuset i Göteborg på begäran av Skånepolisen, som ville veta om Spelkungen kände till något om två jugoslaver som gripits för mord på en ekobrottsling i Malmö. Spelkungen, som beklagade att han inte kunde tillföra utredningen någonting, hade eskorterats till polishuset av två jugoslaviska livvakter. Medan förhöret pågick hade livvakterna gripits av en vaken polisman som noterat att de hade suttit och fingrat på ett vapen medan de väntade i sin bil utanför polishuset.

Även Göteborgspolisen har i efterhand blivit intresserade av Spelkungen. Anledningen är bland annat att en av hans före detta anställda, en trettioårig bosnier, sköts ned i Bergsjön våren 2004 och klarade sig med bara en hårsmån. Trettioåringen har själv hävdat att Spelkungen känt sig hotad av honom och beordrat attacken. Två ukrainska män har hittills dömts för medhjälp till mordet på Ratko Djokic, men såväl skytten som uppdragsgivaren saknas. Också mordförsöket på Spelkungens före detta distriktschef i Fisksätra hösten 2002 ska senare tas upp till ny utredning. Även här är åklagare Ola Sjöstrand inkopplad. Sjöstrand förnekar inte att livstidsdömde Nenad Misovic är intressant även i detta fall. I båda dessa utredningar har polisen fått hjälp från oväntat håll. Inifrån sin fängelsecell på Kumlaanstalten har Nenad Misovic själv plötsligt valt att lämna helt nya uppgifter. Vi bestämmer oss för att träffa honom.

Säkerhetskontrollen på väg in till Kumlaanstaltens besöksavdelning är grundlig. Inte ens våra kulspetspennor får vi ta med oss – innandömet sägs kunna användas för att smuggla in narkotika – men personalen byter vänligt ut dem mot Kriminalvårdens gulblå lånepennor. Inne i besöksrummet finns en termos med varmt vatten, te och pulverkaffe uppdukat på ett litet bord i ett hörn. Vid ett större bord står sex stolar. Vi sätter oss ned tillsammans med en tolk och väntar. Efter en stund öppnas dörren och Nenad Misovic visas in av en vårdare. Han är inte särskilt lång men väger ändå långt över hundra kilo. Kriminalvårdens tvåfärgade t-shirt stramar över hans bröst och mage. Om vi inte hade vetat att han är trettiofem år hade det varit svårt att åldersbestämma honom. Ansiktet är slätt och ungdomligt men i det korta, svarta håret syns gråa strån.

Vi hälsar. Nenad Misovic ler avvaktande och sätter sig sedan ner på andra sidan av bordet. Han berättar att han egentligen skulle ha blivit maskintekniker men att kriget kom i vägen. Efter att ha tagit studenten i hemstaden Arandelovac i Serbien kallades han som nittonåring in till dåvarande Jugoslaviska folkarmén, JNA, och placerades i delrepubliken Slovenien. Slovenien kämpade för att bli kvitt centralmakten i Belgrad, och Nenad och tjugotvåtusen andra federala soldater fick order om att slå ner allt motstånd. Redan efter tre månaders utbildning, sommaren 1991, hamnade han i strid och såg flera vänner stupa. Nenad själv klarade sig. Några månader senare var det dags igen, den här gången i Kroatien.

– Vi hade tanks, tungt artilleri och alla moderna vapen man kan tänka sig. Men det blev ändå svårt, den kroatiska paramilitären uppträdde ofta civilt och man kunde inte vara säker på vem som var soldat och inte. Jag hamnade i skottlossning inne i staden Vukovar flera gånger men om jag dödade någon vet jag inte, berättar Nenad genom tolken.

Efter arton månader mönstrade han av. Kriget hade då spridit sig till flera nya härdar och satt vardagen ur spel för stora delar av Balkans befolkning. Att växla över till ett vanligt yrkesliv var inte lätt när allt färre hade arbete. Nenad var inte heller särskilt intresserad.

– Jag var så uppe i varv efter militärtjänsten, jag sökte adrenalinkickar och festade hårt. För att få pengar började jag jobba som livvakt åt en säkerhetsbyrå och hyrdes ut till olika uppdragsgivare, berättar han.

Vaktjobbet tog Nenad till många nya platser. Det kringflackande livet fick ett abrupt slut när han och några kamrater hamnade i bråk med ett gäng killar i en liten stad i Bosnien.

– Vi blev hotade med pistoler och svarade med att kasta en sprängladdning. Fyra personer som satt på en uteservering skadades. Men ingen dog, säger Nenad, som greps och dömdes till fängelse i fem år.

I fängelset, där cirka trehundra fångar satt tillsammans, var det överlevnad som gällde. Nenad anslöt sig till ett gäng killar från hemtrakten som hade satt sig själva i respekt.

– Man kan säga att vi kontrollerade fängelset. Vi var starkast och tog mat och annat från de andra och vakterna vågade inte göra nånting. Det var egentligen inte min stil, under hela min uppväxt hade jag inte ens känt någon som var kriminell. Men nu blev jag som de andra i gänget, berättar Nenad.

När han frigavs 1999 var den lilla del som återstod av Jugoslavien – Serbien, Montenegro och Kosovo – nästan helt sönderrasad av krig och blockader. Men smuggling och svartabörshandel ledde till stor efterfrågan på privata vakter och Nenad hittade snabbt nya uppdragsgivare. Bland annat jobbade han åt en affärsman som gjorde grova pengar på att smuggla kött och annan mat till Kosovo. Också Nenad blev mer och mer kriminell. År 2000 tvingades han fly från Serbien efter att ha blivit efterlyst för skottlossning i samband med en uppgörelse. Genom en kontakt köpte han ett falskt kroatiskt pass för cirka 10 000 kronor. Det falska passet var välgjort och tog honom in i EU och Schengen.

Vid det här laget hade många av Nenads vänner och bekanta hemifrån hunnit sprida sig över Europa. I Paris fanns landsmän som fixade jobb åt honom som vakt på ett diskotek. Trots att han inte kunde ett ord franska eller engelska fann sig Nenad snabbt tillrätta. Efter jobbet brukade han fortsätta festa och köra runt i natten mellan olika klubbar. Tills han en dag greps av polis.

– Någon måste ha tipsat dem om att jag levde under falsk identitet. Jag fick sitta häktad i tre månader medan de försökte utreda vem jag egentligen var. De lyckades inte, men efter att ha släppts bestämde jag mig för att sticka, berättar Nenad.

Som illegal invandrare borde han ha haft svårt att starta om. Men återigen kunde han förlita sig på nätverket av kontakter hemifrån.

– En vän som bodde i Berlin fixade bostad och presenterade mig för folk. Det var inte så komplicerat, det är så det funkar, säger Nenad.

Då, i början av 2002, hade Nenad även börjat göra indrivningar. Hos en av sina uppdragsgivare träffade han Rodjo. Rodjo var femton år äldre än Nenad och en luttrad kriminell. I hemstaden Dubica i norra Bosnien hade Rodjo försörjt sig på att driva sexklubb och hyra ut prostituerade. Men sedan slutet av 1999 var han på flykt, efterlyst för mord och mordförsök.

Kraftigt berusad och med en laddad pistol i byxlinningen hade Rodjo en kväll dragit runt mellan hemtraktens olika nattklubbar och gjort upp med folk som han irriterat sig på. En diskoteksägare, som Rodjo misstänkte hade tagit över några av hans prostituerade, hade fått sätta livet till och en annan man hade skjutits i magen men överlevt. Diskoteksägaren som Rodjo mördade hade en sextonårig son vid namn Goran Kotaran, som har skrivit in sig i kriminalhistorien som en av Europas yngsta seriemördare. Två av de fem till synes meningslösa mord som Goran Kotaran hittills dömts för utförde han i Sverige, dit han begett sig för att försöka hitta Rodjo. (Se kapitlet Original Gangsters.) Under tiden som Rodjo hade varit på flykt hade han avverkat flera olika länder, bland annat Schweiz, Kanada och Venezuela. Han hade försörjt sig på att spela kort, men nu höll pengarna på att ta slut.

– Jag såg att han hade det tufft och erbjöd honom att bo hos mig i Berlin. Så blev det och vi började jobba ihop, berättar Nenad.

Rodjo kände några landsmän i Sverige som hade nämnt att en affärsman behövde livvaktsskydd. Nenad tyckte det lät bra. Han visste ingenting om Sverige, men det spelade ingen roll. I hans rotlösa tillvaro kunde ett land lätt bytas mot ett annat. En natt i början av sommaren 2002 blev Nenad och Rodjo skjutsade över Öresundsbron av en landsman som hade mött dem på Hovedbangården i Köpenhamn. De stannade i Malmö några dygn och fortsatte sedan till Göteborg. Väl framme i Göteborg blev de presenterade för sin nye uppdragsgivare: Spelkungen.

– Det var ett väldigt spänt läge, det kände man direkt. Chefen levde med vakter dygnet runt, det satt till exempel alltid en vakt i ett litet skjul framför hans villa. Mitt och Rodjos jobb blev att hjälpa till att skydda honom, han fick ju ingen hjälp av den svenska polisen, säger Nenad.

Under rättegångarna i Stockholms tingsrätt och Svea hovrätt nämnde Nenad Misovic inget om sitt uppdrag för Spelkungen. Men i efterhand har han börjat berätta. Vid flera tillfällen har han tagit emot poliser från bland annat Göteborg och Stockholm här i Kumlaanstaltens besöksrum och låtit sig förhöras. Nenads förhoppning är att hans samarbetsvilja ska hjälpa honom att komma ut snabbare. För oss berättar Nenad att Spelkungen i början av 2003 blev mer och mer rädd:

– Det hände ett par incidenter, bland annat försökte en okänd bil köra upp till chefens hus men stoppades av vakterna. Allt detta gjorde chefen mer och mer orolig.

Nenad hävdar att det var då han fick höra Ratko Djokics namn för första gången.

– En av chefens informatörer kom och påstod att det var Djokic som hade skickat folk på chefen. Lite senare kom en annan kille och sa samma sak och alla blev övertygade om att det var så, berättar Nenad.

Vad Ratko Djokics motiv skulle ha varit framkom däremot inte.

– Jag kommer ihåg att jag frågade det, men det verkade inte vara så intressant för någon, fortsätter Nenad.

I slutet av april 2003 fick Nenad höra att det var ett jobb som skulle göras i Stockholm. Nenad hävdar att informationen kom från Rodjo och att de båda åkte bil från Göteborg till Stockholm den 28 april. På en lapp hade de adressen till en villa i Täby. De inkvarterade sig i villan och någon dag senare anslöt sig ytterligare två jugoslaver. Exakt vad som hände sedan vill Nenad inte gå in på. Men han säger uttryckligen att jobbet gick ut på att skjuta Ratko Djokic.

– Jag var inblandad. Men det var inte jag som sköt och inte heller jag som satt i bilen, hävdar han.

I efterhand har det framkommit uppgifter om att betalningen för mordet var 60 000 euro. Pengarna ska, enligt en person som hörts av polisen, ha överlämnats av uppdragsgivaren till Nenad. Nenad ska först efter påtryckningar ha delat med sig till de båda skyttarna. Inget av detta vill han själv gå med på. Däremot medger Nenad att han en tid efter mordet blev ovän med Spelkungen. I de nya polisförhör som hållits har Nenad uppgett att Spelkungen betalat Rodjo för att skjuta honom. Men Rodjo valde enligt Nenad en annan lösning. Han skonade Nenad Misovic och iscensatte en skenavrättning. "När vi var tillbaka i Tyskland berättade han för mig om mordkomplotten och vi kom överens om att dela på pengarna, 10 500 euro. Vi grävde en grop som jag lade mig i, sedan hällde vi hallonsaft över och tog en bild av mig med uppspärrade ögon. Någon dag senare kom en av chefens släktingar med flyg och tittade på bilden. Han bleknade, men betalade ut pengarna", har Nenad sagt i förhör. För oss bekräftar Nenad berättelsen.

– Det var så det var. Därefter fick jag hålla mig undan folk som kände arbetsgivaren, säger han och syftar på Spelkungen.

Även Nenad och Rodjo blev senare bittra fiender. Nenad är idag övertygad om att det var Rodjo som lämnade det avgörande tipset till mordutredarna i början av 2004. Nenad säger sig också veta att Rodjo gett hans namn till Ratko Djokics anhöriga, och därmed kommit i åtnjutande av den belöning på 200 000 kronor som familjen Djokic utlovat för uppgifter om mordet. Även Nenad Misovic har inlett en dialog med familjen Djokic. Bara några veckor före vårt besök har han träffat Ratko Djokics son här på Kumla i närvaro av polis.

– Jag ville berätta som det är, att jag var inblandad men att jag inte sköt. Sen passade jag på att säga att vem det än var som ringde och sa otrevliga saker till min mamma i Serbien så skulle de sluta med det. Efter det har mamma inte fått några fler samtal, säger Nenad.

Besökstiden börjar rinna ut. Vi måste runda av. Men innan vårdarna sätter nyckeln i besöksrummets dörr hinner vi prata lite om varför Nenad kom att dras in i den svarta värld av vapen och våld där han levt så länge. Som tänkbar förklaring för vi fram kriget och vad det gjorde med honom. Men det är en teori som han själv inte ger mycket för.

– Det har alltid funnits kriminella i Jugoslavien som åkt till andra länder, långt innan kriget började. I mitt fall handlade det väl mer om att jag inte hade legala papper och att jag var tvungen att försörja mig. Jag har arbetat för olika chefer och det har blivit som det har blivit. För dem finns det inga gränser, ingen moral, ingen religion. Bara pengar, säger han utan att vilja gå djupare in på sitt eget ansvar.

Några ögonblick senare öppnas dörren av anstaltspersonalen och vi går tillsammans ut i korridoren, skakar hand och skiljs åt.

Även Rodjo sitter numera bakom lås och bom – hemma i Bosnien. Ett år efter mordet på Ratko Djokic greps han för snatteri i en ICA-butik i Nyköping. Rodjo hade handlat för ett par hundra kronor men struntat

i att betala en Gilette rakhyvel och när han passerade butikens metall-
bågar hade det börjat pipa. "Sorry", sa Rodjo till butikskontrollanterna
och stod kvar och väntade medan dessa ringde polisen. Polismännen som
fick fallet på sitt bord trodde först att snattaren hette Marin Cerna och
var tjeckisk medborgare, eftersom det var det namn som förekom i de
pass och andra ID-handlingar som beslagtagits i Rodjos tillfälliga bostad.
Men efter en närmare granskning visade sig passet vara falskt. Slagningar
i polisens datasystem och kontroller med Interpol och Migrationsverket
ledde Nyköpingspolisen till Rodjos rätta identitet.

Det var också då de upptäckte att den snatterimisstänkte mannen var
internationellt efterlyst för mord. Saken överlämnades till Justitiedepar-
tementet och efter en lång process godkände svenska regeringen den 17
februari 2005 att Rodjo utlämnades till Bosnien. Sedan dess avtjänar han
ett nio år långt fängelsestraff i Banja Luka. Om åklagare Ola Sjöstrand
vid den tidpunkten hade vetat vad han vet idag, nämligen att även Rodjo
var en av dem som hade bott hos mannen i Täby, hade han motsatt sig
att Rodjo utlämnades.

– Självklart hade jag velat få utrett om även han hade en roll i plane-
ringen av mordet på Ratko Djokic. Det finns visserligen ingenting som
pekar ut honom som gärningsman. Men det faktum att han ingått i sam-
ma kretsar som de andra gör honom intressant, säger Ola Sjöstrand.

Även andra inom rättsväsendet skulle gärna ha sett att Rodjo blivit kvar
i landet. Till exempel de utredare som handlagt det ovan nämnda mord-
försöket på en trettioårig bosnier i Göteborg som tidigare jobbat för RK
Company. Rodjo är sedan 2006 formellt misstänkt för att ha deltagit i
dådet. Misstankarna baseras bland annat på uppgifter från Nenad Miso-
vic, som i förhör uppgett att han själv först ska ha fått uppdraget att skjuta
trettioåringen, men att det av någon anledning gick vidare till Rodjo. Även
de ukrainska män som dömdes för medhjälp till mord pekar ut Rodjo som
skytten. Den dag Rodjo släpps ur fängelset i Banja Luka kommer han där-
för sannolikt att ha små möjligheter att röra sig fritt i Europa.

Det som Ratko Djokic berättade den där sommarmorgonen hos Riks-
kriminalen blev, åtminstone delvis, en skrämmande träffsäker förutsä-
gelse. Jugoslaviska lönnmördare utrustade med ljuddämpade vapen och
falska papper rör sig snabbt över Europa, alltid öppna för förslag. Någon

beställer, någon pekar ut offret, någon fixar bostad och bilar, någon betalar. Att få någon dödad behöver inte vara mer komplicerat än så. I efterhand står det också klart att Nenad Misovic och Rodjo hade kommit till Sverige bara någon vecka före Ratko Djokics besök på polishuset. Kanske var deras uppdrag redan från början mord och kanske var den mystiske "Goran", som ringt till Ratko Djokics mobiltelefon, någon i deras direkta närhet. Attacken förefaller dock att ha kommit från ett håll som Ratko Djokic inte väntat sig. Han hade fruktat sina gamla cigarettsmugglar-kumpaner på Balkan. Men de som mördade honom hade, enligt polisens misstankar, i stället koppling till spelbranschen i Sverige. Enligt åklagare Ola Sjöstrand behöver det inte finnas någon motsägelse mellan de båda spåren. I klartext: Spelkungen kan ha kopplingar till Ratko Djokics fiender i Montenegro och Serbien.

– Min slutsats är att spåren faktiskt kan passa ganska bra ihop. Det finns en större bild som belägger kopplingar mellan intressanta personer i Göteborg och intressanta personer på Balkan. Mer än så kan jag inte säga eftersom förundersökning fortfarande pågår, säger Sjöstrand.

Även Nenad Misovic har gjort antydningar i samma riktning. Enligt honom finns det en mycket förmögen utländsk affärsman med rötter i Jugoslavien som haft kontakter med såväl Ratko Djokic som Spelkungen. Självklart kan Nenad Misovic befaras ha förvrängt bilden av hur det gick till när Ratko Djokic mördades. I sin strävan att få resning och mildrat straff är det naturligt att han försöker förminska sin egen roll och överdriva andras. Både åklagare Ola Sjöstrand och flera polisutredare som vi har pratat med sätter emellertid stark tilltro till Nenad Misovic. Att han verkligen jobbat för Spelkungen och RK Company styrks bland annat av ett beslagtaget Western Union-kvitto, som visar att en person på RK Company fört över pengar till Nenad Misovic.

Även andra personer intygar att Misovic talar sanning på flera viktiga punkter. Exempelvis bekräftar Ratko Djokics familj att en belöning verkligen har betalats ut till Rodjo. Samma sak gäller Misovics uppgifter om att Spelkungen haft avlönade informatörer som pekat ut Ratko Djokic. En av dessa informatörer ska ha befunnit sig i Ratko Djokics absoluta närhet och umgåtts med honom dagligen. Däremot är det fortfarande höljt i dunkel om Ratko Djokic verkligen utmanade Spelkungen – eller om detta bara var en falsk bild som spreds. Ratko Djokics yngre bror Dragan Djokic har sin uppfattning klar.

– Allt var ett missförstånd. Det är det som är det sorgliga, att en så bra kille ska behöva dö för ett missförstånd, suckar Dragan Djokic, som är bosatt i Sverige sedan 1970-talet.

Spelkungen kan knappast ha undgått att polisen vill förhöra honom om mordet på Ratko Djokic och andra brott. Ändå fortsätter han att hålla sig undan. Det har spekulerats i att han finns i England eller Tyskland, men varken åklagare Ola Sjöstrand eller någon annan av de som vill ha tag på honom vet säkert var han är. Den 12 april 2007 gjorde han dock ett sensationellt framträdande. Under rättegången mot den tidigare nämnde seriemördaren Goran Kotaran i Bosnien klev Spelkungen fram och vittnade till förmån för åklagaren. Iklädd skottsäker väst och skyddad av tre polismän berättade Spelkungen att han och Goran Kotaran tidigare hade varit vänner, men att den sistnämnde plötsligt skulle ha gjort en helomvändning och planerat att kidnappa Spelkungens son. Spelkungen passade även på att anklaga Kotoran för tretton påstådda mord i Sverige. Försvaret dömde ut vittnesmålet som lögnaktigt och hävdade i stället att det är Spelkungen som har anledning att frukta den svenska rättvisan. Spelkungen viftade bort påståendet. "Mina problem i Sverige beror på att jag driver en verksamhet som den svenska staten vill ha monopol på", sa han innan han lämnade rättssalen. Att Spelkungen självmant skulle återvända till Sverige förefaller inte troligt. Hans villa i Göteborg är såld, RK Companys kontor är utrymt och företagets spelautomater har slumpats bort. Spelverksamheten pågår numera i cyberspace, dygnet runt och över hela världen. För efter att betalningssystemen över Internet blivit säkra behöver Spelkungen inte längre några spelmaskiner, spelarna sitter hemma vid sina egna datorer. På webbplatser som Fruitpokercasino och Zinba erbjuder RKC International Ltd fantastiska vinstmöjligheter. Den som vill spela behöver endast knappa in numret på sitt VISA- eller Master Card-kort och registrera ett konto.

Även utomlands har mordet på Ratko Djokic i Skärholmen fått stor uppmärksamhet. I tidningar och på nyhetssajter har händelsen förknippats med mord på flera andra jugoslaver i den undre världen runtom i Europa.

Ett namn som återkommer i nästan varje artikel är den serbiske rånaren och krigsherren Zeljko Raznatovic, mera känd som Arkan. Fram till dess att han sköts ihjäl i en hotellobby i Belgrad januari 2000 hade Arkan varit ett levande bevis på att brott kan löna sig – och att människor har en förbluffande förmåga att förlåta en åldrande gangster som blivit salongsfähig.

Arkans karriär var häpnadsväckande osannolik och skulle kunna utgöra underlag till ett filmmanus. Som tonåring på 1960-talet skämde han ut sin familj genom småbrott och huliganism. Därefter lämnade han Jugoslavien och gjorde karriär i Västeuropa som tjuv och rånare under 1970-talet. Efter ett decennium av stölder, rån, mordförsök, rymningar och fritagningar återvände Arkan till Jugoslavien på 1980-talet. Där skaffade han sig en legal fasad som caféägare och tog över ledarskapet för fotbollslaget Röda Stjärnans supporterklubb *Delije*, ökänd för sina våldsamma attacker på lagets motståndare.

År 1990 förstod Arkan att den jugoslaviska federationen höll på att rämna och att ett inbördeskrig var oundvikligt. Då tog han nästa steg och ombildade delar av *Delije* till en privat armé – Tigrarna – och förklarade sig lojal med federationens president Slobodan Milosevic. Under flera år utförde Arkans armé blodiga attacker på civila bosnier och kroater i syfte att nå etnisk rensning. Som tack lät den korrupta och söndrade jugoslaviska staten honom plundra fiendens hem, företag och banker samt smuggla olja, bensin, vapen och cigaretter. Efter krigsslutet drog Arkan sig tillbaka med en enorm förmögenhet, bosatte sig i en rosa villa ett stenkast från Slobodan Milosevic i Belgrad, köpte ett eget fotbollslag och gifte sig med Jugoslaviens största popstjärna, Ceca. Jetset-tillvaron var dock begränsad till hemlandet; utomlands var Arkan efterlyst för mord på hundratals oskyldiga krigsoffer. Under hela denna Arkans osannolika resa hade Ratko Djokic varit en av dem som stått honom nära. Ratko var också en viktig länk i den svenska delen av Arkans kriminella klan – en gruppering som skulle ha en dominerande roll inom svensk brottslighet i tre decennier.

– Det var på 1970-talet som den här falangen etablerades och Arkan var dess givna ledare, säger den pensionerade kriminalkommissarien Ingemar Krusell, som under flera år ledde utredningar och spaningar mot Arkan, Ratko Djokic och en mängd andra jugoslaver.

Var och när Ratko Djokic och Arkan träffades första gången är oklart. En av Ratkos släktingar hävdar att de hade lärt känna varandra redan i hemlandet, när de var tonåringar. Det förefaller smått osannolikt med tanke på att Arkan föddes i en officersfamilj 1952 i staden Brezice i Slovenien medan den tre år äldre servitörssonen Ratko Djokic växte upp långt därifrån, i Podgorica i Montenegro. Å andra sidan vistades Arkan borta från hemmet långa perioder, bland annat inlåst i ungdomsfängelse. Huruvida även Ratko straffades för brott i hemlandet som ung är okänt.

I tjugoårsåldern hade Ratko och Arkan hur som helst kommit fram till samma sak: framtiden fanns i utlandet. Den uppfattningen var långt ifrån unik inom deras generation. Tre decennier av kommuniststyre under diktatorn Tito hade urholkat landets ekonomi och gjort människor fattiga. Tiotusentals unga jugoslaver lämnade landet under 1960-talets slut och 1970-talets början. För Ratko Djokics del började det nya livet i en bil på väg till Sverige, med hans nyblivna hustru på passagerarplatsen. Paret visste inte mycket om landet i norr, mer än att det hade en generös hållning till invandrare som ville arbeta, och flera av Ratkos släktingar hade tidigare beviljats arbets- och uppehållstillstånd. Även makarna Djokic fick klartecken att stanna och hösten 1970 började Ratko som svarvare på Alfa Laval i Tumba.

Arkan hade däremot aldrig brytt sig om att söka något uppehållstillstånd utan tog sig illegalt till Italien. Milano var redan då Mecka för flinka ficktjuvar och den tjugoårige jugoslaven blev en av dem. Efter drygt ett år som yrkeskriminell hade Arkan fått den italienska polisen efter sig men lyckats undkomma, något han så småningom skulle komma att utveckla till en konst. Brottsturnén hade därefter fortsatt norrut till Tyskland och Frankrike, nu med väpnade rån.

I Sverige hade fabriksjobbet snabbt tråkat ut Ratko Djokic. Redan efter några månader sa han upp sig och fick genom vänner i stället jobb som vakt på Hotell Malmen på Södermalm i Stockholm. Även denna karriär började illa; efter mindre än två veckor blev den storvuxne Ratko polisanmäld för en brutal misshandel och fick sluta. Lite senare fälldes han av Stockholms tingsrätt, men klarade sig undan med villkorlig dom och böter. Enligt ett yttrande från Kriminalvårdens personutredare hade misshandeln varit "en funktion av anpassningsproblem och olyckliga om-

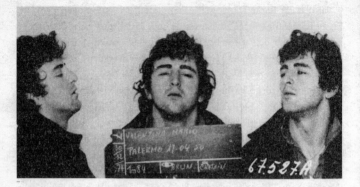

*Tjugotvåårige Arkan fotograferad av belgisk polis den 30 december 1974
efter att ha gripits för rån. Vid tillfället uppträdde Arkan under det falska
italienska namnet Mario Valentino.*

ständigheter". För att få förnyat arbetstillstånd tog Ratko våren 1972 ett
påhugg som städare. Men han syntes sällan på jobbet och fick sparken.
Samtidigt blev det trassel i familjelivet. Ratkos fru, som hade fött en liten
pojke, fick ta över lägenheten medan Ratko flyttade in hos kompisar. Ung-
karlslivet skulle leda till fler kontakter med den svenska rättvisan. Ratko
och en kompis greps på bar gärning efter att ha brutit upp en spelautomat
på en bensinstation i Nacka. Även denna gång slapp Ratko fängelse.

Vintern 1973–74 korsades Arkans och Ratkos vägar i Sverige. I sin iv-
riga jakt på nya banker, postkontor och andra pengainrättningar att råna
hade den tjugoettårige Arkan kommit till Stockholm, där han tagit in på
hotell i falskt italienskt namn. Den första tiden i Sverige umgicks Arkan
flitigt med ett stort gäng italienare och jugoslaver som storögt lyssnade
när Arkan berättade om sina bravader. En av dessa var, enligt flera källor,
Ratko Djokic. Den jugoslaviska gruppen stod vid tidpunkten under be-
vakning av Säkerhetspolisen. Anledningen var att man befarade hämnd-
aktioner efter att Jugoslaviens ambassadör i Stockholm några år tidigare
hade mördats av en grupp militanta kroater. Säkerhetspolisens spanare
kände sig ganska säkra på att nykomlingen varken var kroatisk terrorist
eller jugoslavisk agent. Den unge jugoslaven ansågs hålla en alldeles för

hög profil, med intensivt festande och flitigt flirtande med unga svenskor. En av de kvinnor som den omvittnat charmige Arkan träffade i krogvimlet lät Arkan bo hos sig en period. Kvinnan var ovetande om hur hennes pojkvän försörjde sig och skulle senare bryta samman när hon fick veta sanningen av polisen.

Arkan knöt även andra band. Bland annat lärde han känna en trettiotvåårig landsman som kommit till Sverige på 1960-talet och öppnat en flott modebutik i Stockholms innerstad. Ytterligare en ny bekantskap var en jugoslav som kallades för Whiskey. Arkan värvade Whiskey som kumpan och tillsammans gav de sig ut i landet i jakt på rånobjekt. Whiskeys roll blev att fixa bilar och agera chaufför medan Arkan skaffade vapen, främst genom stölder. Brottsturnén tog duon till Göteborg, där Arkan träffade en ny svensk tjej. Men kärleksmötet blev kortvarigt, redan efter några veckor satte Arkan och Whiskey sina rånplaner i verket. En väktare som var på väg med pengar till postkontoret på Jaegersdorffsplatsen i Göteborg överrumplades och rånades. Arkan och Whiskey flydde med bytet till Tyskland, men var tillbaka i Göteborg redan inom en månad. Arkan ville först ta det lugnt tillsammans med flickvännen. Men efter någon vecka skedde nästa rån, nu mot ett av Gotabankens kontor. Precis som förra gången lyckades Arkan och Whiskey undkomma och tog sig även denna gång till Tyskland.

Mönstret upprepades under sommaren och hösten. Innan rånserien var över hade Arkan och Whiskey hunnit med en bank i Kungälv och två SE-bankskontor i Stockholm och däremellan lite lyxliv i Paris och Saint-Tropez. Totalt inbringade de fem rånen cirka en halv miljon kronor. Alla gångerna hade Arkan varit den som tagit pengarna medan Whiskey hållit flyktbilarna varma på gatan. Rånen hade inte präglats av brutalitet, tvärtom hade Arkan enligt vittnen ofta agerat "gentlemannamässigt" och vid minst ett tillfälle kastat slängkyssar till personalen.

Men polisen började komma rånarduon på spåren. Antalet väpnade rån hade exploderat under året och i både Göteborg och Stockholm hade särskilda rånkommissioner satts upp, med erfarna utredare som hade goda kontakter inom den undre världen. Det var också tack vare tjallare som polisen till sist kunde ringa in Arkan och hans medhjälpare. Telefonavlyssning inleddes mot Arkans båda flickvänner och modebutiksägaren i Stockholm. I november 1974 greps Whiskey i en lägenhet vid Stureplan som tillhörde butiksägaren. Arkan hade däremot hunnit försvinna och efterlystes via Interpol. Kvar i Göteborg lämnade han sin flickvän, som var gravid och året därpå födde en son. Under de avlyssnade samtalen mellan Arkan och butiksägaren väcktes misstankar om att Arkan investerat en del av rånpengarna i mannens butik, Boutique Valentino. Polisen fick senare också veta att Arkan haft nära kontakt med föreståndare för två andra modebutiker med samma namn i Oslo respektive Rotterdam. Valentino var också ett av de efternamn som stod i Arkans minst tre olika falska pass.

– Vi hade välgrundade misstankar om att det i själva verket var Arkan som stod bakom hela klädesförsäljningen och på så vis fick bra avkastning på sina rånpengar, säger en polisman.

Från tysk polis kom lite senare underrättelseuppgifter om att Arkan ingick i ett stort internationellt nätverk som styrdes från Frankfurt och hade anknytning till den jugoslaviska säkerhetstjänsten. Liksom Arkan var flera andra utpekade medlemmar söner till höga militärer och tjänstemän inom den jugoslaviska statsapparaten. Enligt tyskarna var ett av syftena med organisationen att skaffa västerländsk valuta åt kommunistregimen i Belgrad. Svensk polis noterade uppgifterna, men såg ingen möjlighet att agera.

Även Ratko Djokics namn blev så småningom hett i utredningen. Flera tips pekade på att även han varit inblandad i rån, men uppgifterna räckte inte till åtal. Däremot dömdes han för nya stölder ur spelautomater. Precis som Spelkungen i Göteborg hade han lärt sig att med hjälp av borr och ståltråd överlista de enarmade banditer som fanns utställda på restauranger, hotell och bensinmackar runtom i landet. En kväll i januari 1975 hörde portieren på OK Motorhotell i Köping hur det rasslade av mynt från en av hotellfoajéns spelautomater. Några minuter senare upprepades ljudet, nu från en annan maskin. Portieren lämnade hotelldisken, gick ut i foajén och stod öga mot öga med Ratko Djokic och ett par andra jugoslaver. Efter att ha fått publik var männens tur plötsligt som bortblåst och de avvek snabbt. Dagen därpå grep polisen Ratko och de andra utanför en bank, dit de kommit för att växla in 2 064 enkronor. Det blev slutet på en lång stöldturné mellan olika hotell och krogar i Uppland och

Arkans rånarkumpan Whiskey, fotograferad av tysk polis 1973.

längs Norrlandskusten. Ratko dömdes för grov stöld till skyddstillsyn. Trots brottsligheten beviljades han en tid senare permanent uppehållstillstånd i Sverige.

Ungefär samtidigt ställdes Arkan för första gången på flera år inför rätta. Mitt i julruschen 1974 hade han och två nya kumpaner rånat en bank i Bryssel och blivit spårade till en lägenhet. När polisen stormade in hittade de Arkan blodig i en säng, skjuten i magen. Han fördes till sjukhus och häktades därefter. Poliser runtom i Europa stod nu på kö för att förhöra den beryktade serierånaren. En av dem som fick träffa Arkan var dåvarande chefen för Stockholmspolisens rånkommission, kriminalinspektör Ingemar Krusell. Tillsammans med kolleger från Göteborg och åklagaren Carl-Gustaf Pfeiff reste han till Bryssel.

– Jag hade väntat mig en riktig tuffing, men Arkan gav ett pojkaktigt och nästan försagt intryck. Utan omsvep erkände han alla rån som vi delgav honom misstanke om och sa att han hellre blev utlämnad till Sverige, där han hade sin son, än avtjänade fängelsestraffet i Belgien, berättar Krusell.

Men åklagare Pfeiff hade inte för avsikt att begära Arkan utlämnad till Sverige, han tyckte att den belgiska rättsprocessen skulle ha sin gång. Då Arkan förstod det ändrade han sig och tog tillbaka allt. När förhöret avslutats och han skulle föras tillbaka till sin cell försökte Arkan desperat slita åt sig ett vapen från en av de belgiska poliserna och rymma. Fallet slutade med att Arkan dömdes till tio års fängelse. I fängelset började Arkan direkt att skissa på en flyktplan. Dessutom friade han till sin flickvän i Göteborg. Flickvännen svarade ja och reste tillsammans med parets son till Belgien för att växla ringar med sin rånare.

I Sverige hade Ratko Djokics självförtroende vuxit. Efter att ha dömts tre gånger och ändå sluppit fängelse började han agera alltmer djärvt. I samband med ett indrivningsuppdrag åt en bilhandlare polisanmäldes han för att ha hotat att skjuta en skuldsatt bilköpare i Alby om denne inte fick fram 3000 kronor. När offret invände att hans skulder hanterades av en konkursförvaltare och att han själv inte hade laglig rätt att sätta en fordringsägare framför en annan ska Ratko ha sagt: "Det bryr jag mig inte om, för det är jag som är lagen här i Alby." Vid rättegången i Huddinge tingsrätt dök offret aldrig upp och Ratko gick fri.

År 1979 fick Ratko Djokic återigen chans att förenas med Arkan, sedan denne satt sin flyktplan i verket och överlistat den belgiska Kriminalvården. Att Arkan var åtalad i sin frånvaro hindrade honom inte från att göra ett nytt besök i Sverige. Återigen begav han sig till Stockholm, tog kontakt med sina gamla vänner och planerade nya rån. Den här gången gick det inte lika smidigt, och en kupp mot SE-banken på Birger Jarlsgatan i Stockholm i september 1979 gick snett. Arkan och hans kumpaner öppnade eld mot en efterföljande polispatrull och en av rånarna greps. Men kort därefter var kumpanen åter i frihet – i samband med häktningsförhandlingen i Stockholms tingsrätt fritogs han nämligen dramatiskt av två maskerade personer, som öppnade eld och skottskadade en häktesvakt. Att Arkan varit en av männen bakom maskerna tog polisen för givet.

Inte heller det faktum att han nu jagades för grovt rån och mordförsök fick Arkan att slå av på takten. Några veckor senare rusade han och en kumpan in på NK i Göteborg, slog ner två män och en kvinna och tvingade till sig 280 000 kronor i sedlar. Polisen fick upp ett spår och omringade en lägenhet i centrala Göteborg. Men när styrkan samlat sig för att gå in i lägenheten hade Arkan och kumpanen redan flytt bakvägen. Några veckor senare dök Arkan upp i Amsterdam, gripen för rån mot en juvelaffär. Han dömdes och placerades på säkerhetsanstalt och den holländska rättvisan lovade att Arkan nu skulle vara oskadliggjord.

Arkans brottsturnéer i Sverige gjorde att många kriminella jugoslaver fick upp ögonen för landet. Välfyllda banker, dålig säkerhet och ett förlåtande rättsväsende var den bild som spreds utomlands. Den som mot all förmodan greps och dömdes slapp ju ändå fängelse – det visade till exempel Ratko Djokics tre rättegångar. Polismannen Ingemar Krusell, idag pensionär, säger att den här bilden bidrog till att bank- och postrån blev så vanliga under 1970-talet:

– Man kan tyvärr säga att Sverige bjöd in utländska brottslingar. Jag hade flera utredningar mot rånare från bland annat Italien där gärningsmännen uttryckligen sa att de lockats till Sverige för att det fanns så mycket pengar här och att fängelserna var som hotell.

En kriminellt belastad man med serbisk bakgrund som vi träffat ger en liknande beskrivning.

– Det är så man har sett på Sverige ända sen den här tiden, att du kan göra i stort sett vad du vill, det händer ändå ingenting. Många som kommit upp hit från Belgrad och andra ställen har sett en chans att göra sig ett namn i Sverige, precis som Arkan, och sedan åka tillbaka och bygga på ryktet ytterligare, säger mannen.

En av de jugoslaver som i slutet av 1970-talet lockades till Sverige hette Dragan Joksovic, en tjugotvåårig jätte från Podgorica i Montenegro med öknamnet "King Kong". Under nästan två decennier skulle han komma att spela en roll på den kriminella scenen i Stockholm som ingen före honom hade gjort. Även han blev en av Arkans män i Sverige. Enligt flera källor var det Ratko Djokic som tog Dragan Joksovic till Sverige, ordnade bostad och jobb och presenterade nykomlingen för rätt kretsar i Stockholm.

– Jokso var en ung kille som vi kände hemifrån Podgorica. Ratko tog hand om honom och Jokso var först väldigt tacksam, säger Ratko Djokics yngre bror Dragan Djokic och använder det smeknamn som snabbt kom att ersätta Dragan Joksovics fullständiga namn.

År 1979 började Jokso som vakt på strippklubben Chat Noir på Döbelnsgatan i Stockholm. Två meter lång, med muskler som granit och ett handslag fast som ett skruvstäd blev han snabbt beryktad. En som imponerades var Alexandra Charles, ägarinna till dåtidens populäraste VIP-ställe Alexandras. Nattklubbsdrottningen var vid tidpunkten pressad av både hot och illvilliga rykten om kokainhandel. Jokso lovade att ta hand om problemen och fick jobb i dörren på Alexandras. Rent praktiskt innebar jobbytet bara en promenad på ett tiotal meter, Alexandras låg på den tiden tvärs över gatan från Chat Noir, för att därefter flytta till Birger Jarlsgatan nära Stureplan. Långt senare, i samtal med Kriminalvårdens personutredare, skulle Alexandra Charles säga att det inte varit "helt lyckat" att placera Jokso i dörren. Jokso hade nämligen ett "mycket häftigt och sydländskt temperament" som skapade konflikter med gästerna. Totalt samlade Jokso på sig sju stycken åtal för misshandel, varav de flesta påstods ha skett i anslutning till Alexandras. Men Alexandra Charles ville inte göra sig av med Jokso, som i stället fick i uppdrag att hålla ett vakande öga på nattklubbens inre. "Det gjorde han mycket bra. Han är ju stor och kraftig, och när han blir arg kan han vara verkligt imponerande", förklarade Alexandra Charles.

Men Jokso kunde också vara charmig och rolig. När kungen besökte Alexandras ropade Jokso till exempel "Tjena kollega!" och vinkade. Många ville synas i hans sällskap och på några år blev Jokso något av en kändis som bjöds på premiärer och invigningar. På listan över hans personliga vänner hamnade Carola Häggkvist, Runar Sögard, Stig H Johansson med flera. En vänskap som Jokso däremot skötte dåligt var den med sin tidigare mentor Ratko Djokic och dennes bror Dragan. Efter den jugoslaviske diktatorn Titos död 1980 hade Ratko åkt tillbaka till Montenegro för att se om sina och släktens intressen. När han återvände hösten 1985 kom han och Jokso snabbt på kant med varandra. Den exakta orsaken är okänd. Men så här säger Ratko Djokics bror Dragan Djokic, som även han jobbade som vakt inom krogbranschen vid tidpunkten:

– Jokso hade blivit kaxig och stöddig så fort han fått på sig en fin kostym och lärt känna lite kändisar här i Sverige. Plötsligt var hans tacksamhet mot Ratko borta. Jag fick själv en känsla av att han såg mig som konkurrent, eftersom jag jobbade i dörren på Atlantic som var det andra innestället förutom Alexandras på den tiden.

Innan det skar sig hann Ratko presentera Jokso för sin vän Arkan, som även han föll för jätten. En teori är att mötet skedde i Sverige 1979, då de alla tre befann sig i landet. Såvitt känt skulle Arkan därefter aldrig mer sätta sin fot på svensk mark. Men enligt rykten fortsatte han att ha in-

Den välbyggde Dragan Joksovic till vänster agerar "Tarzan" i en musikvideo med artisten Carola Häggkvist.

tressen i Sverige. I samtal med poliskällor har vi fått bekräftat att polisen under 1980-talet och 1990-talet i hemlighet utredde Arkans misstänkta delägarskap i två välkända krogar på Östermalm: Östergök och Sturehof. I båda fallen var det samme man som tidigare drivit Boutique Valentino som utåt stod för verksamheten.

Efter att ha lyckats fly även från det holländska fängelset 1981 beslutade sig Arkan för att hans tid som turnerande rånare var över. Det var dags att återvända till hemlandet. Hans svenska fru följde inte med. Henne hade Arkan skilt sig ifrån redan i fängelset. Kontakten med sin svenske son var Arkan däremot mån om, och långt senare skulle de förenas i Belgrad. Med ett litet café i Belgrad som officiell inkomstkälla gjorde Arkan sig känd som playboy och syntes ofta på kasinon och nattklubbar, ofta iklädd vit smoking. Det var nu som ryktena om att Arkan varit agent åt den jugoslaviska säkerhetstjänsten började cirkulera, rykten som startat efter spekulationer om att säkerhetstjänsten haft ett finger med i spelet då Arkan genomfört sina osannolika rymningar i Belgien och Holland. En händelse som inträffade i Belgrad 1983 skulle, enligt många, bekräfta dessa spekulationer. Bakgrunden var att två poliser hade skickats ut för att gripa Arkan i dennes hem men blivit beskjutna. Arkan greps för mordförsök, men i stället för att åtalas släpptes han redan efter några dagar. En chef inom säkerhetstjänsten vid namn Stane Dolanc trädde fram som Arkans beskyddare och förklarade att "Arkan är värd mer än hela säkerhetstjänsten". Även mot Arkans vänner i Sverige, Ratko Djokic och Dragan Joksovic uppstod under 1980-talet misstankar om politisk verksamhet. Ett skäl var att dessa ofta syntes på Jugoslaviens ambassad i Stockholm. När officiella jugoslaviska representanter besökte Sverige stod Jokso också ofta i bakgrunden som tolk eller livvakt. En polisman avslöjar även att Jokso under en period var intressant i utredningen av mordet på Olof Palme.

– Det fanns trovärdiga uppgifter om att Jokso hade en Magnumrevolver vid tidpunkten för mordet som sedan försvann spårlöst. Han var inne på förhör, men förnekade all kännedom om något vapen, berättar polismannen.

Vad Ratko Djokic beträffar uppger några av de polismän som deltog i spaningen mot honom hösten 1985 att han videofilmade en kroatisk demonstration för självständighet på Sergels torg. När Ratko några veckor senare häktades för förberedelse till grovt rån engagerade sig dessutom Jugoslaviens förste ambassadsekreterare i Stockholm personligen i fallet och såg till att den advokat Ratko först fått förordnad genom domstolen byttes ut. Så sent som sommaren 2001 hävdade den kroatiska tidningen *Slobodna Dalmacija* att Ratko haft kontakt med säkerhetstjänsten. Men Ratkos bror Dragan tillbakavisar alla spekulationer om politiska uppdrag.

– Min bror jobbade aldrig åt den jugoslaviska staten, den som påstår det ljuger, säger han.

Under 1980-talets slut var Joksos varumärke som en av Stockholms hårdaste män väletablerat. Inte sällan hände det att personer som hamnat i klorna på kriminella drog till med att de minsann kände Jokso, vilket också ibland blev deras räddning. Även Jokso själv upptäckte att hans rykte kunde få människor att vika sig. Han tog bland annat uppdrag som livvakt åt personer inom krogbranschen. Allt oftare dök hans namn också upp i samband med indrivningar och ren utpressningsverksamhet. Bland de drabbade fanns flera krögare i centrala Stockholm, men nästan ingen vågade göra polisanmälan. Pengarna som Jokso drog in rann oftast iväg direkt. Jokso var spelare och tillbringade en stor del av sin fritid på illegala spelklubbar och travbanor. Han spenderade också stora summor på att upprätthålla en fin fasad. Han lämnade förorten och skaffade en lägenhet på Östermalm, köpte dyra kläder och klockor och vägrade köra någonting annat än Mercedes.

Men inte ens Jokso kunde agera helt på egen hand. Flera unga kriminella, de flesta jugoslaver, dök så småningom upp vid hans sida. En av dessa var en serb från Belgrad vid namn Dragan Kovac. Under slutet av 1980-talet och under flera år på 1990-talet var Jokso och Dragan Kovac ett fruktat radarpar i den undre världen. Dragan Kovac var lojal mot sin beskyddare i alla lägen och drog sig inte för att använda våld. En som fick känna på det var ägaren till en illegal spelklubb på Södermalm, som hade skulder till Jokso. En kväll i slutet av 1991 kom fem män in i lokalen, varpå en av dem tog upp en pistol och sköt hål i en spelautomat. Därefter misshandlades ägaren i flera minuter. Offret hade först pekat ut Dragan Kovac som en av angriparna och Jokso som uppdragsgivare. Men under utredningen tog mannen tillbaka sina uppgifter och fallet resulterade endast i att en vän till Dragan Kovac dömdes till en månads fängelse för misshandel.

Även Ratko Djokics bror Dragan Djokic föll offer för Joksos närmaste man. En dag i början av 1990-talet överfölls Dragan Djokic bakifrån och misshandlades kraftigt i ansiktet. Civilklädda poliser som såg händelsen identifierade Dragan Kovac som gärningsman och utredning inleddes. Först pekade även Dragan Djokic ut Dragan Kovac. Men när rättegången inleddes i Huddinge tingsrätt sa han sig inte längre vara säker och till åklagarens förtret friades Dragan Kovac. Nu, femton år senare, bekräftar Dragan Djokic att anfallaren verkligen var Dragan Kovac. Han hävdar också att misshandeln var en markering från Jokso, som nu var i luven på Ratko Djokic.

– Det kan inte vara något annat. Jag kände själv inte Kovac och han hade ingen anledning att ge sig på mig, säger Dragan Djokic.

Ratko Djokic, som hade blivit utvisad till Jugoslavien, blev ursinnig över händelsen och informerade Arkan. Arkan ringde då upp både Jokso och Dragan Djokic för att försöka mäkla.

– Han förklarade att han var bekymrad över bråket och besviken på Jokso. Efter det kom det inga fler attacker, men någon ursäkt från varken Jokso eller Dragan Kovac fick jag aldrig, berättar Dragan Djokic.

Trots Joksos starka position i den undre världen såg han sig av allt att döma själv inte som kriminell. När tidningarna i slutet av 1980-talet hade börjat skriva om honom som Stockholms "torpedkung" tog han enormt illa vid sig. I efterhand står det också klart att Jokso gärna lämnade tips till polisen och flera polismän blev hans privata vänner. En av dessa var en kriminalinspektör som Jokso under ett kort tag drev ett politiskt parti tillsammans med.

Men det fanns också polismän som svurit på att Jokso skulle ställas inför rätta. På Citypolisens våldsrotel låg en växande hög av anmälningar om allt från misshandel till övergrepp i rättssak, bedrägeri, narkotikabrott och mängder av trafikbrott. Fallen ledde till flera åtal och i olika omgångar kallades Jokso till rättegång. Men genom att ständigt fixa nya sjukintyg lyckades han förhala processen i flera år. När han äntligen infann sig i Stockholms tingsrätt i slutet av 1991, åtalad för sjutton olika punkter, blev målet snabbt ett antiklimax. Bland annat hade en målsägande skrivit till domstolen och gjort klart att han inte vågade infinna sig i rätten. När dom föll återstod bara elva åtalspunkter. Påföljden för Jokso stannade vid lindriga tre månaders fängelse. Åklagaren i målet, Staffan Strömer, avslöjar i efterhand att det fanns indikationer på att minst ett av Joksos offer hade blivit mutat.

– Genom en annan utredning framkom att en målsägande fått en ganska saftig slant för att ändra sig, säger den nu pensionerade åklagaren, som inte bedömde att uppgifterna skulle räcka för nytt åtal mot Jokso.

Vänskapen mellan Jokso och hans högra hand Dragan Kovac fördjupades under mitten av 1990-talet. Bland annat startade de ett bolag tillsammans och tog över ett kafé på Odengatan. Men i slutet av 1997 hände någonting som förvandlade vännerna till fiender. Rykten sa att bråket rörde cigarettsmuggling, en verksamhet som hade exploderat efter att svenska regeringen samma år hade chockhöjt tobaksskatten. Enligt rykten kontrollerades smugglingen av Arkan, medan Jokso och Dragan Kovac var hans platschefer i Sverige. Problemet var bara att en av de lastbilar som skickats från forna Jugoslavien med cigaretter för miljontals kronor hade försvunnit. Jokso misstänkte Dragan Kovac, vilket han berättade för Arkan. Arkans svar ska enligt flera källor ha blivit att Jokso måste göra sig av med Dragan Kovac.

Onsdagen den 4 februari 1998 hade Jokso, sin vana trogen, tagit bilen till Solvalla travbana i Solna för att spela. Vid halv sjutiden på kvällen stod han i kö till kassorna för att börja spela. Han såg aldrig den man klädd i svart jacka, jeans och gymnastikskor som följde efter honom med en pistol i handen. Några ögonblick senare var Jokso död, skjuten i bakhuvudet och i ryggen med fyra skott. Vittnen berättade senare att mördaren hade gått i sakta mak mot utgången, släppt vapnet, höjt händerna och sagt "Det är lugnt, ta mig bara" – precis som om han inte sett någon möjlighet att komma undan. Lite senare låg gärningsmannen på golvet, gripen av väktare.

Vem var då mannen som sköt en av Stockholms mest fruktade kriminella? Solnapolisens utredare, som fick fallet på sitt bord, grubblade. Den gripne hette Janne Raninen, var tjugoett år och kom från Jordbro söder om Stockholm. Raninen var visserligen dömd flera gånger tidigare. Men bara för småsaker, som senast stöld av en plånbok ombord på en Finlandsfärja. Raninens egen förklaring var att han hade mördat Jokso för att denne krävt honom på 30 000 kronor som straff för att Raninen sålt smuggelcigaretter i liten skala. Mordutredarna var skeptiska. Deras magkänsla sa att Raninen bara varit ett verktyg för någon annan, betydligt mäktigare. Försöken att hitta den förmodade uppdragsgivaren blev inte långvariga. Några av Janne Raninens närmsta vänner, bland annat en kriminellt belastad tjugoettåring med turkisk bakgrund, kallades till förhör. Men när ingen sa sig ha någon aning om vad mordet bottnade i avslutades utredningen. Mindre än två månader efter mordet dömdes Janne Raninen till åtta års fängelse och därmed var saken ur världen för rättsväsendets del. Inom den undre världen fortsatte spekulationerna. Envisa rykten sa att Dragan Kovac varit den som stått bakom Janne Raninen, de båda kände varandra och enligt uppgift skulle Raninen ha tvingats att utföra mordet som betalning för en narkotikaskuld till Kovac. Flera poliser med goda kontakter inom det jugoslaviska nätverket säger idag att denna beskrivning är trovärdig.

– Det finns ingen anledning att betvivla det, för att rädda sitt eget liv var Kovac tvungen att slå till först, säger en erfaren spanare.

En som däremot hade en helt annan teori var Arkan. Tio dagar efter mordet på Jokso rapporterade Sveriges Radio att svenska militära källor fått information om att Arkan skyllde mordet på säkerhetspolisen i Stockholm och hotade att hämnas genom att döda ett stort antal svenskar i både ex-Jugoslavien och Sverige. Arkan var också en av närmare tusen sörjande vid Joksos begravning i Montenegro. En annan som, något oväntat, dök upp var Ratko Djokic. Arkan hade nämligen sett till att Ratko och Jokso grävt ner stridsyxan och skakat hand. Under sin sista tid i livet hade Jokso också haft tät telefonkontakt med Ratko och förklarat att han fruktade att något skulle komma att ske. (Allt enligt Ratko Djokic själv i polisförhöret hos Rikskriminalen sommaren 2002.)

Begravningen blev en överdådig hyllning till Jokso och hans livsstil. En exklusiv Mercedes i miniatyr placerades på gravstenen och i tal efter tal gavs bilden av en man av värld. En kusin till Jokso sa om den mördade: "Han var en vän till den svenske kungen och landets elit, en riddare som dog som en serbisk man ska dö, inte liggande i sin säng."

Fem månader senare mötte Dragan Kovac sitt öde. Under flera månader hade han hållit sig borta, men i början av juli 1998 var han tillbaka i Stockholm. Under hans frånvaro hade en av hans och Joksos tidigare gemensamma vänner mördats i ett bostadsområde på Gärdet i Stockholm. Mordoffret, den fyrtiofemårige narkotikahandlaren Fawzi Kishaish, hade stått på Dragan Kovacs sida i bråket med Jokso. Kanske trodde Kovac att mordet på vännen Kishaish hade räckt som "betalning" för mordet på Jokso. I så fall var det en missbedömning. Vid ett besök på krogen Broder Tuck på Södermalm, som han under sin sista tid gjort till sin stamkrog, överraskades Dragan Kovac av två män. Den ene av männen öppnade eld med en ljuddämparförsedd kpist modell Heckler & Koch. Dragan Kovac dog på platsen inför ett trettiotal chockade vittnen.

Trots att många poliser förutspått dådet dröjde det länge innan mordutredningen tog fart. Först efter drygt ett halvår, i början av 1999, greps fyra män. En av de gripna var Ratko Djokics tjugoåttaårige son Sasha. Efter att ha frigivits från ett långt straff i Sverige för grovt rån hade Sasha i mitten av 1990-talet lämnat Sverige och flyttat till fadern i Montenegro. Nu hade han plötsligt återvänt, bara några veckor före mordet på Dra-

Janne Raninen, då tjugoett år gammal, fotograferad av polis timmarna
efter att han gripits för mordet på Dragan Joksovic i februari 1998. Efter
avtjänat fängelsestraff skulle Raninen begå ytterligare ett mord.

gan Kovac. Gripandet av Sasha utlöste spekulationer. Hade familjen Djo-
kic blandat sig i konflikten för att hämnas Dragan Kovacs attack mot
Dragan Djokic? Bevisen mot Sasha ansågs dock svaga och efter en kort tid
i häkte släpptes han. Några månader senare åtalades i stället två av Sas-
has gamla bekanta: tjugosexårige Christian Bruzzone och tjugonioårige
Yasser Askar. Båda dömdes till livstids fängelse av tingsrätt och hovrätt.
Två år senare frigavs Yasser Askar efter att Högsta domstolen kommit
fram till att bevisen inte höll. Liksom i fallet Janne Raninen ansågs
Christian Bruzzone bara ha varit ett verktyg för någon annan. Men även
den här gången nöjde sig polisen med att ha fått fast bödeln, och var inte
intresserade av att försöka klarlägga vem som egentligen legat bakom.
Vad Raninen beträffar dömdes han 2005 till livstids fängelse för ännu ett
mord – denna gång i Finland. Offret, vars kropp hittills inte har påträf-
fats, var den turkiske barndomsvän till Raninen som förhördes av polisen
efter mordet på Jokso. Motivet tros vara kopplat till ett bråk om bytet
efter rekordrånet mot Arlanda flygplats sommaren 2002.

Mordet på Jokso skapade ett tomrum i Stockholms undre värld. En av hans positiva egenskaper hade, enligt såväl poliser som gängmedlemmar och andra, varit att han ofta kylt av konflikter och bidragit till stabilitet. När hans hårda näve inte längre höll Stockholms kriminella i schack uppstod oroligheter. Efter Joksos död skedde på kort tid flera mord och uppgörelser. Några exempel: En månad efter mordet hittades en av ledarna för mc-gänget Hirdmen skjuten i huvudet i en bil på Skeppsbron. I maj samma år skottskadades en tjugofemårig kriminell utanför ett gym vid Odenplan. Ytterligare någon månad senare mördades Brödraskapets ledare Daniel Fitzpatrick i sin bil på väg från Vällingby till Stockholm.

Länge var det osäkert om tomrummet efter Jokso skulle komma att fyllas. Men 1999 klev en trettiotvåårig bosnisk serb fram ur skuggorna: Milan Sevo. Till skillnad från de tidigare ledargestalterna inom grupperingen hade Milan Sevo vuxit upp i Sverige och tillhört olika kriminella gäng med skiftande etnisk sammansättning. Nu blev han snabbt den nya länken mellan Arkan i Belgrad och kriminella jugoslaver i Sverige.

– Efter mordet på Jokso var det som att Milan insåg att han måste ta sitt ansvar som jugoslav ifall grupperingen skulle överleva, säger en polisman som under flera år bedrivit riktad spaning mot kriminella jugoslaver i södra Stockholm.

Milan Sevo var gatugangstern som gått den långa vägen och till slut lyckats. Som tonåring i Stockholmsförorten Vårby Gård hade han misskött skolan, börjat med snatteri, hamnat i slagsmål, stulit bilar och så småningom blivit fosterhemsplacerad hos en polisman och dennes hustru. I mitten av 1980-talet hade han tränat kampsporten taekwondo på dagarna och praktiserat sina färdigheter inne i city på kvällarna. I artonårsåldern skaffade Sevo sig skjutvapen, rånade en bensinmack och dömdes till vård inom socialtjänsten för att få hjälp att "bearbeta sin inställning till våld och vapen". Socialtjänstens insatser fick liten effekt. I slutet av 1980-talet gick Milan Sevo och ett femtontal andra kampsportare samman, svor evig lojalitet och tatuerade in en örn med en pil i klorna på sina överarmar. Flera av Örnligans medlemmar – däribland Sevo och två killar vid namn Liam Norberg respektive Paolo Roberto – förverkligade den kriminella myten fullt ut genom att spela sig själva i filmer som *Stockholmsnatt*, *Sökarna* och *9 millimeter*. Mellan 1991 och 1996 åkte

Milan Sevo in och ut ur fängelse, dömd bland annat för grov misshandel, narkotikabrott, dopningsbrott och brott mot vapenlagen. I en intervju i den jugoslaviska tidningen *Telegraf* berättade han öppet att han ända sedan barndomen drömt om att råna banker i stället för att jobba, att han och hans vänner blivit ekonomiskt oberoende genom rån och att han sett gangsterfilmen *Scarface* säkert hundra gånger. Trots – eller kanske snarare tack vare – alla brott fick Sevo och hans kumpaner jobb som entrévärdar på nattklubbarna kring Stureplan. Deras rykte höll oönskade kriminella borta från krogarna och i gengäld fick Sevo och hans vänner del av garderobsintäkterna.

Det var under den här tiden som Sevo träffade Jokso. Gillandet var ömsesidigt. Efter mordet på Jokso sa Milan Sevo i en intervju i tidningen *Expressen*: "Jokso var som en bror för mig. Han var en mycket stor människa som jag haft mycket roligt med och haft mycket stor nytta av. Jag tror att det som hänt är en tragedi för hela Stockholm ..." Som Joksos skyddsling fick Sevo högre status och nya dörrar öppnades. Sedan tidigare var Sevo bekant med en stor del av Stockholms rånare och torpeder. Nu knöt han kontakter över hela landet och blev en spindel i nätet. Några av hans nya vänner: Thomas Möller – dåvarande president inom Hells Angels i Malmö, Stefan Eriksson – ledare för Uppsalaligan, Torgny Jönsson – skånsk ekobrottsling och storsvindlare samt Pera Grujic – Joksos man i Malmö.

Precis som Jokso övergav Milan Sevo förorten för Östermalm. Han började uppträda i kostym, köra Mercedes och synas med krögare, advokater och affärsmän. Och på växlingsföretaget X-changes kontor blev han en så viktig kund att ledningen gav honom extra bra ränta – utan att ställa några frågor när Sevo ville växla in miljonbelopp. Genom Jokso hade Milan Sevo presenterats för Arkan. Exakt när mötet skedde är oklart. Men under slutet av 1990-talet gjorde Sevo flera längre resor till Belgrad, där han umgicks med Arkan och dennes svenske son. Sonen, som nu var i tjugofemårsåldern, hade lämnat Sverige, tagit faderns efternamn och gått med i privatarmén Tigrarna. Vid det här laget hade Nato inlett bombningarna av Serbien och Tigrarna hade svarat med att plundra och terrorisera byar och städer i Kosovo. Milan Sevo har i flera polisförhör antytt att även han deltog i strider och vid en husrannsakan i hans bostad

Milan Sevo trädde fram som samlande kraft inom den Arkan-knutna klanen efter mordet på Dragan Joksovic 1998.

hittade polisen en arméuniform försedd med Tigrarnas emblem.

Det som slutgiltigt befäste Milan Sevos position som samlande kraft inom det jugoslaviska nätverket var att han friade till Ratko Djokics dotter Alexandra. Hon tackade ja och parets bröllop i Serbiska kyrkan i Stockholm hösten 1999 blev en storstilad tillställning. Genom linserna till sina videokameror kunde polisens spanare konstatera att en stor del av landets kriminella ledargestalter var på plats. Ytterligare ett känt ansikte var advokat Thomas Martinson, som Sevo övertagit från Jokso som sin husjurist.

Vägen till bröllopet hade först varit lite krokig för Milan Sevo. Ratko Djokic hade haft svårt att acceptera att Joksos kronprins gifte in sig i hans släkt och i början hade paret fått träffas i smyg. Så här berättade Milan Sevo i ett polisförhör själv om den inledningsvis frostiga kontakten med svärfadern, som vid tidpunkten fortfarande bodde kvar på Balkan: "När jag och Alexandra började umgås, så var Ratko emot det från början. Det var ett himla liv ... oj, oj. / .../ Sen ringde gammelfarmor och tyckte att nu kan ni komma hit och jag sa tack för inbjudan, men jag kommer inte förrän Ratko kommer, för det är Ratko som är pappan liksom, och jag ville inte komma dit om inte han bjuder dit oss själv. Sen gick det en timme och så ringde han och bjöd oss dit att vara där hela sommaren. Sedan dess har vi haft en jättebra relation faktiskt." En gäst som av förklarliga skäl saknades på Milan Sevos bröllop var Arkan; om han hade kommit skulle polisen ha gripit honom för de misstänkta mordförsöken 1979. Men det är lätt att föreställa sig att Arkan gladde sig åt bröllopet. Nu var Jokso-sfären och Djokic-sfären återigen förenade. Milan Sevo har i polisförhör bekräftat att han och Ratko Djokic inledde en intensiv kontakt från start. Enligt Sevo var det första Ratko Djokic gjorde varje morgon att lyfta luren och ringa honom. Att de båda skulle ha några affärer ihop förnekade Sevo däremot i både förhör och i tidningsintervjuer.

Kanske hade Milan Sevo efter bröllopet en önskan om att dra sig tillbaka från sitt tidigare liv. Han och hustrun fick två barn och Sevo kunde ses rulla barnvagn på trottoarerna kring Stureplan. Med hustrun som bulvan fick han också kommunens tillstånd att öppna en krog på Humlegårdsgatan, som döptes till Q-lounge och blev favorittillhåll för Östermalms unga överklass. Sevos förflutna som grovt kriminell var på god väg att blekna i tvätten.

Men nya problem tornade upp sig. Den 15 januari 2000 mördades Arkan, vid ett cafébord på Hotell Intercontinental i Belgrad. Mördaren – en tjugotreårig polisman som för tillfället inte var i tjänst – gick ensam fram och sköt Arkan med sitt tjänstevapen flera gånger i bakhuvudet. En av Arkans livvakter fick upp sitt vapen och lyckades träffa mördaren, som föll till marken och kunde gripas levande. Ytterligare ett antal personer greps och dömdes som delaktiga i mordkomplotten, varav ytterligare minst en hade jobbat som polis. Misstankarna har även riktats mot Marko Milosevic, son till den dåvarande presidenten Slobodan Milosevic. Marko Milosevic och Arkan hade enligt flera källor fört en bitter kamp om vinsterna från smuggling av olja och diesel.

Mordet på Arkan innebar att Milan Sevo förlorade sin viktigaste beskyddare. Varken Arkans svenske son eller någon annan ansågs tillräckligt stark för att hålla samman klanen. Det faktum att Milan Sevo inte längre var skyddad från Belgrad skulle snart få kriminella i Stockholm att försöka slå ut honom. I november 2001 utsattes Milan Sevo för ett mordförsök på väg in i sin lägenhet på Östermalm. Dådet utlöste en intensiv händelsekedja som ledde till att Milan Sevo några månader senare själv satt häktad för mord. Mordoffret hette Paul Jacobsson och var en trettiotvåårig indrivare med koppling till såväl Brödraskapet som Bandidos. Jacobsson och Sevo hade länge varit vänner. Men när Sevo blivit beskjuten hade han, enligt polisens teori, riktat blickarna mot Jacobsson och sett sig tvungen att agera. Även en av Paul Jacobssons bästa vänner, torpeden Niklas Lindeborg, mördades av okända och ytterligare en person i samma gäng sköts men överlevde. I tidningarna beskrevs händelsekedjan som ett gangsterkrig.

I juni 2002 åtalades Milan Sevo och två bekanta till honom för mordet på Paul Jacobsson. Bevisningen, som byggde på indicier, underkändes av Huddinge tingsrätt och åklagaren gav upp utan att överklaga. Trots friandet blev Milan Sevos liv aldrig detsamma. Av rädsla för nya attentat stängde han sin krog och flyttade med familjen till Serbien.

Kvar i Stockholm fanns personer som till varje pris ville se honom död. I mars 2003 fick fienderna tillfälle att göra ett nytt försök. Genom en källa hade de fått veta att Milan Sevo skulle göra en blixtvisit i landet för att besöka kampsportsgalan K1, som då hölls i Solnahallen. Fienderna värvade en colombiansk yrkesmördare som flögs till Sverige, införskaffade prickskyttegevär, automatvapen och sprängämnen och var redo att sätta sin plan i verket. Då slog polisen till. Genom telefonavlyssning hade länskriminalen nämligen kunnat följa planeringen och hunnit varna Sevo. Gripandet av Sevos fiender rätade ut en del av frågetecknen kring vad som hade utlöst "gangsterkriget". En av de gripna var en trettionioårig svartmäklare och ockrare, kallad "Greven", som lånade ut pengar till ljusskygga personer mot hög ränta.

Bland Grevens kunder fanns den svenske affärsmannen Björn Monteine i Monaco, som på 1980-talet dömdes för ekonomiska brott i den så kallade Göta Finans-härvan. När Monteine misslyckats med att betala tillbaka ett lån på 4 miljoner kronor hade Greven enligt flera källor vänt sig till Paul Jacobsson och Niklas Lindeborg för att få tillbaka sina pengar. Björn Monteine svarade med att kontakta sin gamle vän och livvakt Ratko Djokic, som hade tagit hjälp av svärsonen och dennes bekantskapskrets. Björn Monteine vill idag bara delvis kännas vid den här beskrivningen.

– Men det var i samband med det här bråket som jag för första gången förstod att det fanns en maffia i Sverige, säger han.

Varken Stockholms tingsrätt eller Svea hovrätt trodde på åklagarens beskrivning av de påstådda planerna på att mörda Sevo i samband med K1-galan. Däremot kunde Greven fällas för grovt vapenbrott och grovt narkotikabrott och avtjänar nu ett sexårigt fängelsestraff.

Det var inte bara kriminella som hade väntat på att Milan Sevo skulle komma hem. Det hade även narkotikapolisen i Sollentuna gjort. Ett par envisa utredare var övertygade om att Sevo låg bakom ett misslyckat försök att leverera tre kilo kokain till en grupp jugoslaver i Sollentuna. Kokainet hade hittats i en jeep, som stoppats av polis en morgon på E4:an på väg in till Stockholm. I jeepen hade tre män i trettioårsåldern färdats, varav föraren ingick i gänget från Sollentuna. De båda andra hade visat falska bulgariska pass, men snart identifierats som två serbiska livvakter som jobbat för Arkan.

Den ene av männen hette Zvonko Mateovic och var den som hade skadeskjutit Arkans mördare på Hotell Intercontinental i Belgrad. Efter Arkans död hade både Zvonko Mateovic och hans kamrat värvats av Arkans änka Svetlana Ceca Raznatovic i Belgrad. Enligt polisen fanns det minst tre kopplingar mellan Milan Sevo och männen i jeepen: Zvonko Mateovic hade Sevos telefonnummer inlagt i sin mobil, föraren hade dagen före tillslaget träffat en person som var Sevos högra hand i Stockholm och mottagit 45 000 kronor, och efter kokainbeslaget hade polisen genom avlyssning hört hur Sevo ringt sin svärfar Ratko Djokic och varit rasande över att männen som han "skickat upp / .../ för egen räkning" åkt fast. Detta tyckte polisutredarna borde räcka och Milan Sevo och hans högra hand greps, misstänkta för grovt narkotikabrott. Häktningstiden blev lång och Sevo fick därmed aldrig chans att ta farväl av sin svärfar, som mördades några veckor efter gripandet.

Men inte heller denna gång höll bevisningen. Ett halvår senare var både Milan Sevo och hans gode vän frikända från narkotikabrottsmisstankarna. Milan Sevo dömdes trots allt till två års fängelse för att ha förvarat två skjutklara kpistar och två pistoler i sin lägenhet.

Att även utvisa Milan Sevo till Serbien var däremot inte aktuellt. Några år tidigare hade han nämligen varit en av de cirka tjugo kriminella som hade beviljats svenskt medborgarskap av en mutad tjänsteman på Migrationsverket. Efter avslöjandet om att den handläggande tjänstemannen hade tagit emot pengar avskedades och dömdes denne till fängelse för grovt tjänstefel. Men Milan Sevo och de andra slapp bli utredda för eventuell bestickning. Trots att ärendet varit uppe på regeringens bord har de felaktiga medborgarskapsbesluten inte kunnat upphävas.

Narkotikautredningen mot Sevo visade att den kriminella länk som funnits mellan Balkan och Sverige sedan 1970-talet hade överlevt Arkans död. Zvonko Mateovic och hans livvaktskompanjon var inte heller de enda ur Arkansfären som dök upp i Sverige vid den här tiden. Några månader tidigare hade en livvakt som Milan Sevo övertagit från Arkan gripits med revolver i källaren på Sophies Bar vid Stureplan. Sevo stod bredvid livvakten men undgick besvärande frågor.

Även efter dessa händelser har Milan Sevo gett upphov till en del rubriker. År 2004 avvek han från en permission från Täbyanstalten och flydde utomlands. Året därpå avslöjades ett nytt försök att mörda honom, nu i Belgrad. Sevo framträdde då i en serbisk tidning och påstod att den som ville se honom död var en mystisk affärsman från Uruguay. Och lite senare under 2005 greps han i Grekland och flögs till Sverige, där han fick avtjäna den korta återstoden av sitt tvååriga fängelsestraff. Därefter har det varit tyst. Allt tyder på att Milan Sevo håller sig gömd någonstans i Europa, och ett nytt tomrum har uppstått bland de kriminella jugoslaverna i Sverige.

Frågan om vem som kan träda fram som ny samlande kraft har sedan dess hängt i luften. En av de personer som eventuellt skulle ha kunnat axla manteln var Joksos gamle vän Pera Grujic i Malmö, ålderman inom den svenska Arkanklanen. Men en solig eftermiddag i juli 2005 sköts Pera Grujic ihjäl på en uteservering vid en gågata i centrala Malmö, mitt framför ögonen på sina livvakter och hundratals vanliga Malmöbor. Den omaskerade mördaren kunde springande ta sig från platsen till en väntande flyktbil och försvinna. I skrivande stund, två år senare, har varken gärningsman eller uppdragsgivare identifierats. Liksom i fallet Ratko Djokic tyder ingenting på att Pera Grujics vänner eller anhöriga skulle ha hämnats.

Slutsatsen är att den Arkanknutna jugoslaviska grupperingens tidigare ställning som en av de starkaste i landet är borta. Grupperingens makt och rykte har vilat på ett fåtal enskilda individer med personliga vinningsmotiv och när dessa fallit ifrån har strukturerna rämnat. Till skillnad från exempelvis mc-gängen har jugoslaverna inte lyckats skapa en organisation som varit mer än summan av dess medlemmar. Den uppbackning som under lång tid funnits från Balkan, genom stöd från en korrupt stat och mäktiga privata intressen, förefaller också att ha brutits.

År 2007 talar ingenting för att Arkanklanen ska återuppstå som maktfaktor i Sverige. Detta innebär dock inte att kriminella personer med rötter i före detta Jugoslavien upphört att vara intressanta för polisen. Flera andra enskilda ex-jugoslaver har nyligen flyttat fram sina positioner.

Ett sådant exempel är en fyrtiosexårig man i Stockholm som efter att ha avtjänat ett långt fängelsestraff för ekonomisk brottslighet under 2000-talet har tagit kontroll över huvudstadens mest lönsamma sexklubbar. I december 2006 uppmärksammades han i tidningsartiklar i *Dagens Nyheter*. Anledningen var att han hade värvat en avhoppad kriminalinspektör från Stockholmspolisen som bulvan för en av sina sexklubbar. Den före detta kriminalinspektören var inte vilken polisman som helst, han hade tidigare innehaft en nyckelbefattning på länskriminalens underrättelseavdelning och därmed en unik insyn i polisens register över hemliga tipsare och informatörer. Också den före detta kriminalinspektören är av ex-jugoslavisk härkomst.

UPPSALAMAFFIAN
– TJOCK-STEFFES SKRÄCKVÄLDE

"De var föregångare inom den organiserade gängbrottsligheten i Sverige. Det de gjorde på 1980-talet och i början av 1990-talet gör andra gäng nu."

POLISMAN I UPPSALA

Vid lunchtid en dag i april 2001 rullar en civil polisbil längs Björkgatan i norra Uppsala. I höjd med lågprisbutiken Rätt Pris noterar polismännen en grön Nissan Primera och en silverfärgad Volvo 850 som står parkerade vid vägkanten i den motsatta körbanan. Intill fordonen står fyra män. Av kroppsspråket att döma har de hamnat i någon form av bråk. Tre av männen liknar typiska kroppsbyggare medan den fjärde är en kostymklädd man i femtioårsåldern. När poliserna är nästan jämsides med kvartetten ser de plötsligt hur en av männen, en bjässe med rakat huvud, slår kostymmannen över skinkorna med en skylt i plast.

I samma ögonblick känner poliserna igen de inblandade. Mannen som får stryk är polisintendent och chefsjurist vid Uppsalapolisen och han som slår är en fyrtiotvåårig våldsbrottsling vid namn Johan Enander. Intill fyrtioårige Stefan Eriksson, även känd som Tjock-Steffe. Den fjärde personen är en trettioettårig indrivare och torped från Stockholm som numera är lierad med Enander och Eriksson. Med andra ord: Uppsalamaffian är i farten och det kan bara betyda dåliga nyheter. Poliserna gör en tvär U-sväng, rullar upp bakom Primeran och stannar.

De har knappt hunnit ut ur bilen förrän Johan Enander och Stefan Eriksson går fram till dem och förklarar att det som hänt "bara är skit" och ingenting som polismännen behöver lägga tid på. Att polisintendenten är lättad över att se kollegerna råder det dock ingen tvekan om. När en av polismännen tar honom åt sidan berättar mannen att han stoppat Volvon för fortkörning utan att veta vilka som satt i. Först när Stefan Eriksson och Johan Enander, svarta i synen, kommit gående emot honom hade polisintendenten insett vilka han hade att göra med.

Tio år tidigare hade han försökt dra in Enanders vapenlicens då denne misstänkts för utpressning. Enander, som alltid gillat att jaga, hade blivit minst sagt irriterad den gången. Så i stället för att gå ut ur bilen och fullfölja sitt ingripande hade polisintendenten beslutat sig för att sitta kvar i förarsätet. Det hade inte hjälpt. Några sekunder senare hade Enander ryckt upp bilens högra framdörr och slitit till sig polisspaden med orden "Den här kan vara bra att ha." När polisintendenten tittade till vänster såg han en högröd Stefan Eriksson, som skrek: "Vem fan är du?" Polisintendenten hade i detta läge känt att det fick bära eller brista. Han hade försiktigt öppnat bildörren och hållit den som skydd mot Eriksson. Därefter lyckades han få upp sin tjänstelegitimation och höll upp denna, samtidigt som han förklarade att han var polis. Eriksson blev inte imponerad. Enligt polisintendentens senare vittnesmål svarade Eriksson "Den här är inte värd ett jävla skit" och ryckte det inplastade kortet ur hans hand. I samma stund kom Johan Enander fram till dem och tittade på polisens ID-kort. "Det här har du ingen nytta av", sa han och kastade iväg plastkortet över Primerans tak. I nästa stund höjde Enander polisspaden som han fortfarande höll i handen och påbörjade den förnedrande rappningen av polisintendentens bak. I detta läge hade polisintendenten fått nog. "Vi glömmer alltihop, ni kan sticka", sa han och gjorde ett tecken som när en hockeydomare avbryter en match. I samma ögonblick rullade den civila polisbilen upp bakom hans bil. Stärkt av den plötsliga uppbackningen uppmanade polisintendenten kollegerna att gripa Stefan Eriksson och Johan Enander. Innan de fördes bort hann Eriksson lämna över en bunt sedlar, cirka 50 000 kronor, till den tredje mannen. Polisintendenten andades ut, klev in i bilen igen och fortsatte färden till sitt tjänsterum i Uppsalas polishus.

Juridiskt var incidenten, precis som Stefan Eriksson och Johan Enander hade sagt, en bagatell. Efter tre dagars anhållande beslutade åklagaren att släppa männen. Därefter skulle det ta mer än två år innan de åtalades för förgripelse mot tjänsteman och stöld av ID-kort. Någon rättegång blev det aldrig eftersom Uppsala tingsrätt inte lyckades få tag på Enander och Eriksson. I maj 2006 gav domstolen upp och lade ned målet. I ett större sammanhang utgjorde händelsen emellertid en fortsättning på en lång rad av utstuderade provokationer mot polisen från Erikssons och Enanders sida. På 1980-talet hade de exempelvis tvingat en man att dra ner gylfen och pissa på en polisbil som stått parkerad utanför en av Uppsalas krogar. På 1990-talet, när de hade kommit upp sig och börjat tjäna stora pengar, köpte Stefan Eriksson och hans vänner en vräkig motorbåt som döptes till "Snövit" och sänktes ner mellan broarna i Fyrisån. När polisens spanare dök upp vid åkanten hojtade gänget att de var hjärtligt välkomna ombord på varsin öl: "För ni har det väl inte så fett!"

– De agerade som om de var onåbara för polisen och alla andra, minns en jämnårig Uppsalabo.

På flera sätt avviker Uppsalamaffian från de grupperingar som tidigare har berörts i den här boken. Till skillnad från andra kriminella gängledare bestämde sig Stefan Eriksson, Johan Enander och Peter Uf (som den tredje av grupperingens mest framträdande medlemmar heter) sannolikt aldrig för att bilda en brottsorganisation. Grupperingen uppstod naturligt när de, tillsammans med ett antal medhjälpare, insåg att de kunde dra nytta av varandra. Medlemmarna har heller inte använt sig av några emblem eller andra igenkänningstecken. Likväl har namnet Uppsalamaffian, som skapats av polis och media, blivit ett begrepp som gynnat grupperingens affärer. Långt före Hells Angels, Bandidos och andra grupperingar gjorde Uppsalamaffian hot och sofistikerade skrämselmetoder till sin affärsidé.

Även andra svenska orter vid sidan av storstäderna har drabbats av lokala, maffialiknande brottsnätverk som spridit skräck i sin närmiljö. Under några år på 1990-talet hade exempelvis grupperingen Familjen en dominerande ställning i Borlänge, innan den splittrades av polisen. På senare tid har ett stort nätverk av kriminella vuxit fram i Södertälje och specialiserat sig på narkotikahandel, utpressning och beskyddarverksamhet. Ingen annan lokal gruppering har dock kunnat mäta sig med Uppsalamaffian i termer av brottsaktivitet och överlevnadsförmåga. Genom att hela tiden hitta nya inkomstkällor och knyta nya affärskontakter har

Johan Enander, Stefan Eriksson och Peter Uf.

Stefan Eriksson, Johan Enander och Peter Uf gång på gång återuppstått som storspelare inom den organiserade brottsligheten i Sverige.

– De var föregångare inom den organiserade gängbrottsligheten i Sverige. Det de gjorde på 1980-talet och i början av 1990-talet gör andra gäng nu, säger en av de poliser i Uppsala som utrett medlemmarnas brottslighet.

Trots att Stefan Eriksson och hans kumpaner inte synts till i staden på flera år vågar polismannen inte framträda med sitt namn.

– Det har hänt en del konstiga saker som jag inte vill gå in på, säger han kort.

Uppsalamaffians historia går tillbaka till 1980-talet. Styrketräning och solarium var på modet, efterfrågan på ryssfemmor och andra dopingmedel ökade, kokain hade börjat sprida sig ut i landet och guld, klockor, dyra bilar och konst var givna statusmarkörer. För den som spelade sina kort rätt gick allt detta att omsätta i pengar med god vinstmarginal. Det insåg Stefan Eriksson, Johan Enander och Peter Uf, som då var i tjugoårsåldern. Trion ingick i ett stort gäng av kroppsbyggare från Uppsala som tränade, stod i krogdörrar och gjorde affärer tillsammans. Alla tre var vid det här laget redan straffade, men inte för någon grövre brottslighet. Stefan Erikssons domstolsdebut skedde 1981, då han som tjugoåring åtalades för en serie inbrott. Han hade specialiserat sig på att stjäla exklusiva bil- och mc-tillbehör som sportfälgar, breda däck, läderrattar, bilstereoapparater, mc-hjälmar, kläder och annat som var lätt att sälja. Vid ett tillfälle hade Eriksson också attackerat ett mopedbud och stulit en väska med kontanter. I samband med att han greps hittades en revolver. Kriminalvårdens utredare var bekymrad. Hur kom det sig att Eriksson, som precis hade fått jobb som plåtslagare hade börjat stjäla och till på köpet beväpnat sig? Erikssons uppväxt hade varit fri från bråk, han hade varit ganska flitig i skolan, kört motocross på fritiden och inte missbrukat. Utredarens slutsats i yttrandet till Uppsala tingsrätt löd: "Hygglig och vek yngling där kriminaliteten är svårbegriplig." Av allt att döma hade Stefan Eriksson, som redan nu fått öknamnet Tjock-Steffe, inspirerats av en äldre släkting som dömts som medgärningsman vid flera av stölderna. Släktingen hade varit något av en fadersgestalt för Eriksson, som vuxit upp med en ensamstående mamma. Straffet för stölderna och rånet blev ett kortare fängelsestraff. Detta avskräckte inte Stefan Eriksson från att begå nya brott. En natt några år senare greps Stefan Eriksson och en kompis på bar gärning. De hade brutit sig in i en verkstad i Uppsala och var i full färd med att skruva av hjulen på en personbil när polisens ficklampor lyste in i lokalen.

Vid det laget hade Stefan Eriksson träffat Johan Enander. Johan Enander var känd i Uppsala som en duktig kampsportare med svart bälte i karate. Han hade vunnit flera svenska och internationella mästerskapstitlar och blivit uttagen till landslaget. Även utanför tävlingarna hade många fått känna på hans hårda slag. Som dörrvakt i Uppsala läxade han upp både en och annan stökig kroggäst. En sådan händelse, utanför dåvarande krogen Studio Q, ledde till att Enander 1987 fälldes för misshandel och dömdes till böter. Domen satte stopp för en gammal dröm hos Johan Enander, nämligen den att bli polis. I stället försörjde han sig som tränare på sin egen karateklubb Chikara. Många unga gatukickers fostrades i hans skola.

– Var det någon som slagits ned ute på stan var det inte särskilt ovanligt att de skyldiga tränat på Chikara, säger en person.

Hett temperament hade även Stefan Erikssons barndomsvän Peter Uf, med smeknamnet Pricken. Kom någon i vägen för honom gick han på knock direkt utan att ställa några frågor. Som till exempel när en student i Uppsala råkade nudda hans bil med sin väska. Uf ställde sig på bromsen, rusade ut och misshandlade studenten så illa i huvudet att denne fick nedsatt hörsel i flera veckor. En annan gång prejade han ett gäng killar

som kastade en ölburk från sin bil på Ufs vita Mercedes. Med ett base-
bollträ gick han sedan fram till den andra bilen och krossade dess vind-
ruta. När killarna kom ut och protesterade övergick Uf till att attackera
dem med sikte på deras knäskålar. Men till skillnad från Johan Enander
var Peter Uf inte bara en muskelmaskin. I tonåren hade han precis som
Stefan Eriksson försökt att tjäna pengar genom stölder. Med åren hade
han i stället gått över till konst- och bolagsaffärer.

– En dubbelnatur, både brutal och smart, säger en person som följt
Uppsalamaffians utveckling.

Men tillbaka till Stefan Eriksson. Även efter att han åkt fast för stölder
försörjde han sig periodvis genom vanligt arbete. Bland annat jobbade
han som resemontör på Forsmarks kärnkraftverk. Från och med 1987 var
det dock slutjobbat för Stefan Erikssons del. Själv har han hävdat att det
berodde på att han detta år var med om en trafikolycka. Klart är emel-
lertid att Stefan Erikssons sidoaffärer började ge mer pengar än vad som
var möjligt genom vanligt lönearbete. En av hans handelsvaror var guld-
länkar. Var dessa kom ifrån är okänt. Men många av de tunga, glänsande
kedjor som prydde brösten på Uppsalas kroppsbyggare hade han fixat till
kompispris. För vinsten åkte Stefan Eriksson ofta utomlands, bland an-
nat till USA och Brasilien.

Guld var inte det enda som den omvittnat skicklige försäljaren Stefan
Eriksson handlade med. Under vintern 1987–1988 fick polisen tips om
att han sålde kokain. Misstankarna bekräftades vid ett tillslag i januari
1988. Gömt i ett ihåligt stolsben hittades ett hekto pulver och Stefan
Eriksson greps tillsammans med ett gäng killar i tjugofem–trettioårsål-
dern från Uppsala och Stockholm. När Stefan Eriksson insåg att han var
överbevisad medgav han att han hade förvarat partiet, men påstod att
han gömt undan kokainet från en vän som var illa ute i missbruk. Vid gri-
pandet hade polisen också hittat en attachéväska innehållande ett avsågat
hagelgevär. Vapnet hade, genom en noggrant figursågad träram, hindrats
från att ligga och skramla. Perfekt för den som behövde vara beväpnad
men ändå ville se ut som en affärsman. "Bara en kul grej, inget som skulle
användas", försäkrade Stefan Eriksson. Svea hovrätt trodde honom inte
utan dömde honom till fängelse i tre och ett halvt år för grovt narkotika-
brott och vapenbrott.

När Stefan Eriksson återfick friheten efter villkorlig frigivning återstod bara ett par månader av det glada 1980-talet. Under det kommande decenniet skulle både Uppsalamaffian och världen gå in i en ny era. Hösten 1990 drabbades USA:s och Europas ekonomier av ett hårt slag. På kort tid gick luften ur den finansiella sektorn. En av flera utlösande faktorer var Iraks invasion av Kuwait i början av augusti samma år. Oron inför den fortsatta händelseutvecklingen fick börserna att rasa, räntan att stiga och de som hade lånat pengar för att spekulera fick problem. I Sverige späddes nedgången på av att fastighetsmarknaden hade visat sig vara kraftigt övervärderad. Affärsmän och bolag som hade köpt hyreshus och företagslokaler på kredit tyngdes av de allt högre räntorna och begärdes i konkurs en efter en. Förlusterna drabbade finansbolag, kreditinstitut och banker i en omfattning som aldrig tidigare skådats.

Den plötsliga lågkonjunkturen inom finansmarknaden ledde till en lika plötslig högkonjunktur för skuldindrivare. Både lagliga och olagliga. För Uppsalamaffian var det nu som de verkliga vinstaffärerna började. Medan kronofogden och inkassobolagen jobbade långsamt och bara kunde komma åt tillgångar som syntes på papper skulle trion Eriksson, Enander och Uf visa sig ha en enastående förmåga att trolla fram pengar även från nolltaxerare, personer som utvandrat och affärsmän som gömde sig bakom olika bolag. Snart stod uppdragsgivare på kö för att anlita deras tjänster. Trions konkurrensmedel var att de framkallade rädsla som få andra. Och räddast var folk för Johan Enander, som med sin Hulk-liknande framtoning lyckades få som han ville bara genom att utdela några örfilar.

– Enander var det perfekta verktyget för Stefan. Stefan skötte snacket, funkade inte det skickade han fram Enander. Då brukade det lösa sig, berättar en person.

Den som gräver i Uppsala tingsrätts tjocka akter hittar många varianter på detta tema. Ett exempel var då Stefan Eriksson och Johan Enander sökte upp en krögare som släpat efter med hyran. Krögaren påstod sig först vara pank. Då daskade Enander till honom i ansiktet medan Stefan Eriksson, allt enligt krögaren, stod bredvid och sa: "Slå ihjäl honom". I ett annat fall anklagades Eriksson, Enander och Uf för att ha tvingat en företagare i fastighetsbranschen att "böta" en halv miljon kronor. Eriksson skulle, enligt målsäganden, ha sagt att han och de andra annars skulle "stänga in honom en koffert och sedan skulle ingen se honom mer". Efter att Johan Enander därefter slagit företagaren skrev mannen på en skuldsedel. Grupperingen använde även mer bisarra metoder, som av de skuldsatta inte kunde misstolkas men som i lagens mening knappast ens innebar brott. Exempelvis dök Eriksson, Enander och Uf upp utanför en företagares affärslokal och "gjorde en uppvisning i knivkastning".

– Det var också mycket långa rockar och antydningar om att det skulle finnas hagelgevär där under. Men om det verkligen gjorde det vet jag inte, säger en källa.

Ganska snart var Uppsalamaffians rykte så grundmurat att medlemmarna alltmer sällan behövde använda våld och hot. I stället började de hålla affärsmöten, iklädda kostymer på Hotell Anglais vid Humlegården i Stockholm. En av polisens spaningsbilder, senare publicerad i bland annat *Expressen*, visar ett propert gäng med portföljer som knappast väcker någon uppmärksamhet bland hotellets övriga gäster. Bland grupperingens nya affärspartners noterar polisen många intressanta namn. Ett är Roland Bjuhr, alias "Gudfadern", ökänd narkotika- och ekobrottsling med våning på Strandvägen på Östermalm i Stockholm. Ett annat är Rolf Gustafsson, mera känd som "La Reine-mannen" och en av Sveriges mest straffade bedragare. En tredje affärskontakt är den dåvarande krogprofilen Micke Magnusson, som företrätt nattklubbar i Stockholms city som Alexandras, Embassy och Daily News och figurerat i olika narkotikautredningar. Ytterligare exempel är en man som senare ska bli omskriven som "maffians bankir". Mannen, som tidigare jobbat inom bankväsendet, lämnade Stockholm i mitten av 1990-talet för att starta en kapitalförvaltningsfirma i Luxemburg. Enligt polisens misstankar var mannens affärsidé att placera pengar åt rånare och andra grova kriminella i Sverige, däribland Stureplansmördaren Tommy Zethraeus.

Trots den allt finare fasaden fortsatte Uppsalamaffian att ta risker. Som till exempel när de försökte belåna premieobligationer från ett bankrån mot SE-Banken vid Odenplan i Stockholm 1991 på den svarta lånemarknaden. Eller när Stefan Eriksson i december 1992 trängde sig in på psykiatriska kliniken på Danderyds sjukhus och hotade en ekobrottsling som inte lyckats betala sina skulder och brutit ihop. Eller när de under ett "inkassouppdrag" hemma i Uppsala i mars 1993 vände upp och ned på en lägenhet, slog ut två tänder på ägaren och avslutade med att köra ner en pistolkolv i halsen på mannen. Polisen fick ofta höra vad som hänt. Svårigheten var att få någon att vittna. Men Uppsalas dåvarande polismästare Lars Nylén hade svurit på att få fast stadens värstingar. I största hemlighet hade en särskild spaningsgrupp skapats med ett enda uppdrag: att samla bevis mot Stefan Eriksson, Johan Enander, Peter Uf och deras medhjälpare. Utpressningsoffret i det sistnämnda fallet skulle bli ett av deras trumfkort. Genom att garantera mannen fullt skydd övertygade de honom att ställa upp som nyckelvittne. Ett tillslag gjordes och Stefan Eriksson, Johan Enander och Peter Uf greps och häktades.

– När andra drabbade fick veta att vi hade gripit dem var det som att öppna en kran. Fler och fler var beredda att vittna om vad de blivit utsatta för, berättar Lars Nylén, som idag är chef för Kriminalvården.

Men utpressningsverksamheten var bara en liten del i utredningen. Under spaningarna mot trion hade polisen börjat misstänka att Uppsalamaffian hade tillgång till ett avancerat penningtryckeri, där falska sedlar för tiotals miljoner höll på att tillverkas. Spaningsbilder på Stefan Eriksson, sniffande på obrutna sedelbuntar, ansågs vara bevis nog. "Man jobbade febrilt med ärendet och hoppades finna tryckeriet innan de nya sedlarna var färdiga att släppas ut på marknaden. Om de blev så bra som ryktet gjort gällande kunde de komma att framställas i en sådan mängd, att hela tilltron till penningsystemet kunde rubbas. Detta blev som ett skräckscenario för polisen", skrev Lars Nylén senare i *Svensk kriminalkrönika*.

I floden av misstankar mot Uppsalamaffian fanns även andra sensationella inslag. Enligt en anmälan från Bankgirocentralen hade Uppsalamaffian planerat ett gigantiskt svindleri med hjälp av en så kallad insider. Den sistnämnde var en nyanställd tjänsteman som smugglat ut ett stort antal bankgiroavier. På dessa hade Uppsalamaffian, enligt misstankarna, fyllt i mottagarkonton som de själva kontrollerade. Inför ett månadsskifte, då upptäcktsrisken ansågs minst på grund av alla löneutbetalningar, hade tjänstemannen fått tillbaka avierna och kört dem i Bankgirocentralens betalningssystem. Planen löpte felfritt och cirka 25 miljoner kronor dirigerades över till Uppsalamaffian. Men när bulvaner skulle hämta ut pengarna avslöjades bluffen och utbetalningarna stoppades. Enbart för detta brott dömdes Stefan Eriksson 1994 till fängelse i fem år. Till detta lades ytterligare fem och ett halvt års fängelse för tre fall av misshandel, två fall av olaga hot, anstiftan av olaga frihetsberövande, hemfridsbrott och förberedelse till grov utprångling av falska sedlar. Åtalet om utpressning ogillades däremot till sist av Svea hovrätt. Peter Uf dömdes i sin tur till fängelse i sex år för grovt bedrägeri, grovt häleri, övergrepp i rättssak samt förberedelse till grov utprångling av falska sedlar. För Johan Enanders del stannade påföljden på fyra och ett halvt års fängelse för olaga frihetsberövande, rån, misshandel, olaga hot, grov stöld, hemfridsbrott, ofredande och narkotikabrott.

Efter att ha frigivits i mars 2000 låg Stefan Eriksson lågt. En bekant hade försökt övertala honom att ta vara på sin talang som säljare och Eriksson hade lyssnat. Först gjorde han ett försök att jobba på en firma som sålde charkuterivaror, därefter på ett företag som tillverkade nyckelfärdiga hus. Men inget av jobben lockade honom egentligen och ganska snart var han tillbaka i sitt gamla liv. I november 2000 greps han för en misstänkt misshandel, påtänd på kokain.

Några månader senare blev Eriksson kontaktad av en bilhandlare i Stockholm som var förtvivlad efter att ha blivit lurad i en affär. Bilhandlaren hade kommit överens med en svensk bosatt i London om att köpa tio Ferraribilar. En handpenning hade skickats över till England på flera miljoner kronor. Men fortfarande hade bilhandlaren inte sett röken av några Ferraris. Stefan Eriksson funderade ett tag och tackade sen ja till jobbet, som gick ut på att flyga till London tillsammans med bilhandlaren och sätta press på säljaren, som kallade sig Eric Jonsson. Men Stefan Eriksson fick förhinder och skickade i stället Johan Enander. Bilhandlaren och Enander träffades på Arlanda, steg på planet och flög de två timmarna västerut.

Bilhandlaren hade på telefon krävt att Eric Jonsson skulle komma till ett hotell i centrala London. Och mycket riktigt, när bilhandlaren och Johan Enander dök upp satt en fetlagd, blond svensk som presenterade sig som Eric och väntade på dem. Enanders närvaro hade avsedd effekt. Säljaren förstod att bilhandlaren menade allvar, bad så mycket om ursäkt och föreslog en uppgörelse: han skulle gottgöra bilhandlaren med andra bilar plus en stor summa pengar. Bilhandlaren accepterade och tillsammans lämnade trion hotellet. Men innan dess stack bilhandlaren ned handen i säljarens kavaj och fiskade upp dennes pass. Detta visade en helt annan person: trettioettårige Carl Freer. Freer föll i gråt och hävdade att han var tvungen att använda falsk identitet eftersom han var jagad av ryska maffian.

Under de följande dagarna lyckades Carl Freer på olika sätt få tag på nya bilar. När det mesta var klart gick han och bilhandlaren till ett DHL-kontor i London för att skicka hem diverse registreringshandlingar till Sverige. Då dök brittisk polis plötsligt upp och Carl Freer greps. Skälet var att tysk polis hade begärt svensken utlämnad för inblandning i stöld av ett antal fabriksnya Porsche-bilar i Stuttgart. Men när det framkom att Freer även var medborgare i Storbritannien – genom att hans pappa var engelsman – släpptes Freer. Under de kommande veckorna fullföljde han sitt löfte och såg till att de utlovade bilarna verkligen skeppades till Sverige. Så långt var bilhandlaren nöjd och Stefan Eriksson och Johan Enander fick betalt för sin medverkan. Men bara några veckor senare dök de oväntat upp på bilhandlarens firma och förklarade att de hade bytt sida. Om bilhandlaren inte genast lämnade ifrån sig allt han fått i samband med mötet i England skulle han få problem, löd budskapet.

– Eriksson och Enander hävdade att bilhandlaren gjort fel och behållit bilar och pengar själv, i stället för att ge tillbaka de handpenningar han i sin tur fått från sina kunder, berättar en källa.

Bilhandlaren hävdade å sin sida att han hela tiden haft för avsikt att ersätta kunderna, men att det tyvärr dragit ut lite på tiden. Detta blidkade inte Eriksson och Enander, som krävde bilnycklar och pengar på momangen. Skärrad kontaktade bilhandlaren i detta skede polisen. Svaret han fick var inte särskilt upplyftande. Polisen tyckte att rättsläget var oklart och någon grund för att gripa Stefan Eriksson och Johan Enander fanns inte, sa man. Däremot kunde de skydda bilhandlaren, och en patrull posterades ut på gatan framför hans lokaler. Någon dag senare kom Stefan Eriksson och Johan Enander tillbaka och upprepade sina krav. Det ledde till det absurda att de ökända ledarna från Uppsalamaffian tvingade bilhandlaren att lämna ifrån sig flera bilar utan att de civilklädda poliserna som såg allting lyfte ett finger.

– Vi bedömde att det inte gick att göra något, det var alltför mycket som var osäkert kring vem som egentligen ägde bilarna, säger en av de poliser som deltog i ärendet i efterhand.

En annan märklig händelse i anslutning till detta inträffade då den jugoslaviske cigarettsmugglaren Ratko Djokic sökte upp bilhandlaren och erbjöd denne beskydd. Djokic sa sig veta hur man skulle tas med Uppsalamaffian, men hemlighöll det faktum att han i själva verket var nära bekant med Stefan Eriksson och Johan Enander och hade anlitat Johan Enander för livvaktsskydd. Bilhandlaren avböjde. Då dök Ratko Djokic upp igen, nu som spekulant på en av bilhandlarens Porschar. Några pengar hade Djokic inte. Men han lovade att det skulle komma ett kvitto på bilhandlarens fax, som visade att en annan person satt in köpeskillingen på bilhandlarens bankkonto. Efter en stund segade sig en kopia på en bankinsättning mycket riktigt ut ur bilhandlarens fax. Fast när bilhandlaren försökte kolla att siffrorna var rätt gick detta inte att se; kvittot var alltför suddigt. Lite senare ringde en man och förklarade att pengarna nu fanns på bilhandlarens konto. Det visade sig då att bilhandlaren kände mannen i luren, en svensk ekobrottsling vid namn Björn Monteine, som utvandrat till Monaco. De båda snackade gamla minnen en liten stund men några pengar kom aldrig. I besvikelse över att det inte blev någon affär terroriserade Ratko Djokic sen bilhandlaren genom att i en lång stund köra runt i en cirkel, varv på varv, i sin jeep utanför bilhandlarens lokal, samtidigt som han tutade frenetiskt.

– Ofta är det så här det går till, har kriminella väl hittat en stackare som skrämts till betalning dras även andra dit för att försöka sko sig, kommenterar en polisman.

Vad som hände med bilarna som bilhandlaren gav Stefan Eriksson och Johan Enander blev aldrig utrett. Men en av dem, en silverfärgad Ferrari, ska enligt poliskällor ha synts i Stockholm med ligaledaren Milan Sevo bakom ratten.

För Stefan Erikssons del skulle den märkliga historien bli starten på ett nytt, svindlande äventyr. Hans affärspartner nummer ett hette från och med nu Carl Freer. Stefan Eriksson och den nio år yngre Carl Freer fann varandra under diskussionerna kring Ferrari-bilarna. Kanske spelade det in att de båda hade en gemensam bekant, en rik utlånare och hästhandlare i Dalarna. Carl Freer förklarade för Stefan Eriksson att han var trött på bilaffärer och i stället planerade ett nytt projekt, försäljning av GPS-utrustning för satellitnavigering. Precis som många andra insåg

Carl Freer att Stefan Eriksson hade näsa för affärer och han undrade nu om inte Eriksson kunde bli hans säljare. Stefan Eriksson tackade ja. Under slutet av 2001 flyttade Stefan Eriksson till London och lämnade ett tomrum efter sig i den undre världen i Stockholm. Kort efter att han hade flyttat började länskriminalen i Stockholm utreda en 10-miljoners-svindel mot banken SEB i Stockholm. Tillsammans med Milan Sevo, en ekobrottsling, två advokater och en del andra personer misstänktes Stefan Eriksson ha haft en roll när pengarna försvann. Men när det inte gick att få tag på Eriksson valde polisen att lägga ned utredningen mot honom. Av de övriga fälldes alla utom Sevo.

Carl Freer låg långt framme i sin planering. Han hade redan tecknat licensavtal med ett börsnoterat företag i England som hette Eagle Eye Telematics PLC och tillverkade GPS-utrustning. För ändamålet hade Freer också registrerat ett eget bolag med ett snarlikt namn: Eagle Eye Scandinavia Distribution Ltd. De nya kompanjonerna drog upp storskaliga planer. GPS-marknaden kunde bli hur stor som helst, resonerade de, och listade potentiella kunder. Bland dessa fanns logistikfirmor, taxibolag och polisorganisationer. Förutom GPS-mottagare sa sig Eagle Eye kunna leverera system för avancerad övervakning, mätning av körsträckor och tidsåtgång etcetera så att arbetsgivaren hade full koll på sina anställda.

Huruvida Eagle Eye verkligen levererade någon utrustning är höljt i dunkel. Men efter att de hade skickat ut ett pressmeddelande som sa att bolaget hade fått en order värd 30 miljoner dollar från ett stort speditionsföretag i Finland lyckades ägaren Carl Freer göra en strålande affär. I början av 2002 sålde han Eagle Eye Scandinavia Distribution Ltd till ett amerikanskt bolag för motsvarande 25 miljoner kronor. Någon GPS-utrustning kom visserligen aldrig att exporteras till Finland. Men försäljningen av Eagle Eye blev början till lyftet för Carl Freer och Stefan Eriksson.

På papperet såg försäljningen av Eagle Eye minst sagt konstig ut. Köparbolaget, som hette Floor Decor och var tyngt av förluster, betalade inte med pengar. I stället fick Carl Freer en stor del av Floor Decors egna aktier som betalning. Floor Decor hade heller inget med GPS-teknologi att göra utan var en butikskedja som sålde golv i Florida. Men Carl Freer var knappast intresserad av att kränga golvmattor. Hans mål var att ta sig in på någon av USA:s börslistor. Och på en av dessa listor, småbolagslistan OTC Bulletin Board, fanns Floor Decor.

Entrén på börsen öppnade möjligheter. Carl Freer och Floor Decors ursprungsägare började emittera nya aktier för att få in friska pengar. En del aktier användes också som betalning till konsultbolag, som fick i uppdrag att ta hand om finansiering och rekrytera personal. Bolagets nästa steg blev att låna upp pengar, enligt källor så mycket som 15 miljoner dollar. Pengarna skulle användas för affärsutveckling och framtagande av produkter som kombinerade GPS-teknologi med GSM-telefoni. Samtidigt ändrades bolagets namn från Floor Decor till Tiger Telematics Inc. Eagle Eyes gamla GPS-licenser ville bolaget inte ha kvar. Dessa såldes i stället i slutet av 2002 till ett anonymt bolag i Sverige, Norrtulls Mobilextra AB. Kort därefter försattes Norrtulls Mobilextra i konkurs, med bokföringen spårlöst borta. Praktiskt, om någon skulle få för sig att fråga vad som hände med Finlandsordern, som gjort hela affären med Floor Decor möjlig.

Sommaren 2003 skickade Tiger Telematics Inc. ut ett pressmeddelande som berättade att bolaget bytt inriktning. Från och med nu skulle man i stället utveckla en bärbar videospelskonsol och ta upp kampen med jättar som Sony och Nintendo. Bilder på en njurformad prototyp med arbetsnamnet Gametrac offentliggjordes. Till skillnad från konkurrenternas produkter skulle Gametrac kunna användas till så mycket mer än bara spel, lovade Carl Freer som från och med nu förde bolagets talan. Apparaten skulle kunna spela musik, visa filmer, ta bilder och skicka SMS-meddelanden. Och kanske mest oväntat: Gametrac skulle hjälpa föräldrar att hålla reda på sina barn. Detta genom att spelkonsolen hela tiden sände ut en GPS-position som gick att spåra via Internet.

I speltidningar och på Internetsajter började snacket gå. Vissa branschexperter var skeptiska, bland annat ifrågasattes om Tiger Telematics verkligen hade de pengar som krävdes. Andra hyllade den coola designen och de många funktionerna. Ryktena och snacket fick Tiger Telematics aktiekurs att sakta börja stiga. Genom det brittiska PR-bolaget PR Newswire fortsatte Tiger Telematics Inc. att mata marknaden med glada nyheter om Gametrac. De flesta handlade om strategiska samarbetsavtal med olika heta företag inom spelutveckling, processortillverkning, 3D-grafik och design. Mest prestigefyllt var företagets avtal med Intrinsyc Software International, ett amerikanskt mjukvaruföretag knutet till Microsoft. Genom Intrinsyc Software International skulle Tiger Telematics få tillgång till operativsystemet Windows CE.NET, förklarade Carl Freer. Dessutom fick Gametrac en del av Microsofts jättemonter på hemelektronikmässan CES i Las Vegas i januari 2004. Carl Freer var själv på plats, i sällskap med ett antal inhyrda fotomodeller, och visade stolt upp en demoversion av Gametrac. Nyfikna journalister och andra besökare undrade när spelkonsolen skulle finnas ute till försäljning. Redan under året, lovade Freer och drog vidare till Hannover och IT-mässan Cebit.

Uppmärksamheten på de stora mässorna fick Tiger Telematics börskurs att sätta fart på allvar. Redan att Microsoft och Tiger Telematics hade nämnts i samma pressmeddelande fick aktiens värde att öka mångdubbelt. Och när det visade sig att det faktiskt fanns en fungerande produkt dubblades kursen ytterligare en gång. Från att ha varit en så kallad 1-dollaraktie värderades Tiger Telematics Inc:s aktie nu till en bra bit över 10 dollar. Företaget hamnade på vinnarlistorna och drog till sig ytterligare spekulanter.

Men bara en månad senare gick namnet Gametrac oväntat i graven. I fortsättningen skulle spelkonsolen i stället kallas för Gizmondo, deklarerade företaget. Skälet till det plötsliga namnbytet var oklart. Det påstods bara att Gizmondo bättre speglade den "mobila utvecklingen", där fokus påstods ligga på en "futuristisk spelkonsol med mångsidig underhållning inom multimedia". I efterhand står det klart att den verkliga förklaringen var betydligt enklare. Mitt under lanseringen hade ledningen upptäckt att det redan fanns ett annat bolag som hette Gametrac.

– Man går ju inte gärna ut till marknaden och säger: "Vi har varit lite klantiga och missat att namnet var upptaget." Men det var ju så det var, och därför fick man snabbt försöka hitta något annat som funkade. Brainstormningen började kring ordet Gizmo, men det var ju också upptaget. Då kom någon på att man kunde lägga till en ändelse och så var det klart, berättar en källa med god insyn.

Under de kommande månaderna snurrade hjulen allt snabbare. Nya aktier emitterades och skaran av investerare växte. Bland dem som satsade pengar fanns, enligt flera källor, en hel del av Stefan Erikssons kriminella kontakter i Sverige. För de nya pengarna byggdes bland annat ett flott huvudkontor utanför London, som fylldes med anställda. Carl Freer och Stefan Eriksson utsågs till företagsledare, "executives", inom Tiger Telematics brittiska dotterbolag Gizmondo Europe Ltd. Grundlönerna bestämdes till 500 000 respektive 400 000 brittiska pund per år, vilket motsvarade cirka 7 miljoner kronor till Freer och 5,6 miljoner kronor till Eriksson. En kort tid senare tyckte bolagets styrelse, där de själva ingick, att Freer och Eriksson gjort så bra ifrån sig att deras löner dubblades.

Utöver detta tillkom en 200-procentig bonus vid vissa uppnådda mål och en möjlighet att köpa en miljon aktier i Tiger Telematics till låg kurs. Och så tjänstebilar förstås. Stefan Eriksson, som alltid varit tokig i snabba bilar, valde en svart Ferrari Enzo – en extrem italiensk sportbil värd cirka 7 miljoner kronor och tillverkad i endast fyrahundra exemplar. För drömlönen köpte han också en villa i den ultraexklusiva Londonförorten St George's Hill i Surrey. Grannarna här bestod av förmögna fotbollsproffs, diskreta ryska affärsmän och kända artister som Cliff Richards. Med andra ord personer som inte lät sig imponeras så lätt. Stefan Eriksson och hans vänner väckte ändå uppmärksamhet med sina dyra bilar och högljudda fester som ofta höll på fram till småtimmarna. Några av dem som dök upp i hans villa var de gamla kompisarna från Uppsala, Johan Enander och Peter Uf. Bägge fick så småningom anställningar i Erikssons bolag. Johan Enander blev säkerhetschef och Peter Uf kort och gott direktör. Uppsalamaffian var åter samlad.

Men om grannskapet var undrande till Stefan Eriksson och hans livsstil var det ingen inom den brittiska finansvärlden som ställde några frågor om Erikssons bakgrund.

I en tidningsintervju försvarade Carl Freer sin och Stefan Erikssons skyhöga löner med att det var "normalt för branschen". Att Freer verkligen jobbade och slet råder det knappast något tvivel om. Flera personer berättar att han hade ett finger med i allt, från framtagning av spel till marknadsföring, strategiplaner och finansieringsfrågor.

– Han har en otrolig kapacitet och är enormt strukturerad, kommer ihåg allting. Dessutom är han kreativ och engagerad som ingen annan jag träffat, säger en person som företrädde en av Tiger Telematics samarbetspartners.

Vad Stefan Eriksson gjorde för att förtjäna sin lön är mer osäkert. Enligt samma källa fanns han mest i periferin, utan att delta i viktiga beslut.

– Honom snackade man mest med för att han var svensk, säger personen.

En sak som Stefan Eriksson emellertid gjorde var att delta i ett 24-timmarsrace på klassiska Formel 1-banan Le Mans i Frankrike. I en Gizmondo-sponsrad Ferrari körde han och två andra förare tvåhundraarton varv innan hjulproblem tvingade dem att bryta tävlingen. Stefan Erikssons frus roll inom Tiger Telematics-koncernen är ännu mer oklar. Men även hon fick en fin tjänstebil och höga konsultarvoden.

Trots Carl Freers löften i början av 2004 fanns Gizmondo fortfarande inte ute på marknaden när hösten kom. Allt fler investerare började bli skeptiska och Tiger Telematics aktiekurs dalade. För att hålla marknadens intresse uppe bestämde sig ledningen för att lätta på förlåten till de speltillverkningsstudior som engagerats för att utveckla spel till Gizmondo. En av dessa låg på Norrlandsgatan i Stockholm och hette Indie Studios. Här slet ett stort antal programmerare med att ta fram ett spel kallat *Colors*. I en intervju förklarade Carl Freer att *Colors* var det spel som han trodde särskilt mycket på. Det gick ut på att genom våld eller list vinna respekt och ära inom den undre världen. Flera spelsajter var lyriska, en skrev: "Hela spelet luktar kriminalitet!"

Mot slutet av 2004 ökar trycket på Carl Freer och Stefan Eriksson. Såväl Sony Playstation som Nintendo Game Boy hade lanserat nya modeller och Gizmondon bara måste ut i handeln. Varje dag som går utan att någonting händer är en förlorad dag. Inte minst eftersom julhandeln snart ska dra igång. Men på grund av tekniska problem tvingas Tiger Telematics än en gång ställa in en planerad världspremiär i slutet av oktober 2004. Bara några veckor senare drar en massiv TV-reklamkampanj igång i flera europeiska länder. Budskapet till kontinentens unga är att de ska surfa in på företagets hemsida och förhandsboka sin egen Gizmondo – annars riskerar de att bli utan.

Efter att bokningstjänsten varit igång i bara fyra dagar levererar PR Newswire en nyhet som slår knockout på marknaden: 560 000 personer ska redan ha anmält sig! En förtjust Carl Freer påpekar ödmjukt att det är rimligt att vänta sig att ungefär hälften av bokningarna kommer att falla bort. Men siffrorna pekar likväl, enligt Freer, på en jättesuccé för Gizmondo. Precis som alla andra pressmeddelanden från PR Newswire avslutas även detta med en påminnelse om att allt blickande in i framtiden är osäkert och att affärer som ännu inte nått i hamn kan spricka. Fast de raderna är det få som läser. Tiger Telematics börskurs stiger som en raket och når på några veckor en ny rekordnivå, nu kring 30-dollarstrecket.

Det går ytterligare månader utan att Gizmondo kommer ut på marknaden. Vad händer egentligen? undrar såväl spelsugna som investerare. Lugn, bara lugn, är beskedet från företaget. Nu handlar det bara om att finjustera det sista, sedan ska spelkonsolen ut.

Lördagen den 19 mars 2005 bjuder Tiger Telematics-ledningen äntligen in till premiärfest på Park Lane Hotel i London. Och vilken fest, tvåtusen specialinbjudna gäster från Londons kändiselit är lyriska. Världsartisten Sting finns på plats som underhållare tillsammans med rapparen Busta Rhymes, soulstjärnan Jamiroquai och tungviktsboxaren Lennox Lewis. Konferencier är ingen mindre än Dannii Minogue, lillasyster till discopopdrottningen Kylie Minogue. Morgonen därpå sitter en utfestad Mike Barrett, reporter på nyhetssajten *pocketgpsworld.com*, på Liverpool Street Station efter att ha missat sista tåget hem och skriver: "The Gizmondo PR guys really know how to do things, no expense spared we were treated to free drinks all night, and some absolutely stunning entertainment."

Under de kommande veckorna är det upp till bevis för Gizmondo. Ska uppstickaren på videospelsmarknaden flippa eller floppa? Carl Freer själv hyser inga tvivel. "Om ett år kommer vi att vara etablerade som en av tre aktörer på den mobila spelmarknaden", har han nyligen sagt till nyhetssajten *computerandvideogames.com* med tillägget: "Räkna med mängder av överraskningar."

Av de båda förutsägelserna ska bara en visa sig slå in – den sistnämnda. Ganska snart visar det sig nämligen att kunderna ratar Tiger Telematics nöjesmaskin. Företaget redovisar inga försäljningssiffror, men både internt och bland Gizmondos samarbetspartners börjar fler och fler förstå att katastrofen närmar sig.

– Nästan direkt efter lanseringen stod det klart att affärsplanen spruckit. Min slutsats var att det tagit för lång tid att få ut spelkonsolen på marknaden, och nu var den hopplöst omkörd av konkurrenterna, säger en svensk som deltog i utvecklingen av Gizmondon.

Utåt lyckas företaget hålla fasaden intakt i ytterligare några månader. Börskursen sjunker visserligen till under 15 dollar, men återhämtar sig under sommaren 2005 tack vare att glada nyheter återigen börjar strömma ut från företagets PR-maskineri. Bland annat har försäljningsavtal tecknats med stora CD/Dvd-återförsäljare som brittiska HMV, och inför USA-lanseringen ska spelkonsolen förbättras och fyllas med fler spel, försäkrar företaget. För att få fart på försäljningen utlovas också en kraftig prissänkning för de köpare som är beredda att ta emot reklammeddelanden, så kallade Smart Adds, i sin Gizmondo.

Det är då som Stefan Erikssons förflutna hinner ifatt honom. Den 24 oktober 2005 toppas *Aftonbladets* första nyhetssidor av rubriken "Ligaledaren blev direktör". Nedanför syns en solbränd Stefan Eriksson skakandes hand med den före detta racingstjärnan Eddie Jordan. Bilden var tagen drygt två år tidigare, då Stefan Eriksson lovat att Tiger Telematics skulle sponsra Jordans Formel 1-stall med flera miljoner pund. Men några pengar hade aldrig kommit och nu hade Jordans bolag stämt Erikssons bolag. Detta var inte Tiger Telematics enda obetalda räkning. Efter att totalt 1,6 miljarder kronor runnit ut ur bolaget var detta nu sannolikt på obestånd, enligt det amerikanska börskontrollorganet SEC. *Aftonbladet* kunde också berätta att hela Uppsalamaffians inre krets numera jobbade inom Tiger Telematics. Detta räckte för att vännerna från Uppsala skulle ge upp och hoppa av företaget. "Det var det enda rätta", sa Michael Carrender, vd för Tiger Telematics, och försäkrade att han inte hade känt till männens kriminella bakgrund.

Stefan Eriksson drog vidare till Kalifornien, där han redan inlett förhandlingar för att starta ett mobiltelefoniföretag. Johan Enander åkte i sin tur hem till Sverige, där en fängelsedom väntade för bland annat vapenbrott, narkotikabrott, dopingbrott och en sadistisk kvinnomisshandel. Var Peter Uf blev av är okänt; han saknas sedan flera år i folkbokföringen och har så vitt känt inte åtalats för nya brott.

Något oväntat valde även Carl Freer att lämna skeppet efter *Aftonbladets* första artikel. En tid senare framkom det att även han var straffad i Sverige för bankbedrägeri och att kronofogden jagade honom för obetalda skulder. Huvudpersonerna själva lät sig aldrig intervjuas. Till en av *Aftonbladets* reportrar sa Stefan Eriksson: "Lämna mig i fred. Du måste lära dig att lyssna." *Aftonbladets* artiklar var bara början. Några dagar senare publicerade magasinstidningen *Affärsvärlden* ett sju sidor långt reportage om hur Tiger Telematics-koncernen tagit sig in på börsen "bakvägen" och pumpat upp sitt värde med falska pressmeddelanden.

Nyheten om Uppsalamaffians inblandning sänkte Gizmondo ytterligare och kraschlandningen skulle snart vara ett faktum. Kursen föll till under fem dollar på några veckor och fortsatte därefter ner till under en cent. En konkursutredning om vart alla pengar hade tagit vägen inleddes och så småningom startade även den brittiska specialpolisen SOCA (Serious Organized Crime Agency) en utredning av eventuella brott.

I några månader var det ganska tyst. Men i februari 2006 blev Stefan Eriksson åter rubrikernas man. Och nu var det inte bara svensk press som intresserade sig för honom. Amerikanska lokaltidningar, internationella nyhetsbyråer, globala TV-nätverk och mängder av bloggare över hela världen – alla fascinerades av svensken. Tjock-Steffe hade blivit "Fat-Stevie".

Anledningen var en viss Ferrari Enzo, en likadan bil som Stefan Erikssons tidigare tjänstebil, men röd i stället för svart. Det var denna som Stefan Eriksson körde iväg i på morgonen den 21 februari 2006. Bilfärden började i Malibu i Kalifornien och fortsatte längs Pacific Coastal Highway, alldeles intill Kaliforniens Stilla havskust. När trafiken började glesa ur tryckte Stefan Eriksson gaspedalen i botten. Ferrarins 650 hästkrafter svarade direkt och bilen formligen flög iväg. En bilist som blev omkörd av det röda fartmonstret skulle i efterhand tala om en "chockvåg" som fått honom att skaka i hela kroppen.

Några ögonblick senare förlorade Stefan Eriksson kontrollen över bilen. Han försökte bromsa men var chanslös. Ferrarin for ut till höger, lämnade vägbanan och fortsatte upp på en slänt med grus, sten och låga buskar. Först när bilen rände in i en kraftledningsstolpe stannade den och klövs i två delar. Kupén slungades tillbaka ner på asfalten med en medvetslös Stefan Eriksson bakom ratten. Den bakre delen, med motorn, kastades iväg en bra bit bort längs vägen. Därefter tystnad. Snart hördes dock ett ljud inifrån bilens kupé. Det var Stefan Eriksson som kräktes.

Han hade överlevt den våldsamma kraschen och kunde ta sig ut ur vraket. Han kände efter om något var brutet, men det var det inte. Enda skadan var ett litet sår i ansiktet orsakat av krockkudden.

En stund senare kom polisen. Sedan pressfotograferna. Och minst en helikopter, utskickad av en TV-station. De bilder som togs innan Stefan Eriksson fick följa med till förhör visade en man i säckiga kläder med flip-flopsandaler på fötterna. Inga särskilt lämpliga skodon, med tanke på att polisens utredare uppskattade att kraschen skett då Ferrarin gjorde minst 250 kilometer i timmen.

Först hade Stefan Eriksson påstått att han bara varit passagerare. En tysk vid namn Dietrich skulle ha suttit vid ratten, men flytt upp i bergen efter olyckan. Dietrich hade dock aldrig anträffats och senare skulle Eriksson ge upp och medge att han varit ensam i bilen. Kraschen innehöll tillräckligt många kryddiga ingredienser för att tidningar som *LA Times*, *Malibu Times* och till och med TV-bolaget CNN skulle sätta flera reportrar på fallet. Deras uppdrag: att reda ut vem den till synes sjavige svensk var som dödsföraktande hade misshandlat en bil som bara världsstjärnor hade råd med?

På Internet nådde kraschen snabbt kultstatus. Webbsajten *wrecked-exotics.com*, specialiserad på spektakulära bilolyckor, publicerade mängder av bilder från olycksplatsen och höll besökarna ständigt uppdaterade på den senaste händelseutvecklingen i fallet. En eller flera okända personer startade också en blogg tillägnad Stefan Eriksson, kallad *tjocksteffewatch. blogspot.com*.

I rask takt dök därefter nya omständigheter upp, de flesta ordentligt besvärande för Stefan Eriksson. Polisens kontroll i registren hade visat att den demolerade Ferrarin ägdes av en engelsk bank och nyligen hade anmälts stulen. Detsamma gällde två andra bilar i Stefan Erikssons stall: hans svarta Ferrari Enzo, som hade skeppats över från England, och en Mercedes som Erikssons hustru disponerat. Totalt värde på de tre bilarna motsvara de nästan 20 miljoner kronor. Även den federala polisen, FBI, kopplades nu in på fallet. En utredning om misstänkt bedrägeri inleddes och bilarna konfiskerades.

Utredningen ledde till att Stefan Eriksson den 10 april 2006 greps av tungt beväpnad polis i sin och hustruns villa. I bostaden hittades ett va-

Stefan "Tjock-Steffe" Eriksson i amerikansk domstol efter Ferrari-kraschen 2006.

pen och narkotika för eget bruk. Eriksson delgavs misstanke om bland annat grov stöld, vapenbrott och narkotikabrott och häktades. Borgens-summan sattes till skyhöga 5,5 miljoner dollar (motsvarande cirka 40 miljoner svenska kronor). Ingen betalade och Stefan Eriksson låstes in på Los Angeles Men's Central Jail utan att få ta emot några besökare.

Vid det här laget hade det framkommit att Stefan Eriksson, i samband med olyckan, legitimerat sig som polis. "Polisstyrkan" som han sagt sig tillhöra lydde under ett lokalt färdtjänstbolag, som körde handikappa-de och gamla. Ägaren till färdtjänsten berättade för en reporter hur en blänkande Rolls Royce en dag kört upp framför hans garage i ett av Los Angeles fattigare kvarter. Bildörren hade öppnats och Stefan Eriksson hade klivit ut och gett honom ett förslag. Eriksson lovade att installera GPS-satellitutrustning i färdtjänstens bilar om han fick bli chef för bola-gets "anti-terroriststyrka". Ägaren hade nappat. Enligt kalifornisk lag får nämligen vissa organisationer registrera egna polismyndigheter.

Lite senare framkom att Carl Freer hade försetts med en likadan polis-bricka, som han bland annat hade använt för att beväpna sig. I slutet av april 2006 greps även Freer i sin villa i Malibu. Vid husrannsakan där och i Freers enorma lustjakt m/s Birgitta, värd uppskattningsvis 100 miljoner kronor, hittades inte mindre än fyra handeldvapen och tolv gevär. Till skillnad från Stefan Eriksson släpptes Carl Freer nästan omgående mot en mindre borgenssumma.

Något åtal väcktes heller aldrig mot Carl Freer. Det gjordes det däremot mot Stefan Eriksson. I oktober 2006 dömdes han till fängelse i tre år för grov vårdslöshet i samband med bilkraschen och olaga vapeninnehav. Några månader senare fick han ytterligare sex månaders fängelse för att ha smitit från en annan bilolycka i Kalifornien, denna gång med en Porsche. Misstankarna om narkotikabrott, bilstöld och eventuellt missbruk av polisens ID-kort hade däremot inte gått att styrka.

I skrivande stund har heller inga bevis presenterats för att Carl Freers och Stefan Erikssons agerande i Tiger Telematics skulle ha inneburit ett medvetet vilseledande av aktieägare och andra finansiärer, ett så kallat investeringsbedrägeri. Bland personer som följde bolagets korta historia på nära håll råder olika uppfattningar om varför Tiger Telematics Inc. kraschade. Vissa skyller på oturliga förseningar och en missbedömning av konkurrensen på marknaden.

– Jag tror inte att det var en medveten blåsning. Det var liksom för komplicerat för det. De tog ju ändå fram Gizmondon och jag såg med egna ögon att den funkade. Både spel, grafik, mp3-spelare, filmer och annat, säger en person som hade nära kontakt med Carl Freer och Stefan Eriksson.

Andra lutar åt att syftet med Tiger Telematics redan från början kan ha varit att skapa en kuliss för att få börskursen att stiga och ge ägarna en chans att göra det stora klippet. En av de saker som nämns som särskilt graverande är påståendet om att det skulle ha funnits 560 000 förhandsbokningar, vilket uppenbarligen varit osant.

– I våra ögon kändes det här som ett högriskprojekt från dag ett. När vårt samarbete sprack var vi inte särskilt ledsna över det. Men alla gillar ju en underdog och det var mycket det Gizmondo levde på, säger en företrädare för ett svenskt bolag som var strategisk samarbetspartner med Tiger Telematics.

Frågan om vart alla pengar har tagit vägen klingar fortfarande obesvarad. Den enda av de inblandade som hittills kommenterat saken är Stefan Erikssons hustru. I en intervju i *Aftonbladet* i februari 2007 hävdade hon att familjen var pank och att hon tvingats flytta hem till sina föräldrar i Tyskland tillsammans med parets barn. "Vi har ingenting kvar. Absolut ingenting", sa hon till tidningens reporter och förklarade att hon fått sälja sina smycken för att klara sig.

Enligt hustrun skulle många av Stefan Erikssons bekanta ha brutit kontakten med honom, till och med Carl Freer och Peter Uf. "Alla vänner har vänt sig mot honom. Vi förstår ingenting. Han är mycket besviken och känner sig överkörd av både kompisarna och polisen." Stefan Eriksson, som idag är fyrtiosex år gammal, väntas friges av den amerikanska Kriminalvården i november 2007.

ATT KLIVA AV
– TORPEDEN SOM BLEV SNÄLL

"Jag var aldrig rädd för att få stryk eller att ens bli skjuten och dö. Jag var bara rädd för att vara vanlig."

ERIK, FÖRE DETTA YRKESKRIMINELL GÄNGMEDLEM

Vi står utanför spärrarna i tunnelbanans entréhall vid Sergels torg i Stockholm. Det är fredagskväll och klockan är snart nio. Det är mycket folk i rörelse, människor stressar in och ut genom spärrarna. En del är på väg hem, andra på väg ut i nöjesnatten. Som vanligt är det också ganska gott om människor som inte är på väg någonstans alls. Som bara står och hänger eller går runt, varv efter varv. Trots att entréhallen nyligen byggts om och blivit ljusare och fräschare, fungerar den fortfarande som värmestuga för dem som dras till Stockholms droghandelscentrum, Plattan.

Den här kvällen i januari 2007 är entréhallen extra välbesökt. Snö har precis fallit över Stockholm och kylan där utanför är bitande. Några av dem som inte ska någonstans sitter i klasar i den nya stentrappan som leder upp till Drottninggatan. De är unga, de yngsta är i fjorton–femtonårsåldern. På ena sidan av trappans övre del sitter ett gäng tjejer och skickar en halvfull PET-flaska mellan sig. De flesta av dem är glada, berusade. Men en av dem, en flicka med rosafärgad lugg och kort, svart kjol, mår inte bra. Hon reser sig, vacklar till och tar sikte på en stor, grön plastvagn avsedd för returpapper som står en bit från de översta trappstegen. Några ögonblick senare står hon med huvudet djupt ner i vagnen och kräks. Två unga, svartklädda killar tittar på henne. Även de är kraftigt berusade.

Den grupp från Fryshusets trygghetsprojekt Lugna Gatan som vi följer med denna kväll går fram till tjejen och killarna och kollar läget. Tjejen som precis spytt signalerar att det är lugnt, att hon inte behöver någon hjälp. Killarna är mer kontaktsökande. De berättar att de precis klivit av Ålandsfärjan, där de festat hårt. En av dem säger att han snart ska in i fängelse och är lite orolig för hur det ska bli.

– Har du suttit på Svartsjöanstalten? Vet du hur det är där? frågar han sluddrande.

En av våra ledsagare i Lugna Gatan-gruppen går fram till killen och svarar att "visst har han suttit på Svartsjö".

– Det är kanske inte så farligt där om man jämför med andra anstalter. Men poängen är att du inte ska sitta på anstalt överhuvudtaget. Eller hur? säger mannen i Lugna Gatan-jackan, som heter Erik.

Vi går nerför trappan igen, mellan klasarna av ungdomar, ner i entréhallen. Några ögonblick senare smäller det. En lång, ljushårig kille i tjugoårsåldern som stått och hängt i trappan kastar sig över en lite yngre invandrarkille och börjar slå honom där han kommer åt. Blixtsnabbt rusar Erik och två andra män i Lugna Gatan-jackor fram till killarna och särar på dem. Även kompisar till de inblandade ger sig in i bråket och under några sekunder råder tumult. Men Erik och hans kolleger lyckas hålla killarna ifrån varandra och några fler slag utdelas inte. Vad var det som hände? frågar de.

Killen som börjat bråket, är kraftigt drogpåverkad och har svårt att svara. Men efter ett tag säger han att det måste ha blivit ett missförstånd och sträcker fram sin ena hand till invandrarkillen. De verkar vara vänner igen.

– Det är det här som är vårt jobb, att försöka se till så att ungdomar inte far illa. För att kunna göra det måste man först ha byggt upp ett förtroende. Den viktigaste uppgiften är egentligen att bara ta kontakt med ungdomar och prata, säger Erik.

Erik är drygt fyrtio år gammal, bred som en kroppsbyggare över axlarna och helt kal på hjässan. För det mesta har han ett stort leende över hela ansiktet. Men när han stänger munnen och ser allvarlig ut är det inte svårt att föreställa sig att han i ett tidigare liv kan ha upplevts som hotfull. Sanningen är att Erik har mycket på sitt samvete. Läsaren har redan mött honom i bokens kapitel om Brödraskapet MC, där Erik var en av ursprungsmedlemmarna. Hans öknamn under den här tiden var Tok-Erik. Namnet hade han fått under 1980-talet, då han jobbat som dörrvakt i Stockholms city och varit omtalad för sin aggressiva stil. Under tiden med Brödraskapet MC greps Erik bland annat för olaga frihetsberövande, efter att drogpåverkad ha kidnappat en person och kört omkring med sitt offer i bagageutrymmet på en bil.

Efter något år bröt sig Erik och en grupp andra medlemmar ur gänget. Utbrytarna, som polisen kallade för Svenskligan, specialiserade sig på utpressning och rån mot andra kriminella. Gängets metoder ledde till konfrontationer. Vintern 2001–2002 sköts två av Eriks kumpaner, Paul Jacobsson och Niklas Lindeborg, ihjäl i det som kallades Stockholms gangsterkrig. Men morden på vännerna fick inte Erik att ändra livsstil. I stället gick han vidare till ännu en kriminell gruppering: Bandidos supportergrupp X-team.

När Stockholmspolisen i slutet av 2003 inledde en satsning mot organiserad brottslighet kallad Nova var Erik en av 150 personer som skulle slås ut. Men polisen skulle inte behöva jaga Erik särskilt länge. Efter tjugo år av våld och kriminalitet valde han att göra upp med gänglivet. Sommaren 2004 sålde han sin Glockpistol, övertalade socialförvaltningen att bekosta en plats på ett behandlingshem för missbrukare och tog så småningom kontakt med Fryshuset.

– Det som fick mig att orka ta steget var att jag året innan hade blivit placerad på samma behandlingshem som en del av mitt sista fängelsestraff. Det var där jag för första gången hade insett en massa saker, som till exempel att jag är alkoholist och narkoman. När jag fortsatte behandlingen frivilligt fick jag hjälp att hitta en ny identitet, att vara nöjd med att bara vara Erik. Det är det absolut svåraste för en kriminell person, att se att man har ett värde i sig själv utan att vara bra på att begå brott, berättade Erik vid vårt första möte.

Detta skedde i maj 2006, när Erik hade bjudits in till Polishögskolan för att föreläsa för en grupp vårdare inom Kriminalvården. Sedan dess har vi behållit kontakten och följt hans kamp för ett liv utan brott och droger. Ett år senare är han fortfarande fast besluten att lyckas.

– Du vet, att jobba här i tunnelbanan som jag gör nu för 17 000 kronor i månaden, det var inget jag skulle kunna ha drömt om för några år

Den före detta Brödraskapet-medlemmen Erik – en gång känd som Tok-Erik – under ett arbetspass med Lugna Gatan i Stockholms tunnelbana.

sen. Då hade jag tyckt att det var under min värdighet att ens sätta min fot här. Skillnaden mellan då och nu är att jag inte längre känner att jag måste leva det där flotta livet och fixa en massa pengar varje dag, att jag duger ändå. Nu vill jag helst prestera goda gärningar varje dag, men även om jag inte gör det kan jag faktiskt se att jag är en värdefull person, säger Erik när vi går mot spärrarna för att ta en sväng ner på tunnelbanestationens perronger.

Erik är långt ifrån ensam. I arbetet med den här boken har vi kommit i kontakt med ett flertal tidigare gängmedlemmar som valt att hoppa av och göra upp med sina brott. De är beviset för att det faktiskt går. Den enkla sanningen är att ingen är tvingad att vara med i ett kriminellt gäng. Alla har en fri vilja. Men en förutsättning för att gängmedlemmar ska avstå från den starka gemenskap som råder inom många kriminella grupperingar är att de får stöd från andra. Avgörande är om gängmedlemmen upplever att han kan hitta en lika stark gemenskapskänsla utanför gänget som i det. Så här säger en av de terapeuter som jobbar på det behandlingshem i Stockholmstrakten dit Erik varit knuten:

– Att få någon att kliva av ett kriminellt gäng är svårare än att få en vanlig brottsling att sluta. Den metod som vi och många andra behandlingshem använder bygger på att erbjuda en positiv gemenskap som alternativ till det kriminella livet. Men gängmedlemmarna tillhör redan en gemenskap och det är inte säkert att de upplever vår som lika stark, åtminstone inte till en början. För att accepteras i vår gemenskap måste individerna dessutom först våga öppna sig och komma i kontakt med sina skuldkänslor. Och då kan man vara väldigt skör.

Enligt terapeuten är det dessutom en förutsättning att gängmedlemmen är dömd till ett långt straff.

– Det är ingen idé att prata med en person som är ute och är brottsaktiv. Ingen vaknar och säger plötsligt att "jag ska bli hederlig" ifall det inte har hänt något jobbigt. De vi behandlar måste ha nått sin botten och vilja ta sig upp därifrån, säger han.

Möjligheten att få placering på ett behandlingshem under strafftiden är ganska liten. För att antas måste den dömde ha skött sig exemplariskt på anstalten och verkligen visat att han är motiverad att ändra sitt liv. Men de som får chansen har generellt sett betydligt bättre prognos än de som sitter av hela sitt straff på anstalt. Exakt hur behandlingen är utformad är inte alla gånger avgörande. Vi har till exempel varit i kontakt med en ung medlem i ett kriminellt gäng som lyckades hoppa av efter att ha gått en behandling för spelmissbrukare – trots att han själv aldrig ägnat sig åt spel.

Det finns också ganska gott om exempel på gängmedlemmar som lyckats ändra livsstil på egen hand. Gemensamt för de flesta är att de inte varit fast i drogmissbruk. Åldern är i detta sammanhang en viktig faktor; för många tappar gänglivet och kulten kring broderskapet sin lockelse när de kommit upp i fyrtioårsåldern. Familjeliv och föräldraskap är andra faktorer. En före detta medlem i ett mc-gäng berättar att det var barnen som fick honom att till slut hänga av sig västen – mitt under pågående krig med ett rivaliserande gäng.

– Jag såg på dem och kände att de var värda mer än allt annat. De andra i klubben fattade ingenting utan blev arga, berättar mannen som fortfarande lever ihop med sin familj.

Livet som förälder förändrade däremot inte Erik. När han var som mest kriminell fick han en dotter. Först nästan tio år senare, efter behandlingen, kunde han börja ta sitt ansvar som pappa fullt ut.

– I min förvrängda värld trodde jag att jag skulle kunna vara kriminell och pappa på samma gång. Men det gick ju inte. Min absoluta botten som pappa nådde jag på midsommarafton 2004. Min dotter ringde och ville prata, men jag var så drogad att jag inte kunde få fram några ord. Det var efter det som jag vaknade upp. Jag gick till soc och skrek att jag behövde hjälp tills de lyssnade, berättar Erik.

Erik hade tidigt tappat kontakten med sin egen far. Föräldrarna separerade när han var liten och pappan flyttade till en annan stad.

– I skolan blev jag retad för att jag var skilsmässobarn och för att jag hade utländskt påbrå. Under flera år gav jag inte tillbaka. Men inombords byggde jag upp ett hat. Det kom ut sen, i slutet av högstadiet och i början av gymnasiet. Jag blev aggressiv och började slåss och råna folk. De flesta var oskyldiga, men jag letade också upp en av de värsta mobbarna och gav honom rejält med stryk, berättar Erik.

Revanschen gav Erik respekt i omgivningens ögon. Likasinnade slöt upp vid hans sida.

– Jag bodde här i innerstan då, och hängde med ett gäng som brukade hålla till vid Slussen. Vi rökte hasch och rånade, berättar han när vi åker uppför rulltrappan till T-banans entréhall vid Sergels torg igen.

Vi fortsätter bort mot Burger King för att äta sen kvällsmat. Erik fortsätter att berätta mellan tuggorna. Trots att han hade chans att hämnas på sina plågoandar skulle aggressiviteten och våldet eskalera. Erik började utveckla högerextrema sympatier och när han ryckte in i lumpen såg han fram emot att få lära sig kriga.

– Det gick inte så bra. Jag var överambitiös. Det slutade med att jag misshandlade så många av de andra värnpliktiga att jag blev avstängd, berättar han.

– Fast befälet lovade mig att jag skulle få komma tillbaka om det blev krig! lägger han till och skrattar.

Men det fanns hela tiden också en annan Erik. Som var skötsam och strävade efter en fast tillvaro, ett bra förhållande, en vältränad kropp, status och fina prylar. I slutet av tonåren uppnådde Erik en del av detta. Tack vare att hans mamma sparat i HSB hade han kunnat flytta till en egen bostadsrätt. Och den kockutbildning som Erik gått i gymnasiet gjorde honom eftertraktad på 1980-talets goda arbetsmarknad. Han fick jobb i köket på en restaurang i Stockholms innerstad, började tjäna pengar, tränade på gym, tog körkort och köpte en bil. Plötsligt såg livet ljust ut. Om det inte hade varit för att Erik fortsatte att begå brott.

– Skitsaker fick mig att slå ner en kock på mitt jobb och sparka restaurangchefen nerför en trappa. Och på nätterna började jag följa med kompisar ut och spränga kassaskåp. Eftersom jag hade bil och körkort fick jag vara chaufför. Det var skitkul, en riktig kick, men till slut kom verkligheten ikapp oss.

År 1986 greps Erik, tjugoett år gammal, för stöld, häleri och vapenbrott. Följden blev några månader i fängelse. Sedan fortsatte det vilda livet.

– Nästa större sak inträffade 1988, då jag sköt en kille i benet utanför Mc Donald's på Kungsgatan. Han hade bråkat med en tjej som jag kände och jag drog upp min revolver. Egentligen hade jag inte tänkt skjuta, men när han skrattade och sa att det inte var något riktigt vapen tyckte jag inte att jag kunde stoppa ner den utan tryckte av. Jag har aldrig sprungit så snabbt i hela mitt liv, berättar Erik, som kom undan.

Något år senare lyckades Erik styra tillbaka mot en mer laglydig livsstil. Han träffade en tjej och gifte sig, fick ett välbetalt fabriksjobb och började extraknäcka som både dörrvakt och svartmäklare av lägenheter. De goda inkomsterna gjorde att Erik och hans hustru kunde köpa en villa söder om Stockholm.

– Vi hade det hur bra som helst med swimmingpool och tre bilar. På fyra år knarkade jag inte och begick inga brott – förutom att jag skaffade massor av vapen. En del sålde jag vidare, en del använde jag själv. När jag jobbade som dörrvakt inne i stan hade jag till exempel alltid vapen innanför kläderna i ett axelhölster, berättar Erik och öppnar Lugna Gatan-jackan för att visa hur hölstret var placerat.

Även denna gång skulle tillvaron rämna. Den materiella framgången räckte inte för Erik.

– Trots att jag fått allt jag eftersträvat var jag inte lycklig. Jag kände mig fast och började medvetet bete mig som ett svin bara för att komma ur hela situationen. Det slutade med att vi skilde oss och sålde villan.

Erik sa upp sig från fabriksjobbet och började hänga mer och mer på krogen. En festnatt blev han nedslagen av några dörrvakter, som hämnd för att han tidigare hade försvarat en kompis mot samma personer. Erik ville leta upp vakterna i deras bostäder och straffa dem. Men kompisen backade ur. Då blev Erik rasande.

– Jag kände att jag alltid hade ställt upp och varit schyst, men när jag behövde hjälp fanns det ingen där. Jag blev jävligt besviken, att vi skulle hämnas var ju fullständigt logiskt för mig på den här tiden. Jag tyckte ju att jag var en god gangster, en sån som bara var dum mot de som förtjänade det, säger han.

Känslan av att inte kunna räkna med fullt stöd från vännerna satt i länge hos Erik. Avundsjukt sneglade han på ett av de många mc-gäng som hade bildats i Stockholm i början av 1990-talet, inspirerade av Hells Angels. Erik bestämde sig för att han skulle ha sitt eget gäng.

– Jag tänkte att i en mc-klubb fanns det regler för vänskap, där ställde man upp för varandra oavsett vad som hände. Det var det som lockade mig, mc-kulturen, var jag aldrig särskilt intresserad av, säger Erik.

I mitten av 1990-talet köpte Erik en Harley-Davidson-motorcykel och bildade Asa MC tillsammans med ett antal andra kriminella. Gänget skaffade sig en klubblokal, sydde upp skinnvästar med ett upp-och-nedvänt kors som ryggemblem och började odla mer och mer kriminella kontakter. År 1996 blev Asa MC en del av Brödraskapet MC. Erik hamnade därmed i samma gäng som några av landets tyngsta rånare, punktmarkerades av polisen och blev omskriven i pressen.

– Överallt där man kom med Brödraskapet-västen var folk var livrädda och det var ju så man ville ha det. Det var det som var grejen: att vara de farligaste, de tuffaste. Det och att festa. Under de här åren var jag ute på krogen sju dagar i veckan.

Det musketörsideal – en för alla, alla för en – som Erik hade drömt om fick han däremot aldrig uppleva.

– Jag insåg fort att det här snacket om broderskap bara var en illusion, verkligen. Vad det handlade om var att göra brott, säger han.

Efter mindre än ett år kom Erik ihop sig med ledarna inom Brödraskapet MC. En intern uppgörelse ledde till att han lämnade gänget och sålde sin Harley-Davidson. För pengarna köpte Erik amfetamin som han langade vidare och tjänade en rejäl hacka på. Erik hade tröttnat på att hänga i en klubblokal och vara lojal mot andra. Nu ville han göra affärer på egen hand. Från Brödraskapet MC tog han med sig några vänner som han behövde som uppbackning. Indrivning och utpressning blev Eriks viktigaste inkomstkälla.

– Jag blev expert på att skrämmas lite lagom, att vara hotfull och ändå ge offret hopp. Allt handlar ju om att få personen du ska pressa på pengar att tycka att det absolut bästa han kan göra är att betala. Jag körde psyko-logisnack och sa: "Ok, vi kanske ska förhandla om de här femhundratu-sen kronorna, vi kan säga fyrahundratusen i stället." Plötsligt tyckte per-sonen i hörnet att han gjorde en bra affär. Att ta tag i någon och knäcka ett finger, det är cowboyfasoner och ger inga pengar eftersom de flesta då går till polisen, säger han.

Men det fanns också gånger som Erik och hans utpressargäng tog till våld. Erik kände ingen ånger. Han var så inne i sin roll.

– En kriminell person måste göra om sanningen till någonting annat. Jag gjorde om situationen till att mina offer hade förtjänat det, så då hade ju jag inte gjort något fel. Att de sen hade barn och fru som också mådde jättedåligt, det tänkte jag aldrig på då, det har jag kommit på nu i efter-hand. "Ja, just det", har jag tänkt.

Vid det här laget var jakten på spänning borta för Erik. Allt handlade om pengar och droger. Han fick panik om han inte hade minst 20 000– 30 000 kronor på fickan och gjorde allt för att pengarna skulle fortsätta rulla in. Till och med att råna andra kriminella, vilket var förenat med uppenbara risker. Mitt i allt detta skulle Erik än en gång ta sig samman och göra en paus i brottsligheten. Anledningen var återigen att han träf-fat en tjej som inte tillhörde den kriminella världen. De flyttade ihop, Erik utbildade sig till personlig tränare och startade ett gym. Allt flöt på bra.

– Egentligen vet jag inte vad som hände, men det började med att jag tog lite kokain och så plötsligt var jag tillbaka i skiten. Tillsammans med två kompisar åkte jag iväg och kidnappade en annan kille som vi trodde hade rånat en tjej, men det visade sig att det var fel. Jag greps och dömdes senare till tre och ett halvt års fängelse. Inom loppet av några timmar hade jag raserat allt, berättar Erik.

Det var under det här straffet som Erik fick hjälp av personalen på ett behandlingshem. Resten vet vi. Vad vi däremot inte kan veta är om Erik nu verkligen har begått sitt sista brott – eller om han kommer att återfalla som han gjort så många gånger förut. I väntan på ett tunnelbanetåg som ska skilja oss åt för den här gången kommer vi in på frågan. Erik funderar ett kort tag och säger sen:

– Man får aldrig tänka att man är säker, då är man farligt ute. Hela min existens idag går ut på att se värdet i att bara vara mig själv. Det är en oupphörlig kamp för att kunna vara vanlig. Jag var aldrig rädd för att få stryk eller att ens bli skjuten och dö. Jag var bara rädd för att vara vanlig.

PROJEKT ALCATRAZ

Listan över de hundra personer i den kriminella gängmiljön som Rikskriminalen
ansåg särskilt prioriterade att gripa under perioden juli 2006 till mars 2007.

Acar Denho, 33, ledare för Original Gangsters
Bjellder Michael, 41, ledare för Bandidos MC Prospect i Västerås
Dashti Pour Ali Reza, 32, ledare för Tigrarna i Göteborg
Emilsson David, 38, ledare för Brödraskapet Wolfpack i Göteborg
Gürbüz Süyar, 31, ledare för Asir, bosatt i Uppsala
Huisman Patrick, 35, ledare för Bandidos MC i Ludvika
Jakobsson Johan, 37, medlem i Bandidos MC i Helsingborg
Jensen Jan, 47, ledare för Bandidos MC i Helsingborg
Johansson Daniel, 30, ledare för Bandidos MC Prospect i Gävle
Moberg Erik, 35, ledare för Hells Angels MC i Karlstad
Möller Thomas, 43, medlem i Hells Angels MC i Malmö
Olsson Andreas, 31, ledare för Bandidos MC i Stockholm
Paver Eddy, 35, ledare för Bandidos MC Nomads
Sevo Milan, 39, ligaledare från Stockholm
Seyyed Hosseini Mehdi, 33, ledare för Bandidos MC i Göteborg
Medlem i Asir, bosatt i Göteborg
Medlem i Asir, bosatt i Norrköping
Medlem i Asir, bosatt i Uppsala
Medlem i Bad Boys MC i Sundsvall
Medlem i Bad Boys MC i Sundsvall
Medlem i Bad Boys MC i Sundsvall
Medlem i Bad Boys MC i Sundsvall
Medlem i Bandidos MC i Göteborg
Medlem i Bandidos MC i Helsingborg
Medlem i Bandidos MC i Säffle
Medlem i Big Twins MC i Ludvika
Medlem i Brödraskapet Wolfpack i Göteborg
Medlem i Brödraskapet Wolfpack i Kristianstad
Medlem i Desperados MC i Hedemora
Medlem i Genesis MC i Haparanda
Medlem i Genesis MC i Haparanda
Medlem i Gjutjärn MC i Uppsala
Medlem i Gjutjärn MC i Uppsala
Medlem i Hells Angels MC Hangaround chapter i Luleå
Medlem i Hells Angels MC Hangaround chapter i Luleå
Medlem i Hells Angels MC Hangaround chapter i Luleå
Medlem i Hells Angels MC i Bromma
Medlem i Hells Angels MC i Bromma
Medlem i Hells Angels MC i Bromma
Medlem i Hells Angels MC i Gunnilse
Medlem i Hells Angels MC i Göteborg
Medlem i Hells Angels MC i Helsingborg
Medlem i Hells Angels MC i Karlstad
Medlem i Hells Angels MC i Malmö
Medlem i Hells Angels MC i Malmö
Medlem i Hells Angels MC i Malmö
Medlem i Hells Angels MC i Nacka

Medlem i Hog Riders MC i Norrköping
Medlem i International Criminal Elite
Medlem i International Criminal Elite, bosatt i Stockholm
Medlem i International Criminal Elite, bosatt i Stockholm
Medlem i International Criminal Elite, bosatt i Uppsala
Medlem i Original Gangsters, bosatt i Göteborg
Medlem i Original Gangsters, bosatt i Jönköping
Medlem i Original Gangsters, bosatt i Jönköping
Medlem i Original Gangsters, bosatt i Jönköping
Medlem i Original Gangsters, bosatt i Norrköping
Medlem i Outlaws MC i Stockholm
Medlem i Outlaws MC i Åtvidaberg
Före detta medlem i Outlaws MC Prospect i Gävle
Medlem i Red & White Crew i Göteborg
Medlem i Red & White Crew i Malmö
Medlem i Red & White Crew i Malmö
Medlem i Red & White Crew i Stockholm
Medlem i Red Devils MC Hangaround chapter i Falun
Medlem i Red Devils MC i Sala
Medlem i Skitsamma MC i Umeå
Medlem i Skitsamma MC i Umeå
Medlem i Skitsamma MC i Umeå
Medlem i Stonehead MC i Västerås
Medlem i Tigrarna i Göteborg
Medlem i Tigrarna i Göteborg
Medlem i Tigrarna, bosatt i Göteborg
Medlem i Top Side MC i Norrköping
Medlem i Top Side MC i Norrköping
Medlem i Top Side MC i Norrköping
Medlem i X-team i Dalarna
Medlem i X-team i Göteborg
Medlem i X-team i Stockholm
Man med koppling till ex-jugoslaviskt nätverk, bosatt i Västerås
Man, knuten till Hells Angels MC i Malmö
Man, knuten till Hells Angels MC i Malmö
Man, knuten till Hells Angels MC i Malmö
Man, knuten till Hells Angels MC i Malmö
Man, knuten till Hells Angels MC i Malmö
Man, knuten till lokal kriminell gruppering, bosatt i Jönköping
Man, utan känd gängkoppling, bosatt i Filipstad
Man, utan känd gängkoppling, bosatt i Göteborg
Man, utan känd gängkoppling, bosatt i Göteborg
Man, utan känd gängkoppling, bosatt i Norrköping
Man, utan känd gängkoppling, bosatt i Stockholm
Man, utan känd gängkoppling, bosatt i Stockholm
Man, utan känd gängkoppling, bosatt i Stockholm
Man, utan känd gängkoppling, bosatt i Stockholm
Man, utan känd gängkoppling, bosatt i Örebro
Läkare med koppling till Hells Angels MC i Bromma och Nacka
Okänd
Okänd
Okänd
Okänd

GÄNGENS ETABLERING OCH UTVECKLING

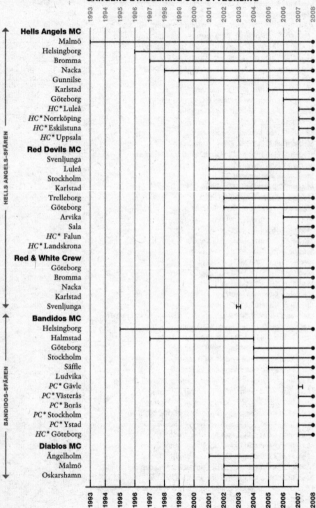

GÄNGENS ETABLERING OCH UTVECKLING

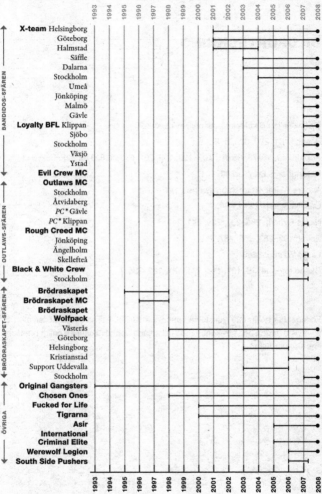

BANDIDOS-SFÄREN

- **X-team** Helsingborg
- Göteborg
- Halmstad
- Säffle
- Dalarna
- Stockholm
- Umeå
- Jönköping
- Malmö
- Gävle
- **Loyalty BFL** Klippan
- Sjöbo
- Stockholm
- Växjö
- Ystad
- **Evil Crew MC**

OUTLAWS-SFÄREN

- **Outlaws MC**
- Stockholm
- Åtvidaberg
- *PC** Gävle
- *PC** Klippan
- **Rough Creed MC**
- Jönköping
- Ängelholm
- Skellefteå
- **Black & White Crew**
- Stockholm

BRÖDRASKAPET-SFÄREN

- **Brödraskapet**
- **Brödraskapet MC**
- **Brödraskapet Wolfpack**
- Västerås
- Göteborg
- Helsingborg
- Kristianstad
- Support Uddevalla
- Stockholm

ÖVRIGA

- **Original Gangsters**
- **Chosen Ones**
- **Fucked for Life**
- **Tigrarna**
- **Asir**
- **International Criminal Elite**
- **Werewolf Legion**
- **South Side Pushers**

Uppgift saknas: Uppsalamaffian, Naserligan, Jugoslaviska nätverk.
* PC – Prospect chapter, HC – Hangaround chapter

BILDFÖRTECKNING

Sydsvenskan Bild Malmö/Jesper Arvidsson: 23

Scanpix: 31, 229, 323, 359

Polisen: 40, 45, 75, 85, 91, 103, 129, 189, 201, 273, 316, 319, 329, 332, 341

Helsingborgs Dagblad:96, 101

Anders Wejrot / Kamerapress / IBL: 141

Camilla Sjödin: 221

Niclas Ryberg: 235, 237, 239, 241, 243

Privat: 162, 263, 265, 267, 269

Lasse Wierup: 365

Okänd fotograf: 36, 107, 116, 174, 181, 192, 294

Förlaget har tyvärr inte lyckats nå upphovsrättsinnehavarna till alla bilder, men är givetvis beredda att i förekommande fall ersätta upphovsmännen enligt branschens standardtariff.

PERSON- OCH GÄNGREGISTER